U0856531

追梦人

Dream Pursuer

Science Fiction in Sichuan: An Oral History

四川科幻口述史

侯大伟　杨　枫——————主编

四川人民出版社

图书在版编目（CIP）数据

追梦人：四川科幻口述史 / 侯大伟，杨枫主编. --成都：四川人民出版社，2017.7

ISBN 978-7-220-10196-0

Ⅰ.①追… Ⅱ.①侯… ②杨… Ⅲ.①作家—访问记—中国—当代②出版家—访问记—中国—当代 Ⅳ.①K825.6 ②K825.42

中国版本图书馆CIP数据核字（2017）第151864号

ZHUIMENGREN: SICHUAN KEHUAN KOUSHUSHI

追梦人：四川科幻口述史

侯大伟　杨　枫　主编

责任编辑	王其进
封面设计	阿鬼设计
版式设计	子木工作室
责任印制	祝　健
出版发行	四川人民出版社（成都市槐树街2号）
网　　址	http://www.scpph.com
E-mail	scrmcbs@sina.com
新浪微博	@四川人民出版社
微信公众号	四川人民出版社
发行部业务电话	（028）86259624　86259453
防盗版举报电话	（028）86259624
照　　排	四川胜翔数码印务设计有限公司
印　　刷	成都市金雅迪彩色印刷有限公司
成品尺寸	185mm×260mm
印　　张	25.25
字　　数	610千
版　　次	2017年8月第1版
印　　次	2017年8月第1次印刷
书　　号	ISBN 978-7-220-10196-0
定　　价	120.00元

CONTENTS
目录

序　一

向追梦人致敬

姚海军

提出采集科幻口述史的想法已经有些年了，期间凡尘琐事种种，唯憾此事未得推进，直到这本书的两位主编杨枫与侯大伟因科幻相遇。短短数月，这样一本书便将呈现读者面前，其担当、魄力与效率令人不能不心生敬佩。

承蒙两位主编看重，即将成书之际再三邀我作序。虽惶恐而领命，盖因此书不同以往。能为其略献绵薄之力，既义不容辞，也深感荣幸。

自梁启超、鲁迅为改造国民性以图中国强于世界之林而倡导科幻小说以来，我国科幻发展已历百年，中间坎坷曲折或令人唏嘘不已或令人激情勃发，大时代之变迁隐藏其后，细考之如小说之草蛇灰线伏脉千里。科幻绝非超然存在，所谓幻想即现实，此即可为一解。

然时光流转，随着历史时空之铅幕渐次合拢，诸如科幻何以在新中国成立后十七年中成为儿童文学、科幻姓“科”姓“文”之争的真相、中国科幻几起几落盛衰转换之因等，诸多在坎坷曲折中生出的谜团不是日益清晰，而是愈发神秘难解，或偶见解读，亦多窥一叶而难见泰山。前些日看日本学者武田雅哉详述近代中国幻想与科学之作《飞翔吧！大清帝国》，慨叹日本作者掌握史料丰富翔实之余，更感我国科幻史研究对第一手材料抢救与发掘的不足与紧迫。

《追梦人——四川科幻口述史》的成书，正是对我国科幻史研究的重要丰富。本书专注于亲历之史，试图用多位亲历者的鲜活记忆完成对一些关键历史问题的多维度重现，虽未必能完全拂去覆盖于时间之上的尘埃，却最大可能让我们接近真实，哪怕，是在言与不言之间。以上，为本书与以往科幻史书之大不同之一。它虽非鸿篇巨制，却是一部极具张力的大书。

原四川省科普作家协会理事长、首届中国科幻银河奖得主吴显奎有一句名言：“四川是中国地理上的洼地，但却是中国科幻的高地。”仅以本书书名观之，口述史能以一省而独出于全国，就足见四川在中国科幻史中的地位。早在20世纪五六十年代，四川即有童恩正、刘兴诗因科幻享誉全国；20世纪80年代初的科幻热潮中，除童、刘以外，又有王晓达等众多科幻作家星耀神州；1984年科幻进入低潮后，在全国涉科幻期刊关、停、并、转的大背景下，更是只有四川的《科幻世界》（1991年之前名为《科学文艺》）坚持下来，为中国科幻保留下最后一星火种，并以四川人特有的执着，化青春铸火箭，在1997年将中国科幻推上了快速发展的轨道，就如同雨果奖得主刘慈欣笔下那个从贫苦乡村走出的水娃，最终驾起太阳风帆，将人类的目光引向浩渺星空；最近十年，随着《科幻世界》成功推出刘慈欣的《三体》，中国科幻更是因此同时进入了畅销书时代、产业化时代和国际化时代。

不唯如此，四川还举办了三次国际性科幻大会。早在1991年的那次世界科幻小说协会年会，四川省政府便给予科幻高度重视，省委领导宋宝瑞到会并接见各国科幻作家。在当时的特殊社会背景下，其意义显然超越了科幻。四川还诞生了中国科幻银河奖和华语科幻星云奖两个具有世界影响的科幻大奖、新华网“科幻邮差”和包括八光分文化在内的众多科幻创业公司。目前，第二届成都国际科幻电影周、第三届科幻产业论坛、第二十八届中国科幻银河奖颁奖盛典也已在筹备之中……开放、包容与进取，正在让成都成为中国的科幻之都。巴蜀文化现代性的一面，值得大书而特书。

《追梦人——四川科幻口述史》所选择的十位受访嘉宾既有作家又有出版人，亦有社会活动家，他们在不同的时空点与科幻交汇、融合，予科幻以华章，他们的人生也因科幻而浪漫清醇、流光溢彩。他们是创造者，更是追梦人。他们所追之梦是科学昌盛之梦，是文化繁荣之梦，是中国复兴之梦！吾辈身处科幻日益繁盛之大时代，当向本书中前九位科幻文化的培育者、耕耘者致敬！

是为序。

序　二

唯有想象，温暖彼此

侯大伟

我知道，在你的内心深处，藏匿着一个扭曲的力场，总会在不经意的某个深夜撕扯着你脆弱的情绪、碾轧着你虚弱的灵魂：耳边的情话已消散，誓言的爱恋已惘然，缠绵的吟唱已绝响，孤独的气息已没顶，刻骨的思念在窒息……

我知道，总会有一个夜晚像一头巨大的怪兽拘禁着你、压抑着你、吞噬着你，让你不能呼吸、难以言说甚至无法哭泣，左右徘徊找不到出口，努力张开的嘴巴呼出气息，却发不出人的声音，隐约间只传来几声狗叫……

我知道，你常常会遏制不住地想把另一个你溶解在你的血液中，融化到你的生命里。那种感觉会击打着你，膨胀着你，撕裂着你，然后不断在这种感觉中和另一个虚无缥缈的世界里，越来越孤独，越来越脆弱，越来越躁动，越来越迷茫……

梦是五彩斑斓的，那是因为所对应的真实世界是黑白的。你会在落寞之中安睡，也会在孤寂之中癫狂。清理一个现实的世界，新的字节一点点覆盖在已有字节的空间里；留白一个想象的空间，让那些跳跃的文字伴着诡异又冰冷的寒光，带着锐利的锋芒刺来：夜幕下的孤影，你会给它一个拥抱吗？冰冷的身躯，你会亲吻它干涸的嘴唇吗？面对迷茫无助的双眸，你会呼吸它气若游丝的气息吗？

因为孤独，所以想象。

想象着高高在上的神灵，照料着每个人的终点。

想象着宇宙之中的同类，也在努力地寻找着我们。

想象着内心深处的彼此，真诚倾听真情相拥。

想象着智能互联的万物，跨越物种的边界相互陪伴。

在想象之中，我们连接了彼此；在想象之中，我们温暖着彼此。

是认真和宇宙相处的时候了，唯一的模式就是想象。想象成我们想要的样子，想象成挂念我们的样子，想象成它最优雅简洁的样子。在想象里颠倒宇宙，从能量的褶皱里探触生死，从张量的互动里察知离去或者归来。

隐匿在宇宙深处的我们，和尘埃一样，也和宇宙同体，吹息之间都是想象。唯有想象，才是对外沟通的桥梁，才是让讯息无处不达的信使，才是孤独的慰藉者，才是寂寞的拯救者；唯有想象，才能通连宇宙的神经末梢，才有勇气触碰自己心底最柔软的那块血肉。

每一个想象都是一次新的创世，我们在想象之中合拢时空，打破又创立。

每一个想象都是输送温情的邮差，我们以膜拜靠近，以智能摹状，无始无终的寂静笑而不语。

每一个想象都是温暖彼此的深情拥抱，我们镇坐于重叠秘境的中心，让想象缠绕着下一个想象，让迷梦接续着另一个迷梦。

因为想象，所以温暖。

当仁不让　天道酬勤

杨潇

中国科幻　生生不息

缘定科幻

上下求索 探寻发展

急流勇退

科幻邮差

非常荣幸，今天能邀请杨潇老师来参加由新华网和八光分文化共同主办的四川科幻口述史访谈。杨潇老师，作为20世纪80年代《科学文艺》杂志的守护者，作为成功开创并坚守中国科幻期刊的团队核心，为中国科幻留下了浓墨重彩的一笔，相信科幻在杨老师心中也留下了深深的烙印。今天，希望通过杨潇老师的讲述，带领我们重回三十多年前的光辉岁月，触摸与科幻有关的人和事，感受那段岁月留下的骄傲与激情。

缘定科幻

说服出山，童恩正慧眼识珠

科幻邮差：我们都知道，从历史上说中国科幻是一个舶来品。20世纪70年代末，在杨老师与科幻初识之前，中国科幻应该还是一个牙牙学语的孩子。请问杨老师，您当时是怎么与科幻结缘的呢？为什么会去《科学文艺》当编辑？

杨潇：是这样的，1978年全国科学大会召开以后，全国都洋溢着学科学爱科学的激情。我从北航毕业后，在一家军工厂当技术员，可是那会儿很想去干点儿自己喜欢的事儿。1979年《科学文艺》创刊了，主编刘佳寿提出要招聘编辑。他说，希望招的编辑有工科背景，同时有作品发表。正好1979年某期的《四川文学》发表了我纪念丙辰清明的一篇散文，我就拿着那期杂志，拿着北航毕业证去应聘，然后就这样懵懵懂懂地进了《科学文艺》编辑部。

科幻邮差：（笑）这个经历跟我（杨枫）当初进《科幻世界》还是有一点点相像，就是对一个杂志平台还不是那么了解的时候，怀着一腔理想就加入其中了。我们都知道，其实并不是每个人都有勇气将爱好作为自己的终身事业，其中往往饱含艰辛。杨老师刚进《科学文艺》编辑部不久，就遭遇了“清除精神污染运动”。在杂志社最困难的时候，据说是童恩正老先生亲自到您家做说客，才最终说服您出山挑起这副重担。能请杨老师分享一下这个故事吗？我们想知道，童恩正老先生当初为什么选择了您，又是用什么样的言语打动了您？

杨潇：我还真不知道童老师是怎么瞧得上我的（笑）。那会儿，整个来说科学文艺形势已经不好了，热潮尚未全面涌起就哗啦啦地退潮。本来和科普相关的杂志很红火，《科学文艺》一创刊就有十五万册的销量，最鼎盛时的1980年达到二十万册，当时是非常红火的一个期刊。但是80年代初“清除精神污染”后，杂志每况愈下，发行量掉得很低，受到了很大压力。我那会儿就是个小编辑嘛，无力左右刊物。出路在哪儿，我们也没多想。

《科学文艺》编辑部是省科协的一个事业单位。1983年，四川省科协和四川科学技术出版社签订了个协议，《科学文艺》的编制、人事、经费等由省科协管，业务由科技社负责。当时，四川科技出版社社长是周孟璞，他很有担当。在批判“精神污染”的重压之下，一般人都避之不及，周主任——他曾任成都市科协副主任，我们都称他周主任——却挺身而上。周主任同时还兼省科普作协理事长，所以他有底气来负责业务。童恩正老师则是省科普作协的主力骨干，副理事长。

1984年春夏，省科协对我们说：“这个杂志很困难，科协委派的主编（张尔杰）已退休，科协不想再派领导了，这个杂志就算了吧，停刊后把你们分配到科协的各个部门去。”当时大家都觉得不甘心，一个杂志本来这么好这么红火，它的基础也很好，科普界的作者队伍也很强大，停刊很可惜。那时，省科协的一把手（党组书记）叫邵贵民，他对我们很了解，也很信任，认为我们是真心想办好这个科普期刊。他提出了个很“科幻”的想法，他说：“你们坚持要继续办刊，那你们就自己组阁，自己选领导，自个儿干。但科协不会给你们钱了，要干的话就从科协经费中断奶，自寻出路，自主经营，自行组阁，自负盈亏。”

当时科协提出的这“四自”方针太新鲜，太刺激，太有吸引力了！那时我们真还不懂什么叫“自负盈亏”，也不知道该怎么做。但当惯了螺丝钉，突然有机会能自己蹦跶，忽然有了自主空间，特别想一试身手，让濒临倒闭的刊物活下去。但是，想不到“自行组阁”“自己选领导”的结果是把我给推选出来了。我自己还懵里懵懂的。当时我也不是太在意，也没有答应，那会儿孩子还小，很忙的。

尽管编辑部推选了我，省科普作协也没有太在意，他们也还在外边继续寻找主编。那年夏天，我们去九寨沟开笔会，编辑部的新鲜事人人皆知，有人劝我出山，我还给骆新都、王南宁（《人民文学》编辑）开玩笑：“出什么山哪，我们不是刚进南坪大山吗？”

1|2 ① 1991WSF成都年会开幕式后，杨潇与郑文光先生（左）于会场外合影留念。
② 1994年7月2日，童恩正先生（右）从美国归来探访编辑部，饭后与杨潇合影留念。

后来有一天，童恩正老师和王晓达老师一块儿到我家来，说："哎呀，这个杂志挺好的，基础很好，前几年也办得相当不错，《科学文艺》是很有特色的科普期刊，现在尽管有些困难，但前景还是很好的，大家信任你，你就来干吧。"我说："我现在啊，悠悠万事，儿子为大呢。"（笑）

科幻邮差：儿子当时多大？

杨潇：当年推选时儿子还不到一岁，正忙得不可开交，我也没太在意这个事儿。一天，童恩正老师打个电话让我到他家里去。童恩正老师在我们心目中威望很高——他是川大历史系知名教授、知名考古学家、著名作家，他的《珊瑚岛上的死光》具有广泛影响，个人也极富人格魅力。

那天，我就到他家里去了。他对我说："杨潇，你要不负众望，既然大家都这么信任你，你就该勇于担当。以后的路还很长。"还点拨我说，"人生重要的是选择，不要动不动就想去当作家，与其去当个二三流作家，还不如争当一流的主编，办一流的杂志。"

科幻邮差：激将法。（笑）

杨潇：对。但是我哪儿觉得我能当主编呢？当时《科学文艺》虽然办得挺好，我也没觉得它算是全国一流杂志。童恩正老师跟我说了很多，最后说："你好好想想吧。"我记得我是推着自行车，走出了川大校门。

川大校门外就是九眼桥下的锦江，我推着自行车一路沿着锦江走，看锦江波翻浪涌，后浪滚滚追逐前浪，想想童老师说得很有道理：年轻人嘛，勇挑重担，这是一项挺有奔头、很棒的科普事业。那会儿也没怎么想明白，有点初生牛犊不怕虎，就答应下来，就这么开始了。

科幻邮差：从此就开始了……

杨潇：不归路。（笑）

1985年夏，编辑部人员与周孟璞（后排左三）、童恩正（后排左四）两位先生合影留念。前排左起依次为：向际纯、杨潇、莫树清、陈××、李理，后排右一为谭楷。

自行“组阁” 挣第一桶金

科幻邮差：说起《科学文艺》早期的状况，我想没有人比杨老师更了解了。《科学文艺》在早期的经营过程中遇到了哪些问题，编辑部又是怎么解决的呢？

杨潇：早期问题多着呢。社会环境、编辑方针、作者队伍、读者对象、人事、财务……刚开始接手，给我交接时账上只有六万三千块钱，印数好像就是两万多不到三万，在编人员十五个。省科协说：“这十五个人你自己选，你不要的人，科协就收回去。”这是很得罪人的事儿，但是你想，六万三千块钱能够养活多少人？

当时办刊大环境不好，编辑部人际关系也不好，为了留下能团结干事儿的人，我不得不拿着“自行组阁”令牌，快刀斩乱麻，硬着心肠裁掉了一半。当然被裁掉对这些人来说也挺好，他们就回到科协吃大锅饭，不用后来像我们一样没皇粮靠自己挣。当时留下的正式员工只剩七个。生存压力之下，万般无奈，后来我在一些文章中也说了，觉得挺对不起人家，但也别无他法。

《科学文艺》留存下来以后，当务之急就是怎样生存，怎样活下去。吃惯了皇粮，一旦“自负盈亏”，真是两眼茫然。机关干部嘛，开始还不好意思说钱，但不得不硬着头皮想方设法挣钱。那时不是出现了万元户么，我们为他们写宣传资料，希望从中得到赞助……还派员到《知音》《科学之春》等杂志取经，看人家是怎样操作的。秀才经商嘛，绞尽脑汁还碰得焦头烂额。

后来决定，还是发挥我们的编辑特长。当时我们有四大主力，就是我、谭楷，文编莫树清，美编向际纯。编辑部正式人员还有编辑贾万超，他留职停薪下海经商去了；还有两个年轻人，胡季英去读书了，徐开宏搞收发内勤等。我们四个主力编辑成天琢磨怎样找钱。后来向际纯提出：“我到广州，看广州有些编辑部和出版社合作出书，效果不错。省少儿出版社有人给我出了个主意：做一套彩色卡片，有文字有拼音有图像，小孩识字比较有效。”大家觉得这个主意不错。

《科学文艺》编辑部发挥所长，以书养刊，与四川科技出版社合作出版了一套《晚安故事365》。

我们说了便做，老向马上张罗编画了一套《幼儿看图识字绘画卡片》，立即到灌县新华彩印厂排版印刷。这套卡片下到新华书店征订，征订印数有好几万套，我们一下就挣了几万块钱，那是我们挖的第一桶金。

合作出书之前，我们吃了不少苦头，处处碰壁，花很大力气都没挣到钱。那时我许诺，谁的金点子让编辑部挣到第一桶金，一定重奖。有人问重奖奖什么呢？我说一台彩电。那时一台彩电挺贵的，几千块钱。后来果然我们挣得了几万块钱，该兑现了。

我去请示周主任，周主任说只能奖五十块钱。（笑）我想五十块钱能干吗呀？要是说话不算数，言而无信，那今后还怎样取信于人？我又去请示童恩正，童老师虽然名义上并不是主编，但在我们心目中都把他当作主编。童恩正笑笑没有回答，我认为他默许了，就当真奖励了老向几千块钱。我们第一桶金就是这么来的。

后来我们再接再厉，编了很多书，其中，《晚安故事365》那套书前前后后印刷了大概七八十万套吧，光这套书就挣了几十万块钱。当时我们是和四川科技出版社合作的。四川科技出版社和我们合作真是源远流长，现在很多我们杂志社的书，像后来的“中国科幻基石丛书”“世界科幻大师丛书”大部分都是和四川科技出版社合作的。他们从20世纪80年代起就给了我们很大支持。

小团队艰难撑持，得益于六个“特殊”

科幻邮差：在那种情况下，《科学文艺》能够走出低谷，在市场上找到自己的位置，确实是下了很大的功夫。还有个背景呢，就是当时在科幻圈很红火的“四刊一报”：北京的《科幻海洋》、成都的《科学文艺》、天津的《智慧树》、黑龙江的《科学时代》和《科幻小说报》。随着“清除精神污染运动”的展开，四刊一报或停刊或转向，最后留下来的只有《科学文艺》一家。请问杨老师，为什么独有《科学文艺》存活了下来，之后成了中国科幻唯一的火炬？四川深厚的文化底蕴，在这个过程当中发挥了什么样的作用？

杨潇：是，当时有一批期刊都在做，但是他们相继倒下了，消失了。我们呢，中国80年代早中期，在思想解放、实事求是、改革开放蓬勃发展的形势下，上级颁给了特殊的“四自”令牌，让我们获得了较大自主空间。

应该说，办科普刊物是科协的工作职责，省科协也很爱护我们这个刊物。上级领导了解、信任我们，支持我们寻路办好《科学文艺》，所以放手让我们一搏。当时我们那个小团队，平均年龄也就三十多岁，还算年轻吧，总想蹦跶出点什么事儿。有领导的特别信任和支持，有这么大的空间让我们干，就特别主动特别想生存下来，把《科学文艺》做好。我们非常珍惜这个机会，小团队在艰难中锤炼成长，不轻言放弃。年轻人嘛，青春激情，总有人生理想，总想干出一番事业。

应该说，当时许多同类刊物纷纷倒闭，而我们这个小团队苦苦撑持了下来，得益于在特殊时期——改革开放初期，特殊地点——较为偏远的西南一隅，得到了特殊的尚方宝剑——“四自”方针，在一个特殊领域——科幻文艺，和一群特殊同行者——作者、编者、读者和支持者，做了一件特殊的事情——办科幻刊物。

你刚才说到四川丰厚的文化底蕴。成都武侯祠有副名联：“能攻心则反侧自消，自古知兵非好战；不审事则宽严皆误，后来治蜀要深思。”四川有关领导部门“治蜀深思”，能审时度势，宽严有度。由于我们不断努力，争取到四川省多方面理解支持。省委宣传部和省新闻出版局对编辑部充分了解，积极支持，有效指导。在我们探索寻路中持宽容态度，我们走了一小段弯路不是一棒子打死，而是承认探索，允许纠错改正。还有上级主管主办部门四川省科协充分信任支持，给了较大的办刊空间，有相对宽松的办刊环境。而且当时也挣了一点钱，可能比关门停办的那些刊物多了点经济基础，能坚持办刊。

从《科学文艺》到《奇谈》再到《科幻世界》，刊物能生存下来并得到长足发展，这些都是不可或缺的重要因素。我们认识到科普期刊对提高人们科学素养的重要性，遵循时代要求，在办刊中弘扬科学精神，宣传科学思想，前瞻性地引领年轻

科学周报（增刊）
科幻小说
哈尔滨市科学技术协会主办
1981年9月25日（第六期）
于光远同志谈科学幻想小说

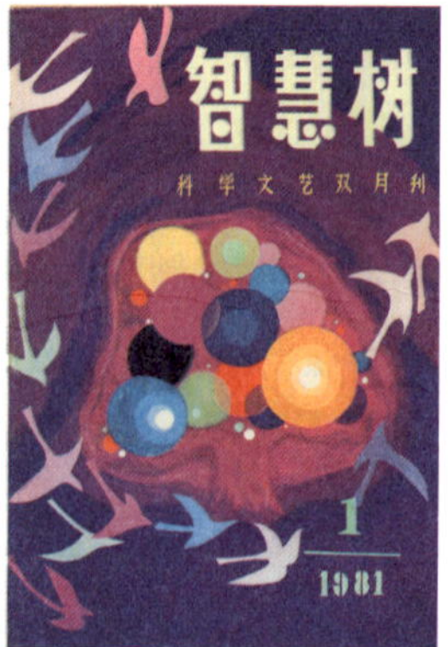

二十世纪八十年代初，中国科幻期刊界最受欢迎的『四刊一报』：《科学文艺》《科幻海洋》《智慧树》《科学时代》和《科幻小说报》。

人面向未来。对怎样办好科学文艺类的期刊，到后来怎样转型为以倡导创新性想象力的《科幻世界》，上级领导部门也在我们的摸索中观察、思考、总结、指导。

还有，四川省科普作协是我们的坚强后盾。四川省科普作协是个知名科普作家群体，他们和我们从80年代就一路走来，比如周孟璞、童恩正、刘兴诗、王晓达、张昌余等，还有董仁威、吴显奎等一直都是我们的支持者。有四川省科普作协强大团队在后面，是其中一个重要的因素。

科普川军很像抗战川军，生命力特强，战斗力特强，经得住熬煎，不轻易言败。且科普川军战果丰硕辉煌，从70年代直到现在。

科幻银河奖诞生始末

科幻邮差：《科学文艺》走到1985年的时候，经济依然不是十分宽裕，但这个时候《科学文艺》已经在考虑联合天津的《智慧树》创办中国首届科幻小说奖了。我想知道，这个奖的由来和这个奖在当时发挥了哪些作用？

杨潇：我们为什么要联合天津举办呢？因为当时《智慧树》也是科学文艺类的期刊，我们刊名就叫《科学文艺》，我们两刊一南一北，共同面向的都是青少年，所以我们在一块联合很有基础。

当时两家开了一个天津笔会，谭楷老师带着老编辑李理，到天津去和当时《智慧树》的主编亚方、编辑里群等协商。亚方也是四川人，老乡见老乡嘛，双方龙门阵摆得很投合。当时编辑部也没有什么见面礼，就带了四川的文君酒去送笔会作者，送天津《智慧树》的同事。两家聊着说我们既然都是搞科学文艺的，两刊一南一北，相互呼应共同来举办征文，这样会解决一部分稿荒。那会儿办刊空间比较大，我们自己决定了就可以做，不用四处请示汇报。两刊当场就拍板定下来了。

开始呢，当然稿件多了一些。我们用比较成人类的稿件，他们用比较少儿类的稿件，稿源丰富了些。后来征文完了，到1986年要颁奖，应该起个名。按当时惯例，比如说科幻小说征文奖项就叫“科幻小说奖”。1984年我们开了九寨沟笔会，童恩正老师邀请了吴定柏老师来参加。吴定柏老师当时在上海外语学院任教，研究欧美科幻小说比较早。他到成都时我们已经出发去九寨沟了，他在成都玩了两天等我们。我们回来后他给编辑部办讲座，介绍国际科幻状况，说到了美国科幻星云奖和雨果奖。我们心中就有了一点儿概念，不光是“科幻小说奖”，还可以是“星云奖”“雨果奖”。

后来我们商定奖项名称时，在桌上摆了一摊全国各地的刊物，看对我们有没有启发，也提

1
2

①1985年，《科学文艺》与《智慧树》联合举办天津笔会并筹划首届科幻征文奖，童恩正先生前来探望与众嘉宾合影：一排：吴岩（右二）、谭楷（右三）、吴显奎（右五）、万焕奎（左三）、曹建（左四）；二排左起：张静、李理、×××、亚方、童恩正、刘兴诗、郑文光、叶至善、励艺夫，黄伊（右三）；三排：史志成（左二）、俞琦（左六）、王晓达（左七）、里群（左九）、王亚法（左十）、董仁威（右四）、陈淑芬（右三）。

②第一届中国科幻小说银河奖发奖会上，领导、部分获奖作者和编辑部同仁合影。前排左起依次为：莫树清、杨潇、周孟璞、温济泽 、鲍昌、童恩正、缪士；后排左起依次为：万焕奎、徐开宏、孔良、李理、魏雅华、向际纯、谭楷、吴显奎。

出了几个奖项名。最后谭楷老师提出，他刚刚发表了一组诗作《银河礼赞》，他建议说：“叫‘银河奖’吧！”我们都赞同。银河嘛，何其浩渺广袤壮丽，仰望星空惹人无限遐思，以银河的象征意义命名科幻小说征文奖项特别贴切。

后来我给童老师打电话说：“我们的科幻小说奖命名为‘银河奖’。”他说：“哎呀，太好了！真棒！”这个奖项就这么定下来了，就叫银河奖。从1986年开始一直办到现在，已经三十周年了。

中国作家协会

杨潇同志：

你路过北京未能一晤，甚为遗憾。我看了你们打印的出国简报，日本人对我们全说中国的SF，令人鼓舞。可惜中国文学界对此十分漠视，我以为是中国人的文化素质之故。中国SF的发展，恐怕还得过一段时间。

今年我到了半年的学习，你故的些事工作大受影响，最近才安静下来，也许以后有机会考虑这方面的问题。但你们要搞第二次银河奖，我很赞成。希望你们先去拉赞助，如能抽出时间，我力争再去参加一次。

你一直在一个艰苦的岗位上战斗，令人感动！你的苦衷我是了解的，但不要由此气馁。努力坚持下去吧，坚持就是胜利。祝

愉快

鲍昌 87.9.30

一九八七年国庆前夕，时任中国作协书记处书记的鲍昌给杨潇写了一封信。

上下求索 探寻发展

希望杀出一条生路

科幻邮差：可以说市场犹如汪洋大海，对杂志没有准确定位的话，杂志就很容易淹没在波涛中。请问杨老师，当时对《科学文艺》这本杂志是如何定位的？在这个过程中有没有走过一些弯路呢？

杨潇：当年接手《科学文艺》时，它的办刊宗旨是以科学文艺的形式普及科学知识。我们在办这个科普刊物时感到很困难，因为科学文艺涵盖太广，是从苏联学来的那一套。你看我们的栏目有什么呢？有科学家传记、报告文学、科幻小说、科技电影剧本、科学童话，有科学诗歌、科普散文、科普小品、科学考察记……以科普的名义集纳各类科普题材体裁，一锅大杂烩。说起来比较全面，结果重点不突出，组稿也不好组。喜欢看科学家传记的又不喜欢看其他

栏目，诸如此类，老遇到这样的问题，我们自己都觉得头疼。而且发行量日渐萎缩，虽然当时做了那么多书挣了些钱，但“养鸡喂老虎”，以副业养主业，也觉得特别不值。

这本刊物的生命力究竟在哪儿？它怎么样才能走出困境？这永远的话题是办刊人日日夜夜的绕心之结。

20世纪80年代，商潮里热浪滚滚，经商潮在我们思想上也有反映，我们使尽浑身解数，在市场热点中摇摆探寻，尝试标新立异，希望杀出一条生路。生存压力顶头，刊物得接点儿地气，在市场上有自我生存能力。怎么办呢？我们想以科幻小说为刊物主要特色。虽然科幻小说栏目在刊物中比重比较大，但是科幻文学怎么搞，我们当时并不明确。

更名《奇谈》带来的困扰

杨潇：1989年，为了吸引眼球，让发行量有个突破，我们更改《科学文艺》刊名为《奇谈》，定位于“和科学有关的标新立异”。

改名还有个原因，我们自信有一定发行能力。1986年做《晚安故事365》出了点差错，新华书店不收书。我们拿着那几万套书堆都没处堆，真是焦头烂额。不料情急之中忽生一计，当即招兵买马，成立发行部，自办发行图书。但是邮局规定，邮发刊物只能邮局独家“主渠道”发行，无奈之下，1989年我们不得不撤出邮局，《奇谈》交由无此禁令的新华书店发行。也真是失之东隅，收之桑榆，编辑部由此逐步建立了全国书商网，这在当时的期刊界大概是绝无仅有的。我们认为有了发行部就有了底气，敢于自办发行刊物。

为改刊我们做了精心准备，整本刊物科幻分量较重，非科幻类的图文追求可读性，有卖相，奇特新颖。《奇谈》第一期开场锣鼓一响，就印发了十二万册，可谓旗开得胜。但也受到了很大压力，以至于我们编辑都不太愿意把刊物带回家给孩子看。它毕竟有点怪诞……现在看来不算什么，但是在80年代那个氛围里……连我们自己都觉得底气不足。

《奇谈》难谈呀，到处你都得解释《奇谈》新解，时时处处辩诬。人们认为奇谈不就是奇谈怪论吗？我们不停地辩解：“新学说刚提出都会被认为是奇谈，哥白尼的日心说、达尔文的进化论、爱因斯坦相对论，甚至小平同志的‘猫论’，在未被人们认识之前，都曾被当作奇谈。”《奇谈》尚未开谈，我们已感到忐忑不安，不知前路祸福。

果然，一脚刚沾地气，就尝到了地气的咸辛苦涩，《奇谈》才“谈”了一两期，就发现此路不通，刊物定位不符合大众审美观，一味追求奇特新颖、标新立异，有悖于我刊办刊宗旨，市场接受，但社会传统文化心理不接受。在80年代，另类比对正统，《奇谈》PK《科学文艺》，结果不言而喻，从刊名立意上就败下阵来。

而且，由我们这伙人来办这类刊物很“丢份”，于是我们又申报改名。上级主管部门说不行，改刊名不是儿戏，哪能朝更夕改？一个刊名至少得维持两年。真个是磕头请来作揖送。我们硬着头皮挨着日头办够了12期（当时是双月刊），谢天谢地，终于送走了艰难坎坷备受诟病的《奇谈》岁月。

那段时间，于重重压力之下，于反复改动之中，我们倒还渐渐明确要定位于独特的科幻类型了，渐渐想清楚要办成科幻刊物了。

发表科幻小说并不是我主持工作后的首创，《科学文艺》创刊号就隆重推出了童恩正的科幻电影文学剧本《珊瑚岛上的死光》，科幻小说一直是《科学文艺》《奇谈》的重点特色栏目，我们不过沿袭了《科学文艺》创办者的思路，坚持发表科幻小说。

在办刊实践中，我们不断深入认识，认识到繁荣科幻对提高民族素质大有裨益，认识到想象力的创新价值，认识到科幻跨科技文化和人文文化交流的特性，也深深感受到读者对科幻小说的喜爱。孤军奋战的我刊无意之中已成为中国科幻的最后阵地，既然如此，干脆哗然亮剑，高扬科幻大旗，担当起已扛在肩头的历史使命。

《奇谈》期间，我们刊发了不少科幻作品。因为刊名饱受诟病，压力特别大，所以刊发的大

20世纪70年代末90年代初，《科幻世界》刊名经历了由《科学文艺》到《奇谈》再到《科幻世界》的转变。

都是——用现在的话说，充满正能量的科幻作品。走过那段弯路也使我们明确了认识，找准了科幻之路，要办成科幻刊物，这也算是办12期《奇谈》的经验教训吧。《奇谈》真难谈啊，备受各界责难，那两年做了不少检讨——虽然经济上宽松了点，但是那样的钱宁可不要。

《科幻世界》横空出世

科幻邮差：《奇谈》已经满两岁了？

杨潇：对，但在满两年之前就得报批，办一套一套手续。记得1989年我到圣马力诺去开国际科幻会，那时刊名叫《奇谈》，老外好办，你说Fantastic，“奇异”“奇幻”，他们就明白了。但是你怎样上报？你到中国科协、到外事部门办手续，易产生歧义的《奇谈》刊名常被质疑，使人苦于辩诬，难以辩解。请神容易送神难哪，那两年真是耗费了极大精力。

走过弯路之后，我们对更改刊名慎之又慎。编辑部历来有个好传统，素来重视读者意见。我们很早就在刊物版面上辟专栏刊登读者来信和读者的各种反馈。当时在刊物“读者意见表”上征集刊名，李斌（北京）、许丹（四川）、杨松涛（新疆）三名读者推举的刊名《科幻世界》从数百份读者来信中脱颖而出。

科幻世界，定位准确，特色鲜明，内涵广阔，明确响亮。

在中国数千种期刊中，独具特色的科幻类型期刊即将登台亮相，真是感谢读者！1990年上报，新刊名很快批了下来。

1991年，中国科幻刊物《科幻世界》横空出世！

我们在办刊当中，从《科学文艺》到《奇谈》再到《科幻世界》，三更刊名，终于更得了一个非常贴切、非常适合我刊的刊名。

科幻邮差：《科幻世界》还真是来之不易呀。杨老师，市场化的定位，必须要以发行量和最终的经济效益为标准。在您的理解当中，这是否意味着一种对市场的妥协？在当时的情况下，经济效益和社会效益是如何达到一种均衡的呢？

杨潇：经历过《奇谈》，我们就很注意经济效益和我们办刊宗旨的吻合。《奇谈》的教训——对市场妥协——也使我们再也不敢单纯追求发行量。比较好的是，到《科幻世界》时期，我刊全国的经销网络已逐步建立，自己比较能把握刊物的发行量，并较好地达到市场预期，通过市场来推行我们的科幻理念。我们推广的科幻理念得到一定量的读者市场，就达到了预期的社会效益，经济效益也就在其中了，之后再也没违背办刊宗旨去单纯追求经济效益。

科幻邮差：再也没有去触碰那个底线。

杨潇：对。

捉襟见肘，单枪匹马去中办世界科幻会

科幻邮差：其实我们大家都知道，在《科幻世界》真正诞生之前，国内的出版业是很缺乏科幻氛围的，相当于《科幻世界》是做了第一个吃螃蟹的人。那么在《科幻世界》打造自己品牌的同时，它还做了哪些事情呢?

杨潇：首先是为科幻正名，继而是为科幻扬名。

清洗干净泼向"灰姑娘"的污水，让"灰姑娘"聚焦在炫目的镁光灯下，赢得她应有的幸福（1986年首届科幻小说银河奖颁奖会上，中国作协书记处书记鲍昌把中国科幻小说比喻为灰姑娘）。

应世界科幻协会WSF(World Science Fiction)之邀，1989年我去圣马力诺开'89WSF圣马力诺年会，这是我首次参加国际科幻会议。日本科幻翻译家柴野拓美先生、中国科幻翻译家王逢振为我们联系了邀请事宜。同时，我们邀请外国科幻作家1991年到成都来开WSF世界科幻年会。'91WSF成都年会举办得非常成功，这次会议的主要目的是为科幻正名。

比较整个80年代，进入90年代科幻已不那么备受责难了，但是还没从"清除精神污染"的阴影中走出来。人们一说到科幻就觉得，又是那些奇谈怪论，又是那些不着边际的胡思乱想。1991年我们举办国际科幻会，就是要为科幻正名。

科幻邮差：当时为什么是您一个人去呢?

杨潇：经济窘迫啊，捉襟见肘。当时，北京到意大利一张往返机票要人民币一万五千元，卖掉多少本刊物才挣得到机票钱哪。最主要的是，科幻是舶来品，很多人不知道科幻为何物。到日本去了以后……

科幻邮差：到日本去是哪一年?

杨潇：1987年。1986年编辑部首次颁发科幻小说银河奖，岩上治先生——日本中国科幻研究会会长，特意赶到四川成都参加颁奖会。我们当时感得特别奇怪，科幻小说在中国都奄奄一息了，怎么日本还有个中国科幻小说研究会？岩上治说："80年代科幻在中国蓬勃兴起，中国科幻进入了黄金时代。于是我们成立了研究会，研究中国科幻。结果中国科幻刊物都倒了，我们只有研究你们一家了。"听闻此言，备感凄凉，但也感到责任重大。岩上治先生在那次会上邀请我们参加日本年度科幻会。

第二年，《科学文艺》全体编辑一行四人到了日本，感触颇深：日本科幻如此发达，日本科幻迷这么多！日本科幻不光停留在小说期刊层面，科幻图书、科幻影视、动漫、博物馆、梦工场、玩具、T恤……涵盖多个领域。那是我们第一次走出国门，东瀛之行对我们影响深远，编辑们拓展了国际视野。

特别是访问日本科幻界元老矢野彻、柴野拓美、深见禅，他们一席话对我触动很大："凡属科技兴国的国家，科技化的国家，都会走科幻这条路。西方是如此，日本是如此，中国现在

正在向现代化进军，你们也会走这条路。”我恍然大悟，原来我们是站在历史的必然通道上。从日本回来就觉得我们要搞科幻，从那时起，刊物里就逐渐加大了科幻的分量。

科幻邮差：那是1987年。1989年情况如何呢？

杨潇：1989年就是争取到那个会。关于争取那个会有很多故事，在很多地方都写了。

科幻邮差：是那个八天八夜的故事吗？

1987年夏，《科学文艺》编辑部一行四人出国参加日本年度科幻会，并应邀参观梦工场。左起依次为：谭楷、岩上 治、梦工场负责人、杨潇、莫树清、向际纯。

国际会议我居然开了国际玩笑

杨潇：不是，那个是1990年的事。1989年我是独自乘飞机去的，有很多说不出口的狼狈故事。

我的英语很差，临行之前托中国驻意大利大使馆帮忙联系了翻译。结果那个翻译病了，他们临时又帮我找了一个留学生小贾。小贾以为我们是吃皇粮的，熟练地按着小计算器，意大利里拉的数字本来就大得惊人，我一看，那么多个零，这是要多少钱哪？小贾不屑地说：“你包我全部费用，每天再给我八十美元。”他不在意地翻翻我准备的资料，皱皱眉又说：“我对科幻这些东西不了解，这些专业词汇我都不知道。”我一听，你要这么多钱还不熟悉！我顿时气

一九八九年五月，杨潇在圣马力诺参加WFS年会期间，与WSF日本分会理事柴野拓美（左）、WSF苏联分会理事鲍诺夫（右）合影。

不打一处来，一赌气说：“不劳你大驾，我自己去！”

我好傻啊！真是的，国际会议我居然开了这种国际玩笑。

然后，我就窝在大使馆，匆忙准备资料。真是屋漏偏逢连夜雨，走之前我又把脚给崴了。我一瘸一瘸地拖着装满刊物的大箱子独自赶到火车站，我乘的那班车晚点了十八分钟，和下一趟车的衔接只有五分钟。车来了，我刚拖书箱上了车，车就开了。好悬哪！报站说的是意大利语，我焦灼不安又急如星火。好在准备得比较充分，我就拿出小本子给列车员看我要到哪个站，请他到站提醒我。到了那个车站，我又匆匆拖着箱子去赶另一趟车，弄得跟斗扑爬（四川方言，意即手忙脚乱、不可开交）。

后来到了一个巴士车站，看见有些胸前别着牌子的人。那些人看见我都觉得奇怪，怎么有个从中国来的？因为中国很少有人参加WSF会。他们看到中国代表分外热情。圣马力诺是意大利境内的国中之国，一个很小的袖珍国，童话般的古城堡国只有六十一平方公里，两万二千人。大巴士开过挂着一条横幅“圣马力诺欢迎你”的地方，就算入境了。我又晕车，那座山（蒂塔诺山）盘旋啊，真是“跃上葱茏四百旋”。我晕车晕得厉害，好在WSF芬兰分会理事苏平宁一路上尽展绅士风度，照顾女士嘛。

其实当时连我自己都还只有个idea……

杨潇：临离开北京前，王逢振老师（中国社科院外国文学所研究员。20世纪80年代初和金涛合编了《魔鬼三角与UFO》）给我写了好些封信，把我介绍给世界科幻协会的大腕。第二天我早早就把书箱拎去，到了会场，我谁也不认识，赶快问谁是谁，递上王逢振老师的介绍信，然后操起半通不通蹩脚英语交谈。会上发的那些资料我基本上看不懂。我当时带了两本小字典，一本《汉英简明词典》，一本《英汉简明词典》，就那种六十四开本的。我想没有退路了，只能横下一条心，硬着头皮上。

科幻邮差：逼上梁山。

杨潇：聘请的翻译生病，临时那个又很不理想，濒临绝境了。会场设在圣马力诺国立图书馆，二三十个人坐在一间小会议室里，一张条桌权当讲台。会议开始，代表们挨个儿上台发言，每人讲完后听众提问，代表们讨论。反正听不懂，我就坐在椅子上翻看资料。翻着词典，知道他们在讲大气污染、人类在太空中的位置、低温生命维持、飞向太空……讨论很多当时科幻界非常流行的话题。

科幻邮差：像现在的科幻大会一样有很多的主题吗?

杨潇：不是。WSF是世界科幻专业协会，不是 SF Fan的那种设计安排很多活动的大会，它叫Meeting嘛，主要是讨论交流专业问题。它不是Convention。主要成员只有几十个人，科幻界专业人士，有科幻作家、编辑、学者、评论家、出版商、会员国负责人，有科幻插图画家、科幻游戏设计者等，当然都是科幻界名流，WSF会员有数百人。那届到会的有弗雷德里克·波尔、伊丽莎白·赫尔，有布莱恩·奥尔迪斯夫妇、哈里·哈里森夫妇、杰克·威廉森、罗伯特·西尔弗伯格等，还有美国科幻期刊《轨迹》主编查理斯·布朗，以及各会员国理事，如日本的柴野拓美、苏联的鲍诺夫、瑞典的萨姆·劳德沃尔、意大利的维维阿诺、芬兰的苏平宁等，还有南斯拉夫、波兰、匈牙利等东欧诸国。我当时谁也不认识，只得毛遂自荐。

当届世界科幻协会主席诺曼·斯宾拉德是个美国人，当时住在法国。会议按日程安排进行，各会员国介绍各自科幻状况。因为报了名嘛，斯宾拉德按次序叫到我。我早就把发言稿背得溜溜熟，上台面对代表们读得还算顺畅，但是我听力很差。

特别荒唐的是，我们根本不知道国际科幻会怎么开，会议有什么程序吧！这个想法都没来得及申报上级领导批准，你看我们当时真是……所以我说无知即无畏，就傻咧咧地闯世界去了。代表们热烈回应我的提议“到中国去”，多国部队代表兴趣盎然，纷纷提问，我如坠云雾之中，反应不过来。我只得告诉他们：“我的翻译病了，我又不能不参加会，就自己来了。但是我的听力很差，你们能不能一个一个地说，说得慢点？”老外简直太实际了，他们问我：“你们邀请我们去中国参加科幻会，能够为我们提供些什么？”

当时波兰和南斯拉夫在竞争1991年年会举办地，我一看，南斯拉夫萨格勒布市和波兰“阿尔法”出版社、《幻想》期刊资料准备充分，详细的会议日程安排甚至包括会议所在地、下榻旅馆、地图、旅游景点……一应俱全，我却只有个口头邀请，什么文字资料都没有。其实当时连我自己都还只有个idea。

这桩事之狼狈透顶，很多年我都难于启齿

杨潇：特别狼狈的是，他们提问说了一个词discount。我不懂discount什么意思，只好说："对不起啊，等一等。"赶紧翻字典，《简明英汉字典》上面只有两个汉字注释——"贴现"。"贴现"？我更傻眼了！天哪，什么叫"贴现"？1989年，可能国人没几个懂"贴现"。我只得说："实在抱歉，你们能不能把一个个问题写成纸条，我到下边准备一下再回答你们的问题？"老外见实在是没办法，只好如此。

临下讲台，我强挤出笑容，抖索着半通不通的英语，恳切然而固执地表示：这次翻译生病未到会造成种种困难，出现这种尴尬局面我深表遗憾，但是，我们一定能办好'91WSF成都年会。

所幸的是，会议秘书斯宾拉德夫人李·伍德通情达理，非常友善。她领着我和柴野拓美夫人柴野幸子走到隔壁房间，李·伍德把问题一个个写出来，柴野幸子写下和中文形似意近的日本汉字。真叫人哭笑不得，三个国家的三位女士，用三种语言三种方式（边说边比画边写），我这才弄清拦路虎"discount"是什么意思，才明白他们的问题。

一九八九年五月，杨潇与在WSF年会上热情帮助她的斯宾拉德夫人李·伍德女士合影。

殊不知这么专业的国际科幻会，老外提的却都是这类问题，比如会场在成都什么位置？北京到成都一周有多少航班？机票能不能给他们“discount”……这才科幻呢，这才是奇谈！那时哪儿听说过机票能“discount”？而且机票问题我哪能决定！我只得说：“这些我都要回去请示后才能回答，但是我保证很快会给你们一个满意答复。”

惨啊！遭遇滑铁卢！兵败圣马力诺！砸锅了！

当夜我无法入睡，甚至没工夫懊恼沮丧，急急翻字典准备应付。原先请翻译准备的都是中国科幻简介，可现在要回答的却都是实际问题。

第二天上午，会议照常进行。各国代表介绍本国科幻、对WSF工作建议、讨论科幻潮流等，我如听天书，不过倒见识了老外怎样召开民间学术会议。

中午，李·伍德请我和幸子到一家餐厅边吃边谈，谈论的主要议题是：各国代表对到中国开科幻会兴趣浓厚，要求减免与会者每人五十美元会议费。老外的吝啬和抠门令人大跌眼镜。我走之前询问过省外办，被告知说，国际会议规矩每人得缴纳五十美元会费。尽管开了国际玩笑，却不敢破国际会议规矩。三位女士又用三种语言三种方式扯皮。

下午我去晚了，哪知一进场，很多会议代表就跑过来，拥抱啊欢呼啊：“Yangxiao, You won！12：9！”“We are going to your Chengdu！”“You are so brave!”“With a little English and lots of determination to do a lot of things.”

在会上虽然我听不懂他们很多表述，但是我反复说中国科幻正在起步，中国这么大有这么多读者，青少年很喜欢科幻，科幻在中国会有很好的发展前景，我们邀请你们来，把你们的作品介绍给中国读者。其实当时我也想得简单，刊物长期稿荒，国内好作品稀缺，既然科幻是舶来品，那就把它舶来。

陡然间柳暗花明，倏地转败为胜！当时我惊喜不已，之后一蒙若干年，反复琢磨其中的中西方文化差异。

这桩事之狼狈透顶，很多年我都难于启齿。

一波未平，一波又起

科幻邮差：但是好像后来这个会又出现了周折？

杨潇：对，我回国的时候是1989年5月，世界科幻协会的组织者迫于某些国家的压力，马上收回了中国的举办权。刚开始还不是重新投票，是直接取消当时的决定，不去中国了。但是因为那次影响很大，中央人民广播电台，还有很多报纸，都播发了1991年中国赢得世界科幻协会年会主办权的消息。我们认为此事重大，不能取消，还得把它挽回来。于是，我们给省里汇报，当时省里很重视，也很希望能够如期举办。省政府派四川省外办新闻出版处处长申再望和我们杂志社组成了代表团，去参加1990年在荷兰海牙举办的WSF年会。

这一次我们三人代表团（申再望、我、向际纯）准备充分，会场里，英文版录像片《四川欢迎你》滚动播放，英文版的会议日程印制精美，住在哪个宾馆，有什么活动安排，一目了然……还特意布置了个中国角。海牙年会我们表现得特别棒，我做了精彩详尽的发言，申再望用标准英文翻译，与会代表人人手持“'91WSF成都年会日程”，会场一派到中国去的热烈气氛。

一九九〇年八月，杨潇在荷兰海牙举行的WFS年会上。台上左起依次为：申再望、杨潇、诺曼·斯宾拉德。

这一次，我神清气爽、满含微笑、落落大方，一扫在圣马力诺的狼狈，一吐1989年那口窝囊气，把丢分挣了回来，还参加了同时在海牙举办的世界科幻大会（WSFC）。那次大会专门举办了一场中国科幻讲演，也挺不错的。我在会场上宣讲中国科幻，翻译在旁边嘛，底气十足。

当然，海牙年会维持了圣马力诺年会决议，在中国四川成都举办1991WSF年会。

科幻邮差：然后就是1991年……

①一九九一年五月，在WSF成都年会热烈而隆重的开幕式上，时任四川省省委副书记宋宝瑞、四川省副省长韩邦彦和WSF当届主席马克西姆·爱德华兹与众嘉宾步入会场。

②一九九一年WSF成都年会开幕式在锦江大礼堂举行，杨潇致辞。

③1991年WSF年会学术交流会在成都成功举办。

④1991年WSF成都年会期间，部分嘉宾留影。左起依次为：杨实诚、××、WSF德国分会理事夫人、杨潇、王逢振、WSF德国分会理事、伊丽莎白·赫尔、弗雷德里克·波尔、郭建中、李利。

功到自然成，“灰姑娘”站在光鲜的国际舞台上

杨潇：嗯，'91WSF成都年会开得非常成功，产生了盛大深远的影响。当届主席马尔科姆·爱德华兹，一个英国出版商，他说：“这是WSF成立十五年以来，开得最成功的一届年会。”

确实，你想，我们国家做事情那是多么气派。省里相当重视，那是四川省1991年十大外事活动之一。会议由四川省政府外事办公室和四川省科协名义主办，《科幻世界》承办。开幕式隆重热烈，学术交流认真充分，卓有成效。去卧龙考察动物活化石大熊猫，去都江堰参观两千年前开凿的都江古堰，会议代表感慨万千。他们对都江古堰至今造福人类啧啧赞赏，说从中还能找到写科幻的灵感。那次科幻会，吴岩、张劲松、韩松、吴显奎、赵如汉等，国内很多年轻科幻作家都来了。

科幻邮差：后来《科幻世界》用了很多年的名号“全球发行量最大的科幻杂志”就是那个时候提出来的？

杨潇：不是，那是1997年提出来的。

1991年我刊发行量惨跌到谷底。我至今难忘那一幕。5月21日，艳阳高照，成都锦江大礼堂，锣鼓喧天，狮舞龙腾，彩带飘飘，人人脸上都洋溢着喜悦。'91WSF成都年会盛大开幕，省领导和中外来宾济济一堂，开幕式隆重而热烈。我身着一袭白色长裙，刻意装扮，为给自己提精气神。开幕式上，我朗声致辞，其实心底汩汩流血——会前刚收到新华书店订单，当年第3期《科幻世界》全国征订数仅仅六百多册！

而1996年《科幻世界》印数上了二十万册，销量稳定，节节上升，让人扬眉吐气！

最困难时，常有几个关键词在脑海浮现：现代化进程、历史的必然通道、不负众望……感谢我们团队，感谢作者、读者和支持者！经历过严冬，才感受得到春天的美好哪！

1997年，我们邀请阿瑟·克拉克来参加'97北京国际科幻大会，克拉克在国际科幻界广享盛名，是巨匠级科幻大师。我们说《科幻世界》销量二十五万册，当时我们完全有这个自信，那几年刊物大幅跨越。

果然！到2000年，《科幻世界》就迈上了三十八万册高台。阿瑟·克拉克来信说：“要是全球的发行商都知道中国有个《科幻世界》，其发行量高达二十五万册，他们都得追着你们来。”所以我一再说，1991年举办科幻会是为科幻正名，因为那会儿科幻还是比较受打压。1991年以后，不少出版社开始出版科幻小说了，出版社比较接纳了。

'91WSF成都年会由四川省政府外事办公室和四川省科协主办，是很光鲜很正面的一个形象，对科幻的那种打压也慢慢偃旗息鼓。而1997年我们就是要为科幻扬名，大张旗鼓，大声疾呼，为科幻鸣锣开道！虽然从1991年刊物就更名为《科幻世界》，但刊物的影响力是逐步深入的，到1997年我们已站上印数二十多万册高台，影响面广，宣传效果与1991年不可同日而语。

1997年召开的国际科幻大会我们策划了个高招，五名美国、俄罗斯宇航员从天而降，在中国大大地掀起了追科学之星的热潮，对《科幻世界》品牌的宣扬力度空前。当然这个过程很艰难，中间也有很多的故事，今天来不及讲了。

1
2
3

① '97北京国际科幻大会（四川）夏令营在成都月亮湾盛大开幕。

② '97北京国际科幻大会期间，受邀的俄、美宇航员合影留念，左二至左七依次为：安·尼·别列佐沃伊、阿·阿·列昂诺夫、格·米·格列奇科、香侬·露西德、菲莉丝·罗斯（杰利的母亲）、杰利·罗斯。

③ '97北京国际科幻大会期间，美国头号科幻迷福利斯特·阿克曼（左）、美国科幻作家、科幻研究者、科幻评论家詹姆斯·冈恩（中）、美国科幻刊物《LOCUS》主编查理斯·布朗（右）登上了长城。

科幻邮差：我记得中国作家协会书记处书记鲍昌在80年代曾经把饱受冷落的中国科幻称为“灰姑娘”，从此，“灰姑娘”这个词跟了中国科幻很多年。一直到90年代的两次科幻盛会才甩掉“灰姑娘”的阴影，站在光鲜的国际舞台上。从杨老师的角度看，这个变化反映了当时时代背景怎样的变化？

杨潇：邓小平同志1992年视察南方谈话，对整个国家的政治、经济、科技、文化——当时还没有提文化产业——都有很大促进。国家大发展了嘛，我们办科幻期刊的，才能够在国家大发展的背景下顺势而为，跟着国家发展。特别是科技日新月异、飞跃发展，大大带动了科幻的拓展。科幻思维和科技思维是密不可分的，科技大发展才有科幻的大发展。也就像当年深见禅说的：“科幻文化是科技在社会生活大发展过程中的一种反映。”

1992 背水一战

1991年更名为《科幻世界》，办成科幻刊物了，也开了国际科幻会，但《科幻世界》印量还是只有一两万册，我们觉得该尽的努力都尽到了，但杂志还没得到读者认可，真是黔驴技穷走投无路。员工们忧心忡忡，整个杂志社笼罩在浓重的阴影之中。

前几天我还找出了我写给吕应钟先生的一封信。在我们最困难时，有两年科幻奖经费是台湾吕应钟先生赞助的。我在信中写道：杂志社的口号是“1992，背水一战”。我刊一路走来有若干个关键节点，1992算其中一个。1992是杂志社内部凤凰涅槃的一年，在我心中分量超常。

那年，我们内部不间断地商榷争论，进行思路大讨论、操作方法大辩论，调整整顿。我心里明白，1992是最后关头，对杂志社对我个人都是如此。

从1984到1992，我执掌杂志社八年，一轮“抗战”都打完了，我们却还在低谷挣扎。大家和我一起艰辛备尝，如果还破不了困局，我会输掉众人信任，小团队会分崩离析，那真是灭顶之灾。我心里透亮，成功向来由众人分享，而失败罪责都在“头儿”，到时只有我背负罪名，独自舔舐伤口，历史历来如此。我好不甘心哪！失败感逼得我破釜沉舟，拼力最后一搏！

1992社内大讨论大调整决定：坚决收缩战线，停止以副养主（包括赚钱的合作出书），专攻主业！杂志社攥紧五指握紧拳头，凝聚全部力量振兴《科幻世界》！

思路决定一切。我们决定首先从市场调研入手。认真做了大量市场调查，发现我刊读者对象其实是初中文化程度。我们原来不太瞧得起初中文化程度，觉得有点儿拿不上台面，原认为刊物办给年轻人看，但至少应该是高中大学文化程度。

通过研究读者来信，到学校调研，询问我们的发行商谁买科幻刊物，到书摊踩点，结果惊诧地发现，我们的主要读者对象其实就是初中文化水平。那么就不得不瞄准他们，把刊物的文化层次降下来，去适应读者市场。

当时日本动漫风行一时，抢了中国大量的市场。我们就和香港金虹公司合作，由香港画家阿恒主笔创作动漫。1993 年我刊改版，三分之一篇幅是科幻内容的动漫和图画，三分之二是科幻小说，文化程度降到初中水平。当时虽然做了大量市场调查，调整稿件改版，但我们对这初中文化程度的刊物还不那么看好。但1993年邮局征订数一上来就是两万八，加上发行部自发数量，一下就跨过三万册那道坎儿达好几万册！而新华书店征订数最低时（1991年第3期）才六百多册。当时邮局和印刷厂都有规定，不到三万册，短版费就要加很多，三万册对我们来说是一道高高的山梁。

到底是天不负哇，接到1993年1期征订数，我喜极而泣，全编辑部欣喜若狂！嗨，这一仗打得真漂亮！我们在市场中左碰右碰，所有员工都把“读者定位”这四个字牢记在心。我们办刊再也不能想当然了，必须先适应这个市场，然后再逐渐引导市场。

后来我看到有人研究《科幻世界》，说1993年的改版对《科幻世界》来说是个重大事项，因为找准了市场。局外人不知，没有1992年社里思路操作大讨论大调整，没有全员凝心聚力背水一战，之后的一切都谈不上！刊物性质定位、内容定位、市场定位、读者定位，我们潜心办刊，长期调研、长期摸索，在办刊中不断调试，才获得了成功的准确定位。

1993年前刊物是双月刊。自1993年起，《科幻世界》改成月刊，同时再次回归邮局发行。

怀念轮流当责编的那些日子

科幻邮差：我们知道，从80年代中期开始，杂志在宣传和营销方面确实下了很多功夫。但是作为杂志本身来说，它的发展还是仰赖于它的质量，这是一本杂志的立刊之本。杨老师作为一社之长，在提升刊物的质量方面做了哪些工作？

杨潇：准确定位之后，关键就是刊物质量了。举办笔会，建立培养作者队伍，提高刊物稿件质量，这些工作主要是我刊总编谭楷老师负责，他付出了大量心血，功不可没。当时分工我抓总，他主要负责作者队伍、刊物质量和宣传。

说老实话，从伏案做编辑工作来说，我个人最认真的就是刚改刊后的那几年。当时我和谭楷老师轮流当责编，比如这期轮到我了，编辑就把他们初选的所有稿件交给我选、改、编发；轮到谭老师了，他们就把稿件给谭老师。那段时间很认真，也很辛苦，经常还得把编发稿件带回家，和作者读者神交于星光下。那些年办刊特别踏实，也特有成就感。

我们的银河奖征文年年举办，新作者不断涌现。1993年，王晋康的出现让我们所有编辑眼

1 | 2

①美国著名科幻作家哈里·哈里森，WSF主要发起人之一，曾在《科幻世界》设奖奖励优秀发行商和优秀读者。图为杨潇在1994年颁奖会上。

②2010年8月银河奖颁奖礼，杨潇为著名科幻作家王晋康颁奖。

前一亮，他那篇《亚当回归》使全体编辑兴奋不已。记得我当时给吴岩打电话说，编辑部收获了一个新作者王晋康，他每期都看《人民文学》，说明当时他的水平较其他作者高了一大截。

从1993年开始，柳文扬、星河、何宏伟、凌晨、赵海虹、潘海天、杨平等一大批新生代作者涌入，到1999年刘慈欣加盟，多年梦寐以求的高水平科幻作者队伍逐步壮大，科幻星空群星璀璨，我们办刊人极为振奋！在我的编辑生涯中，90年代是多么令人怀念的岁月啊。

刊物质量不断提升，一刊已不足以满足读者需求，我们又改刊，向上面申办《科幻世界·画刊》。新闻出版署认为我们发展得比较好，又批给一个新刊号。从1996年开始，我们把动漫等画作挪到《画刊》里去，《科幻世界》整本基本都刊登面向成人的科幻小说，还推出有科幻创意的高科技科普文章，当然还保留了面向中学生的“校园科幻”栏目，把刊物读者水平又提到高中生和大学生。

刊物在不断调试不断改进中不断受到读者肯定，和作者读者的兴奋点频频谐振，《科幻世界》品牌影响力不断扩大，真享受那种成长感。

这事儿没有白做，深感慰藉

杨潇：那会儿我们频频到中学和大学开讲座、见面会、读者座谈会。《科幻世界》1994年开辟版面，办了科幻迷俱乐部。“科幻迷俱乐部”第一任主持人是小雪，以后好多年都沿袭下来以“小雪”名义主持该栏目。国外科幻期刊对科幻迷非常重视，我们从中也受到启示。

你看雨果奖，是很多科幻迷评选出来的。国外的科幻迷是科幻作品最核心的读者，他们大大地成就了科幻文学。在我们杂志社，姚海军和郑军来了以后，他们俩刚开始就是做科幻迷俱乐部。因为我觉得科幻迷俱乐部的工作太重要了，那时我社科幻迷俱乐部在册人数差不多近万人，他们是读者群中的团粒结构。通过科幻迷俱乐部，把我们的影响扩散出去，把读者的需求吸收进来。科幻迷是《科幻世界》的核心读者，起了相当大的凝聚作用，他们热情而坚定的支持也激励我们办刊人坚守。

杂志社年年举办科幻小说银河奖征文，推出自己的科幻作者，这是《科幻世界》能成功的重大举措之一。期刊发行量潮涨潮落，但成熟作者和明星作家群崛起，作家和刊物品牌相互辉映，共同成长，这才是期刊成功的标志。“每期一星”“银河奖征文”“校园科幻”都是我刊的品牌栏目，每期扎扎实实地推出作品，推出科幻银河奖新星。“校园科幻”从中学开始就培养了大量作者。

这次到北京参加银河奖、星云奖颁奖典礼，碰到很多科技科幻界、影视企业界人士，说他们当时是我刊“银河奖征文”“校园科幻”的作者，是科幻迷，科幻改变了他们的人生。时间点石成金呀，把当年的科幻迷变成了各行各业特别是科技界弄潮儿。《科幻世界》确实是站在历史的必然通道上，参与了向现代化进军。

这事儿没有白做，深感慰藉。

3D画又让我刊发行量陡然攀升

科幻邮差：杨老师，《科幻世界》封底的3D画是什么时候的事？

当时，杨潇：3D画……我记不太清楚了。哦，哦，3D画是从1994年开始的。

我弟弟从美国带来一本画册，神秘地说：“你看看。”我看了看说：“这是什么东西？”他说：“别急嘛，你凝神定睛再看看。”忽然，我看出来了，应该说是画中之神奇跳将出来！3D画画中藏画，立体感强，层次分明，赏心悦目，绝了！这种视觉效果产生的快感令人叫绝。

当时我非常兴奋，急于把这份兴奋感传递给我刊读者，就立即拿到编辑部，说：“马上，封二、封三、封底全上。”他们很多人不同意，说：“杨老师你这个是什么东西啊？看不出来。”我教他们看，一旦领略出其中奥妙，众人都乐不可支。

我们连续发表3D画持续了一两年，3D画又让我刊发行量陡然攀升。当时有名的《读者》杂志和《新华文摘》都转载了我们刊发的3D画，3D画又把杂志发行量大大推进了一波。当时影响较大，我们立即联系美国方面，寄去转载费，以免惹版权纠纷。

很多人原来不读科幻小说，但是觉得《科幻世界》很时尚，通过3D画也被吸引到我刊读者群中。凡是和科技沾点边儿适合我刊读者的，我们都刊发。读者觉得阅读《科幻世界》很新颖时尚。

在二十世纪九十年代曾为《科幻世界》吸引了众多年轻读者视线的三维立体画。图为一九九六年第九期『绿色篱笆』。

星星之火，可以燎原

科幻邮差：在《科幻世界》发展过程当中，品牌、作者和读者之间是一个完美的铁三角关系。杨老师主政时期，是如何确保这么一个铁三角关系的？

杨潇：我们当时提的是编者、作者和读者，也就是我们编辑部小小团队，和银河奖征文新星、新生代作者，以及科幻迷俱乐部会员、读者一起，这三者的完美结合打造了我们的品牌。作者、编辑、读者共同成就刊物，很少有刊物有这种共生圈。推出名作者、名编辑，期刊同仁都这么操作，但我们比较特别的是长期维系科幻迷。

很长时间以来，杂志的边栏语都选自读者来信，还有“假如我当主编”栏目等，从读者来信当中筛选大量内容来丰富刊物。他们提供了很多点子，使我们知道读者想要什么。科幻迷是我们扎扎实实的核心读者群，处理读者来信也成了我刊编辑的一大嗜好。《科幻世界》一直传承了这个传统，我们和科幻迷的关系一直都很紧密。

这次科幻大会你们也看见了，2017年世界科幻大会的主席就是一个SF fan。他们对科幻的推动起了相当大的作用，这是科幻文学不同于其他文学的一个特点。走到哪儿，都有很多的科幻迷。2007年的科幻大会我出车祸没能参加，给我动手术的医生之一就是个科幻迷，他说：“哎哟，杨老师，你就是杨潇啊！”他对我特别尽心，也真是沾了科幻的光啊。

现在科幻迷的层次大大提高了，也不再是当年的一小伙儿人，不是圈内小众，如今的科幻队伍包含了很多科学家、科技界人士，各行各业很多高层次的人共同组成了科幻大群体。这次在京出席第二十七届银河奖和第七届星云奖，听了高峰论坛，很多演讲者都说他们是科幻迷，是《科幻世界》的读者，他们现在登台推升科幻事业，发展科幻文化产业，让人备感欣慰。

科幻邮差：这么多年，星星之火终于燎原。

杨潇：是啊。

1 | 2
①1997年北京世界科幻大会期间，科幻迷们从四面八方来到成都参加科幻夏令营。
②2000年10月，杨潇带领《科幻世界》团队参加南京书市。

主编、社长生涯的得与失

科幻邮差：在发行方面，从1989年办《奇谈》开始，《科幻世界》就撤出邮局，开始自办发行，这为后来的发展发挥了巨大的作用。能够下这样的决心是非常不容易的，那么后来在自办发行这一块，杂志社有什么样的得与失？

杨潇：因为自负盈亏，逼得我们到市场当中去摸爬滚打。一次由于一个小失误，印出的产品没法进入新华书店渠道销售，逼得我们自己成立了发行部。发行部肩挑重担，即使低谷时新华书店征订数只有六百多份，我刊的印数最低也有几大千。我刊在新华书店征订只维持了四年，后又回到邮局，毕竟当时邮局比新华书店优势大得多。但无论在哪儿征订，发行部始终是杂志社的营销主力。

当然，发行部成立以后也几经整顿啊、调整啊，它的人员大都是聘用的，不太稳定，发行部的领导也换了很多，但是总的来说发行部为《科幻世界》立了大功，使刊物销量始终大大高于邮局。而且发行部锤炼队伍，历练人才，刘成树就是从发行部主任岗位上被选拔出任副社长的，他现在作为现任社长统领《科幻世界》团队。

当时，我们杂志社挂着一幅全国分省地图，哪个省突破多少营销量，就插上一面红旗，看着地图上大红旗小红旗插满，满目红艳艳，心中的满足感沸腾。须知1991年刊物印数不到一万，而2000年期刊最高印数超过三十八万，好像是三十八点六万。十年里，《科幻世界》销量快速跃升，发行部功不可没。

讲个小故事吧。记得刊物火爆时甚至有书商给我打电话，堂堂七尺汉子竟然在电话中哽咽着说，另有书商敲他的盘子，杀入他的地盘，要求我主持公道。那时，书商们抢着争当《科幻世界》的省销售总代理。而虎落平川时，印刷厂老是拖延刊物交货期。我去要求工厂按合同期交货，那个厂长斜眼看我，不屑地说：杨社长，不满意你就转走，你的杂志堆在那儿都没人要。

我愤然转身而去，继而转厂，撤走“我的”“没人要”的杂志。

科幻红火后，那个厂长来登门道歉，请求回到他们印刷厂。我嘻嘻笑着问他：怎么，我的杂志有人要啦？

当然，销量跃升是建立在期刊质量跃升的基础上，是科幻明星作家引领科幻迷，科幻迷对明星作家对畅销作品不舍追捧，共同把《科幻世界》托上品牌高台，托上大刊高台。

我们一直延续到现在的图书发行，发行部——后来的传播公司——也起了很大作用，当然传播公司这么多年了，应该有长足长进。嗯，从1986年成立到现在，也是三十年了，在全国，应该是相当有影响力的一支营销队伍。

由于我们从1984年就开始自负盈亏，不得不走市场，也成立了广告公司。《科幻世界》从80年代就开始刊登广告，90年代成立广告公司，当时广告公司也做得不错。

要说做产业的话，我们应该算比较早开始尝试，90年代末本世纪初，我们频频和CCTV科技频道接触，想共同做一些影视项目，可能水不到渠不成吧，没有成功。本世纪初，我们和美国迪士尼乐园也有接触，还有和美国的一个北美频道也有联系，他们播科幻节目，也给过我们一些资料，我们也通过他们宣传中国科幻。

1997年我们举办了王晋康作品研讨会，和来参加会议的国内外科幻作家一起研讨。可能由于当时翻译水平不够，我们各方面操作也还不到位，所以当年没能把《生命之歌》推出去。到现在我还是非常欣赏《生命之歌》，读后令人久久走不出王老师布下的思虑之局，那种对人类命运的深沉忧虑，那种对生命的敬畏……

1999年，《科幻世界》编辑部春游全家福（莫树清因病缺席）：（前排左起）张蕾、贺静、顾文瑾、秦莉、贺世华；（第二排左起）阿来、王茂、蓝叶、杨潇、陈进、刘蓉琼、雷祥玉；（第三排左起）邓吉刚、魏家富、姚海军、唐风、吴建忠、田子镒、李伟、谭楷。

杨潇：在期刊界，管理方面我们算是走得比较早，比如说发行部改成传播公司，有公司绩效考核目标；广告公司也是有广告额。奖惩根据绩效考核结果实施。在期刊界，我们提倡企业文化也是比较早的，我们杂志社企业文化特别注重团队精神。我听见后来有些走出去的员工说："作者说《科幻世界》、银河奖是黄埔军校，培养了他们；我们编辑在《科幻世界》里滚了一遭又出去，也学到了很多东西，《科幻世界》也是编辑的黄埔军校。"

《科幻世界》那会儿除了业务硬性指标，比如刚性的销售额指标、广告额指标，还有各种管理规章制度。制度管人，也要以理服人。我觉得管理很重要的一点，是要让人心悦诚服。那会儿我提倡建立杂志社良好的生态小环境，让员工把《科幻世界》当成家，让员工在《科幻世界》得到成长。我主持工作那会儿提出来，不仅要为作者搭建平台，还要为编辑、为员工搭建平台，让他们在《科幻世界》成长。全体员工成长的总和，就是杂志社的发展壮大，很多员工那些年在《科幻世界》也得到了长足长进。

说到得失，遗憾之处就多了。比如说，当时从文学界吸收编辑比较多，把《四川文学》的主编陈进聘来，将《青年作家》的骨干编辑田子镒调进杂志社，后来还调来了阿来、秦莉等。从编辑功夫来说他们文学底蕴丰厚，大大提高了科幻小说的文学性，为提升科幻小说质量品位做出了卓越贡献。但我们当时还做得不够，还该从科幻作家里、从科幻迷里吸引编辑，因为他们是真正入骨喜欢科幻的，他们对科幻的理解往往比资深文学编辑还要深，对科幻核心理念的理解也更加深入。比如，刘维佳进编辑部就发挥了很大作用。当初还欠“猎头”眼光，把姚海军、郑军他们吸纳得晚了，应该更早地让他们在科幻迷俱乐部过渡，把局面打开以后，就调入编辑部工作。当时觉得姚海军是全国科幻迷的头儿，让他来领衔做这个事，但该更早把他放到合适的位置，尽早到编辑岗位工作。另外，也没能很好地发挥郑军的作用，把他留下来……

当然，还有很多很多遗憾事儿。

急流勇退

理想，追求，然后放下

科幻邮差：其实有个问题我一直想问杨老师，2002年的时候，应该是《科幻世界》经过十年的酝酿之后真正进入到发展期，那个时候……

杨潇：2000年期刊销量达到了历史最高点，某期印数接近40万册。那么多年的历练和沉淀，做了海量工作，夯实了坚实基础，期刊影响力不断扩大，作者读者的规模都持续壮大。整个90年代期刊发行量节节攀升。

还记得每次蒋雯（当时杂志社的排版员）把销量图交给我，看着销量红线义无反顾地蹭蹭上蹿，上升的红线把人的心境直带入蓝天！只有经历过失败困境，从谷底爬上来，才能体会到这种由衷喜悦。

1999年我们撞了大运，就是阿来任主编时刊发了《假如记忆可以移植》，人家戏说《科幻世界》高考泄题嘛。那次销量陡增，是偶然中的必然。2000年我们《科幻世界》大幅跃升，当时我们给发行商提出要冲破40万册。

科幻邮差：2000年的时候，杂志社的销量达到了一个历史的顶峰，但是两年之后您就把接力棒交出来了，急流勇退，当时是出于什么样的考虑？

杨潇：嗯，怎么说呢，2002年10月31号，我在杂志社召开了一个会，在会上我宣读了我

一九九九年第七期《科幻世界》部分内容与当月高考作文题目《假如记忆可以移植》撞车，让《科幻世界》一夜之间占据各大媒体头号位置，销量猛增。图为当年第九期回顾此次事件的杂志封面。

的《告别》。在会上，我讲明为什么我会提出卸任，也回顾了杂志社整个发展历程。当时呢，觉得杂志社吸纳了不少人才，包括阿来、秦莉、姚海军等。

我这人对有为青年有点崇拜症，特别看重特别欣赏年轻人，觉得他们会比我干得更好。我继续做也行，各方面似乎调整得比较顺了，顺手又顺心。

那时我们杂志社经常组织业务学习，记得常常是在周二晚上。比如说这次我讲国内期刊行业状况，讲我刊在其中的位置；下次谭楷讲杂志社发展史，阿来讲文学课，传播公司经理讲营销课，广告公司讲广告课，美编讲科幻美术……就是编辑部大家来讲课，也请了外界编辑老师来讲，给员工充电培训，提升我们这个团队的整体实力。

当时杂志社一派欣欣向荣，特色小舞台基础坚实，社会影响力大，发展前景看好，团队协调同心协力，员工满怀希望争相拼搏。我觉得我也就是做到这个样子了。当然对我来说，那时做得较顺手，基础也打得比较好，但是我认为《科幻世界》要不辜负时代，要持续跨越发展，要在新时代统领团队开创新天地，必须要有新的眼界新的眼光。

所以我引用了美国通用电气CFO韦尔奇的话：“累是肯定的，精力不够那倒也是，但最关键的是公司发展需要全新的目光。”我全新的目光还不够，我的积累阅历不够，才智学识不够，加上我的身体，我的家庭……我觉得该有新人来做，长江后浪推前浪，我相信后继者会比我做得更好，所以提出卸任。

科幻邮差：就这么放心地交出去了？

2002年10月31日，杨潇手捧员工所献鲜花和E.T.玩偶，卸下科幻世界杂志社社长重担，将《科幻世界》的未来交到年轻人手中。

杨潇：对。当时还想去为父亲写传，我急于想去做这个事儿，那时年迈老父已身患重病，我想抢救家史。

刘慈欣特别棒，白天实实在在当工程师，晚上进入虚拟空间写科幻，王晋康也是。我这个人能力精力都很有限，不具备他们那种超强的切换能力。我要做什么事儿吧，只能心无旁骛一心一意。那我还是去做我的事，这儿已经有这么好的平台、这么好的舞台，有这么多人来做这个事儿，我相信他们会比我做得更好。

于是，我就提出辞去社长。当时众人一再挽留，我也很感谢大家。在告别演说中，我动情地说，这么多年，我穿上那双有魔力的红舞鞋就止不住旋转跳动，跳得艰辛，也舞得动人，失去不少，也得到很多。

我也说了在这个过程中、在这个集体当中，虽然有很多磨难、很多熬煎、很多困苦，但是由于大家努力做到了这个份上，所有的痛苦都升华为一种荣耀、一种自豪了。我和大家相处非常快活，很享受这项事业，享受这个团队。

科幻是一项光荣而伟大的事业，需要承前启后传承接力朝向银河，会有人比我做得更好。所以我还是急流勇退吧。

我最大的骄傲与遗憾

①银河奖三十周年生日蛋糕。
②二〇一六年九月八日，中国科幻银河奖三十周年颁奖典礼现场。

科幻邮差：我们都知道，《科幻世界》在20世纪的最后那十年，在杨老师的带领下取得了前所未有的成功。实际上，将科幻的星星之火传承下来，本身就是一种巨大的成功。杨老师，在您主持工作的十九年当中，最让您骄傲的是什么？

杨潇：最让我骄傲的……还真没有认真想过。

记得有一次我到张家界去，朋友请吃饭时说起《科幻世界》，旁边有几个年轻人听到了，转过来看着我说：“你就是《科幻世界》的杨潇老师啊？”拉着我又合影又签名，我退休这么多年了，他们还记得《科幻世界》的杨潇，我很感动。

还有这次到北京，参加银河奖三十周年颁奖礼。银河奖颁给了特别贡献奖，我也很感动。我正式办理退休手续是2004年，从1980年进编辑部到2004年退休整整二十五年吧，差不多相当于人生的三分之一了，其中我执掌杂志社小小“帅”印，任主编、社长达十九年，那真是不遗余力，锲而不舍。

值得骄傲的是什么？是我们这个小团队为中国期刊界创办了一份独特的、弘扬想象力的科幻类型刊物；值得骄傲的是，团结众人，在困境中吹响集结号，把濒临倒闭的《科学文艺》改为《科幻世界》，为中国科幻坚守阵地，并发展了中国科幻。

其实，想起来，我们不过是行了科幻奠基礼，打了个基础，数科幻风流人物，还看今朝。我们不过是耐得住寂寞，探寻找准了科幻之路，然后坚持认真做好平凡的事。人生能够做成一两件事就值了，理想，追求，然后放下，如此而已。

还有值得骄傲的是，现在中国科幻界的许多明星作家都是从《科幻世界》中走出来的。当然这是靠作家自己努力，但曾经与刘慈欣、王晋康、吴岩、韩松、何夕们同行，和他们、和数十万科幻迷共同开辟中国科幻天地，足以令人骄傲、欣慰，这是我们科幻人共同的光荣与梦想。

这次领奖时我本来想说一句话，但是当时忘了：我觉得领这个奖，是代表当时的《科学文艺》编辑部，代表仅有的那么几个编辑——莫树清、向际纯等一块儿领奖。因为是大家一块儿走过来的，银河奖当年也是大家一起来创办的，代表他们来领奖。

科幻邮差：代表《科幻世界》的创始团队。

杨潇：对对，代表《科幻世界》早期和中期的同事们，共同领这个奖，共享特殊贡献奖的荣耀。

科幻邮差：那这十九年中让您最遗憾的是什么呢？

杨潇：十九年路漫漫，经历了那么多，失误多多，遗憾多多。

哎，说到这儿我都觉得非常难过，很遗憾的就是柳文扬的事。

柳文扬是我刊的明星作者，备受读者喜爱追捧。他人缘很好，和其他科幻作家都很亲密。他外号叫柳公子嘛，一表人才，像陈楸帆那么帅。特别有意思的是，自柳文扬得了银河奖以后，我怎么老看见这个作者在编辑部旋来旋去？有一次我说：“呃，柳文扬，你怎么又来了？”他说：“我还有一篇作品要交呢。”后来才知道，是我们美丽的女美编蓝叶把柳文扬从北京勾到四川来了。柳文扬为了蓝叶，居然辞掉了北京工业大学讲师工作到成都来，一切都没有着落。

有年秋天，编辑部在新都桂湖公园朝贺这对新人，秋风清拂，莲蓬亭亭，丹桂飘香，柳公子含情脉脉娓娓讲述他和他的蓝叶，美满之情让在场所有人都醉了。多年后，柳公子还对我提到那个难以忘怀的桂湖之秋。

说起来真觉得对不起柳文扬，当时我觉得两口子在一个单位不好，有些事不太好处理，就没把柳文扬调进编辑部。柳文扬是优秀科幻作家，更是慧眼独具、能力超凡的编辑，他才思敏捷，超善“配盘”，《惊奇档案》展现了他出色的策划设计能力。虽说《惊奇档案》在职主编是蓝叶，其实他是幕后主编，包揽了刊物大部分策划、大部分栏目甚至大部分稿件。后来，他们俩双双回北京去了。

2007年7月1日，我突然接到电话，蓝叶在电话那头恸哭：柳文扬走了！我一下惊呆了，不敢相信，天妒英才哪！他才三十七岁！我悲痛得不能自已，悔痛不已，但再也无法挽回。当初我真该给柳文扬搭建平台，人尽其才，让他在社里实现他的人生价值，同时也让《科幻世界》更上一层楼。如果那样的话，杂志社定会竭尽全力救治他。

科幻邮差：那他当时是没有工作的？

杨潇：他就在外面打一点儿工，然后兼职做了《惊奇档案》编辑。我当时不知哪儿来那些正统观念，实在该把他调进杂志社，编辑部需要他，他也向往杂志社。呜呼，斯人已逝，仰望星空，银河痛失一星，但在科幻迷心中，柳公子永生，柳文扬闪光的生命永远熠熠闪光。

科幻邮差：所以之后那么多年，您一直把蓝叶当自己的女儿一样。像《科幻世界》这样的故事在别的地方估计也找不到第二篇。一个是非常有才华的柳文扬，一个是同样有才华的蓝叶。《惊奇档案》的工作量是相当大的，柳文扬工作量最大的时候，据说一本杂志的三分之二都是他主笔？

杨潇：对，实际上他才是《惊奇档案》货真价实的主编。主要是他们这对伉俪把杂志给办起来的，办得相当有特色。

曾经带动了一股科幻热潮的《科幻世界画刊·惊奇档案》停刊后，如今已难觅踪影。

《科幻世界》成功之“道”

科幻邮差：杨老师曾经在一篇文章中这样总结：《科幻世界》成功的要诀是“天道酬勤”。现在回过头去看，您觉得这四个字是不是总结得够精准？

杨潇：我记得我当时说的是，《科幻世界》成功得益于三“道”：天道酬勤那是肯定的，是起码的。任何一个企业，任何一个人想成功，敬业是必须的。

第二个我讲的是“道法自然”，道法自然是根本的，要认识规律、顺应规律才能达到预期，不符合规律那是白辛苦。各行各业敬业勤勉的不少，但并不都能成功。无视规律，不遵循规律，不仅竹篮打水一场空，更会碰得头破血流。

科幻邮差：这个符合规律是不是可以理解为“顺势而为”？

杨潇：必须清楚这本杂志应该怎么办，这条科幻之路应该怎么走，找准了路，顺应规律，顺势而为，所有付出才会获得回报。我对此体会太深了，我们曾做过多少无用功啊。

还有一“道”，就是“得道多助”。我们这一路走来，借光借力，不光是靠我们一小伙儿人，是凝聚了全社会喜爱科幻的人，靠了所有曾经帮助过我们的人。要感谢的就太多太多了。你看，当时我们编辑部一个懂外语的人都没有，我们居然能开国际科幻大会。我们从来都是在志愿者帮助下做事情的，很早就有很多志愿者加入我们的行列。

科幻邮差：在刚刚结束的第二十七届银河奖颁奖礼上，实际上也是银河奖创立三十周年，当我看到您和谭楷老师接过由我们当下最重磅的两位科幻作家刘慈欣和王晋康老师递上的奖杯时，我热泪盈眶，那一刻，之前数十年的付出，我觉得都……

杨潇：都值得了。

祝福我们的科幻事业

科幻邮差：在参加了这次活动之后，对中国科幻有什么样的期许？

杨潇：期望中国科幻稳步朝前发展。

看见这么多人投资科幻，局面如此火爆，当然欣喜。我们长期都在找米下锅，现在居然有这么庞大的资金介入。这桩“生意”中，投资科幻的人士或许会为科幻无穷的魅力所吸引，被科幻无尽的视野所拓展，不计较一时赚赔盈亏，投资未来需要前瞻的眼光。

要积极热情发展科幻产业，但操作层面上要谨慎，在资金面前要冷静。也正如姚海军讲的，《科幻世界》致力于打造系统的科幻平台。这些思路和举措都非常好，《科幻世界》走这一步都晚了点儿，现在终于把步子迈开了。现在的团队做科幻期刊、科幻图书、科幻出版做得很棒，但是科幻产业上下游的开发现在也才起步，一定要谨慎稳妥。

我特别担心开始轰轰烈烈一拥而上，遭遇挫折又哗啦啦地退潮，这样其实损伤是非常惨重的，应该扎扎实实地、一步一步地坚持推进中国科幻。你看现在，上至国家领导层面，下至所有爱好科幻的人，都来加入这个行列。一定要维护这个局势，爱护这个局势，沉沉稳稳地开发中国科幻产业，发展科幻事业。

科幻邮差：今年在北京举行的“中国科幻季”系列活动，我觉得最鼓舞人心的就是李源潮副主席的到会和讲话。他在讲话中专门提出要给科幻插上互联网的翅膀，要插上产业化的翅膀，这两点对于所有科幻人来说都是特别大的鼓舞。我们特别期待科幻的春天，真的感觉离这一天越来越近了，而这些都与以杨老师为首的所有科幻人的付出分不开。

杨潇：我记得当时发奖的时候，我跟王晋康说：“我给你发过很多次奖，现在能得到你给我颁奖，不胜荣幸之至。”

科幻邮差：说到王老师，在您多年的编辑生涯中，一定遇到过很多让您非常骄傲的作家和作品，1993年王老师算是异峰突起。一个作家在一个时代的出现影响了后面无数的作家。我们无论是在校园做活动，还是这次参加各种各样的科幻活动，其实都可以看到无数个年轻的身影受到科幻作家的感召，这也是我们作为科幻编辑最大的慰藉。

杨老师这次来参加访谈非常辛苦，几天前才从北京回来，很快又要离开，日程非常紧。但我相信，这种心理的慰藉一定会在未来给您带来无穷的动力，继续关注科幻的发展，继续关心《科幻世界》的发展，继续关注四川乃至中国科幻产业的发展。我们今天的访谈到这里也就告一段落了，感谢杨老师的热情参与。

杨潇：谢谢大家。

二〇一五年年末，杨潇赴九寨沟观赏冬景，在叠溪海子幸遇珍稀白牦牛，骑在白牦牛背上欢呼：乌拉！

趣问趣答

1. 如果时光可以倒流，您最想回到哪个阶段？

杨潇：记得我们杂志社出过两本《银河列车》，是科幻迷通讯录，我不知道后来还出了没有。《银河列车》当中有一个问题：你最希望的事儿是什么？我当时填写的就是：重活一回，在人世间再走一遭。

2. 从《科学文艺》到《科幻世界》杨老师主政的那些年里杂志发展得越来越好，您的个人身份在其中还是起了一定的作用吧？

杨潇：（笑）怎么能说个人身份呢？不过，你说的个人身份也还是起到了正面的得到各方支持的积极作用，但根本的还是靠我们这个团队的不懈努力。

还有就是我们得道多助嘛，始终得到了各界支持。比如说1991年开科幻会时，由于之前有人告状，尽管当时我们已拿到国家科委批文，但国家科委还是专门委派了科技处处长从头到尾参加我们的会。他来参加会后深受感动，回去汇报说这帮人是怎么殚精竭虑发展中国科幻的。他的帮助一直延续到1997年。1997年召开'97北京国际科幻大会，我们请宇航员时，就是这位国家科委科技处处长帮我们做了大量联系工作。

当年，俄罗斯宇航员已经同意来了，美国的宇航局还没有同意。然后，他们就以国家科委的有利地位告诉美国宇航局，说俄罗斯宇航局派了三名宇航员参加。NASA一听着急了，马上回应我们：派两名做过多次太空飞行的宇航员来。后来美国宇航局给我们提了好多问题，前前后后的联系有六十多封E-mail：宇航员住哪个宾馆，宾馆的位置在哪儿，他们吃些什么，他们的安全怎么保证，等等。宇航员那可是世界宇航的珍宝啊，怎样在一个大场面活动中确保他们安全，美国宇航局要求严格。好些联系工作就是1991年参加我们科幻会的李小夫处长做的，所以我说，得道多助。

对多年支持帮助《科幻世界》的朋友们，我个人内心永远心存感激，也借此机会表达我的衷心感谢。

3.《科幻世界》一直有一个理念就是打造名编辑、名作者。在您的职业生涯中，你对培养作者最深的体会是什么?

杨潇：培养作者，并不单单是和他们讨论、打磨、修改稿件，最重要的是鼓励、支持，推出作品。

我们对很多作者都是这样的，特别是后来的新生代作者，他们起点高，作品都比较成熟，不像早期的，特别不像校园科幻，你还要给作者讲你写作的重点是什么，哪些地方不够，该怎样修改。后来的作者，新生代作家真是比较成熟了。

我记得九一一事件那一年，正好发王晋康的一篇作品，有个编辑告诉我："杨老师，你看王老师正好写了在美国一个双塔被炸，这个敢不敢发啊?"当时鉴于整个情况还不太清楚，稿件马上要下厂，我就给王晋康老师打电话，我说："王老师对不起，现在这个形势还不是特别明朗，我斗胆把你这一小段给删掉了。"其实后来一想，没有必要嘛。科幻作家有些构思真是很神奇，就这么灵。

4.杨老师在《科幻世界》工作的这二十五年，前期主要是作为编辑，后期则是企业负责人。您觉得这两种身份是如何转化的?

杨潇：我觉得编辑相对单纯，主要是对稿件的把握，根据办刊宗旨看稿选稿改稿，联系作者。作为企业管理者的话，面对的就比较多了。首先你要把握航向，操作思路对不对，杂志社发展合不合适，还有品牌怎样树立怎样发展，核心竞争力是什么，编辑团队、作家队伍、科幻迷俱乐部的整体操作，和社会各界的联系，以及对外宣传、对内企业文化、员工的培训与激励、部门间的协调等都要把握。

编辑和企业管理者承担的责任不同，应对就不同。企业管理者所肩负的责任不同于编辑对稿件的负责，要把握企业整体航向，要有决策能力，要能推进执行。公司的利润来源、盈亏点、投入产出比等，这些都是管理者的基本功。

我们当时探索着朝建立现代企业管理制度做了一些转变。编辑部当时也成立了广告公司，成立了传播发行公司，而且还尝试和其他优秀品牌报刊社联合共组了现代传媒公司。整个操作都比较规范化，是现代公司化的那种操作。也正是由于有了现代公司化操作，有了一套较为完整的管理制度，我才比较放心地辞去了社长职务。

但是，就企业管理来说，我当法人期间还是企业化初期，比较粗放，整个层级还比较低，还没来得及深化。

5.在您的心目当中，您觉得四川科幻在整个中国科幻所占的版图中处于什么位置?

杨潇：这次开会，我也听到很多对《科幻世界》的溢美之词：中国科幻的灯塔，一两代科幻人共同的记忆，等等。不管怎么说，无论是从历史还是从现实，在整个中国科幻版图中，四川科幻肯定是一个高地，这是不容分说的。三十多年来，四川一直有科幻优势，这成了四川的特色之一。

目前，北京出现了科幻创作研究团队，还有全国很多产业链的发展，都使这个高地有些北飘外飘了。四川怎样才能牢牢把握这个高地？怎样变空前的挑战为大机遇？怎样在合作中竞争，在竞争中合作？

记得还在1991年，当时新华社某研究所的所长文有仁，就给四川省副省长韩邦彦提出说，四川这么有优势，科幻做得这么好，有这么多相关的资源，建议四川举办科幻节，把这些资源统领起来，作为四川一个很大的优势。但是由于种种原因吧，现在也还没有达到那一步。不过，我看现在成都国际科幻电影周就做得很好。

要是《科幻世界》能成功打造系统的科幻资源整合平台——不仅仅是国内科幻出版重镇，还能成功地与国内外优势公司联手合作，在变局中合作竞争，再成功举办些有影响力的活动，加上《科幻世界》这么多年打造的品牌知名度，与作者多年的合作以及已经吸引的众多科幻迷，四川应该能巩固在科幻版图中的高地地位。

其实，说到底，无论是《科幻世界》还是国内其他许多从事科幻的团队，大家都是在做中国科幻，在共同发展中国科幻事业。

6. 最后请杨老师谈谈对中国科幻的祝福和期待吧。

杨潇：由于科幻作家孜孜不倦，由于科幻迷情有独钟，由于整个中国科幻环境大大改善，由于中国科幻人齐心协力，中国科幻在国际科幻当中已独树一帜，得到了国际科幻界的承认和褒奖，未来一定会有更多的科幻作品走出国门，双向交流。

中国科幻已成长为一棵大树，自立于世界科幻文学之林，还将自立于世界科幻文化之林。让世界瞩目的深受科幻迷喜爱的科幻明星作家群隆然崛起，是个重大标志，标志着中国科幻站在新起点上了。中国科幻文化还会有长足长进，完整科幻产业链，我们期盼了很多年，祈盼梦想成真。当然，路漫漫其修远兮，科幻人尚须努力。

祝福中国科幻迈向新高，科学思维与科幻思维交映生辉，实现我们科幻人的中国梦。

对科幻永葆赤子之心

谭楷

你不停地带着星星旋转，飞翔
给它们力量，给它们光和热……
于是，你像看不见首尾的大队伍，
闪闪发光，在浩渺星空中走过。

TAN
KAI

科幻邮差

今天我们邀请的嘉宾是谭楷老师。谭老师的身份非常多样，既是编辑、作家、诗人，还是大熊猫文化专家，下面，我们专门从科幻编辑的角度，请谭老师为我们讲述在中国科幻发展进程中，他所经历的一段无比曲折也无比辉煌的历史。就从谭老师是怎么进入《科幻世界》的开始讲起吧。

科幻之路的开端

为什么我选《科学文艺》

谭楷：好的。

20世纪80年代，是中国历史上罕见的一个朝气蓬勃的时代。好多过去被批判的东西，那时候都像重放的鲜花。那么《科幻世界》是什么时候创办的呢？是1979年春天，由四川省科普作家协会创办的。创办时并不叫《科幻世界》，叫《科学文艺》。当时有一个流行理论，是苏联20世纪30年代传下来的，叫“用文学艺术来普及科学知识”，这有片面性，没大错，但是后来说成“科幻就是普及科学知识”，那就是“泛工具”论，就不对了。

当时，《科学文艺》的负责人叫刘佳寿。他是四川师范大学的老师，出来办了这个杂志，在筹办的时候我就很感兴趣。为什么我能参与投身在这儿，跟我的经历有关系。我本来是一个文学爱好者，从中学开始就爱好文学。当然后来的生活并不由我，就是说我是“被生活”，被组织安排。我在成都七中还没有毕业，就保送读军事院校，学雷达，尽管我不太喜欢雷达，但不喜欢也得学。学了也就学了，学了以后毕业，就到国防科委的研究所工作了十七年。之后到《科幻世界》当二十几年编辑就退休了，个人经历非常简单。

为什么我选《科学文艺》？因为我调回成都要选择工作，一看到《科学文艺》我就想：这既有我的所长——具备一定的科学知识，我又特别喜欢文学，那么我就去《科学文艺》吧。于是，我就到那儿去当编辑，一当编辑就走不了了，那个时候只有四个人。

科幻邮差：哪四个？

谭楷：刘佳寿、张小凡、贾万超，还有我，对了还有莫树清，五个人。当时就五个人，办公室设在招待所，租了三间小房子，一间房子也就几个平方米。他们叫网兜办公室——就是拿个网兜，把稿子装到网兜里，然后骑个自行车，把稿子拿回家去看。看了以后又拿回来，大家又凑到一起，就这么看稿子。

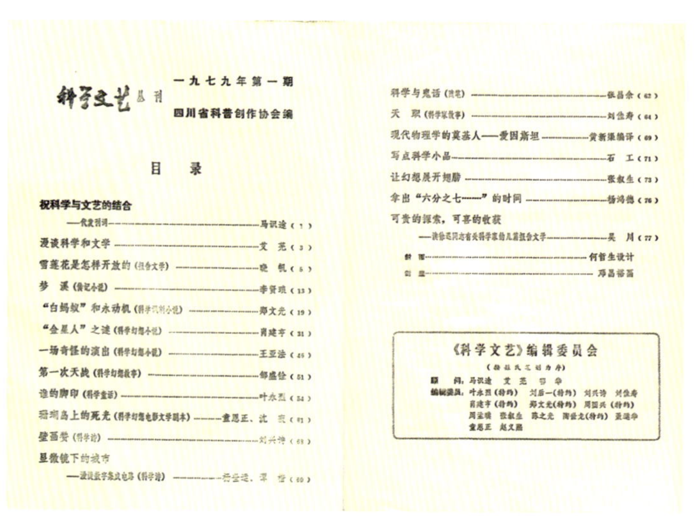
科学文艺 丛刊

一九七九年第一期

四川省科普创作协会编

目　录

《科学文艺》编辑委员会

（按姓氏笔划为序）

顾问：马识途　艾芜　[illegible]

编辑委员：叶永烈（特约）　刘后一（特约）　刘兴诗　刘佳寿　肖建亨（特约）　郑文光（特约）　周国兴（特约）　周孟璞　张叔生　陈之光　陶世龙（特约）　童恩正　赵又骝

《科学文艺》创刊号目录。

灰姑娘总有一天会跳舞跳到聚光灯的中心

科幻邮差：那个时候的杂志好看吗？

谭楷：我觉得第一期第二期是非常好的，创刊号就是《珊瑚岛上的死光》的电影文学剧本。因为当时那个小说很轰动，电影文学剧本也不错。当时《科学文艺》起步很高，一起步就十七八万份。1979年创刊的时候，什么都往《科学文艺》里装，科学诗、科学寓言、科学散文、科学游记，所有的稿子都往这里面装。办了两三年，很快中国就出现一个大的滑坡，“科学热”和“文学热”降温了，一降温我们就遇到一个小寒冬。

科幻邮差：就是那场关于科幻到底姓“科”还是姓“文”的争论吗？

谭楷：是的，然后又是所谓的污染……

科幻邮差：“清除精神污染”？

谭楷：三大污染源嘛，最后一个就是科幻。

其实最开初就是一个争论，并没有什么。有一帮人认为，所谓的科学幻想小说，第一要科学，一定要科学。如果不是科学，那就是伪科学，伪科学就是反对辩证唯物论，反对辩证唯物论，就是反对马克思主义的基本理论，就是反马列，就是反党。帽子太大，太吓人了！

科幻邮差：还有这种逻辑推演……

谭楷：当时也批判了一些人，比如说鼎鼎大名的叶永烈。叶永烈当时有一篇科幻小说讲喜马拉雅山发现了恐龙蛋，说那里的地下是埋葬恐龙的地方。发现恐龙蛋后还把恐龙给孵出来了，让全国人民看这个小恐龙。那个小说挺好的，后来一个科研机构说不可能，这个不是科学，是伪科学。就大张旗鼓批判叶永烈，批了叶永烈又批郑文光，要批郑文光的时候他突发脑溢血，《人民日报》都准备发版了，后来给撤了下来，不然郑文光就……郑文光是归国华侨，是抱着报效祖国的决心回来的。他的夫人还是摄影家协会的，后来当了正部级的党委书记。他说，我们投奔祖国，结果把我们当成坏人这么上纲上线地批判！后来对郑文光的批判就停了。但郑文光一气之下得了脑溢血，从1984年脑溢血以后到他离世，都是说话非常不利索的，就这么瘫了。

1997年冬，谭楷前往郑文光先生（左）家中探望。

郑文光瘫了，叶永烈改行，童恩正出国，这些“天王级”的人都走了。《科学文艺》开笔会的时候，只来了几个年轻作家，其余有影响的作家都不来。最凄凉的时候就是1984年冬天开笔会，不知道谁接的电话，说叶永烈今天要来。我就在火车站等了一宿，结果天都亮了，叶永烈也没来。所以叫“寻寻觅觅，冷冷清清，凄凄惨惨戚戚”，我当时就是这种感觉。“清污”之后，《科学文艺》伤了元气，我就写了一篇很重要的文章，发表在《人民日报》上，题目叫《“灰姑娘”为何隐退》，阐述了一个观点：科幻的功能是开拓广阔的思维空间，而不是工具。

科幻邮差：当时登科幻小说的平台有二十多家关、停、并、转，在这样的背景下，《科学文艺》是怎样一枝独放留存下来的呢？

谭楷：首先我和杨潇都明确两点，它不是儿童文学的分支，它是文学的分支，它就是一种

副刊　人民日报

“灰姑娘”为何隐退

谭楷

一个“灰姑娘”正从“舞会”上隐退。她就是1979年前后风靡一时的科幻小说。据统计，1980—1982年全国年平均发表200余篇科幻小说，而1984—1986年下降到40余篇。目前，可供发表科幻小说的成人报刊，也从20余家缩小到仅存的一家，即四川的《科学文艺》。

“灰姑娘”的隐退，并没有引起多少人注意。因为她缺乏持久的魅力，始终没有走进“舞会”的中心，去赢得众多的爱慕者。有人说：“怪读者。”中国人比较“务实”，一听幻想二字就摇头，加之全民族的平均文化水平不高，科技不发达，目前还缺乏发展科幻小说的条件；有人说：“怪作者。”一般而言，中国作家大多缺乏科技知识，科技工作者又不太重视文学修养，这样，科幻小说的创作者少，作品也少。难怪“灰姑娘”瘦瘦巴巴，不讨人喜欢。

我认为，还是应该研究一下“灰姑娘”本身。

中国科幻小说，首先应该是姓“中”。不少作者并不熟悉外国生活，却热衷于写外国的人和事。粗看花哨，再看乏味，细看太假。其实，科幻小说创作也有个熟悉生活和从生活出发的问题。郑文光是天文学家，他的科幻作品大多与宇航和天文有关；童恩正是考古学家，他的作品常以古庙、考古现场为背景；叶永烈毕业于北京大学化学系，熟悉自然科学，他的科幻小说常以科学家为主人公。他们的成功之作都是写中国的人和事。

其次，“灰姑娘”长得不丰满，与她所肩负的“担子”有关。苏联科普作家伊林提出的“用文艺普及科学知识”的创作原则，在我国通行了三十多年，它对科普创作有一定意义，但用这种模式指导我们的整个科学文艺创作，就不那么合适了。

“灰姑娘”不应该承担，也承担不了普及具体科学知识的任务。科学的发展日新月异，一旦知识过时，小说也过时了。这和过去某些图解具体政策的文学作品一样，政策一转变，作品就过时了。

当代的科幻小说不仅仅要描写科学技术本身，而应该更广泛地表现时代、社会和人的思维在科技革命浪潮下的演变，勾画一个即将到来的、激动人心的时代。杨振宁博士说，没有哪一个科学家是通过看科幻小说来学习科学知识的，但科幻小说的确能开拓广阔的思维空间。儒勒·凡尔纳的小说描写了乘炮弹去月球旅行。这种在人们看来是荒诞不经的奇想，却启发了苏联宇航事业的奠基人齐奥尔科夫斯基去研制现代火箭。“普旋之父”西蒙来克称“凡尔纳是我生命的总导演。”克拉克的小说《太阳风帆》提出了利用太阳风去推动宇宙飞船的幻想，启发了美国的宇航科学家，引起了美国宇航局的注意。象《星球大战》《E·T》《日本沉没》这样在国外引起轰动的科幻电影，可以说没有多少科学意义，也没有很大的文学价值。但为什么大家喜欢？因为它很勇敢很大胆地幻想。专门从事研究中国科幻小说的英国女学者文丽丝说：“我看中国的某些科幻小说缺乏大胆的幻想。如果让西方人读，他会认为不能算真正的科幻小说。”“灰姑娘”压着科普重担，不可能海阔天空地任意驰骋，变成了“有科无幻”的科学解释小说。所以“灰姑娘”要赢得众多的爱慕者，最重要的是她应该从某种模式中解脱出来，充分展示她动人心魄的魅力。这魅力，就是勇敢的幻想。这幻想或许不尽科学，却能激发创造力，引起发明创造。这就是科幻小说最主要的价值。

爱因斯坦说得好：“想象力比知识更重要，知识是有限的，而想象力是无限的。”毫无疑义，今日中国尊重知识、尊重人才的风气正在形成。但许多人还没有认识到“想象力比知识更重要”，没有认识到想象是产生一代科学巨人和大发明家的必要条件。

八十年前，鲁迅就认为，中国应当提倡科学小说。今天，四化建设这样一个好的气氛为科幻小说创作创造了良好的条件，中国应当产生儒勒·凡尔纳、威尔斯、爱伦坡和阿西莫夫、海因莱因那样的科幻小说大师。我们不能一等再等，等到鲁迅的话讲过100年之后，中国的科幻小说仍是一位可怜巴巴的“灰姑娘”。

1987年6月20日《人民日报》副刊头条发表谭楷先生署名文章《“灰姑娘”为何隐退》。

文学；第二点，它的任务不是用科幻小说的形式来普及科学知识，它的任务不是这个。

当时杨振宁，1957年诺贝尔物理学奖的获奖者，他说了几句公道话：“……没有哪一个科学家是通过看科幻小说来学科学知识的，但科幻小说可以开拓广阔的思维空间。”我认为这句话定位很好。后来流沙河先生又说了一句话：“没有想象力的人，是灵魂的残废。”就是说人需要幻想，要有想象力。文学有虚构和非虚构两大类，科幻小说属于虚构文学那一类。

所以我认为，这是我们的定位和任务。如果你真正要宣传哪一个具体的政策，比如计划生育的政策过期了，那宣传计划生育的文艺节目就过时了；宣传合作社人民公社的小说，形势变了，现在就没有价值了。我觉得文学艺术，特别是科幻文学，它的任务很明确，所以我写了一篇《“灰姑娘”为何隐退》。

科幻邮差：不能赋予它的功能太多了。

谭楷：对的，它永远不可能实现那些功能。

科幻邮差：科幻“灰姑娘”这个说法是从哪儿来的？

谭楷：“灰姑娘”实际是从鲍昌那里来的。鲍昌在银河奖颁奖会上讲：“灰姑娘现在是不受人尊敬，她总有一天会跳舞跳到聚光灯的中心，让大家注意到，哦，原来这么漂亮。”他说：“科幻现在还躲在一个角落里。”这是他的一个妙喻。“我们要拥抱这位灰姑娘，我们中国作家协会要拥抱她。”结果他人还没有回到北京，就挨批评了。

银河礼赞

谭楷：为了振兴科幻，我们的第一个重要行动就是搞银河奖。1984年完了就开始筹划银河奖。当时是什么情况呢？北方有个《智慧树》，南方有个《科学文艺》，当时二十多家登科幻小说的报纸和刊物都停刊了，《科学之友》《科学二十四小时》《科学之春》《科学画报》等等都停了。每一个省都有科普刊物，都登科幻小说，结果“关、停、并、转”之后，科普刊物关门不少，登科幻的也就剩两家了。我当时说，他们《智慧树》要办，我们就不办了，两家都办干吗？一家就行。结果是，《智慧树》跟我们一起合办了个笔会。办笔会的时候，大家都觉得好像是“陶渊明写挽歌”了。

科幻邮差：就是说笔会在前，银河奖在后？

谭楷：笔会是在1985年，童恩正来了，郑文光也来了，看望了一下作者。作者只有十来个，两个杂志才十来个作者。两家就合在一起开笔会，然后做第一届银河奖。

科幻邮差：整个那段时期，也就是首届银河奖举办前后，《科学文艺》的办刊方针有没有调整？

谭楷：当时科幻读者的面还很窄，还很少。我们调查了一下，那时纯文学势力强大。就是说，人家都读纯文学去了。中国科幻本身的作品不多，影响不大，而且科学文艺还陷在儿童文学里边的一个分支，给小孩讲的神话故事——就是说科幻属于儿童文学的一个小分支，还很可怜。当时我们就觉得科幻小说是一个很重要的文学品种，但还没有到那一步，还没有长大。那时候中国作家协会会员有好几千，中国科幻作家数得着的只有二十几个，很少。

科幻邮差：银河奖在刚开始办的头一两年，对整个中国科幻产生了哪些影响？

谭楷：我认为，谈影响还谈不到。当时最重要的就是生存下来，使《科学文艺》生存下来。我觉得第一届银河奖和第二届银河奖，前面那几届，是科幻世界艰苦生存和发展的一个标志。因为那个时候，科幻名不副实。为什么1991年有那么厉害的告状信？就是因为好多领导的头脑里还认为“科幻小说是传播科学知识的工具”，违背这个原则就是大问题。同时，认为外国科幻组织想在中国搞“和平演变”。

科幻邮差：2016年正好是银河奖创办三十周年，在银河奖颁奖典礼举办前后，网上流传比较广的是您的那首《银河礼赞》，您还记得那首诗吗？

谭楷：是这样的，新时期以来，大约是1978年底，《星星诗刊》要复刊了。当时有个诗人叫孙静轩，很有名的诗人，他让我写点儿星星。我突然想起《大众天文学》——法国天文学家弗拉马利翁写的一本科普书，于是就写了几十首有关星星的诗，其中就有一首《银河礼赞》。我觉得银河是伟大的，它带领银河系在宇宙深处运动，而银河不断抛弃——比如红巨星最后变成白矮星，最后崩溃——又不断产生新星。银河系是一个活跃的系统，所以我就写了《银河礼赞》……

科幻邮差：（递上诗歌稿件）是这首作品吗？

谭楷：对……（开始朗诵……）

> 银河，星星汇成的莽莽天河，
> 无数亮点织成你绚烂的光波。
> 上亿个太阳在你河床尽情燃烧，
> 每颗小行星在你胸中自由闪烁。
> ……

1 | 2
3

①第一届中国科幻小说银河奖发奖会上，《智慧树》方阵获奖作者与领导及编辑部人员合影。前排左起依次为：李征夫、刘兴诗、肖建亨、周孟璞、温济泽、鲍昌、童恩正、××；后排左起依次为：张静、吴岩、王亚法、××、迟方、王晓达、刁文举、里群、××。
②谭楷在第二届银河奖发奖大会上发言。
③2016年9月8日在北京举办的第30届银河奖颁奖典礼上，著名科幻作家王晋康和刘慈欣为谭楷、杨潇颁发科幻“特别贡献奖”。

《科学文艺》的转型与更名

这叫秘史，不能说的

科幻邮差：在20世纪80年代末到90年代初，《科学文艺》开始了市场化转型，给它的财政支持几乎没有了吧？

谭楷：从来没有财政支持，从来没有。杂志就开办的时候有五万块钱，租房子这些早就用完了，然后一直自负盈亏。后来四川省科协说，《科幻世界》拿的刊号是四川省科普作家协会的，四川科普作家协会没有钱，然后又退到四川科技出版社管。

科幻邮差：那时候好像是科普作协挂了一段时间的名，主管单位是……

谭楷：唉，主管单位一开始就是他们，后来出版社觉得他们又没有钱又没有什么，而四川省科协会给科普作家协会钱。一年给多少你知道吗？

1984年初夏，谭楷费尽心力筹款，使《科学文艺》九寨沟笔会得以顺利举办。（一排左起）谭楷、段星樵、杨潇、张蓉、涂平、××、××、骆新都、王南宁、莫树清、张大成、潘云唐、曹建；（二排左起）贾万超、××、××、阴戈民、××、里群、刘兴诗、郑公盾、周孟璞、刘后一、董仁威、××、张昌余、万焕奎、松鹰、徐开宏；（三排左起）高栈桥、张大放、杨永年、张新泉、戴安常、××、××、蔡威林、李理、胡永槐、××、××、宋宜昌、俞琦、王晓达。

科幻邮差：给多少？

谭楷：那几年最高的时候给一千块钱。我们1984年第一次在九寨沟开笔会，是我到林业厅要了三千块钱。我是野生动物保护协会理事，我就给野生动物保护协会建议，组织一帮作家诗人到九寨沟去看看。他们同意了，林业厅就给了我们杂志社三千块钱。

科幻邮差：实际上是去开《科幻世界》的笔会？

谭楷：对，借着野生动物保护协会这个名。那次只花了不到一千块钱，还省了两千多块钱，五十多个人去九寨沟。我们这叫秘史，不能说的。

当时就这样，说干就干

科幻邮差：80年代末90年代初这个阶段，科幻世界开始酝酿一个比较大的活动，为1991年的世界科幻年会做准备，是吗？这个想法是从哪儿来的？

谭楷：对，当时我们通过上海外语学院的翻译家吴定柏了解到，世界科幻有两个大组织，一个是以欧洲为中心的世界科幻小说协会，它每年开年会，很高档，只要作家参加，不要科幻迷参加。这是一个；另外还有一个就是世界科幻大会，1939年开始的。那个大会最多时有两万人，最少也有八千人。我们一想，我们中国的科幻要和他们走到一起，以外促内。就想到了老外，至少老外来说点话，比我们说话有用。而且我们一看那个科幻作家奥尔迪斯，是邓小平刚接见过的英国名人访华团的成员，说话有影响力，我就说奥尔迪斯可以。我们就想把世界科幻小说协会的年会弄到成都来开。当时就这样，说干就干。

科幻邮差：是世界科幻小说协会年会？

谭楷：如果说法正式些，是世界科幻小说家协会年会，实际上一般不要小说两个字，就叫世界科幻协会，WSF。

往往奇谈之中，有闪光的思想

科幻邮差：那时候《科学文艺》改名了吗？

谭楷：已经改了——《奇谈》。

科幻邮差：《奇谈》改名是怎么回事儿？

谭楷：《奇谈》是这么回事哈，当时《科学文艺》这个名字，大家都觉得一看着就是老古板。当时我们想起1976年批邓“反击右倾翻案风”，批邓小平的理论是“奇谈怪论”。我说科幻，以及哥白尼的“日心说”，也曾被当作奇谈怪论。天外来客、天外的声音、飞碟和未知的世界，都是奇谈，但往往奇谈之中，有闪光的思想。

1990年1月，《科学文艺》正式更名《奇谈》。

科幻邮差：那是在1989年吗？

谭楷：1989年、1990年，然后到1991年就改成《科幻世界》了。《奇谈》刊名用了两年。《奇谈》这个名字不好，容易引起歧义。我们那时候还有个意识，不要把什么科学诗、科学小品、科学散文都塞到里面去，给人感觉重点不突出。我们下决心一心一意搞科幻。就这样，刊名就给改成《科幻世界》了。

科幻邮差：是在《奇谈》期间，您写了第一封检讨信？

谭楷：对。第一封信就是1989年写的，刚改成《奇谈》，就检讨。

科幻邮差：是有人告状？

谭楷：有人告状，然后新闻出版署写了一封信来，是后来当期刊司副司长的复旦研究生亲笔写的，我现在还保存着。她是批评我们的，说我们这个违背办刊宗旨，说得很中肯。不过我们的检讨也很诚恳。《奇谈》报告文学分量太重了，压倒了科幻。读者倒是吸引了很多，但你这就不是科幻杂志了。

市场价值和社会价值是不矛盾的

科幻邮差：其实那时候也是为了经济效益吧？

谭楷：为了生存，就等于一个打工妹，没钱，嫁了老板两年，跟老板也合不来，就走了，就这样。

科幻邮差：杨潇老师上次接受我们的访谈，谈到《科幻世界》办刊宗旨的时候，她说："我们经常会过于强调市场和定位，其实也意味着要以经济效益为目标，而且有些时候会出现对市场的妥协。"那么谭老师那个时候，是副总编……

谭楷：我一直都是副主编，杨潇是主编。后来编辑部发展成杂志社，有了三刊、四刊，杨潇当社长的时候，我来当总编。

科幻邮差：嗯，在那个阶段，经济效益和社会效益怎么平衡？

谭楷：其实这两个效益不矛盾。中国几百种期刊，人家选哪一本？首先读者一看，看到很好的广告宣传词，就会购买。比如宣传"天下第一美女""第一女高音张靓颖"，观众一看就买票了。而人家实际上也唱得不错，这就对了。市场价值和社会价值是不矛盾的。我客观地讲，小平同志的南方谈话对《科幻世界》有极大的帮助。南方谈话很重要的一条你们都没注意，就是不讨论姓社姓资。小平指示，我们搞的市场经济到底是社会主义还是资本主义？资本主义、社会主义都要搞市场经济，你不要讨论。都去讨论这个，十年以后中国才能前进，先别讨论，我们先去干，去实践。我认为这一点非常好。科幻就是要抓住小平的讲话精神，先不讨论是姓"科"还是姓"文"。

当时有个理论，说如果科幻姓"科"，那就是无产阶级的。如果姓"文"，那就是资产阶级的，就是腐朽的那一套，就是威尔斯那些人的那一套，就要批判。可你说威尔斯不好，人家还被列宁、斯大林接见，成为好朋友。所以威尔斯怎么了？他就是反动的？

《科幻世界》从七万份到十万份，就靠这么一件小事情——我们发现了三维立体画。那时中国还没有参加版权公约，因此我们就很大胆地搜了很多特别好的立体画做封底。销量一下从几万份翻到十几万份。这是市场规律，是眼球经济，它就有它好看的地方……

科幻邮差：其实它可能主要凸显了科幻有趣好玩儿的一面。

谭楷：对，就是这个问题。所以说我认为呀，你不管写科普文章，还是儿童文学，都要有趣。曾经北京有一位处长问我什么叫儿童文学，我直接说了一句，儿童文学就是有趣的文学。没趣就别谈什么教育人。

彗木之吻：一定要有好奇心

科幻邮差：之前谭老师聊到身为主编，要办好一个杂志，要讲究两个底气，一个是科学的底气，一个是文化的底气，您怎么理解这两种底气？

谭楷：我们杂志社结构还是不错的。杨老师是北京航空航天大学毕业的，她学的是自然科学，我也算是学了点儿自然科学。太专业倒也用不上，但是你至少有基本的科学知识，基本的科学素养，起码要对科学的前瞻性知识有一定兴趣。至少你不能落伍了。

科幻邮差：要有旺盛的好奇心。

谭楷：要有好奇心，一定要有好奇心，一定要很关注科学。比如说1995年的彗星，当时我们就激动得不得了，三百年来才有一颗大大的彗星要和木星相撞了。这么大体量的彗星，要撞多大一个坑？四百公里的坑！而且会在木星上撞出一千多公里高的火焰，近距离拍的话会非常震撼。这太有诱惑力了。可在城里看不见啊，我们就把天文望远镜，业余爱好者用的那种，搬到峨眉山上去，还集合了一帮人。当时很寒冷，峨眉山上7月份的天，上去还租了军大衣，天文望远镜还调了半天，调到就已经开始撞了，火焰腾起来了！

科幻邮差：那会儿没有网络，没办法看直播。（笑）

谭楷：那一次，我们收获不小。为什么？那天晚上，我意识到，只要一个民族还有好奇心，还能仰望星空，这个民族就有希望，就还可能搞科幻。为什么会这样说呢？

那天我们本来只有几个人，摸黑爬到了峨眉山顶，晚上又冷，我租了军大衣，朝着天文望远镜里看。结果住在金顶的游客问：“你们在干吗？”“看彗星和木星相撞。”“彗星怎么撞？”有人就跑来我们这里看。当时那个火焰特别亮，一千多公里高。来一个人看，就能吸引至少三个人过来。结果那天晚上，峨眉山金顶上就排起了长队，就为了看那么一眼，对着这么小小的镜头，趴着看。通宵把我累惨了。当时有一个学生家长说：“我订了你们《科幻世界》。”我说你为什么要订《科幻世界》？她说：“订《科幻世界》我是想过的，让娃娃读琼瑶的小说，害怕早恋；读金庸的小说，害怕打架。儿子既不能早恋，也不能打架，那咋办？读科幻。”我很感谢这个人，我说：“我们感谢你，非常感谢你！”第二年《科幻世界》的邮局征订广告词就是：让小孩看武侠小说，怕他打架；让他看言情小说，怕他早恋；看科幻吧，让他对科学感兴趣！这个广告词非常好，全国邮局征订的时候就用了这个广告词，这是在峨眉山金顶上，一个家长告诉我的。

科幻邮差：谭老师，在从事编辑工作的过程中，您是如何帮助作者增强底气的呢？

谭楷：作者的底气都是自己的，他们自己就有底气。实际上只要上了轨道——我是这么觉得的——人生就好像发射火箭一样，一级火箭二级火箭控制姿态，三级火箭进入轨道，进入轨道你就别管啦，他就围着转啦。关键是要让他冲得高一点儿，定轨定在那儿。比如说，刘慈欣的轨道就是三万六千公里高的，属于高轨道这一级的。有的时候轨道稍微偏点儿，力量小点儿，这个时候就鼓励他，让他回到自己的轨道。比如说我们有几个作者，我就不说名字了，在他们不想干科幻的时候，就去敦促他一下。包括何夕。何夕写了两个短篇，写得不错的，忽然就不写了，因为他工作太忙了，在银行工作。后来我跟阿来两个人一起去自贡，好像那时候阿来还没得茅盾文学奖，我和阿来一起去说服他重新开始创作。何夕本身就是学理工科的，我叫他重新出山，助推一下他。

1 | 2

①1994年7月17日，谭楷（左）组织《科幻世界》“彗木之吻观察队”奔赴峨眉山顶。右为邓吉刚。

②“彗木之吻观察队”吸引众多游客排队通宵观看天文现象：彗星撞击木星。

品牌打造：我们是搞科幻的，不是搞社会新闻的

科幻邮差：我觉得在《科幻世界》很多年里，尤其是谭老师、杨老师主持的那个阶段，杂志就像一个强大的磁场，最内层是我们一群特别核心的科幻作者，往外走就是数以万计的庞大的读者群。翻阅《科幻世界》早年杂志，可以看到里面有很多关于校园活动的介绍，谭老师那时候也是一马当先，率领编辑部同事走访了很多学校，这个传统是从什么时候开始的？

谭楷：我们很注意调查研究，从《科学文艺》到《奇谈》，再到改名为《科幻世界》，都是征求了读者意见的。经过调查，我们发现读者百分之四十九点几都是初中生，还有百分之几十的高中生和大学生。因为到了高中就要考大学，就没有时间读了。但是高中生读者也有相当一部分，还有大学生。所以我们认为，我们的工作一定要进到校园，要从中学培养他们对科幻的兴趣。所以，我们的校园科幻讲座一直没有停过。成都七中有一个非常棒的语文老师，叫文

仲璟，文仲璟老师就随时在学校里边讲科幻；还有金堂中学叫童华池的语文老师，还有树德中学的，石室中学的，语文老师们动员小孩儿写点儿科幻。这样的话，中学活动我们经常搞，大学活动也很多，像有一次我在西南交大搞活动，是我五十五岁生日那天晚上。

科幻邮差：啊，太巧了！

谭楷：对，我讲完之后，怎么就响起生日歌了？大家就说，谭老师今天是你的生日，然后大蛋糕就抬出来了。我很感动，非常感动。

科幻邮差：杂志做得非常优秀的话，编辑是非常有成就感，非常荣耀的。

谭楷：这种快乐是没法儿说的。

科幻邮差：在《科幻世界》的整个90年代，它在品牌、读者、市场之间搭建了一个非常好的平台。那么，在品牌、读者、市场三者当中，编辑主要做了哪些工作？

谭楷：品牌方面，1994年起国家很注意品牌了。中国的期刊就这么多，当时评了一个一百种重点期刊，重点社科期刊，我们不知道怎么就评上了。入选一百种重点期刊，当时很高兴。也开始有品牌意识。我们知道，美国科幻之所以兴盛，因为他们有《惊奇故事》，在30年代是杂志最鼎盛的时代，也就是雨果时代，他们的编辑搜集了很多短篇，打了非常好的基础。我们也应该走这条路。

1987年，我们去参观了日本的《SF宝石》杂志，它的发行量有好几万份，当时我们很羡慕，后来一直想要超过它。中国人那么多，那么多爱好科幻的读者，一定要把这个品牌搞好。我也遍访了中国名牌杂志，当时最有名的杂志是什么？《读者》，还有《知音》《家庭》，所谓的三大主力，总编都是我们的朋友。我了解他们的套路，《知音》他们有什么套路，我们了然于心，《读者》那就不用说了，两千篇稿子选一篇，它瞄准一个人道主义，迎合了读者的心理……

科幻邮差：《科幻世界》从它们身上学到了哪几个套路？

谭楷：其实并没有，要走自己的路。现在想想，比如《知音》，一个博士生导师和他年轻的女学生谈恋爱不算什么吧，最后跟女学生好又跟丈母娘……就在社会上很轰动，然后就打官司，一直官司不断，越炒越火，封面上就是一些吓人的名字，发表的都是人咬狗的怪事。我知道他们的套路。

科幻邮差：怎么扯眼球怎么来。但是《科幻世界》不这样。

谭楷：我们不能这样来，我们是搞科幻的，不是搞社会新闻的。

①一九九五年六月，谭楷（右一）深入中学校园，在『校园科幻七中杯』颁奖大会上发言。

②一九九七年十月，谭楷（右）在电子科技大学参加『校园科幻系列活动』开幕式。

③二十世纪九十年代，谭楷在某大学作有关科幻现状、发展和未来的主题演讲。

两次大会与高考作文题撞车事件

《科幻世界》泄露了高考作文题?

科幻邮差：说说高考作文撞车的事儿吧，还有《创新指南针》。

谭楷：为什么《科幻世界》一下子发了四十万份？就是因为高考作文撞车的事情。可能杨潇已经讲过了，我不多讲了。这说明什么呢？我们教育要面向未来，面向世界，面向现代化，这是邓小平说的“三个面向”。那么终于有一天，教育要特别强调面向未来了，于是就出了这么一个高考作文题，实际上我们国家总的大政方针是这样的。

我们那时候杂志里有个“每期一星”栏目，杂志前面还有卷首语，讲高科技。卷首正好第七期，阿来写了一篇关于记忆移植的文章，后面“每期一星”栏目的小说也写了记忆移植，就是“假如记忆可以移植”——当年的高考作文题就取了这个题目。很多没有读过科幻的人、读死书的学生，做这种题目非常头疼，做不了这个作文。

但像成都七中、金堂中学，尤其是金堂中学，他们那位叫童华池的老师，平常就训练小孩儿写科幻，还经常在我们杂志社发表。高考语文那一科考完后，学生们就把这位童老师举起来游行，喊：“科幻万岁！童老师万岁！”童老师说：“我从来没享受过这样的待遇。”大家太高兴了。作文占四十分嘛，得三十七八分不得了了，对吧？作文太重要了，大分数。

科幻邮差：针对高考作文题撞车事件，《成都商报》当时登了一篇很大的文章，是不是因为这个契机，《科幻世界》一夜之间就从深街小巷走出来了……

谭楷：不是不是，那时候已经三十多万份了，就这一下又上了新台阶。

科幻邮差：那《创新指南针》是怎么回事呢?

谭楷：从80年代中期到现在，教育部、共青团中央、工会、中国科协，主要是中国科协，搞了一个中国青少年科技创新大赛，其中就有小论文、小发明，还有其他课题研究。小论文小发明得了全国一等奖，就保送读清华、北大，重点大学都要向他们敞开。我们跟四川省科协青少年部合作，搞了一个《创新指南针》，用这个杂志辅导全国的学生怎么去搞小论文，怎么去搞小发明，怎么搞科幻画。结果很受欢迎，一期卖了三万册。

科幻邮差：我那会儿也正好在科幻世界工作，我们当时都觉得杂志社找到了一个新的经济增长点，一个新的品牌就要诞生了。

谭楷：但我们没有坚持往下弄，而我也退休了。

1991年世界科幻年会风波

科幻邮差：科幻是一个舶来品，《科幻世界》为了打造自己的品牌，也走了一条非常艰难的路，因为之前要告诉国人什么是科幻。在这样的背景下，《科幻世界》非常前卫、大胆，先后举办了1991年的世界科幻年会和1997年的世界科幻大会，在当时，科幻的环境并不是特别好，跟今天相比，还是一个非常保守和传统的时代，这两个会的背景是什么？我看到很多资料中提到，尤其是1991年大会。请您介绍一下这个大会的经过吧。

谭楷：1989年，杨潇一个人——用外国作家的话说：杨潇“用很少的英语，很大的勇气”——独自飞到意大利境内的国中国圣马力诺，参加世界科幻协会的年会。在会上确定了1991年的年会在中国开。我们都很高兴，结果因为某些原因，1990年就有很多国家说，不能来中国开会了。为了确保1991年能在中国顺利召开，杨潇、向际纯，还有一位翻译申再望三个人就去做说服工作。那个会在什么地方开？在荷兰的海牙。就大西洋边上，大西洋东岸。我们要从太平洋的西岸，到大西洋的东岸，横穿欧亚大陆。那时候都没有什么钱，杨潇就买了火车票，从北京坐到莫斯科，莫斯科坐到柏林，从柏林坐到海牙。坐了整整八天八夜的火车，双脚都肿了，还拿着很多书去，拿了我们的宣传品去散发。外国科幻作家被感动了，他们说，不可思议，简直是科幻！所以我们就又一次争取到机会。这是第一点。

还有第二点。刚刚过完春节，四川省省长开新闻发布会，就宣传世界科幻协会1991年会到成都来开。当时记者来了，团省委也来了人，包括时任省共青团书记的刘鹏，很多人都参加了。刚开完发布会，忽然北京那边说你们考虑考虑，把这个会给停了，有人举报揭发你们，说世界科幻协会可能是搞和平演变的，我们参加是里通外国。告状信提到奥尔迪斯，说奥尔迪斯偷偷摸摸来的中国。我们就去北京“辩诬”。一个部一个部跑，做解释工作，把《人民日报》邓小平接见奥尔迪斯的照片给首长们看。奥尔迪斯是英国非常有名的布克文学奖的评委，在英国是家喻户晓的作家，而且是英国名人访华团的成员，邓小平接见过，怎么叫偷偷摸摸？我们解释工作做到位了，年会获准召开。

这件事埋下了一个伏笔，当时国务院就派了一个姓袁的处长，国家科委派了一个姓李的处长，叫李小夫。这两位处长是来监督我们的会，看我们是不是有犯规的动作。他们从头到尾看了我们的会，认为我们在非常努力地搞科幻。其实我们做事，光明磊落，不怕谁说你什么的，实实在在为了国家，为了民族。他认为我们的会办得非常成功，组织得非常好。结果1997年开会的时候，李小夫已经成为国家科委国际会议处处长，专门批国际会议。他一看我们来了，说这不是谭楷吗？结果1997年的国际会议批得很顺利。

科幻邮差：《科幻世界》得道多助呀。

谭楷：对，得道多助，所以后来1997年开会，就顺利得很。这之前，国家科委主任宋健还给我们写了一封信，对科幻世界取得成果表示祝贺。

Science Fiction

对科幻世界杂志社给宋健主任来信的复函

科幻世界杂志社：

你们1996年12月26日给宋健主任的传真宋主任已阅示。宋主任对科幻世界杂志社取得的成就给予了充分的肯定和高度的赞扬，并指示我司复函转达他衷心的祝贺！

科幻世界杂志社一直致力于振兴祖国的科幻事业，为发展和繁荣我国的科幻事业作出了不懈的努力，取得了令人瞩目的成就，在短短的几年里，月发行量超过二十万册，成为全球发行量最大的科幻杂志。这些成就的取得，是你们辛勤努力和无私奉献的结果，希望你们再接再厉，为发展我国的科幻事业作出更大的贡献！

我司将一如既往，尽力为发展我国的科幻事业创造条件，积极协助你们办好拟于今年七月召开的国际科幻研讨会。

国家科委社会发展科技司

一九九七年一月三日

一九九七年一月三日，前国家科委主任宋健复函，对《科幻世界》取得的成绩表示祝贺。

老天爷都不能把中国科幻挡住，谁还能挡住

科幻邮差：谭老师，1991年的会议规模有多大？在哪里举行的？

谭楷：会议的规模……嗯，是在锦江大礼堂举行的开幕式。四川省省长张皓若和四大领导班子基本都来了。主要还是副省长韩邦彦，他一直管文化口子，亲自检查接待工作，做得很细。开幕式完了以后就开学术讨论会，讨论会开了两天，然后大家就到卧龙去。在卧龙，我们当时觉得最完美的就是搞了三堆篝火，把卧龙的老百姓都吸引来跳锅庄，全部穿着藏族服装，然后每个人跟熊猫照相。

那个时候跟熊猫一起照相是什么规格？英国女王的丈夫爱丁堡公爵，他到卧龙去，才把熊猫放出来跟他照相。我说，你们享受的是英国女王丈夫的规格。（笑）然后大家就去跟熊猫照相，很高兴，晚上又围着篝火跳舞。

为什么有三堆篝火？那代表美洲、欧洲和亚洲。美洲是美国的波尔点篝火，亚洲是日本的

柴野拓美，欧洲是英国的奥尔迪斯，点燃三堆篝火后大家就跳舞。非常高兴，吃得喝得也很高兴，第二天吃了中午饭正要走，卧龙突然降暴雨，路断成了七段，发生了泥石流……

科幻邮差：那时候交通本来就很落后。

谭楷：卧龙遭了很多祸，堵车曾经堵过半个月。如果这次堵上半个月，有些老人肯定吃不住，一位美国科幻作家都八十二岁了。

科幻邮差：是谁？

谭楷：一下记不住名字了，看他照片我能记得，叫杰克，一个科幻作家，人非常好。他有高原反应，从没在一千米以上住过。来到一千三百多米的地方，他就觉得气紧。我们只有依靠森林火灾的无线电台不断向四川省政府呼救，希望四川省政府派直升机来，把外国科幻作家运走。结果根本不可能……

科幻邮差：困在那儿的大概有多少人？

谭楷：二百多人。

科幻邮差：都是参加这个活动的吗？

谭楷：就是参加活动的外国作家，还有中国科幻作家，以及许多杂志社出版社的人。

科幻邮差：规模相当大呀。

谭楷：《人民文学》的主编王扶，叶圣陶的孙女——《中国少年报》的主编叶小沫等，来了好多好多人。大翻译家董鼎山的兄弟董乐山、傅惟慈，这种大翻译家都来了，与会成员规格很高。卧龙的蒲局长和我一起，带上百人去排险，编辑部的同志们都紧张极了。经过一夜苦战，道路在凌晨五点钟打通以后，大家害怕再下雨，就马上出发了。

科幻邮差：您觉得这个活动对中国科幻有什么影响？

谭楷：用《人民文学》王扶说的一句话："老天爷都不能把中国科幻挡住，谁还能挡住？"她还说："不管是谁告状，还是领导说什么话，还有老天爷跑来挡你们一下，我心里都替你们着急。这要是再挡两天，几十万飞机票怎么赔？出现了重病的人怎么办？后果不堪设想。"后来我说，以后再搞这么大型的活动，千万别去卧龙了。

科幻邮差：但这些经历一定给作家们留下了深刻难忘的印象。

1
2
3

①1991年5月22日，出席成都世界科幻协会年会的日本科幻作家柴野拓美在卧龙点燃了象征友谊的篝火。
②1991年5月，参加成都世界科幻协会年会的外宾在四川卧龙与大熊猫亲密接触。
③1991年5月，谭楷率队通宵抢险，为参加成都世界科幻协会年会的嘉宾打通被泥石流截断的生命通道。

1997北京国际科幻大会空前绝后

谭楷：1991年之后，最大型的一场活动就是1997年的。

科幻邮差：那时大的环境跟1991年相比就好多了。1997年的活动是先在北京，后在成都，怎么想到要采取这种形式呢？

谭楷：我们想要充分地展示大本营啊。我们本来说1997年国际科幻大会就在成都开，后来中央电视台的我一个老兄弟叫骆汉城，他给我出主意说应该到北京去办，我想想也对，更有影响力呀，于是我们就跑到北京。1997年的元旦，四川省科协的主席和副主席带着我和杨潇，一上班就去找中国科协党组书记张玉台。张玉台很支持，马上就定下副主席常志海当大会组委会负责人，这个会由中国科协主办，规格一下子就提高了。后来也比较顺利。

科幻邮差：1997年来的嘉宾中也有一部分外宾，外宾和1991年的有什么不同？

谭楷：1997年最大的特点，空前绝后，就是请了五名宇航员嘛：三名俄罗斯的，两名美国的。

科幻邮差：邀请他们参加活动当时是基于什么样的考虑？

谭楷：我们要把科学和科幻粘在一起。为什么请宇航员？宇航员有点儿面向未来的意思，未来人类要迁徙到火星上住、月球上住，都跟宇航员有关系。而且中国也开始有宇航热了，杨利伟已经送到了苏联去学习，训练杨利伟的叫别列佐沃依上校，我们就把他请来了。

科幻邮差：哇，杨利伟的教练都来了呀。

谭楷：来了。为什么由他去训练杨利伟呢？因为他是上太空次数最多的俄罗斯宇航员，全世界到现在也没有人超过他，他的绰号叫“宇宙搬运工”，因为他把大量东西送到空间站去。这个上校很有太空飞行经验，我们把他请了来。

科幻邮差：邀请这些人都是通过什么渠道呢？

谭楷：科协，四川省科协找中国科协，中国科协找国家科委。因为中国驻外大使馆里边所有的科技参赞都是从国家科委派出去的，不是从外交部派的。所以他们就去请中国驻莫斯科的科技参赞，请他联系俄罗斯宇航局，就把俄罗斯宇航员请来了。

科幻邮差：1997年前后，全国很多青少年刚刚开始追星，《科幻世界》这个举动让青少年在追明星之余，又发现了一种新星，科学之星，科幻之星。当时来的这些嘉宾感觉怎么样？

谭楷：俄罗斯宇航员说得最好：中国太好，中国人民太好，中国人民太热情。“达瓦里希”就是俄语的“同志”，就说中国同志非常好。美国宇航员也对中国印象非常好，那个女宇航员香浓·露西德就是在中国出生的，生于上海的美国传教士家庭。

科幻邮差：这次活动对整个《科幻世界》的品牌塑造产生了什么影响？

谭楷：影响很大。真是空前绝后。以后再也没有谁请到美俄两个国家五名宇航员。因为请不来了，人家不会这样一下来五个宇航员，不可能。有很多机缘在里面。

1997年7月，在太空飞行211个昼夜的俄罗斯宇航员、俄罗斯宇航联合会副主席安·尼·别列佐沃依上校（右）于北京国际科幻大会开幕式上发言。

个人与朋友回顾

流沙河写在墙上的字：遍寻不着

科幻邮差：在整个90年代，是谭老师跟很多科幻迷、作家、科技工作者结下深厚友谊的一个阶段，我觉得在谭老师的身上常常能感受到您对他们的真挚情感，而且保持了多年。即使就在此刻，您的身上依然有这样的热情。能跟我们分享一下他们的故事吗？

谭楷：记不得了，名字太多了——要说的话得去翻老本子。但即使是在海外，比如说洛杉矶、旧金山、温哥华、多伦多，我都遇到过爱看《科幻世界》的人，都说你曾经编的《科幻世界》影响了我。

科幻邮差：刚才您提到了骆汉城老师。

谭楷：他是中央电视台非常有名的记者，写了好多本书。中央电视台很多记者我认为文化不够，功底不够，但他是非常有文化功底的。他写过科幻小说，在我们这儿发过两三篇。他很喜欢科幻小说，文笔也很好。

科幻邮差：刚才翻看《科幻世界》创刊一百期的照片中，看到骆导那时正好到编辑部来了。《科幻世界》去年在北京做活动，骆导也到现场来了。

谭楷：嗯，今年也来了，只要科幻世界杂志社搞活动，他都尽量来，关系非常铁。

——一九九四年八月，中央电视台记者骆汉城（后排左四）来到《科幻世界》编辑部共庆创刊一百期。

科幻邮差：我听说流沙河老师给您题过几幅字，第一幅字是1988年写的。1989年的时候，《科幻世界》就因为更名《奇谈》改变了办刊宗旨写检讨。你俩是最好的朋友，上午听沙河老师讲述的时候，很多次不仅您感动得热泪盈眶，我也感动得热泪盈眶。我没有想到这样一位老人，心里还深藏着对科幻如此深厚的关切和热爱，他的这种热爱又在谭楷老师这里找到了一种投射，觉得有这样一个知己很欣慰。我一直觉得您两位是一对忘年交，但沙河老师他完全是把您作为知己来看待的。

刚才听你们聊天时说起一件事，有一次沙河老师去您家玩儿没找到人，然后就用粉笔在墙上写了一行留言，我听了好感动。您因为搬家很匆忙，没及时告诉沙河老师，他来找您才发现门锁上了，全家已经搬走了。而沙河老师来这边已经是个习惯，隔三岔五要到红旗剧场来找您聊天，过来一看没有人，于是不知道从哪儿找来了一截粉笔头，在墙上写了一段话，说“遍寻不着”。这样的经历，我觉得是“文人相亲”在您两位身上最有力的一个说明。您交的这些朋友，特别能够肝胆相照，真是走入了彼此的心灵，所以在最困难的时候，在您自己都没意识到自己的思想和情绪沉闷到什么程度的时候，沙河老师一眼就看了出来，所以才有了沙河老师的几次题赠，真是太不容易了。今天早上在沙河老师家聆听您两位的对谈，真是见证了一段非常伟大的友谊，特别感慨。

谭楷：谢谢，谢谢。

科幻邮差：另外，我还想再问一个问题，马识途老先生，我在《科学文艺》的创刊号上见过他的名字。今年银河奖创立三十周年，您还带领《科幻世界》的同事专程去拜访马老。马老跟《科幻世界》有什么渊源？

谭楷：第一，《科幻世界》创刊的时候请他写了发刊词；第二呢，杨潇的爸爸和马老是特别好的朋友。两位都是革命老前辈，又有共同的兴趣和爱好。

谭楷看望马识途老先生（右）。

人的生命应该是一条小溪，哗哗哗地不停流动

科幻邮差：时间一晃就是几十年，一本杂志能带动一个国家的科幻风潮，也值得科幻人为它骄傲。谭老师1979年进杂志社到2003年离开，相当于四分之一个世纪。在这二十四年中，您最大的骄傲是什么？有没有留下什么遗憾？

谭楷：最大的骄傲……我从来没觉得很骄傲，人骄傲就有点儿虚浮的感觉。我就是觉得自己没有白干。我喜欢写作，但这二十几年几乎没写什么东西，虽然还有诗歌、短篇小说、科幻作品、科普小品，甚至都有得奖，但我觉得作品太少，自己没有写东西，这个很遗憾。我这辈子虚度光阴……是我儿子经常提醒我，老爸你可以了哈，你当了编辑没有白当，《科幻世界》没有垮嘛。二十多家期刊都垮了，它没有垮。就是这点还不错。我觉得《科幻世界》还能坚持下去，像杨枫，像姚海军，像刘成树等，这些人在继续把《科幻世界》往前推着走，我看着你们的背影就很高兴。大家还在做科幻，在把中国科幻往前推，我就只有这个骄傲。遗憾的是，我们整个《科幻世界》的体制，问题就很大了，不是我今天能够说清楚的。我们自己拼命干的时候，没有想怎么把这个东西在内部机制上进行制度化，更深入地进行改革。这方面我们做得不够，还不够，所以说我跟杨潇觉得很遗憾。

科幻邮差：其实这既是遗憾，也是留给后人发挥的空间。后面的人有思想有想法，有这样的勇气大胆去开拓的话，也能找到一条新路。

谭楷：对，那个时候动不动就说你们是资本主义，要讨论姓“社”姓“资”。但现在你们面临的是新的问题新的烦恼，我们要看到社会在进步。

激情、熊猫和科学文艺，生命的三原色

科幻邮差：四川省科普作协理事长吴显奎老师，也是科幻银河奖第一届的得主，他曾经用三个词来形容谭楷老师，分别是激情、熊猫和科学文艺，说这构成了您生命的三原色。您认同这个说法吗？

谭楷：我觉得他有点儿鼓励我的意思。哈哈，这是他用他的眼光来看我。

科幻邮差：主要您二位有个相同点，身上都有诗人的气质。

谭楷：我是极力避免自己的生命死气沉沉。死气沉沉的不好。人的生命应该是一条小溪，哗哗哗地流，不停地在流动。

科幻邮差：不是小溪，是大河。

谭楷：不不不，就是小溪，弯弯曲曲的，最后反正朝人海方向走，不停地走，就应该是这样。推动它前进的，是每天都要跟外面的世界、跟客观世界摩擦，但是始终要克服种种困难，向着好的方向往前走。生命不可以没有激情。人从生下来到死都该是充满激情的。要过鲜活的人生。第二个，熊猫，我觉得可以解释为大自然，翻译为我对大自然的热爱。为什么我这么忙？那个时候给我两天假，就能在《人民日报》副刊登一篇关于熊猫方面的报告文学，一个整版。《人民日报》登一整版不容易啊。“五一棚”我已经去了多少次了，但最后一次定稿的时候，我又一个人踏着积雪上山，半夜跑到海拔两千六百五十米的山上去。

科幻邮差：那是在哪儿啊？

谭楷：“五一棚”是卧龙的大熊猫观察站。那时候真是挑战啊，很冒险。一般人根本不可能半夜走那些路，我走那些路的时候一点儿都不怕。我是人，属于大自然的人，对大自然很热爱，如果将大自然画成一个具体形象，就是大熊猫。如果一个人，对大自然有激情，回到森林里边去，就像回到家乡一样。大自然不会嫉妒你的。你要唱歌唱多大声没问题，你要跳舞怎么跳都行，你要怎么开放、换什么样的衣服，大自然都不会嫉妒你，因为你比大自然的美差得太远。我认为，人第一要有激情，第二要对大自然有激情，第三是科幻。科幻是什么？是幻想，那么你的脑瓜还要不停地有幻想。我觉得能为中国的科幻事业尽我的一点儿微薄之力，使科幻能往前走，也不错。我聊以自慰。

1
2

①1999年10月，谭楷在第二届全国百种重点社科期刊奖颁奖大会现场。
②1995年4月，“熊猫学者”谭楷和他心爱的熊猫宝宝在一起。

蔡志忠的画 & 流沙河的字

科幻邮差：热爱自然，是一种精神的寄托，热爱科幻，又是一种思想的寄托。这一切成就了一个永葆激情的谭老师……

谭楷：我是看着你们高兴，看到你们年轻人，我就有激情。

流沙河先生（右）在蔡志忠先生这幅画作中的神来之笔，是他和谭楷（左）历久弥坚的友情的见证。

科幻邮差：谭老师，跟我们说说蔡志忠给您画的那幅画是怎么回事吧？

谭楷：有一次，三联书店老板董秀玉请翻译家杨武能吃饭。杨说自己讲话没趣，就把我拽上。三联当时正好买了蔡志忠的版权，蔡志忠也来吃火锅，吃得不亦乐乎，摆成都龙门阵嘛。杨武能教授领衔编了《成都大词典》，三百多万字。我们是因为《成都大词典》结的缘。

科幻邮差：《成都大词典》您也参与了？

谭楷：我参与了编辑工作，担任第一副主编。现在给我三百万元也绝对编不出来，太累了。那天，我们和蔡志忠在人民公园旁吃完火锅，就回锦江宾馆，说坐车回去，我说我不要坐车，我走路。蔡志忠就说他也走路，然后我俩就边走边聊，聊着聊着就聊到阿弥陀佛，聊到佛教，聊到那些源头。他就说，干脆我们去喝咖啡吧，然后我们就到他房间里去喝咖啡，聊到夜里快一点，我说我要走了。他说我给你画张画。他就给我画了一张。后来给流沙河看了，他很高兴，就提词配画。非常绝的诗与画。

成都有很深厚的科幻底蕴，要用起来

科幻邮差：确实是神来之笔呀！谭老师是哪年离开《科幻世界》的？

谭楷：2003年底，到点就马上退休了，那是国家规定的。

科幻邮差：您还在科幻世界任职的时候，经您的编辑团队挖掘出的科幻作家有哪些？

谭楷：最早应该是吴岩、星河、韩松、张劲松和杨鹏，之后是王晋康、绿杨，后来就是何夕、刘慈欣，还有就是一些打一枪换一个地方的。女作者赵海虹、凌晨、彭柳蓉，也是那个时期发掘的，我认为90年代末、1997年前后出的人才特别多。

科幻邮差：那个时候柳文扬出来了吗？

谭楷：出来了，还有刘维佳。

科幻邮差：那个阶段的辉煌，放到现在大的环境来看，全国范围内，包括世界范围内，科幻的热潮还在持续发酵中。但《科幻世界》，似乎一直没有达到我们想象的高度。您觉得最大的问题是什么？

谭楷：我认为在中国办事，领导重视非常重要。比如我建议成都一定要换名片，应该着力打造“科幻之都”。“科幻之都”既可以虚，也可以实。非常好。我认为成都有一个很深的文化底蕴，就是“巫”文化、三星堆啊、金沙遗址这些，是按照中原文化、黄河流域文化来划分的，有很多无法解释的东西在里边，属于“巫”文化。

科幻邮差：都跟想象有关。

谭楷：嗯，像眼睛向外突出的纵目人，这些都是超出想象的东西，所以我认为成都有很深的底蕴，我觉得要用起来。

科幻邮差：在《科幻世界》三十多年发展中，既有过高潮，也有过低潮，要真正让中国科幻进一步发展，还需要什么样的土壤和条件？

谭楷：我认为市场已经在关注科幻了。市场资本进入科幻，是很不得了的，或者现在已经开始了，我感到很欣慰。我觉得现在反过来了，资本对你很期待，对科幻电影很期待——就好像拿着钻石戒指，把项链什么都准备好了，结果出来一个很丑的新娘，那简直是惨不忍睹。科幻电影马上就要掉价。所以我觉得现在只是看起来非常热，包括我们的银河奖、星云奖，我认为这些可能是礼花。很绚烂的礼花，放过了礼花就是一地废纸，我就害怕那样。我觉得，现在真正需要科幻作家还有大量的科幻迷做的，是沉下心来不断出优秀作品，做最基础的工作。

科幻邮差：就是要让我们这个创作队伍潜心创作，耐得住寂寞。

其实在准备今天这个访谈之前，上周我们曾到谭老师家去采集资料，当时在谭老师的书柜里看到了一满柜各种各样的图书。我们以为这里面会有《科幻世界》或与科幻相关的，结果相反，在里面看到了我们完全不了解的另外一个谭老师，在其他各个世界穿越。作为《科幻世界》的功臣，谭老师取得的奖章和证书远没有我们想象的多，而谭老师为中国科幻做出的贡献，您给我们留下的丰厚土壤，以《科幻世界》为平台，以谭老师为核心，在您周围团聚的广大的作者和读者，是我们取之不尽的一座宝库。值得欣慰的是，在今年银河奖三十周年的颁奖典礼上，谭老师得到了迄今为止最高的一个奖赏——中国科幻功勋奖，我觉得谭老师当之无愧。在未来前行的路上，中国科幻发展不可能一帆风顺，外面各种各样的诱惑、各种各样的干扰还是非常多。但如果我们能像谭老师这样永远怀着一颗赤子之心拥抱科幻，中国科幻一定会有展翅腾飞的那一天。今天的访谈就到这里了，谢谢谭老师。

谭楷：谢谢你们。

趣问趣答

1. 您能否就科幻小说给出一个自己的定义或简单描述？

谭楷：科幻小说就是小说，小说就是故事，这是福斯特说的。要有科学的内涵，还要有幻想。我经常说科幻小说就像跳水——那个十米高的平台就是科学，一定要爬到科学高度，然后跳出花样来，就是幻想。

2. 作为一名创作者，您是否会有灵感枯竭的时候？

谭楷：写诗写不下去的时候，我就写小说；小说写不下去我就写散文，写纪实文学。不存在灵感枯竭的问题，几十年没有写，现在来好好写，总有一种写不完的感觉。

3. 您在生活中是不是一个重度科技依赖者？

谭楷：有手机我就用手机，有电脑我就用电脑，没电脑的时候，我就写字了。我觉得对我来说，换笔换电脑或者以后用眼球都可以，人总要表达。

4. 您作为熊猫专家，如果要给一只熊猫起名字，你会起什么名字？

谭楷：枫枫（笑）。正好今年10月，加拿大那一对熊猫一周岁，它应该被取名叫加枫枫，结果给取名为加盼盼，加悦悦。是他们加拿大的人给取的。

5. 假如有一天让您去太空旅行，您会去哪儿？

谭楷：我不去，我恐高。

6. 如果有一本关于您的传记，您最希望用一句什么样的话作为开篇？

谭楷：渴望崇高。人都是活得庸庸碌碌的，我达不到崇高，渴望崇高总可以吧？

7. 如果时间可以倒流，您最想回到什么时候？为什么？

谭楷：像李敖说的，还是北宋、盛唐那个时候比较好，比较开放，外国人都可以做官。如果那样，我就要住万里桥，“万里桥边多酒家，游人爱向谁家宿”，很自在很潇洒的人生。

8. 在二十四年的职业科幻编辑生涯中，您觉得在培养作者时方面，最重要的一点是什么？

谭楷：最重要的还是交流，要多替作者想，帮助作者。比如说，柳文扬第一篇稿子《黛西救我》，我是在退稿中发现的。我一看马上推荐，结果得了银河奖。我后来才知道，是著名作家陈建功在指导柳文扬。

9. 在谭老师心中，四川科幻在中国科幻版图中占什么地位？

谭楷：四川是重中之重，科幻真正的起源地、发源地、发动机。北京也是一个重要的舞台，可北京诱惑太多了。

10. 请您说说对中国科幻的祝福与期待。

谭楷：星光灿烂，汇入银河。

没有想象力的人，是灵魂的残废

流沙河

LIU
SHA HE

谭楷

流沙河曾是四川大学农学院学生，并非文科生。在四川老一辈的作家之中，他是罕见的对自然科学有着浓厚兴趣的作家。他还对未知世界充满好奇心。记得《飞碟探索》的主编时波到成都来找他长谈，他滔滔不绝地讲了几十个飞碟与地球人接触的案例，笃信其真。

我觉得他最适合给我们的作者上“科幻课”，所以，1981年曾在文化宫请他讲“幻”。那天，他从“幻”字说到中国对未知世界的认识，并结合自己的特殊经历，深有感触地说：“想象力对于人非常重要。没有想象力的人，是灵魂的残废。”

我将鲁迅的“导中国人以行进，必自科学小说始”、爱因斯坦说的“想象力比知识更重要”和流沙河说的“没有想象力的人，是灵魂的残废”三句话，作为我的座右铭。

流沙河是不需要想起，而绝不会忘记的中国优秀作家，他对于《科幻世界》的爱，值得大书特书。

我与谭楷的友谊从1979年开始

第一幅字：困顿之时，愿庄子常伴左右

《科学文艺》从20世纪70年代末杨潇、谭楷他们创办以来，我和他们的关系就很密切。当时，我经常到他们那边去，因为我也是一个《科学文艺》的爱好者。

我这个人从年轻时就有一个愿望，希望把科学常识普及开来，但是用什么办法普及？如果用很简单的办法，就很难收到效果，因为科学知识和原则都相当抽象、枯燥。谭楷他们办《科学文艺》，是想把科学和文学结合起来，是想通过文学的样式普及科学常识，直到现在我都认为，这个任务是非常神圣的，是有意义的，特别是对中国这个文盲基数比较大的国家更是如此，这是非常有必要的。除了普及科学知识以外，《科学文艺》还可以使科学圈以外的人受到启发，因为哪怕你不是从事科学研究，《科学文艺》也可以丰富你的头脑，增加你的科学常识，激发你的想象力。

我曾经跟谭楷说过，没有想象力的人，是灵魂的残废，所以我和谭楷关系好不仅是个人关系好，还有共同的志趣。有很多他所从事的事情，都能引起我的共鸣。

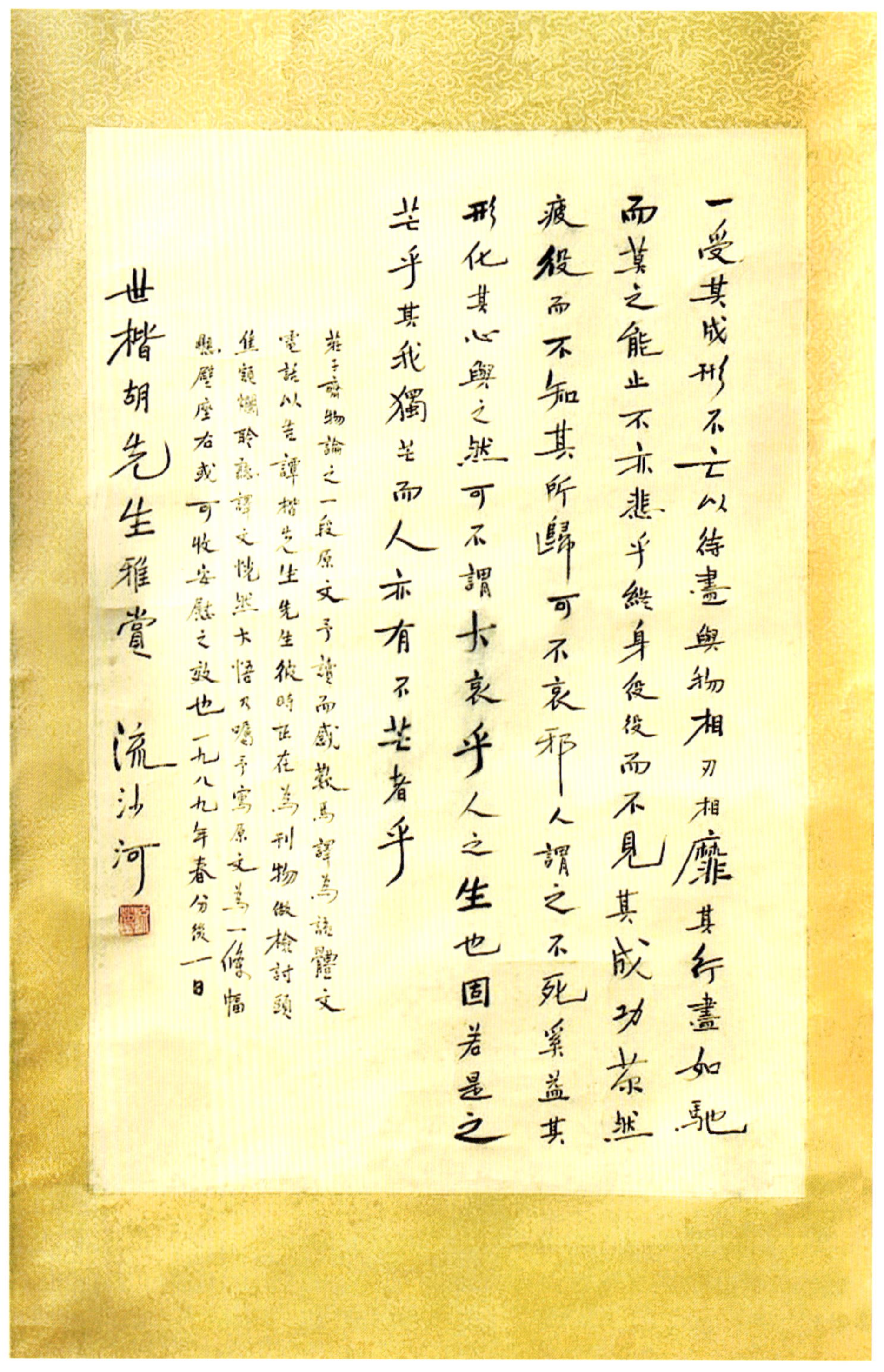

1989年3月，当谭楷为《科幻世界》写检讨深感苦闷之际，流沙河先生题字一幅赠予友人，聊作安慰。

想当初我经常到他们编辑部去。我记得曾经有一次，也是在80年代末，他们编辑部要招收编辑，他们就商量请我出题，我只出了一道题——我写了一篇文章，上面有一百个错误，全部是科学常识的错误。这一篇文章写得相当长，考试的卷子都有两三张，这些错误改一处就一分，这样也好打分。当时我是很认真的，我不认为是在给谭楷帮忙，因为我喜欢他们这个《科学文艺》。

另外就个人来说，我和谭楷的交情也很深。在我还不认识他、连名字都还没有听过的时候，我母亲就提到过他。

那时候，1978年，我在家乡被调到县文化馆去。大概在1979年春天，有一次我下了班回去，我的母亲就说："你快来看，有个叫谭楷的人写了你们原来那个单位。"然后我就看到写的是"布后街2号"（原《星星》诗刊编辑部所在地），从那以后我就知道他了，那个时候我们连面都没有见过。

后来回来之后，他在红旗剧院楼上住，我几乎每个星期天都到他们那里去，去的时候我们都没有摆其他什么龙门阵，谭楷摆的都是科学界的新动态，偶尔谭楷也写一些诗。我就很喜欢听他谈科学界的新动态、国外科学界的新发现。我本来对物理学和天文学就很有兴趣，所以有时候也附和着他谈，特别是我曾经非常迷信过飞碟，Unidentified Flying Object，不明飞行物。

我也写过科幻小说，两篇都登在《科学文艺》上，有一篇写的是飞碟和农村小孩的关系，还有一篇写的是鬼镜，镜子里面有鬼出现。

这些（作品）都受了我在50年代读的苏联科幻小说的影响，因为我读过很多苏联的科幻小说，所以当时跟谭楷的关系好。除了这个，在十二生肖里面，他也是羊，我也是羊，羊就是没有什么进攻性的，只不过我比他大一轮。

谭楷的为人呢，那个时候我就笑他——你就是一个社会工作者，因为一天到晚都在帮别人的忙。所以我就看出了，他当时对《科学文艺》非常之投入，跟他在一起他谈的总是"我们编辑部又做了啥，准备做啥"，甚至他们那边有什么活动也把我叫去。

飞去的大铁环

流沙河

记得那天是星期六，天快黑了，我放学回家，一路上滚着铁环走，偶然抬头，见许多美国空军人员乘着敞篷小吉普，一辆接一辆的，从机场的营房区急驶而来，往K城飞奔而去。他们都歪戴着船形帽，穿着浅黄色的军便服，有的啣着香烟，有的裤袋里塞着啤酒瓶，笑语喧哗，军纪很差。一辆迎面开来的小吉普咕的一声刹住，停在公路旁。一个美国兵在驾驶座上向我招手示意，要我上车去。我认识这个美国兵，他就是操纵高射炮的密斯脱贾克逊。他的那一门高射炮荫蔽在我家大院后面荒坡上的一株老榕树下，站在那里可以俯瞰机场的全景。

流沙河先生基于飞碟幻想创作的科幻小说《飞去的大铁环》。

当然，这些都过去了。后来我们知道，在这一年，在我写这个字的这一年，20世纪80年代末，那个时候中国该往何处去，也是知识界、文化界非常关心的一件事。所以当时各种事件起伏，使人希望，使人失望。谭楷就在这个时候最努力地工作，但也是由于这一年他的工作做得太超前了一点儿，后来就惹了麻烦，就让他检讨。

前期谭楷就很苦恼，因为他想不通："我全部精力都投到这里面，怎么我还要检讨？"我当时就劝他，这些事情还要退一步看。

于是，有个星期天我在他家中，人民南路，我就把庄子的一段原文背给他听，一句一句我给他解释："一受其成形，不亡以待尽。与物相刃相靡，其行尽如驰而莫之能止，不亦悲乎！

终身役役而不见其成功，苶然疲役而不知其所归。”

这段话就是说累得脸上都没有表情了，都还做不完。一天到晚跑来跑去，连自己都不知道要回到哪里，不由人了，“可不哀邪！”这个事情想来还是很悲哀的，“人谓之不死，奚益！”人到了这个时候，活着就没有意思了，还不如死了算了，活得这么麻烦，既要检讨，又要痛苦，还想不通。“其形化，其心与之然，可不谓大哀乎？人之生也，固若是芒乎？其我独芒，而人亦有不芒者乎？”

谭楷并没有读过这些，但是他悟性高，马上就明白了，我认为庄子的好处就是安慰失败者，我和他都是失败者，不是什么成功人士，我们这些人永远不可能有什么成功。

他付出了那么多精力，还要被弄去做检讨，不是非常失败是什么？（庄子）就是安慰我们这些人。我之所以研究庄子，到处讲课，后来还写过庄子，也跟这个有关系，就是退后一步的意思。因为谭楷那个时候应该是他最碰钉子、最想不通的时候，所以作为朋友，我现在看到几十年前给他写的这个条幅我很感慨，这个就是朋友之道，彼此安慰、鼓舞。

我从来没跟他说，谭楷，要去告状，要去跟他们斗争，因为我属羊，他也属羊，天生不适合（斗争），斗不来任何狠，退后一步就算了。我还曾经给他说过一句话——因为到90年代了，他就弄得更加痛苦——我说谭楷你弄清楚，你是在这儿打工，你不是主人，虽然是你创办的，你也不是主人，我们来了都要去的，他就想得通。

第二幅字画：红尘潇洒，愿友灵魂自在遨游

1992年底，蔡志忠先生赠谭楷老师画作一幅，流沙河先生看后有感而发，信手题写了一段话。

蔡志忠先生也给我画过画，他还到家中来过，画的是一条河。我跟他摆过龙门阵，他只读过初中，但他真正有漫画天才。所以那个时候谭楷把他带来，摆龙门阵，好像还一起吃过饭。那时候我和吴茂华（沙河先生夫人）正是刚刚认识大概有十天，原来面都没见过，谭楷都不晓得这个真相。

当初跟蔡志忠结交，是因为我看到他的画就觉得好有趣，谭楷拿给我看，我非常欣赏。

我说这张画好啊。画中人坐的蒲团就是飞碟，你看他眼睛已经闭上，灵魂已经飞往太空，他有一种解脱的状态，所谓禅，就是一瞬间的自得其乐，一瞬间的醒悟。

我后来跟谭楷讨论过，这也是科幻。然后我给这幅画题了两行字：

“身居红尘世界之中，梦入圆融自在之境，蒲团坐成飞碟，灵魂遨游太空。此即禅也。”

第三幅字：淡泊挚友，建焜煌业如临水观星

进入新世纪，《科幻世界》扬眉吐气，迎来了新的历史发展期，流沙河先生深为老友高兴，专门题字一幅赠予谭楷老师。

这幅字写的是：“为淡泊人创焜煌业，临沧浪水观灿烂星。”

“沧浪”指的沧波、大水。苏州有个“沧浪亭”，他们很多人读不来这个音。有一个作家大家喊他“刘沧浪（làng）”，我听着就笑起来了，肯定是“刘沧浪（liàng）”，他们全

都错了，没有文化，因为没有读过《孟子》。孟子的书里说过："沧浪之水清兮，可以濯我缨。沧浪之水浊兮，可以濯我足。"

我就发现，谭楷这一生的确是淡泊明志，他心里是怎么想的，我清清楚楚。我发现，我认识的好多朋友的最后目的都是去当官，但谭楷绝对不是，如果他要去，不知道有多少机会。他没有，始终为人淡泊，创焜煌业，当时全国只有两家科幻杂志，太不容易了，他真的是创了个焜煌业。

"焜煌"见于《古诗十九首》，"临沧浪水"是什么意思？

就说谭楷这个人，能够像孟子引的《孺子歌》上面写的，沧浪的水很清，他就用那个水来洗帽子；沧浪的水脏了，他就去洗脚，还是很聪明。所以说，淡泊人他把一切看得淡，这跟谭楷是我们成都人有很大的关系。我发现很多成都人爱好广泛，有趣味，喜欢谈话，当不来官，当官的都是川东、川北来的。

二〇〇八年，四川发生5·12汶川特大地震后，流沙河先生（右）被住持请到成都大慈寺暂住，谭楷老师（左）前去探望。

邮差问答：科幻让人反思何为正统文学

科幻小说丰富了正统文学

科幻邮差：沙河老师好！上次过来拜访的时候，我们其实已经准备好了一些问题，后来忙着听您和谭楷老师讲故事聊了很久，耽误的时间比较长，就没有忍心继续打扰您。今天我们特意过来，想把这几个问题补充问一下。

流沙河：好的。

科幻邮差：沙河老师，您对科幻小说的定义是什么？

流沙河：从谭楷他们办《科学文艺》起，这就已经是一个问题了。最初叫“科普文学”，一般是着重于普及科学知识，就是讲一个故事来普及科学知识，那么文学只是手段，目的是科普。后来就提出“科幻文学”“科幻小说”，这个概念在很多年前我跟谭楷讨论过。谭楷当时就跟我说其实只有两种，一种“软科幻”，一种“硬科幻”，我听了他的意思，很是赞同。

今天我们面对的科幻小说，基本上是文学，它的目的不是普及某一项科学知识，它的目的是引起读者对科学的关注，对科学的兴趣。它并不是直接向你传播科学知识，因为科幻小说只能顾到一边，你如果把传播科学知识摆到首位，就牺牲了文学。那无非就是编造一个故事，来普及某一项科学知识，从前70年代、80年代初这样摸索过。

后来80年代国门打开了以后，国外的很多科幻小说都进来了，还有台湾、香港这些地区的作品，这些小说基本上是另外一种样式，它是文学。这个文学并非要普及某一项科学知识，而是针对绝大部分与科学无缘的读者，引起他们对科学问题的关注。所以其目的是让人们关注整个科学，觉得科学是有趣的事情，而不是重点传播某一项科学知识。

这是海外的定义。当时，谭楷定义这些都是“软科幻”，我说这是非常显然的，是因为人们读这些科幻小说，首先把它当作文学。所谓文学，就是读者把自己投入作家塑造出来的文学、艺术生活中，这一段生活尤其要让人感受到如日常生活迥然不同。

这样一来天地就广了，因为首先它是文学，文学的目的不在传播某一项知识，是陶冶人的情操，打开人的眼界，引起人的兴趣，还消磨人的时间。那科幻小说就使文学呈现出了多种样式。

国门打开以后，读了琼瑶我们才知道原来有言情小说，当然，这种言情小说清末民初的大陆也有，最有名的就是张恨水的，但国外的言情小说比张恨水的老一套要丰富得多。这是一门新的文学，原来他们完全不承认，认为别人的言情小说比较低级，我不这样看。

一九八六年，流沙河先生参加首届银河奖颁奖典礼。左起依次为：流沙河、童恩正、温济泽。

为什么别人的读者那么多，是因为你们所谓的严肃文学根本没有几个读者，你们置身于读者之外了。如果不开国门，大家还不知道；打开国门，知道了香港、台湾的言情小说，还有另外武侠小说，也是文学。

原来所谓正统文学观念，基本上就是从苏联、德国、法国跟英国来的，那都是历史了。所以像金庸写的武侠小说，那是文学，你个人爱不爱读是一回事，比如我就没有读过金庸的作品，琼瑶的也没有读过，但是我尊重别人，别人有那么多读者，比正统的所谓严肃文学的读者多很多倍，那不是文学，那是什么呢？

这些东西来了，正统的文学应该有所反省，为什么琼瑶的言情小说、金庸的武侠小说有这么多读者？为什么港、台地区的科幻小说这么迷人？再不能闭着眼睛不看或是不承认那不叫文学，我觉得这都是一种启发。

这个启发就和最近的这件事一样，就是鲍勃·迪伦，诺贝尔文学奖授予他了，不管他接受不接受，绝对是有道理的。

因为我知道这个背景，台湾的余光中在60年代就写文章赞扬过鲍勃·迪伦，那时候还是青年人。那些文章都还能找到，60年代初写的，他说这给了诗歌一个启发，诗歌今后如何走上大文化的道路，不然读者群越来越小，那也是对作为文学的诗歌的一种丰富。所以科幻小说、武侠小说、言情小说、名歌手都是一种崭新的样式，这种崭新的样式是随着现代化的生活来的，特别是拿来唱，这就远远突破过去小说只是文字，它们都拥有广泛的读者。

所以我认为科幻小说首先是文学，至于它写得好不好是一回事，它是一种文学样式。也有的武侠小说写得很差，只会模仿别人，言情小说不会写的人也只会模仿别人。但是，科幻小说作为一种文学样式是很有前途、很有未来的，所以我的基本看法是：科幻小说丰富了正统文学。

所以正统的作家，也应该反省“正统”这两个字是什么意思，是不是只有从鲁迅、茅盾、巴金他们传下来的，“五四”以后的才是文学。（笑）所以我觉得科幻小说有广阔的道路，我虽然不能写，想象力也很差，但是我读起来是觉得兴趣盎然。早在“文化大革命”以前，很多苏联的科幻小说已经远远超过中国了。

我看过好多苏联时代的小说

科幻邮差：我们今天采访王晓达老师，他说早年最大的愿望是去做一名焊工，他当时就是受到苏联小说《茹尔滨的一家》的影响，无论是电影还是小说都给他留下了深刻的印象。

流沙河：我还看过好多本苏联时代的小说。

科幻邮差：都有哪些？

流沙河：我记不清名字了。有一篇是写他们一个考古队偶然在亚细亚发现了一个中世纪以前的遗址，这个遗址就是在沙漠当中，有一片悬崖对着阳光。有一个考古队员突然看到悬崖的崖壁变成屏幕一样，映照出古代的一只恐龙在那里走。结果他后来解释，是古代的一种沥青——石油化合物里面含了另外的成分，阳光从某一个角度照射，它能起到摄像机的作用，哪怕过了万年，遇到那个瞬间又会回放出来。

科幻邮差：看这个小说的时候您多大呀？

流沙河：二十多岁。这篇小说你如果放在科普的维度去讨论，科学家绝不赞成，但是我读了以后深受吸引。

还有一篇，讲一支考古队到中亚细亚阿拉伯的一个古国，考察古代的一个天文观察所的遗址，考古队员奇怪，怎么到了那里心里变得特别快活？后来发现，那里的岩石含有某种放射性元素，修建这里的人有意地利用了它使人愉快这一点。

如果正经的科学家来看，会觉得这个说法未免太不着边际了。苏联在那个时候的科幻小说一样很吸引人，因为人们都有对未知事物的强烈好奇心，科幻文学就是抓住了人的这一点。

与正规的小说不同就在于这一点，正规的小说就是满足人类对正常生活中的社会现象、人物的重新观察。科幻小说一样满足读者对科学上的未知事物的好奇心，所以我读了外国科幻小说才知道，它们与中国早期的科普文学完全不一样。比如像高士其他们，就只能普及科学知识，因为那个时候的想法太实用主义了。

而今天科幻文学堂堂正正地来了，是文学当中的一个门类，它不属于科协管。（笑）而且作为文学，它完全能够生存下去。

科幻邮差：沙河老师您好像在早年也写过两篇科幻小说？

流沙河：都是谭楷他们鼓励的结果。

科幻邮差：有没有比较满意的一篇？

流沙河：不满意，我个人从没对自己满意过，但是谭楷说我写的那个《飞去的大铁环》是非常好的，非常吸引人，那就是所谓的软科幻，中间假设性的东西太多。但是，如果没有这个，就不能称之为“幻”了。你们了解这个“幻”字吗？

2010年8月，流沙河先生在中国科幻银河奖颁奖典礼上致辞。

“幻”就是变化的意思

科幻邮差：“幻想”的“幻”吗？它的由来请给我们讲讲吧。

流沙河：“幻”就是变化的意思，变得你完全认不出来了。我来画给你看。这个字古代就有了。古代见于《周书》《尚书》，三千年了。这是原文，周朝政府下的命令，诪言为幻，用来骗人，指的是什么？就是周公那时候，社会上有很多变魔术的人，后来把魔术叫作幻术。周代的人不准许这个，所以这个“幻”字已经非常古老，研究文字发现它是这样来的。这个字就是“幻”。

科幻邮差：这是一个整体的字？

流沙河：是两个字，这个字是“予”，这个字是“幻”，后来我就发觉，这个（右边）是画的蝌蚪。这个是蝌蚪变了，这个是蝌蚪在水里面，这个是上了岸，蝌蚪后来长了脚，最初的小青蛙还有尾巴，蝌蚪变成青蛙就叫“幻”，完全变了一个形态，这个是一种解释。

还有一种解释认为，这两个字都是“幻”，说这两个都是织布机上面的梭子，“鱼”加一个“木”字旁，就是一个“梭”，所以这是梭子上面带着线的尾巴，之所以这样画，是因为可以来回跑动。如果你的眼睛专注看这个梭子来回运动，人就会产生“幻”，迷惑了，这是对这个字的另外一种解释。

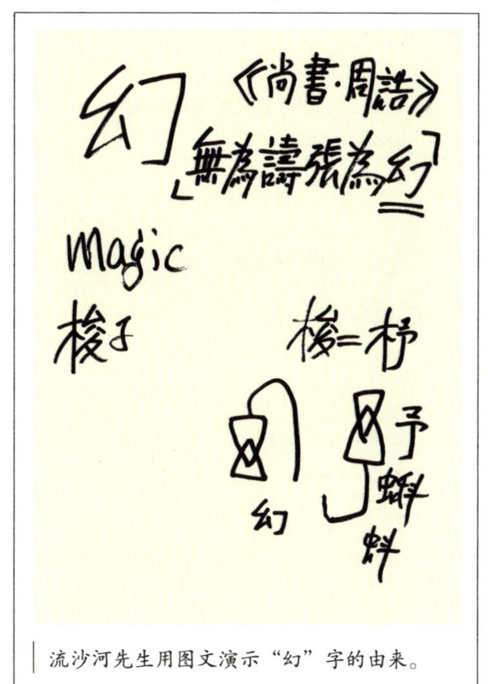

流沙河先生用图文演示“幻”字的由来。

科幻邮差：我觉得这个解释也很有道理啊。

流沙河：就是一种奇妙的变化。有什么问题你继续提，看我们都说到一边去了。（笑）

最期待自然学科取得重大进展

科幻邮差：上次听您跟谭楷老师聊天的时候就知道，以前你们经常会一起讨论科学的最新动态。

流沙河：期间就讨论了好多次“软科幻”“硬科幻”。

科幻邮差：我想知道，你们在讨论前沿科学的过程中，沙河老师最期待哪个学科取得重大进展？

流沙河：那当然是自然科学咯！我告诉你，《参考消息》最末的那一版常常登一些最新的科学发现，包括天文学、考古学、远古人类学、基因遗传学，这些我都极有兴趣。我虽然老了，不能写这些了，但我作为读者还是非常爱这个。

我也不是对某一门学科感兴趣，甚至数学也有兴趣，比如最近人们在追求的最大的素数，据说已经可以到七千多位（笑），大家提出素数有没有终止的问题，这无法证明（笑）。比如其他宇宙学中的暗能量、暗物质，这是个假说。再比如黑洞的推断，宇宙边缘的一些发光体的光发生了弯曲，表明那里有一个强大的物质，但是天文观测也无法确认，这就有了黑洞的推测。

科幻邮差：沙河老师这样的好奇心保持了一辈子，很神奇啊，一边在考证字的源流，一边又在追踪最新的科学前沿动态。

流沙河：其实我研究古文字已经几十年了，最近马上要完成的一部著作也是有关古文字研究的，写的基本上还是一个故事，写完我就写不动了。八十五岁了，眼睛和嗓子都坏了。

好奇心：用中国名字命名行星

科幻邮差：作为一名非常资深的天文学和物理学爱好者，假如您发现了一颗行星并要为它命名，您打算如何命名呢？

流沙河：实际上，行星的名字历来都是以欧洲文化中的神祇来命名的，比如天王、海王、冥王，冥王叫Pluto（笑），木星是Jupiter，星座也带着鲜明的西方文化色彩，他们的大熊、人马就是我们的北斗、南斗。这个问题太悬空了。但是，如果我们中国人又找到一颗小行星，那么中国人就有资格去命名。已经有的是，月球表面有个环形山叫祖冲之环形山，有一个小行星是南京紫金山天文台给命的名，也是某位天文学家的名字。

至于行星，基本上没有几个人发现。你想美国那个汤博在1930年发现了冥王星，定为太阳系第九大行星，过了几十年又取消了。中国人要想发现一颗行星，就更加困难了。发现海王星的是法国的勒维耶，还有一个英国的亚当斯，结果取名还是“海神”。

中国人要发现一颗行星不现实，我们的天文设施、光学天文仪器、无线电天文仪器都赶不上别人那些大的设备。能够发现一颗小行星，就靠天文爱好者，一年三百六十五天，每天晚上都守着好好找，或许能找到一颗。

如果真正能找到一颗小行星，我觉得应该给它起个中国名字，叫“孟轲”。孟子，战国时代的孟子，因为孟子有一句话，在孟子的书上，好像他们都没有查到，“天之高也，星辰之远也，苟求其故，许千岁之日至，而可知也”，就是不管天有多高，星辰离我们有多远，如果我们把道理弄透了，千年之后的夏至那天是哪一天，现在我们都可以推断出来。这是孟子说的，这句话是很惊人的，做得到。现今天文学，研究历法的一下就推出来了，但最初说这个话是两千三百年前的孟子，孟子一定是对天文学有所了解，他没有在著作中来说。

屈原也是一个对天文学很有理解的人。屈原写他在被流放到汉江北岸湖北那边，夜晚做梦要回到楚国去，“曾不知郢路之辽远兮”“南指月与列星”，是凭借天空中的星座找到了哪个方向是南。（笑）

科幻邮差：那个时候没有雾霾。（笑）

流沙河：不是，他是凭黄道十二星座。“曾不知孟夏之短夜兮”“南指月与列星”，指定了是在孟夏，孟夏相当于现在的6月份。他梦到在孟夏的时候，他的灵魂要赶回祖国去，找不到方向，他就看星座，因为他知道孟夏的时候在夜晚正南方，过子午线的是黄道星座中的哪一座，凭这个他就知道哪边是在南方，所以屈原也一定是懂天文的。庄周也是懂天文的，庄周在《天运篇》就提出了好多个天文学问题，都可以把它们的名字拿来用，表明古老的中国早就有人关注天象。

对世界永远充满好奇心的流沙河先生。

我是《飞碟探索》的忠实订户

科幻邮差：好像上次听沙河老师说您是飞碟迷，是吗？

流沙河：是在70年代跟80年代初。

科幻邮差：是不是早先也在看《飞碟探索》？

流沙河：嗯，还不只是看，我是它的忠实订户。我订了好多年的杂志，垒起来都好高，后来全部送给了我的一个小兄弟。

科幻邮差：您有没有想过心目中的飞碟是什么样子？

流沙河：我在60年代就是《天文爱好者》的读者，每一期，我从乡下，就是成都驷马桥、将军碑方向的凤凰山，当地有个农场，我从那儿赶进城去买杂志。

科幻邮差：那会儿你住在那边吗？

流沙河：住在农场里的，我在那儿劳动。赶上星期天，一个月有一次，就是总府路那里有一家卖刊物的店。当时，《天文爱好者》每一期我都在那儿买，因此，天空中的星座、北半球四十四个星座大部分我都能认。黄道十二星座烂熟于胸，这个白道是月亮的轨道。

二十八宿，我能够背，中国古代的“角、亢、氐、房、心、尾、箕、井、鬼、柳、星、张、翼、轸、奎、娄、胃、昴、毕、觜、参”，欸，还有一个是什么（笑），四七二十八个才背了二十一个，噢！还有“斗、牛、女、虚、危、室、壁”，总共二十八个。这是中国古代天文学的知识。

科幻邮差：啊，您的记忆力太强悍了！有没有想过自己心目中的飞碟是什么样子？是不是像个飞盘一样？

流沙河：不，那个时候我非常相信飞碟，我读了好多与飞碟有关的书，香港一个朋友、一个报纸编辑，他就知道我特别爱好读这个，他在香港只要一有关于飞碟的著作就买给我。很多啊，后来我就入了迷地读，那个时候我真是相信。

有时候我出差到外地去，80年代，夜晚在火车上就守着窗口，因为这是看天空的机会，结果一次都没有看到。（笑）

科幻邮差：希望看到一次飞碟。（笑）

流沙河：我给你说，这一类事情，不管其有无，有的可能性太小太小，但是人保持着对神秘事物有一种追踪的兴趣，还是说明这个人心还没有老。

至于有没有，那都是科学问题了，我不是科学家，没有这个本事解答。

科幻邮差：您第一次知道飞碟这个概念是什么时候？

流沙河：第一次知道这个啊，是十六岁，1947年。

科幻邮差：啊？这么早你就知道了？

流沙河：我当学生，40年代。

科幻邮差：那个时候就有“飞碟”这个说法？

流沙河：有，这两个字都有了。第一次有，是1947年的某家报纸上，说空中有什么东西飞过，怀疑是苏联搞的什么事情，后来苏联说，他们也不知道，他们哪有那个本事。后来就有了“Flying Saucer”，就是有这个字了。

有了这个字，才有后来美国商人阿诺德的事——他驾驶小飞机经过美国西海岸华盛顿州，那里有个莱尼尔山，经过山的上方，看到九个类似盘子一样的东西从天空飞过。然后记者就问究竟是什么样子，他说就像盘子旋转着从水面上飞过去，所以后来记者就把它写成“飞碟”了。他说的是就像这样飞，并不是说像一个碟子的形状。

科幻邮差：我知道飞碟这个概念都是80年代了，但我也好相信飞碟啊。

流沙河：（笑）你想我是在40年代就知道了。

科幻邮差：80年代那时候我刚刚上小学四五年级，眼睛已经近视了，那会儿看《飞碟探索》那个杂志迷得不得了，在课桌上写作业我就总喜欢把窗户打开，希望有一架飞碟可以把我接走，治好眼睛再送回来，但是最终也没有接走。（笑）

流沙河：我说嘛，这一类事情，人只要还保持着对神秘事物的兴趣……

我觉得科幻文学也有这个（功能），让人们对未知的大自然满怀好奇之心，不要以为一切都被发现殆尽了。这个就像法国天文学家弗拉马利翁所言：“你以为一切都发现了吗？真是无比的荒谬，这好比把有限的天边看作了世界的尽头。”（笑）

所以人要保持这个好奇心，科幻文学如果能够保持这个好奇心，就能够使人年轻。

如果时间可以倒流，我最想回到宋朝

科幻邮差：既然谈到了年轻，谈到了青春，我想问问沙河老师，如果时光可以倒流，您最想回到什么时候呢？

流沙河：宋朝嘛！

科幻邮差：为什么呢？

流沙河：北宋是中国文化最繁荣的时候。宋以后就不行了，社会大倒退。元以后，起来一个朱元璋的文化政权，胡乱整，整个明朝也把中国整得不像话，很荒谬。不过，眼看汉文化得到某种程度的恢复了，然后又是另一劫，再一破坏，完了。

只有宋代，宋代有两样东西可以使我们想回到那里去，一个是张择端的《清明上河图》，是吧？汴京城的市井生活；还有就是南宋孟元老写的《东京梦华录》，全部写的汴京城的日常生活，那些非常吸引人。

科幻邮差：如果有一本您的传记，希望用一句怎样的话做开头？

流沙河：写谁？

科幻邮差：写您。

流沙河：噢，绝对拒绝。

我遇到好多回了，人家说要给我写传记，我坚决不干！绝不同意！我自己也不愿意，因为我们这一生太可怜了，不值得拿来说，而且很滑稽，我们不是在生活，而是在被生活，我们不是自己想要选择什么，而是被造成了什么。

你要知道所有的传记都装模作样，我看了好多传记。不来，何况我也没有什么值得特别拿来说的，坚决不来。

友谊之道：君子之交淡如水

科幻邮差：好的。前次来您家中听您讲述和谭楷老师之间的友谊，我看到谭楷老师眼眶都红了。

流沙河：因为我跟他相处了这么多年。

科幻邮差：那想问问沙河老师，什么是您心中的友谊之道？

流沙河：我们这个叫君子之交淡如水，真的是淡如水呀。谭楷连吃饭都没有请我一次，我也没有请谭楷吃一次（笑），但是两个人非常信得过，从80年代初期起就信得过。我就觉得我也理解他，他也理解我，虽然我们年龄差距这样大，但是作为朋友还是非常好。

流沙河先生（右）和谭楷老师坐在一起总有摆不完的龙门阵。

真正有用的东西是看起来无用

科幻邮差：沙河老师曾经说过：“没有想象力的人，是灵魂的残废。”

流沙河：这是我跟谭楷说的。

科幻邮差：在平时的创作中，您觉得科学幻想都给过您什么样的灵感？

流沙河：人要有想象力。你知道人为什么要学平面几何和立体几何（笑）？我认为，是训练人的想象力。因为你要说这个学来有什么用，确实平面几何和立体几何我们学了一辈子，可能都找不到任何一个地方用。但是，真正有用的东西是看起来无用，实际上它就是训练我们的想象力，还有训练我们的逻辑思维能力。

所以人不能够缺少想象力。人家说人和牛最大的区别，牛永远只知道低着头看地下的草，哪里草好吃就行；人还要仰头看天，还要看周围的人，还要看山看水，看够了眼睛一闭，还能够想象。人类的各种文明离不开想象力。如果没有想象的话，人就还处在很低级的阶段。

科幻邮差：就还没有完全脱离动物这个级别。

流沙河：哦，动物就没有什么想象，牛跟马你很难说它想象到了什么。（笑）

科幻邮差：您觉得四川科幻在中国科幻的版图中处于什么样的地位？

流沙河：哎呀这个我就没有资格谈了，因为我没有全面研究过。你要知道千万不要把我算到这个队伍中，因为我是另外一个队伍的人，只是有时候还很感兴趣（笑），而这中间有很大的原因跟谭楷分不开，我从80年代跟他交往，凡是他知道外面的科学动态都要跟我讲，哎呀两个人讲起来觉得很有趣。

科幻邮差：非常感谢流沙河老师接受我们的采访，给我们分享自己的科幻人生，讲述您和谭楷老师之间长达四十年的珍贵友情。祝您身体健康，一切顺遂！

流沙河：谢谢。

科幻"雇佣兵"

刘兴诗

幻想，

从现实起飞！

LIU XING SHI

人生经历

人物回忆

科幻理念

趣问趣答

科幻邮差

◎ 科幻的历史需要保护，如果有谁能作为新中国科幻风雨六十七年的亲历者和见证人，用记忆为我们抢救那些已埋藏在岁月中的科幻历史，那一定非八十五岁高龄的科幻“老兵”刘兴诗老师莫属了。今天，希望通过刘老的讲述，带领我们穿越那段跌宕起伏的岁月，触摸中国科幻发展史中的人和事。

人生经历

最重要的作品，是自己的人生

科幻邮差：要回顾新中国科幻历程无疑是一项宏大的工程，但历史离不开人，从某种角度来说，刘老的科幻历程也是新中国科幻发展的一个写照。刘老，我们都知道您在1952年就开始了科普创作，也曾形容进入科幻圈子是被“抓壮丁”，请给我们说说您的科普科幻之路是怎样开始的吧。

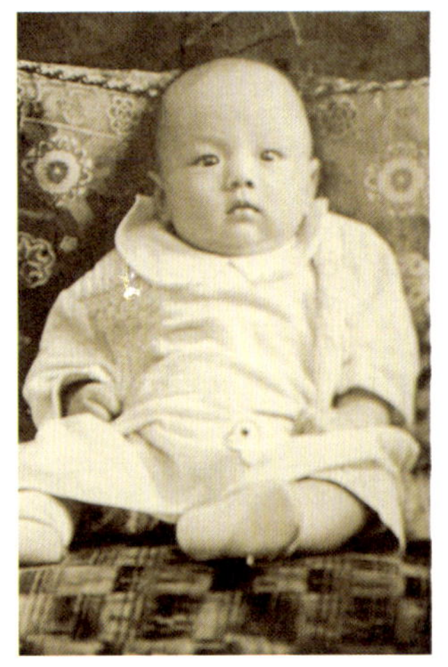

刘兴诗先生百日照。

刘兴诗：好的。其实对于一个人来讲，最重要的作品不是文章，是自己的人生。我曾经接受过很多媒体采访，中国的、外国的都有。一问起我的人生，我都这么讲：我出生在烽火连天、哀鸿遍地的岁月。遇着外国的媒体我就讲：“I was born in the hard time of China.”为什么这么讲？因为我出生在九一八事变那一年，1931年，那不是烽火连天吗？那时洪水淹没了整个武汉，那不是哀鸿遍地吗？人家就会问了，这跟你一个吃奶的小孩有什么关系？当然有关系！

那时候我家在汉口黎黄陂路上海里，现在不叫这个名字了，小胡同内的一栋西式双层别墅。顺便说一下，我出生的那栋别墅靠近宋庆龄的故居，到今天，还被武汉作为古建保护单位挂牌保护着。

那一年，武汉大水，洪水快淹到我家二楼的窗口了。我爸弄了条小船，我妈抱着我，从窗户出来，接着上了一艘英国太古轮船公司的轮船到上海去。我太小了，被洪水一泡、江风一吹，一下子患了小儿惊风症，昏迷不醒，完全失去了知觉。你们猜，这时候那个英国船长怎么办？他带着一帮水手过来说：“这个小孩不能死在我的甲板上，谁知道有没有什么传染病呢？”说着，就要把我扔到江里面去。

我父亲是什么人？我的父亲刘静，从进入社会就和当时的大革命有不解之缘。他是早期的同盟会员，中国第一代兵工专家。北伐的时候，孙中山把他召到广州，担任少将军事委员、总统府参议。那时候，我父亲正配合四川军人赖心辉带着一个军，也算是一位将军，可是此刻无兵无将，一点儿办法也没有。多亏许多中国旅客站出来，对那个蛮不讲理的英国船长说：“这个孩子还没有死啊！就是死了，也不能随便往江里扔！”

一位北京老爷爷过来，说我的年纪小，拿了同仁堂的一颗叫万应锭的药切碎，给我吃了一点，我哇的一声哭着醒了过来，这才有了我后来的生命和一切。今天这种药大陆没有了，1949年药方被带到台湾去了。

这件事情我当然不知道，是我妈讲给我听的。她叫我一定要记住，在国家衰弱的时候，外人连一个婴儿也不放过。这就是帝国主义。当你在危难的时刻，谁也没法保护你。你爸是将军，将军又怎么样？只有人民大众才是真正的保护人，对不对？这件事情永远不要忘记。

所以我的一生贯穿着两条主线：坚决反对帝国主义，向人民群众感恩。这解释了我的一切。这就是那一代在抗战烽火中觉醒的孩子们的共同心声，是我们毕生追求的奋斗目标。

出国或留下，我选择的是留下

刘兴诗：我人生的第一个板块，主要是逃难。南京大撤退前，一直逃到重庆。我的一本书《抗战难童流浪记》，写的就是这一段历史。当然，那是小说，不是我自己的真实故事。

后来抗战胜利，我没有机会上战场了。但是在那个时候，我逐渐目睹到当时社会的黑暗腐败，所以从初中二年级开始我就参加学生运动，经历过很多非常危险的活动。

那个年代的重庆，是旧中国的缩影。我眼里看、心里想，不由自主地悄悄走进了一次又一次游行示威的队伍。我和谁都没有联系，只是凭着自己的良知去做。

我父亲是比较同情进步方面的，所以有什么情况，马上就送消息来。

科幻邮差：父亲当时跟您是分开的吗？

刘兴诗：嗯，我在南开中学住校，每个周末才回家。有一次沙坪坝戒严，大逮捕，两位老师被特务抓走了。我和几个同学追出去，堵住了他们。两位老师被一副手铐扣住，直向我们摇手，暗示我们快离开。特务一变脸，掏出手枪硬邦邦顶在我们的胸口上。我们手臂挽着手臂，用胸口顶住枪口，硬是拖延了很久，给大队同学赶来支援争取了时间，痛打了一个走得慢的特务。埋伏在旁边的特务朝天开枪，被打的特务就朝人群开枪射击，打伤一个同学，又抓捕了两个同学。而那两位老师在新中国成立前夕，牺牲在中美合作所的大屠杀中。

另一次，沙坪坝通宵戒严逮捕学生。第二天，我们有一批材料要运出去。父亲同情学运，做过一些事情，其中包括曾经搭救过已经准备捆送军法处审判，后来的四川省总工会主席和新中国驻尼泊尔、南斯拉夫和民主德国大使彭光伟，以及其他三名中共地下党员。对当时的局势，他的态度十分明朗，所以我就把那批材料带回家藏匿。

刘兴诗先生幼年与父母合影。

从南开中学回家有三条路。第一条经过沙坪坝正街，必须经过三青团团部，那些“二警察”可能会乱来，经过那里非常危险。第二条沿着田坎小路到瓷器口，刚刚戒严结束，鬼鬼祟祟走小路太显眼。我选择了第三条最危险也最安全的路，决定带着这批材料，经过中美合作所的大门口回家。

谁知刚走到那里，就看见结束戒严任务回来的特务武装队伍正在下车，一个个戴着“志农”臂章，不是有志于农村，而是继承戴雨农，也就是军统头子戴笠的遗志，可见有多反动。我记得很清楚，那些军车的牌照是军0001、军0002……可见这是什么部队。路非常狭窄，我不能回头了，只好硬着头皮往前走，和他们肢体相接，硬挤了过去，侥幸过了这一关。如果当时打开我的背包检查就完了，哈哈。（笑）

还有在街上撒传单，水龙头对着我们冲、棍棒朝着我们打，那些事儿就更多了。

父亲和我都对时局彻底失去了希望，盼望中国能够有一个新的变革，盼着山那边的好地方。这一切很快就来了。

一位很有名的旅美华裔科学家说过一句话：“很幸运地在每一个选择的关头，都做出了对自己人生最有利的选择。”可是在那个环境中成长起来的一代人，所选择的却绝对不是自己的利益，而是时时刻刻考虑国家的需要。

我人生的第二个板块，是南开中学和北大。

当时，张伯苓校长把天津南开迁到重庆来。这个学校对我有很大的影响，我接受到了很多教育，其中最重要的，是怎么做人的教育和时代的教育。

1949年大转变，那时候刘伯承的部队已经打到了当时川东南的酉（阳）、秀（山）、黔（江）、彭（水），林彪的部队打过贵阳，贺龙的部队快到大巴山了，重庆非常危险。

海外的伯父匆匆赶回来，叫我父亲当机立断，离开大陆。父亲没有答应。抗战胜利的时候，他的好友陈仪从福建省主席调任台湾省主席，约他一起去工作，担任台湾省的一个厅长，兵工署长俞大维又要他离开重庆第25兵工厂，到高雄接收两个兵工厂，他统统都没有答应。此时此刻兵败如山倒，当然更加不会去台湾了。

伯父又转过来跟我讲：“你要念大学了，第二天天一亮就跟我走，美国、日本以及我国的香港地区、台湾地区随便选。”但我不可能去。

我这一生只有一个理想，追逐的只有九个字——国家的独立、富强、民主。所以对待这个人生的重大问题，出国或留下，我选择的是留下来。

第二天，伯父和父亲抱头大哭一场，从此永别了。

我还可能去做自己渺小的作家梦吗？不！

科幻邮差：那年您十八岁？

刘兴诗：是的。新中国成立了，我们多么兴奋啊！我日日夜夜梦想的祖国独立、富强、民主，是不是就可以实现了？这个从少年时期就形成的梦想，是我生命历程的基调。

那时候，正好遇着重建新中国的热潮和朝鲜战争。对这场战争的评价，我们今天姑且不谈，只说当时的情况吧。

那时候，所有人都怀着一种说不出的激动心情来面对这一切。我们南开中学毕业生有三分之一参军参干走了；因为要打仗，三分之一的家长不许子女离开，叫窝在家里面不准动；另外三分之一，一百多人吧，其中有四十多个考进北大清华，占百分之四十左右，这个录取率够高了吧？那一次是我和另一个同学杨训伍带的队，录取后集体到北京报到。

想一想，许多同学都是高才生，可以成为未来的专家教授，却没有一个人考虑自己，或是一个个慷慨悲歌参军，走上烽火连天的战场，有不少还牺牲在异国他乡；或是响应号召参干，直接投身到社会激流中，默默无闻过了一生。

我喜欢写文章，想当作家，但是处在这个时刻，我还可能去做自己渺小的作家梦吗？不！那样似乎有些太卑鄙了。

我没有多想，就选择了地质专业。因为国家建设首先需要矿产，地质工作最艰苦、最危险，这样的工作我们不干，谁去干？另一方面，这个选择也和我的五叔刘丹梧有关系。他被叔公刘庆恩送出国，到日本学习地质。他在四川开发了广元煤矿，经常到重庆来，和老地质学家黄汲清、李春昱、常隆庆、谢家荣、李四光等非常熟悉。

我在他的引导下，很早就在小龙坎地质调查所和北碚认识了这些老前辈。后来他的儿子，也就是我的堂弟刘兴材，参军复员后，也学习地质，最后担任山东胜利油田的老总。弟媳罗德贞和他是成都树德中学的同班同学，在地质队和油田干过，是中国女排最早的队长。堂妹刘兴瑞也是从矿业学院毕业。我们可以算是一个地质家庭。这也有影响吧。

哈哈，我就这样进了北大。

走出北大校园

刘兴诗：那时候北大在北京城里面，沙滩北街（今五四大街）那边，1952年才迁到燕园，今天的北大所在地。在学生时代，我理所当然在学生会工作，负责大型庆典活动的仪仗制作等，也一直兼任班长。

那时候，每年国庆、五一庆典游行，北大方队总是走在所有学生最前面。我作为游行指挥，不止一次走在北大方队的最前面，走过天安门，接受国家领导人检阅，心里十分激动。

顺便说一下，现在全国商家风行的一种广告方式，用大气球吊标语，谁最先干的？其他地方我不知道，在北京，是北大最先干的。北大谁最先提出来的？是我提出来的。所以这个东西我有版权，哈哈哈！为什么呢？因为当时在北京只有中央气象局、空军和北大三个单位可以做大气球。我想，我们要发挥自己的优势，就亲自上天安门去量那个宫灯的尺寸，照着样子做，所以大家叫我“空军司令”。

由于学生时代的表现，我顺利被选中了留校。

1958年，国家号召清华、北大支援新建院校。当然还有其他原因，我也要离开深爱的燕园。那时，有一个小师妹跟我很不错，后来又在别人的挑唆下，一度和我划清界限。但是我必须要走，你怎么办？

许多年后在一次电话里，她说：“好后悔。”对不起，没有机会了。所以当时这个选择啊，不仅很重要，要做出也是非常困难的，是一个人重要的人生转折点。

再往后一个板块，我和另一个同学先到了武汉，帮助他们建立起地理系之后，马上又到成都。从1958年，一直到退休，一直到今天。

请原谅我，说了这样多和科幻无关的话

科幻邮差：我们上周到您家里收集材料的时候，看到一份北大招生办的名人录，您就位列其中。

刘兴诗：那是2001年，北大招生办发布的材料。当时列出了两个系列，一个是北大的科坛，有五百六十八个院士，现在当然又增加了。什么长江学者等，统统不算，只有院士才算。

另一个系列是北大文坛，有九十三个文学家。不知怎么搞的，居然把我也弄进去了，实在太惭愧了。名单上有叶永烈，也有马识途。这个名单是2001年做的。几年后，可能由于改版，就没有再提这码事了。所以大家也不要太当回事儿。

这个系列分了很多类型。听一听这个名单，什么诗人呀、散文家、小说家、戏剧家呀，以及本校教师等，有很多不同的类别。

在诗人中，除了“南社诗人”林庚白、姚鹓雏，“新诗先驱者”康白情、何植三这些老前辈，还有“新月派”主将徐志摩，被称为“中国最杰出的抒情诗人”冯至，“汉园三诗人”卞之琳、何其芳、李广田，“七月新月派”诗人胡风（张光人），“湖畔诗人”潘漠华、陈敬

容，现代诗人郑敏、杜运燮、袁可嘉，新中国诗人李瑛等。

此外，还有散文家朱自清、俞平伯、孙伏园、川岛、梁遇春、张中行、周国平，小说家茅盾、杨振生、陈翔鹤、陈炜谟、沈从文、台静农、王统照、许钦文、彭家煌、王鲁彦、冯沅君、废名（冯文炳）、张天翼、徐訏、汪曾祺、鹿桥（吴讷孙）、马识途、刘绍棠、孙幼军、张承志、赵光鸣。我和叶永烈也在这个系列，按照毕业年份排列其中。另外还有戏剧家金仲荪、顾随、杨晦、余上沅、陶钝、刘锦云，本校教师吴汝纶、林纾、胡适、鲁迅、周作人、刘半农、郁达夫、梁实秋、林语堂、闻一多、王小波，当代文坛之“学者作家”曹文轩、孔庆东、陈平原、余杰，“中文系走出的作家”刘震云、陈建功、高洪波、黄蓓佳、张曼菱、张欣、阎真，以及属于“旁听生和其他校友”之列的冯雪峰、王度庐、丁玲、柔石、杨沫、陈学昭、无名氏（卜宝兰）、孙福熙。当然啰，其中也有1978年后考入北大的“未名湖诗社”海子（查海生）、骆一禾等十几个青年学子，体现了北大兼容并包、一视同仁的博大胸怀。在这个名单中，当然也有毛泽东老先生。我能够排进去，实在太惭愧，也太幸福了——这比后来得到的什么奖都更加温暖。

这里我要特别提一下也在这个名单中的徐訏。

2011年12月23日，刘兴诗凭借《讲给孩子的中国大自然》这套书荣获“国家科学技术进步奖”二等奖。

过去认为，清末、民国时代的科幻小说，统统是紧密联系时事、忧国忧民、幻想富国强兵的作品，其实不见得。20世纪40年代，我看过徐訏的《荒谬的英法海峡》，就是一个穿越空间讲述爱情的故事：主人公的人在英法海峡的渡轮上，心却还在一座古老的英格兰古堡里，踏上法兰西的土地，才一下子醒过来。是一篇写得非常细腻温馨的作品，具有三四十年代特有的风格，简直像一篇优美的散文，不要忽略过去的中国科幻小说还有不同的风格。

研究中国科幻史，请别忘记了徐訏，不要忘记这篇作品。

我在1946年上初二的时候，也学着故事新编的格式，写过几篇类似的文章，似乎也可以算是穿越之列。可惜在“文革”时统统被抄走，去问那些砸烂一切的红卫兵吧。要不，那也可以算是我最早的科幻作品了。

1958年响应号召，我们离开了北大。非常感谢北大现在没有忘记我，把我列入这个名单，还评为优秀校友，原来所在的学院以其他形式给了4年聘书，这几年还回去开了一些讲座等。

科幻邮差：刘老应了一句话：昨天北大是您的骄傲，今天您是北大的骄傲。

刘兴诗：请你千万别这么讲。北大人才济济，我算老几啊。我很感谢北大给我的关怀。现在我上年纪了，上个月我们去北京参加科幻活动（银河奖和星云奖颁奖典礼），我又去北大住了几天。每次到北京，我总是住北大。从首都机场到北大东门外的中关新园，从中关新园到首都机场。在中关新园一号楼10层有基本固定的一个套房，别的地方基本上不去。什么原因？就是感情使然，这里有太多的记忆。人到暮年，怀念尤深。有一天晚上由于要看中央芭蕾舞团的演出需要过天桥，我上了年纪，有一点儿困难，他们马上就派学生护送我。每天有什么事，都有学生陪着我。人老了，需要年轻人帮助，实在非常感激。

请原谅我，说了这样多和科幻无关的话。

文如其人，就是这么回事

刘兴诗：上面说的这些似乎和科幻没有直接关系，但是研究一个作家，首先要看他是怎么成长起来的。一切作品都只不过是雕虫小技，算不了什么。一个人的人生和理想，才是最重要的作品。古人曰“文如其人”，就是这回事。

在科幻方面，我是一个“雇佣兵”，可是吃了粮、当了兵，也有一点儿责任感嘛。

我的作品很少胡思乱想，比较脚踏实地。对科幻创作，我有两句话——“幻想从现实起飞”“科学幻想是科学研究的直接继续”。这和人生经历、研究经历也有关系。

科幻邮差：刘老，您跟文学的结缘是什么时候呢？

刘兴诗：这怎么说呢？我从小学就喜欢写作文，而且写得特棒。很遗憾的是，在“文革”期间，我所有的作文本全部都没有了。那个时候我考北大，考九门课，想一想，发现都没有温习的必要：数学做不出就是做不出，开多少夜车也做不出；物理、化学只要懂得原理就好办；

生物很好玩儿；剩下的文科，中国学生还需要温习国文、历史、地理和公民（就是政治课）吗？岂不是笑话。还有一门英语，也难不倒南开学生。

那个暑假特别长，又没有暑假作业，怎么才能混过去？就白天踢足球，晚上下围棋、打桥牌，玩了一个最愉快的暑假。数学嘛，我只会行列式，凑巧有一道小题，侥幸得了五分。所以我是数学只有五分上的北大，踢着足球进的北大。桥牌呀，我创造了一种叫牌体系，后来在北大，我们打遍北京无敌手。有一次在数学所，我和物理系气象学院的上海同学陶祖文联手，与华罗庚先生及另一个女老师对阵，我们打赢了。年少不懂事，还硬叫华先生签字认输。由此也可以看出老一辈的先生们多么谦和，没有架子，哈哈哈。

科幻邮差：当时数学满分多少？

刘兴诗：满分一百分嘛！哈哈。从前北大有个传统，学生只要哪个方面有突出表现，根本就不管你分数了。我们有很多前辈，朱自清先生、吴晗先生、罗家伦先生、张充和先生以及后来在台湾很有名的叶曼先生，数学都是零分；季羡林先生考清华数学系，数学七分；钱锺书先生考清华，数学十四分，据说其中有几位都是由胡适校长亲点进了北大校门的。我考文科那几门课可能超常发挥了，也不知道哪一位老师给我录取上的，侥幸侥幸。

这就是南开中学的培养结果

科幻邮差：科学的种子是什么时候种下的呢？

刘兴诗：科学的萌芽，也是南开。南开中学有个很大的特点：能够因材施教。发现哪个人有什么才华，就因材施教，这是第一点；第二点呢，它的学生课外社团是自由组织，不是官方组织，那时候我就先后办过好几个壁报，自己当主编。因为我喜欢天文，所以又搞了个南开天文协会。后来进了北大，学天文学，我们的老师是戴文赛先生，中国数一数二的天文学家。上了几堂课，戴先生就问我："你天文知识从哪儿学来的？"我说："中学自学的。"他说："我这个课，你可以不用听了。你有什么问题，直接来找我就完了。"瞧，在大一开始的时候，他就把我当研究生来看待了。这就是北大的风格。当然，我还是认真听课。这就是南开中学的培养结果。

科幻邮差：自己的文字最早变成铅字是什么时候呢？

刘兴诗：那是1944年，印出来是1945年。南开中学四十周年校庆，要选评文章，那时我们班上选了三个人，除了我之外，还有另一个同学，后来的四川石油局的杨如炯，一位诗人。他后来被划为右派，人生非常悲惨。再一个就是“四人帮”之一的姚文元。

科幻邮差：最早走上写作道路就是从科普写作开始的吗？

刘兴诗：1952年，中科院地理所有一个地理刊物《地理知识》让我写一篇文章，应该从那儿开始的。后来其他地方也写过，比如《重庆日报》，我在大一时写了一篇《重庆城池考》，竟被那个报纸的编辑部误以为我是什么北大的“老先生”，请我继续考证。

《地理知识》1952年9月号。刘兴诗的科普创作从这里起步。

我是一个科幻“雇佣兵”，没有激情，但有责任

科幻邮差：那第一篇科幻小说是怎么诞生的呢？

刘兴诗：科幻小说，我是被抓壮丁抓来的。

科幻邮差：谁把你抓来的？（笑）

刘兴诗：以前因为跟上海少儿社有些关系，我也经常到上海去。《少年文艺》有个叫刘东远的编辑跟我讲：“唉，我们现在搞科幻找不到人，你是科学工作者出身，看样子你可以写嘛。”

我问他，科幻是什么玩意儿呀？其实他也不懂。他说，科学幻想嘛，就是科学加一点儿幻想。你把在科学上还没有实现却有可能实现的东西，从科学出发，稍微幻想一下就是科幻了。后来，钟子芒还有洪汛涛（童话《神笔马良》的作者，后来成为我在出版界最铁的哥们儿之一）都给我一些鼓励，他们几个就这么把我抓进去了。

所以关于这个科幻，第一点我根本就不懂，第二点根本就不喜欢，也不知道什么是科幻。那时候我一心一意要写童话，开始并不愿意，也不知道科幻是什么，不愿把精力投入到一个根

本就不清楚、未知系数太大的领域，完全是赶鸭子上架。经过一次次敲打劝说，特别是钟子芒，约我在静安寺附近一个文艺沙龙性质的地方，一番推心置腹的恳谈之后，我就没有招架之力了，稀里糊涂被抓进去，真的跟王保长抓壮丁一样。

科幻邮差：然后抓进去就再没出来？

刘兴诗：不是心甘情愿的，所以很不喜欢。但是话又说回来，当了这么多年的“雇佣兵”，也有些看法了。

第一篇科幻小说《地下水电站》

科幻邮差：最初写科幻小说，创作灵感都是来源于您的专业、来源于您实际生活中的一些经历吗？

刘兴诗：是这样的，这跟认识有关系。一是野外实际工作中的科学认识。

在上海少儿社不停的催促中，我想起了从前的洞穴考察。我曾研究过许多溶洞。我没有认真统计过，我钻过的洞穴上千大概没有，七八百总是有的，其中很多洞穴是自己一个人进去摸索的。为什么呢？因为洞穴工作太危险了，多一个人多一分危险，不如自己一个人干脆利落。

在洞穴里，我见过不少奇观。经常看见一些地下河、地下瀑布，心里一直想着，这样多的水白白流掉多么可惜，如果能够修建一座座地下水电站拿来发电，那该多好啊。于是，我就以此为题，终于在1960年底拿起笔，鬼画桃符写了一篇《地下水电站》交稿，那完全是应付人情，自己根本就没有放在心

刘兴诗科幻小说处女作《地下水电站》发表于1961年7·8期《少年文艺》。

上。第二年，也就是1961年，这篇简直不像样子的“处女作”发表出来了。而我在鼓励声中，接着又写了几篇。

我在前面已经讲过了，我这一生的主旋律之一，就是向人民群众感恩。作为一个地质工作者，写的这篇《地下水电站》，不仅是自己对地下洞穴考察的认识，也有一种感恩的心理作用，算是一种人生责任感。

科幻邮差：这就是第一篇科幻小说《地下水电站》灵感的来源？

刘兴诗：不，谈不上是什么灵感的来源，就是在工作中看见了地下瀑布这么个东西，觉得应该开发利用。刘东远也跟我讲，你把这个思路科学幻想一下就成了。这跟中国当时的科幻高潮也有关系。整个中国科幻的历程中，我也算不上什么，过河小卒而已，并不拼力向前。今天还在世的鲁克和嵇鸿啊，他们应该比我早一点，九十来岁了，我建议你们去采访他们一下，应该抢救了。

那个时候，中国科幻的发展总是跟时代分不开。那是1950年，新中国刚成立，提出来向科学进军，这里面就包括一个科普教育的问题。当时非常明确，科普教育和科学技术是同等地位，跟今天习近平总书记讲的话是一样的。那时，科幻就被定位成科普的一种载体。因为主要是教育少年儿童，就放在少儿园地里。主管单位是中国科普作协，就是这么来的。很多事物都有两面性，由一个具体部门来抓，这也有好处。

关于第一次科幻高潮，我觉得应该从科学知识的角度来认识它。我认为抓少儿一代的科普教育，这一点做得很好，不能轻易否定。

现在有人不了解，认为当时那个时代冷冷清清。我讲过，当时中国科幻就好像沙家浜里胡传魁的队伍一样，十几个人，七八条枪，就那么回事。你扳着指头数就那么几个人，看起来确实很冷清。但任何事情开头都很难，我觉得不应该忘记这么一个草创的时代。就是这十几号人，就这七八条枪，在少儿科普方面做了很多工作。那时候，书一印就是好几万册，一下子风靡全国，都是那个时候的情况，今天也难有那样的盛况。

“文革”前的五篇科幻小说

刘兴诗：扳着手指算，“文革”之前我只有五篇作品，实在算不了什么。

科幻邮差：都有哪五篇呢？

刘兴诗：第一篇《地下水电站》。出来没几年，就在“文革”期间受批判。不是有句话吗？利用小说反党是一大发明。在新社会里，你怎么能写一团漆黑的地下呢？

第一，这就是恶毒污蔑新社会；第二，你说你是在地下工作。新社会你是地下工作者，那肯定就是特务啊，不打自招！你用第一人称写这篇作品，其中还有一个矮胖子工程师，一个大个子地质队员。火眼金睛的“革命群众”，以一个战无不胜的“思想”为武器，认定了这就是“三人特务小组”，其中一个是阴险毒辣的特务头子，另一个必定是杀手。于是，要我把这两个同伙交代出来，不获全胜，绝不收兵。

天哪，这是故事里的人物，我怎么交代得出来？实在把我逼急了，就说是你们两个，行不行？

1962年发表《北方的云》。那是50年代初期和中期，我在北京附近考察后所孕育的结果。那时候亲眼所见，长城以北的怀来盆地，蒙古高原上张北地区的风沙活动，特别对近在咫尺、克什克腾旗的那个浑善达克沙漠产生忧虑。因为克什克腾离北京太近了，加上主要风源是从北边来，以后这个沙源肯定会对北京造成影响，成为危害北京气候的一个“杀手”，必须及早治理。于是，我设想制造一系列小型人工低气压的办法，把渤海湾的雨云一步步引到那里。

半个多世纪过去了，想不到后来这儿真的成为北京沙尘暴最直接的源地，也和今天的雾霾有关系。这就是《北方的云》的创作背景。那时我察觉到这个问题，提出必须要改造那片沙漠，可惜错过了几十年时机。要是能够早注意环保，不肆意开垦那里仅有的一些草皮，该有多好！科幻作品的科学预见性，由此可见一斑。

这篇文章在“文革”期间又出了问题。造反派问，为什么取名叫作《北方的云》？北方是谁啊，是苏修！你不是在美化苏修吗？加上《地下水电站》暴露了你的特务身份，那你肯定就是克格勃特务了。

1963年发表了《乡村医生》和《蓝色列车》。

《乡村医生》写的是在地质工作中的亲眼所见。偏僻农村缺乏医疗条件，看病很困难，只能依靠水平极低的无执照“医生”，甚至巫婆神汉治病，大城市高水平的医生又不可能照顾所有地方，实在是一个令人心痛的问题。

看病首先要体检嘛。我就想，我们能不能搞一些“诊病机器”，血压、血糖等针对人体的基本测试，通过仪器来检查，进行科学测试后，中心城市医生再通过可视屏幕跟病员对话问诊，把治理药方开回来？

这个“乡村医生”式的仪器诊疗办法，现在不是已经实现了吗？可当时却被认为是美化“反动学术权威”，打击赤脚医生，蔑视劳动人民，恶毒攻击党的农村政策。归根结底就是反党、反人民、反毛泽东思想，特别重大的现行反革命罪行。

《蓝色列车》的背景出自我在山东半岛的考察。

那个时候根本就没有旅游，当然没有大批大批的游客。现在从山东到辽东，还都用轮渡。请注意，这不仅仅是旅客和游客运输的问题，关键在于华东工业区，怎么跟东北工业区联系起来。那时统统靠铁路，必须要从北京、天津绕个圈，北京、天津铁路枢纽负担太大。

通过研究实际资料，我认为山东半岛和辽东半岛之间的庙岛海峡水深较浅，海底的岩浆岩、变质岩的岩体坚硬，完全可以修建一条封闭式海底铁路，大大缩短华东工业区和东北工业区的交通距离，节约运输成本和时间，同时也可大大减轻北京铁路枢纽和天津转运站的运输压力。

所以我觉得，应该想办法从山东的烟台和威海修条铁路直通大连，这条铁路肯定用来跑海底列车。现在不是已经开始设计这个海底列车隧道了吗？可是，《蓝色列车》当时却被上纲上线“分析”，说我恶狠狠要把数以千计的旅客沉没到大海里去，要把社会主义建设丢下大海。如果这种反革命计划实现的话，不知道要残害多少劳动人民……于是，我又变成双手沾满劳动人民鲜血的刽子手了，哈哈哈。

说到这里，顺便总结一下。烟台到大连的海底隧道铁路现在已经规划了，地下水电站也修了，北京的雾霾现在也是个问题嘛，对不对？这就是科幻作品为实际生产服务，不是云里雾里的玄想。我认为有责任感的科幻作家，就应该这样写自己的作品，别去做那些故作高深，却毫无实际意义的白日梦。

1964年发表《游牧城》，这是在蒙古高原考察的副产品。眼见牧民居住条件太差，我寻思是否可以改变？于是，我设想了各式各样的活动房屋，包括汽车拉的、自动化的，分散开各自放牧，集中起来就是临时城市了。

这篇作品的罪名，被认为是挖空心思恶毒攻击社会主义建设基础不稳固，因为房屋是活动的嘛，那就是蓄意动摇党的建设，挖空社会主义的墙脚，企图颠覆社会主义。这个罪名就很大了。

1965年，我专心写了一本以新疆为背景的《死城的传说》。刚刚才写完，该死的“文革”就开始了。这本书的手稿，成为我最大的“反革命罪状”，把人害苦了。

1980年7月1日，刘兴诗科幻小说《死城的传说》由中国少年儿童出版社出版。

我可能是唯一为中国科幻小说流过血的人

刘兴诗：这本书在“文革”后，才在中国少年儿童出版社出版。之后收到不少新疆读者来信，被新疆青年出版社以“民语文献”名义，翻译为维吾尔语再出版，那是后话了。与此同时，《北方的云》等“文革”前的五篇作品，也被延边出版社翻译为朝鲜语再出版，据说后来还输出到了朝鲜。

由此可见少数民族读物是多么缺乏，值得我们注意。我由此萌发了一个想法，是不是可以专门组织一些“针对少数民族地区实际问题如何解决”的科幻作品进行出版？

说回《死城的传说》，这部作品的手稿写出来，还来不及出版就被抄家发现了。革命群众用“火眼金睛”分析，就看到里面有这么一句话：“在沙漠里面寻找一座金字塔形的大沙丘，西北方向，寻找一座金字塔形的大沙丘。”这些“火眼金睛”的人，先就给你定下罪来，判定那个金字塔形的大沙丘，肯定就是五角大楼。

西是什么方向呢？西就是美帝，北就是苏修。所以就认定我是美帝、苏修双重特务，逼着我交代跟中央情报局和克格勃的关系，要交出电台和手枪。顺便说一下，东是影射日本帝国主义，南是印度反动派。如果什么方向也不写，有“中央”两个字，那就是盼望国民党中央军反攻大陆。不管什么方向，反正都叫你活不成……

在毒打之下，我实在没有办法，就说电台确实没有，手枪倒有一把。于是，我就被一路拳打脚踢着，带造反派到家里把小孩玩儿的那个手枪——前面有个软木塞那种“啪”一下能打出来的东西交给他们。他们说这叫什么手枪？我说你们要手枪嘛，这就是手枪，除了这个我确实没有了。不消说，由于欺骗革命群众，蓄意戏弄革命政权，又是一顿往死里打。

我顺便讲一下“文革”期间受的冲击。迟叔昌受到了很大的冲击，因为他当时在天津是没有工作的，用现在的话说，就是一个自由作家，当时叫作“无业游民”。后来，造反派在他的文章里面也找出了很多“罪证”，说他反党反社会主义、反毛泽东思想，他被弄得实在没有办法，只有逃跑……

这个问题，当时很想不通

科幻邮差：哪些损失最让您痛心？

刘兴诗：太多太多了。最可惜的是我从小的集邮。我在集邮上比别人有更多更好的条件。联合国刚成立，中国第一次参加的时候，父亲的朋友冯朱棣伯伯马上就把第一套联合国邮票带给我了。抗战胜利，要接收台湾和东北，那时候来不及印台湾票，因为台币和大陆的金圆券是两回事，就用加盖票，是用日本邮票加盖的，后来又有专门的台湾使用邮票，父亲的好朋友“台湾省省长”陈仪伯伯就给我找了这些邮票。

更精彩的是东北的。熊式辉是接收东北的军政长官，一把手嘛。我就喊一声：“熊伯伯，给我找邮票！”那还用他动手吗？只消给秘书说一下，就给我弄来了两大套伪满、伪蒙的全部邮票。记得其中有一张伪满“总理”大汉奸张景惠亲笔书写的一句话，“日本之兴，即满洲之兴”，简直是无耻之尤。今天如果有一张的话都了不起，所以损失太大了。另外，我还有从前清到整个民国时期，一直到解放时期的全套票，包括前清的龙票、晋察冀边区的邮票，我都有，后来都没有了。

另外还有一个痛心的损失。我父亲在北伐时期认识很多人，三伯、五叔也认识不少人。我的阿婆（我们根据祖先粤东客家话，奶奶叫阿婆）去世的时候，有一本纪念册，上面有很多军政要人给“刘母罗太夫人”的祭幛题词，由国民政府主席林森带头，除了老蒋，你能想象到的人物都有。有一个陈炳光不知趣，署名成都市市长陈炳光，只能排到最后。这些东西统统没有了。还有包括于右任在内的一些书法家墨迹，包括张善孖，就是张大千的亲兄弟，画老虎的那个，许多书画也统统没有了。

这个问题，当时很想不通。后来再一想啊，也想通了。在那个时代，别说我们这些小人物，连很多大人物都受了冲击，我们还算得了什么？

这个第一次科幻高潮，我觉得应该从科学知识的角度来认识它。我认为抓少儿一代的科普教育，这一点做得很好，所以不能够轻易地把它否定。

这个第一次低潮呢，不消说都知道就是“文化大革命”了，什么都没有了。我刚刚讲到，在这个低潮期间，一些科幻作家受到迫害，据我所知主要就是迟叔昌和我两个人。

记得有一年夏天，我穿着短裤，眼睛给蒙上，下面是玻璃碴，要跪在玻璃碴上面……后来是全身裹满了纱布，在同事的帮助下，才翻墙逃到了北京。到了北京首先找谁呢？我有一个堂妹，她不敢收留我。我想妹妹都不敢收留我了，怎么办？就只好到北师大去避难了。北师大有一些学生，在“文革”期间到成都对我是非常爱护的，所以我在北师大学生的宿舍里躲藏过一些日子。后来在北京又遇到这样那样的事情，在大街上巧遇本校红卫兵被抓捕，准备第二天押送回成都，好不容易才半夜逃出来，简直可以写一篇惊险小说。

这些事情都不用提了，全都过去了。所以我讲，中国科幻在历史上曾经流过血的。我可能是为中国科幻小说唯一流过血的人。今天谈中国科幻史，似乎不应该忘记这件事。

如果有机会逃避，总想悄悄从这个圈子里溜出来

科幻邮差：啊，真没想到您还有这样的经历。

刘兴诗：我需要讲一下，那个阶段的科幻统统都是用一个简单的故事作为宣传科普知识的载体，这是唯一的模式。后来大家看这样不行，于是开始有几个人——郑文光、童恩正动起来了。

童恩正先走了一步，在“文革”以前就发表了《古峡迷雾》。《古峡迷雾》是他研究生期间在长江三峡研究出来、想出来的东西。因为小说里面有一个巴国王子率领部落走进山洞，“文革”中的罪名是影射、怀念蒋介石逃亡到台湾，盼望蒋介石复辟，罪名也大得吓死人。好在四川大学的“老反革命”“反动学术权威”太多，相比之下，他就算不了啥了——参加一个造反派，成为革命群众，就有派系保护，什么问题都没有了。后来再赶写一本新版《古峡迷雾》，其中有三个故事，把日本、苏修、美帝的文化特务统统都写进去，划清界限痛骂一顿，就更加没有问题了。

我的就是《死城的传说》，都是试图从最初的儿童科幻故事，进一步发展为科幻小说的尝试。

从此，我就当上了半心半意的“雇佣兵”，一直到今天，变成“胡子兵”了。由于是“雇佣兵”，几乎没有热情，推一推动一动，尽管以后“和尚”当久了，慢慢养成了“撞钟”的习惯，但是依旧缺乏基本热情和主动性。如果有机会逃避，总想悄悄从这个圈子里溜出来。

我现在把这个话头放下来，回头讲讲第一个高潮。

令童恩正先生在“文革”中受到批判的科幻小说《古峡迷雾》。

第一次科幻高潮，就只有几个编辑

科幻邮差：在您眼里，第一次高潮呈现出什么样的风貌？

刘兴诗：第一次高潮给我的印象是积极向上、充满激情。向科学进军，可以说是一个布置下来的政治任务。

北京、上海是当时中国的出版中心，任务布置到少儿板块。北京来讲的话，当时主要是团中央的《中国少年报》和中国少儿社在承担。编辑方面北京是叶至善先生，上海是王国忠先生，所谓“北叶南王”。没有人写怎么办呢？自己写嘛，他们两个带头写，组织一些编辑来写。当时郑文光也是编辑呀，赵世洲也是编辑呀，上海的鲁克也是编辑呀，施鹤群这些都是编辑啊。要说中国科幻小说的由来，“北叶南王”两位先生的开辟之功，绝对不能在中国科幻历史中被忘记。

第一次高潮，就只有几个编辑。这不行的啊，必须要建立队伍。叶至善先生在北京看来看去，首先看上了迟叔昌，他的代表作《割掉鼻子的大象》就是叶至善先生亲自给改出来的。

科幻邮差：迟叔昌那时身在天津？

刘兴诗：对，在天津。上海呢，也就近“抓”了几个人，头一个就是嵇鸿，后来嵇鸿把他女儿嵇伟也带进去了。上次吴岩还在问，嵇鸿的女儿到哪里去了？现在都不知道她的下落。我告诉他，早些时候她在伦敦BBC工作，现在在哪里我就不知道了。嵇伟见到任何人都是叫老师，只叫我刘叔叔，可见我和嵇鸿的关系了。当时上海还“抓”了肖建亨，“抓”了我跟童恩正。那时候还有赵世洲、郭以实、徐青山、李永铮等，主要就这么几个人，叶永烈是“文革”后期才出来的。

扳着手指算，从新中国成立开始，直至“文化大革命”前，所谓的“第一次高潮”中，发表过两篇作品以上的人，数量只有十三个，真是冷冷清清，无法和今日相比。

根据著名科幻理论家、评论家饶忠华在《中国科幻小说大全》中的统计，加以别的补充材料，当时发表过两篇作品以上的作者如下：

科学幻想故事
割掉鼻子的大象
中学生
一九五六年 四月号

迟叔昌代表作《割掉鼻子的大象》，发表于1956年第四期《中学生》杂志。

王国忠　11篇

鲁克（邱建民）、萧建亨　9篇

郑文光、迟叔昌　8篇

赵世洲、童恩正　6篇

嵇鸿、刘兴诗　5篇

于止（叶至善）　3篇

徐青山、郭以实、李永铮　2篇

《中国科幻小说大全》，海洋出版社，1982年12月第一版。

此外，还有十八人各发表一篇。需要指出的是，其中除了童恩正的《古峡迷雾》是“小说”，其他统统都是“儿童科幻故事”。因为找不到作者，编辑自己赤膊上阵就占了一半以上。这就是所谓的“第一次高潮”。

那时，肖建亨的代表作《布克的奇遇》选进了小学课本，由此可见当时对科幻小说多么重视。但我需要讲一下，那不是科幻小说，是儿童科幻故事。任何事物都是一个倾向掩盖另一个倾向，那时搞儿童的东西，现在就是搞成人的东西了。前不久北京接连开了两个科幻会议，声势非常浩大。浙江少儿社有一位编辑主任想参加，让我介绍几个写少儿科幻的作家，我说可能一个写少儿科幻的都找不到。现在这些人，根本就不写这些东西了。

觉得少儿科幻幼稚的看法本身就很幼稚

科幻邮差：那时的作品，如果把它定性为儿童科幻故事可以理解，如果把它定性为科幻小说的话，很多人会认为有点幼稚吧？

刘兴诗：这种看法本身就很幼稚，因为你看不起这个“小儿科”。我说你们现在要搞少儿科幻，找目前这一帮人不行的，第一他们写的根本就不是这种东西；第二，他们从思想上看不起少儿科幻，认为是“小儿科”。所以也只有两个办法，一个是把过去的这些优秀作品选一选，编一些选集；再一个，开一个培训班，找跟科幻完全不沾边的人，最好是小学教师来参加，重新建立一支队伍。

科幻邮差：要找那种了解儿童心理、了解儿童世界、真正热爱儿童的人。

刘兴诗：对。

科幻邮差：刘老，是不是因为您始终保持着对儿童文学的热爱，所以儿童文学的创作您能坚持这么多年?

刘兴诗：儿童文学创作，我也是被抓壮丁的。南开中学我有一个同班同学，程庆华，后来的笔名叫鄂华，湖北人，北大化学系的高才生。那时候的学生，和现在学生的心理状况完全不一样。毕业之后让他留校，他不干，进科学院，他也不干，坚决要去边疆。后来到了吉林省让他留在长春，他还不干，要到基层去当中学教师，后来当了吉林省文联副主席。那时候人家叫他写童话，他就抓我跟他一起写，就这样子被抓壮丁抓来的。

科幻邮差：也就是说，您自觉自愿的写作只有科普?

刘兴诗：不不不，我自己的事业是我的专业，地质工作。这些都只能叫作游戏文章，雕虫小技，壮夫莫为的东西。

我的专业是地貌学、第四纪地质学及相关的古气候环境学，曾经考察过山地、平原、高原、黄土高原、沙漠、戈壁、洞穴、岩溶、火山、冰川、海岸、海洋、森林、草原、河流、湖泊、沼泽、北冰洋等各种自然环境，有一些微不足道的成果。我曾经承担过两个国家自然基金项目及跨国科研项目的一级子课题，是跨学科的史前考古学研究员、果树古生态环境学研究员。自然地理学、地质学出身的我，这些才是一本正经的事情。什么科普、科幻统统都是搞着玩儿的，不能认真的。所以我一直没有把自己放在科幻这个圈子里，不计较，不攀比，不纠结，看问题也就比较超脱了。一句话，我是被抓来的“雇佣兵”，科幻的局外人，不想在这里争一日之短长。

中国科幻的“南北朝时代”

科幻邮差：刘老，您觉得中国科幻的发展跟社会形势之间的联系紧密吗?

刘兴诗：中国科幻的发展，始终是跟大形势分不开的。第一次高潮起来是“向科学进军”，低潮是“文化大革命”。再之后的话，是粉碎“四人帮”之后“实现四个现代化”。实际上我们应该看到，在第一次高潮的最后阶段，一些作家已经感觉到只写少儿科幻故事远远不够，需要进一步发展。所以童恩正的《古峡迷雾》出来了，我的《死城的传说》也写完手稿了。尽管“文化大革命”是文化的沙漠，但粉碎“四人帮”之后思想大解放，所以第二次高潮就根本没有办法拦住了。大家读书、阅读的欲望是挡不住的。科幻，在这个大气候下面就很快发展起来了。

中国科幻第二次高潮的中心，还是在上海和北京，我给它取个名，叫中国科幻的“南北朝时代”。好像是1979年吧，还是1978年，我真的记不清了，四川的《科学文艺》、天津的

《智慧树》、哈尔滨的《科幻小说报》，还有江西的什么科幻刊物，好多报刊都出来了。这个现象，实际上是整个社会的一种需求。我又给它取个名，叫中国科幻的“战国时期”。后来逐渐演变，北京、上海、成都三方鼎立，进入了“三国时代”。说到这里，我想就这个机会，把成都的情况说一下。

成都科幻发展跟《科学文艺》分不开，跟四川省科协和成都市科协的支持分不开，跟整个成都新闻媒体的支持分不开。其实认真来讲，四川搞科幻是先天不足的。为什么先天不足呢？因为搞科幻一定要有很坚实、广阔的科学基础，要有科学研究作为基础。成都处在一个很低的水平，这一点没办法和北京、上海相比。

成都的科幻能够发展，主要有三个原因：第一是有省市科协领导的支持；第二我们有《科学文艺》，还有成都一些新闻媒体、一些出版部门的支持；另外还有一个很重要的原因，《三国演义》里面说，蜀中无大将，廖化做先锋。我们成都就是这样，没有大将，廖化做先锋，有以童恩正为核心的一个科幻作家创作队伍。成都的科幻发展说具体一点儿，是跟周孟璞和童恩正分不开的。

人物回忆

简直就是乱弹琴

科幻邮差：能跟我们说说那个时候关于“四大天王”的说法是怎么回事吗？

刘兴诗：什么“四大天王”“四大金刚”，我们感到非常厌烦，非常无聊。为什么呢？这个只有副作用，没有一点积极作用。副作用之一，就是把这几个人跟其他人划开了。对这几个人来讲，如果他们自己的头脑不清醒，就会不知道自己姓什么了。

还有一个问题，《东周列国志》上有一个“二桃杀三士”的故事，你说有四大天王，那第五个怎么办？第六个怎么办？天王下面还分什么小天王，更没有意思了。

昨天开一个会，我和王晋康坐在一起，还对他说，什么“天王”呀，没有意思。他也点头同意。

最早的那个时候，叶永烈还没有出现，一般就把郑文光、童恩正、肖建亨加上我称为“四大天王”。我们都反对，没有一个赞成。后来叶永烈出来了，那么就“二桃杀三士”了。要么有肖建亨，要么有我，这个都不对。甚至还有人撇开郑文光，把童、肖、叶、刘当成什么“四

二十世纪八十年代古人类学、考古学、洞穴地层学『白莲洞三剑客』。左起依次为：周国兴、童恩正、刘兴诗。

大金刚”。中国科幻界没有郑文光作为领军人物，怎么成？简直就是乱弹琴。

后来又来个调和的了，现在你们都不知道，叫什么“五虎上将”“五大主力”。胡说八道。谁封的？谁封的？我们在很多场合公开否认，请你们不要提了，没有任何好处，对自己、对别人、对整个科幻事业的发展是有害无利的，这是个花架子。

现在又有人说我是什么中国科幻的“鼻祖”之一。什么“鼻祖”？真正的“鼻祖”应该是“北叶南王”的叶至善先生和王国忠先生。我不过是当年抓来的壮丁嘛，岂能在叶、王两位老先生面前，妄称什么“祖”？请不要再创造更多的头衔了，那没有任何好处。

所以我说，有“故作家”，郑文光、童恩正就是的，尽管已经逝去，作品直到今天还有意义。童恩正的一些作品，岂不是今天还在改编电影吗？有的是“现作家”，一直有作品发表。有的是“原作家”，原来是作家，以前发表过几篇作品，现在再也没有了，很难再算是真正意义上的作家了。

这才是我和童恩正友谊牢不可破的一个重要方面

科幻邮差：上次听说您跟童恩正老师的关系非常好呀！

刘兴诗：是啊！我与童恩正的关系是怎么来的？绝对不仅仅是科幻小说。

跨进科幻圈子后，由于作品两次列入相同的选集，我很快就知道了童恩正和肖建亨，盼望能够和这两位“同科”出身的朋友见面。

机会很快就来了。由于我在著名的“资阳人”化石地点开展过一些工作，提出了和裴文中先生不同的地层划分意见，安志敏先生立刻安排这篇文章在《考古学报》发表，引起了圈内一些专家的注意。

当时，四川考古学界元老冯汉骥先生不耻下问，派人前来联系，要我带队到现场讲解。来人是冯先生的得意门生，一个身材高挑瘦削、文绉绉的“眼镜”。我打开介绍信一看，不由一下子惊呆了，想不到朝思暮想的童恩正，此刻就笑吟吟站在面前。

冯汉骥先生通过童恩正，不止一次找过我研讨许多问题，再举一个例子吧。

成都自来水公司在青羊宫新开挖水池基坑内，发现一个巨大的北宋石头水磨埋藏在砾石层中。从考古学无法解释今日的锦江水流，怎么能带动那么大的石头水磨。冯汉骥先生叫童恩正找我。根据砾径大小、砾石扁平面倾斜方向和沉积相，我很容易就恢复了当时的古河床宽度、水流方向、局部涡流状况，计算出大致流速。得知当时的水流远比今日浣花溪宽阔，流速、流量也大得多。加以其他考证，古今水流不同，杜甫诗云“门泊东吴万里船”是可信的。

这样相互配合的例子太多了，请看我们的一些论文。这才是我和童恩正友谊牢不可破的一个重要方面，绝不是我们都没有放在心上的雕虫小技——那个什么科幻小说。

那一次，童恩正约我到资阳人遗址去，我立刻一口答应。伴随着冯先生和他的一大帮弟子，几乎是四川大学考古教研室的全部人马，也都是今天四川考古学界精英中的精英，浩浩荡荡开到现场。白天我带大家在野外考察，晚上就和恩正共聚一室，天南海北聊天。话题自然集中在科幻，我们相互交流了各自的看法，一致同意合写一篇作品，就以“资阳人头盖骨化石”为题，躺在床上编故事，纪念这次见面。

由于这个头盖骨有冲磨痕迹，我认为这不是它死亡的“第一现场”。根据我的判断，它应该来自上游。为了易于展开故事，我们刻意把“第一现场”搬到西边的康巴地区，给它另外取一个带有藏族风格的名字，叫作“恰瓦森则那人”。在这篇作品中，安排一个地质学家和一个考古学家，各自用自己的母姓命名。恩正排行老二，母亲姓曹，那个青年考古学家就取名为曹仲安。我排行老大，母亲姓卢，就叫卢孟雄，颇有“夫子自道”的意味。两人各自发挥长处，写景较多的章节由我写，写人较多的章节就由他操刀。

这篇作品各自写了几节，由于不是一个人脑瓜里的东西，相互总有些不合拍节，最后没有写下去。许多年以后，他第一次出国留学，川大一些嫉妒者散布谣言攻击，说他将“叛国不归”。我气坏了，趁一次在锦江大礼堂开会的时候，趁着有川大的代表，就站起来指责那个谣言，当着省长的面，愿意以全家做担保，童恩正不是那样的人。

会后我还不解气，就以当初的“恰瓦森则那人”为基础，重新写了一篇《雪尘》，极力称赞曹仲安和他的父亲曹启凡都是爱国者，大大表扬了一番。曹仲安的名字是恩正自己取的，我不敢给他的父亲童凯另外取名，就将“凯”拆为“启凡”二字，叫作曹启凡。《雪尘》发表后，中国福利会儿童艺术剧院改编为话剧《冰山的秘密》，在上海上演，那是后话了。

《雾中山传奇》也是一篇批驳诬蔑他“叛国”的作品。通过大邑雾中山的一段史实，联系他和我所研究的南方丝路，所写的以“曹仲安”为主角的作品，在《科学文艺》获得了银河奖。杨潇说，这一篇小说的历史考古气氛实在太深沉浓烈了，倍加赞赏。在台湾地区出版后，也获得岛上的好评。

恩正出国后，我十分想念，又连续发表了几篇包括“曹仲安”和“卢孟雄”两个主人公的系列故事。其中，只有《柳江人之梦》《童恩正归来》使用本名，前者是“白莲洞三剑客”（周国兴、童恩正和我）在进行“白莲洞遗址研究”时发现的新结论；后者是通过怀念学术思想开放的童恩正，批评现在一些学术观念保守的考古学家。

童恩正和这些人，代表了两种不同的学术流派。所以我才在《童恩正归来》中，把那位迂腐得够可以的家伙取名叫作古迂夫。从这个名字就概括了今天一些观念迂腐的学者的做法：已经进入了21世纪，不接受现代多学科的研究方法，还死守着清末民初的办法，和他们简直说不下去。我在这篇文章中，无限怀念童恩正和他的导师冯汉骥先生。他们的逝去，给四川考古学界带来了多么大的损失啊。

我与童恩正的友谊的重心是考古专业研究，以及对时局的看法，这才是真正的志同道合。包括他的《卡诺遗址》等许多重要论文，都是首先给我看，然后才发表。

他的一些科幻作品也先给我看。《雪山魔笛》中有一句“黑色花岗岩”，我告诉他：“黑色是玄武岩，花岗岩是肉红色，或者灰白色。你自己考虑吧。”他就把“黑色花岗岩”改为“红色花岗岩”了。

不消说，后来我是他的国内版权代理人。为他安排了多次书籍出版、电影拍摄等，还翻译出版过他的一本书。甚至现在他的夫人，也把我的经纪人当成她的了。

重归科幻：用泪水洗了一次终生难忘的澡

科幻邮差：谢谢您跟我们分享了这么多鲜为人知的历史故事。我们来聊聊刘老个人的创作吧。第二次高潮之后，您重新回归科幻的作品是什么呢？

刘兴诗：经历了“文化大革命”的噩梦，我赌了死咒，哪个龟儿子才再写一个字。

可是不久就打破了这个禁忌，又重新提笔写起来了。这里有一个故事，请听我接着往下讲。

到了“文化大革命”末期，我又归队参加地质工作。1976年和1977年，我先后两次去广西西部的瑶山中找水。谁不知道广西风光很美，偏僻的西部山区比桂林山水更美。可是身临这个地方，却说什么也不会觉得美丽。

正如《水浒传》里，白日鼠白胜挑着卖酒的担子，在黄泥冈所唱：“赤日炎炎似火烧，野田禾稻半枯焦。农夫心内如汤煮，公子王孙把扇摇。”外来的游客也许觉得很美，当地农民却说什么也美不起来。

因为这里虽地处亚热带，几乎每天都有一场大雨，可是在石灰岩山野里，遍地都是漏斗、落水洞，水统统流失得精光。很多山洼里的农民没有水，自古以来就过着“一水三用”的日子：洗了、刷了，最后还要喂牲口。老百姓没法种水稻，只能天天啃玉米。可是就在这样的情况下，还给我们这些考察队员白米饭吃，不懂事的孩子就站在旁边看。天气那样热，自己从来不洗澡，还让我们每天洗澡。我们怎么吃得下，洗得下去？

我决心要为一个山村找到水，看中一个溶洞，打算亲自带队钻进去探寻。

老乡说，这个洞太危险，祖祖辈辈也没有人敢进去，说什么也不让我们往里走一步。

我安慰了他们，大胆闯进这个洞。一层层下得很深很深，最后终于发现了一条流量很大的暗河。可是限于当时的技术条件，实在没法引出来，只好失望返回。

那一天不知干了多久，早已忘记了时间。地下不分明暗，想不到出来一看，已经暮色苍茫了。使我无限感动的是，居然还有老乡点着一盏油灯，守候在洞口一步不离。看见我们出来了，这才高兴地握住我们的手。

我告诉他们："实在对不起。我们找到了水，可没有办法引出来。"

老乡说："你们平安回来了就好，还说什么水不水的。"

瞧着我们满脸满身污泥，老乡心疼地说："你们辛苦了，快回去好好洗一个澡！好好吃一顿热饭。"

我们没有为老乡找到水，居然还要浪费宝贵的水洗澡。人心是肉长的，怎能不深深感动？

那一天，我们用平生以来最少的水，慢慢擦拭身子。也不知是真正的水，还是泪水，洗了一个终生难忘的澡。尽管非常疲倦，那天晚上我们一宿都没有睡。心里想，我们的群众多好。作为一个地质工作者，真的愧对群众。我不是前面讲过吗？我这一生有一个信条，要向人民群众感恩，怎么办？尽管不能写一篇合格的地质报告，但是不妨碍写一篇科幻小说。用瑰丽的幻想，贡献给最可爱的人民。

刘兴诗回归科幻后的第一部作品《海眼》。

这一来，《海眼》就写出来了，1979年出版于上海少年儿童出版社。在这本书里，当然不会有外星人、机器人、外国人，主角只能是勇敢的地质队员和最可爱的乡亲们。

我明白了，写不写不是你自己的问题，是社会的呼唤，是时代的呼唤，是人民群众的呼唤。

创作不应当从个人名利出发，不能关在象牙之塔里玄思冥想，不能追求编造得越离奇越好。科幻创作不过是一种特殊的浪漫主义作品，和其他文学作品一样，必须紧密联系现实。言其奇异，只不过以特殊的折射方式反映现实而已。如果忘记了这一点，就是断线风筝，只能博一时之轰动效应，有什么实际意义？

从这一天开始，我就重新返回科幻和其他创作了。不消说，我的作品和一般科幻作品有些不一样，比较注重实际。

我不喜欢科幻

刘兴诗：创作这个东西，不能因循守旧。一个人老是一个路子，有什么意思？我提出来，无论科学研究还是创作都必须敢于设想，敢于怀疑，也敢于放弃。

敢于设想可以理解，敢于怀疑就是怀疑自己，找出不足。再敢于放弃已有的路子，从零开始，开创新的路子。

“文化大革命”刚刚结束，我还有另一篇作品《陨落的生命微尘》，发表在上海少儿社的《少年文艺》。由于“文化大革命”中许多朋友失去了联系，我就在这篇文章里，使用一些老同学的名字，起一个“寻人启事”的作用，篇幅比较长。上海少儿社文艺室主任姜英说：“你看，这一篇就占了整本刊物的四分之一，多么看重呀！”由此也可以看出，当时对科幻作品的渴求。

不久，我逐渐对自己的作品不满，打算开创新的路子，开始了一个创作高潮期。《死城的传说》是对早期儿童科幻故事的首次否定，做了一些改革的尝试，希望作品面貌有所变化。

《海眼》又是另一个尝试。接着尝试了一些别的路子。

我认为科幻小说不仅是加“will be”的“未来式”，也可以返回过去，加“ed”的“过去式”。更加重要的，还应牢牢扎根于现实，创造一种加“ing”的“现在进行式”作品。

《美洲来的哥伦布》《失踪的航线》《扶桑木下的脚印》《雾中山传奇》《悲歌》《童恩正归来》《修改历史的孩子》，以及即将出版的《大唐故将军》等考古题材，就是“ed”的“过去式”。所以叶永烈说我是“向后看”。

《海眼》和着眼于批判伪科学的《大西国档案》《追踪诺亚方舟》《尼斯湖梦幻曲》，以及《中国足球狂想曲》《三六九奏鸣曲》，以及《王先生传奇》等许多很短的作品，就是加“ing”的“现在进行式”作品。

还有一些例如《柳江人之谜》《喜马拉雅幻想》《台北24小时》等许多地质科学类别的作品。

《喜马拉雅幻想》和《21世纪的来信》关注整个新生代，也就是第三纪、第四纪以来的地质问题。由于印度板块不断向北漂移，挤压西藏板块，致使古地中海消失，喜马拉雅山脉急速上升，隔断了印度洋海洋气团进入我们的大西北，大面积的古代湖群、森林逐渐消失，逐渐演变为干旱化、沙漠化。必须要充分注意这个趋势，设法扭转。

《台北24小时》是从板块漂移出发，述说台湾回归的幻想故事。

《辛巴德太空浪游记》是另外一种风格，是言在天外、意在人间，谈论环境、人口等七个问题的《天方夜谭》式故事。

我的少儿科幻就更多了，包括《美梦公司的礼物》《时间储蓄卡》《喂，大海》《巨人恰恰传奇》《钻进海盗船的孩子》《魔镜》《巴巴哇星来的巴巴娃》，还有《天空的逃亡者》《天空的访问者》《天空的迷途者》三部曲，以及即将出版的《梦里梦外的孩子》等三十多部作品。

我的成人和少儿所有的科幻作品，总共一百二十多万字，远远不如我的其他作品多。

虽然有这么多作品，但我还是要说：我是被抓来的“雇佣兵”，真的不喜欢科幻。

最近，国家图书馆的“中国记忆”项目，把我列为“学者系列”十人之一。考虑到我以地质科学为主的许多跨学科研究、书堆相当于两个人高的多门类业余创作，以及跌宕人生的三个方面，出线点是“地质学与科幻小说”，我立刻反对，把科幻改为科普创作才算了。我真的不想在自己身上，过于密切地贴上科幻的标签。

有一次，中国科普作协在北京远郊的十渡开会，我在车上和韩松坐在一起。他忽然问我：

1|2

① 刘兴诗先生部分科幻小说。
② 刘兴诗先生的著述蔚为壮观。

您的作品风格和人家不一样，请问是怎么形成的？我说太简单了。他一听，就打开笔记本要记录。我说，你甭记，几句话就明白了。第一，我不喜欢科幻；第二，我几乎不看科幻作品。非要逼着我写，当然就和别人不一样啰，所谓风格就是这么形成的。韩松禁不住笑了。

科幻邮差：是不屑于看科幻作品吗？

刘兴诗：不是不屑于看，而是认识上的原因。尽管如此，既然被抓了壮丁，吃了科幻这碗饭，多少也了解一些科幻。它对于我们普及科普知识有很大的作用，所以也还是关心科幻。我自己可以不写，但关心是另外一回事情。

世界科幻协会的五个中国会员

科幻邮差：刘老师，第一次科幻高潮和第二次科幻高潮您都经历过，您觉得两个阶段有什么不同？

刘兴诗：首先是思想解放了；其次是作品的数量和质量上也有很大提升；最后是冲破了科普作协管理体制，冲破了仅仅作为知识载体这一种形式，科幻小说可以自由自在地表达更多的内容，不仅仅是自然科学，也有人文科学。

我觉得值得一提的是，搞科幻必须要有人。在第一个阶段，第一次高潮时期，人数不多。可是这几个人在第二次高潮期间，是起了骨干作用的，不能抹杀这一点。不过，只靠这几个人是绝对不行的，必须要有新人。这一点，我跟肖建亨的看法有所不同。

科幻邮差：在第二次科幻高潮期间，您所说的起骨干作用的有哪些代表人物？

刘兴诗：这个要说到世界科幻协会的问题了，最早有五个会员，基本上可以算代表人物。

邓小平复出后，曾接见了一个五人英国访华代表团。其中一个人，奥尔迪斯，就是刚刚在英国成立的世界科幻协会的主席。他就问邓老总："我们现在想发展亚洲会员，不考虑日本。中国的话，不考虑台湾。请问我们可不可以在中国发展会员？"

邓老总说，可以。他们立刻在上海找了叶永烈。叶永烈就担任了当时世界科幻协会在中国的秘书。由于亚洲没有其他会员，实际上也就是亚洲秘书这个意思了。然后，又另外发展了几个人，郑文光、童恩正、肖建亨，加上我。所以有人就说，这五个人是中国科幻的"五大主力"。

这件事情，后来成为第二次低潮里面一个主要问题，就是犯了组织上的错误。我们几个人被分别叫到北京，平常非常熟悉的人，一下子板起面孔，要叫你交代问题。

后来叶永烈编了一个《科幻小说创作参考资料》，每一本就这么一点点，很薄。出了好几期，其中第四期里面，有一句话给他们抓住了，就成了问题。

我觉得在当时的情况下，这批科幻作家是先知先觉，科普作协领导是后知后觉。他们不理解为什么科幻小说可以不宣传科普知识了，所以当初有了姓"科"姓"文"的争论。表现出来就是，北京《中国青年报》赵之等一帮人批得很厉害。当时，把科幻小说当作一种地摊文学的代表，跟什么黄色、暴力的混为一谈。从组织上来讲，所有出版科幻的全部关门。哈尔滨做了深刻检讨，然后没作家敢写了，只有成都坚持下来了。

一九九一年五月二十一日，WSF联会在成都隆重举行。左起依次为：郭建中、世界科幻协会前主席布莱恩·奥尔迪斯、叶永烈。

成都为什么能够坚持下来

刘兴诗：成都为什么能够坚持下来？跟周孟璞和童恩正这两个人分不开。周孟璞起了核心作用，他对上向省科协解释这个问题，对下团结稳定这一帮人。童恩正铁骨铮铮，他不回避也不退让，而是抗争。周孟璞一篇科幻作品都没写过，但是他有很大的功劳，是功臣，四川科普和科幻的功臣。进一步延伸，他稳定了四川，影响了全国，也可以说是中国科幻的功臣。另外也不要忘记刘佳寿，他敢在这种情况下继续编下去，有胆量、有骨气，这很不错啊。成都的新闻媒体，都很支持，也是一个重要因素。

科幻邮差：刘老师，讨论科幻姓“文”还是姓“科”这个问题的时候，《科学文艺》的当家人是刘佳寿吗？

刘兴诗：对，那会儿杨潇还没有进去，但仅仅刘佳寿是顶不住的，如果上面没有周孟璞，他绝对顶不住。所以现在也许周孟璞自己年纪大糊涂了，记不清这一点了，但我觉得他这个功劳不应该被忘记。

在北京和上海被打压之后，只有成都坚持下来。这次再也不是“三国演义”了，而是成都一家独大了，叫“成都王朝”也好，“一统天下”也好，都没有异议了。我在外面就听过“向总部汇报”这种说法，我问什么总部啊，那些学生娃说《科幻世界》。可见在全国爱好科幻的群众里面，《科幻世界》已经深入人心了。所以二次高潮是成都崛起的一个很大的机遇，起关键作用的就是周孟璞和童恩正，他们对上面紧紧顶着，对下面团结一致，才稳住了成都的阵脚。

在第二次低潮中，大家都不敢作声了

刘兴诗：第二次高潮的时候，出现了很多新人。叶永烈不消说了，金涛、尤异、宋宜昌、魏雅华，上海的小将——嵇鸿的女儿嵇伟，还有王亚法、王金海、绿杨、张静等一大帮人。

一九八一年夏，众科幻友人在上海科幻作家嵇伟（笔名缪士）家中小聚。左起依次为：吴岩、黄廷元、刘兴诗、王晓达、叶永烈、缪士。

但是后来在第二次低潮中，大家都不敢作声了。那时候打击的主要对象，第一是叶永烈，然后就是魏雅华。叶永烈写的《世界最高峰上的奇迹》，有一个地质工作者说，喜马拉雅山没有恐龙蛋，说叶永烈不科学。魏雅华呢，他那篇《我的机器人妻子》被认为是黄色下流的，其实一点也不黄色下流啊，他的作品现在看起来，比一些同类的科幻作品要正宗得多了。

第二次低潮中，在北京国务院第四招待所开了一次规格很高的批判会，重点是背靠背批判叶永烈，进一步加强对科幻批判的措施。因为在科幻作家中，我的观点和其他科幻作家有一些差别，所以在整个大批判中，我属于“争取”“团结”的对象，上面不止一次派人与我恳谈，想把我拉过去。当时，正好我在地质部开另一个会议，有人就邀请我参加一个批判科幻的会，希望我从科幻作家的角度，站出来现身说法，支持这个会议。在科幻作家中，只有我一个人参加。其他的参与者基本上都是清一色一边倒的评论家，配合中国科普作协，是带着嘴巴来发言的。各省市科普作协的代表，是带着耳朵来听会，回去准备忠实执行的。当然，还有一些倾向明显的记者。会议的基本结构就是这样。

对叶永烈批得太严厉，我坐不住了

刘兴诗：那次会议真的非常重要。无论主持者的观点，还是不同的意见，在中国科幻史上，都有很重要的意义。

在那次会上，对叶永烈批得太严厉，我坐不住了，就站起来说，叶永烈有功无过。有人认为叶永烈除了不科学，还写得太滥，写得太多，说他写得多是为了赚稿费。我说，你们简直是胡说八道！你们了解叶永烈吗？写得多有啥问题？说他的作品不行，你们就行吗？你们可以保证自己的作品每一篇都没有一点儿问题吗？这样指责叶永烈，太不公平了。

有一次在上海，我们晚饭后一起散步。他跟我讲：“我现在工资不想要了。”我说：“永烈，你不要稿费可以，不要工资可不行。你不要工资，你上有老、下有小，怎么生活啊？”

一九八六年五月在成都举行的首届科幻小说银河奖颁奖会上，时任中国作协书记处书记的鲍昌表态支持科幻小说。台上前排人物右起依次为：童恩正、鲍昌、周玉振、李力众；后排左起依次为：周孟璞、王益奋。

科幻邮差：他那个时候在做什么呢？

刘兴诗：他在上海科教电影制片厂当编剧。有一次，上海少儿社的总编辑张伯文跟我说："老刘啊，叶永烈不要稿费的问题，弄得我们很头疼，你看怎么处理？我们这里还有他的好多稿费。"

我说："这非常简单。你不准动他的稿费，在银行给他开个户，给他统统存起来，到适当的时机还是要给他。"

所以那一次，我在科普作协的会议上就讲："叶永烈是不追求名利的人，你们说这个话，有没有一点良心？你们认为叶永烈写得多是罪过？我请问你们几位，你们写的文章是不是每篇都没有问题？你们怎么能这么说话？"

我大胆地说："大家要弄清楚一个根本问题，科幻小说从本质上是文学。只不过今天在行政管理上面，属于中国科普作协代管。请注意，我讲的是由科普作协代管，不是由科普作协主管。今天我提出来双重户口，行政管理归科普作协，科幻小说是文学作品，大家要怎么写，科普作协管不了。"

我这话一说，立刻全场骚动，纷纷交头接耳，一些评论家对我怒目而视。你鼓眼睛，我也鼓眼睛，谁怕谁？

主持会议的王麦林认真听了，自言自语说了一句："哦，双重户口。"似乎若有所思的样子。

科幻小说是小说，可以发挥科学普及的作用，也可以不这样写，不是非宣传科普知识不可。你在行政上管理，那是你的事。我们怎么写，这是我们的事，不能强迫我们一定要跟着你的鞭子走。行政手段不是万能的，绝不能改变科幻小说属于文学范畴的根本性质。

当时批判是非常厉害的，压力很大很大，整个会场的空气非常压抑。我这么一抗争，加上对叶永烈的支持，会议一结束，上海科普协会的几个人就走过来，和我紧紧握手，说了一句："老刘，你说得太痛快了。"

后来这个事情你们都知道了，中国作协书记处的书记鲍昌到成都说："中国作协伸开双臂，拥抱科幻小说这个灰姑娘。"《人民日报》连发三篇文章，其中一篇的篇名就是《呼唤灰姑娘》，倾向性非常明显。你科普作协要批判科幻，中国作协要支持科幻，《人民日报》也支持，这就阻挡不了啦。

在荒诞的外衣里面，有一颗严肃的心

科幻邮差：那个时期，科幻创作还有流派之分，是吗？

刘兴诗：对，那个时候科幻小说在国外，除了科学性很强的凡尔纳流派，还有社会性很强的威尔斯流派嘛。

威尔斯流派是反映社会主题的。就以威尔斯代表作《隐身人》来说吧，如果谁想从这篇作品学隐身法，那是活见鬼。可是其中却有一个严肃的主题：任何一个人，你想脱离社会，那就是自取灭亡。

科幻小说实际上是在荒诞的外衣里面，有一颗严肃的心。如果荒诞的外衣下面还是荒诞的心，那根本就不是科学的幻想小说了，只能是玄幻小说。

科幻邮差：那凡尔纳流派又如何理解呢？

刘兴诗：你听我讲，这两个流派在台湾地区，一个是S流派，Science；一个是F流派，Fiction。所以80年代初期，把童恩正的《珊瑚岛上的死光》当成是重文学流派的代表作，把我的《美洲来的哥伦布》当作是重科学流派的代表作。借这个机会，我们谈谈《美洲来的哥伦布》。

刘兴诗科幻代表作《美洲来的哥伦布》。

一篇小说准备了十六年

刘兴诗：在20世纪60年代初期，我看了一本英国的《地质学原理》，是莱伊尔写的。莱伊尔是个非常严肃的科学家，知识非常渊博，获得了爵士称号。他在这本书里有一段话，我现在还记得很清楚，说英格兰的一个湖泊，排干湖水，挖掘泥炭，发现了八只独木舟。

请注意，书上的原话是这么说的：“它们的式样和大小，和现在在美洲使用的没有什么不同。”看了不由使我心中一震。因为我对考古学有一些了解，深知两个距离遥远、素无来往的民族，其文化特征是不可能完全雷同的。

陶渊明先生在《五柳先生传》里说“好读书，不求甚解”，表现出老夫子的潇洒。但是换一个角度，好读书求甚解怎么样？所以我给我们成都理工大学拟定的校训是“穷究于理，成就于工”。读书必须穷究，挖根问到底。只是这样还不够。不能做书呆子，还必须付诸实践才行。

从地质专业来讲，我知道英格兰那个湖里的泥炭，距今四千年左右。这不会错，否则请砸了我的牌子。

顺便告诉你，我也是史前考古学研究员，进行过一些研究考察，发表过一些论文和专著。

当年肖建亨指着我的鼻子，怀疑似的问童恩正：“他也懂考古吗？”童恩正认真地点了点头。

从我所从事的第四纪地质的角度，可以推断埋藏“独木舟”的泥炭生成于四五千年前，正是墨西哥古印第安文化的一个渔猎时期。一些出海捕鱼的印第安独木舟很容易被横越北大西洋的墨西哥湾流冲带入海。哥伦布发现新大陆的五百年前，同一海流曾将热带美洲的树木冲带到荒凉的挪威海岸，引起诺曼海盗的遐想，扬帆西航发现了冰岛、格陵兰和纽芬兰。为什么洋流不可以将同样性质的古印第安独木舟带到英格兰？其中大多数必定在途中葬身鱼腹，个别漂到彼岸则是完全可能的。

刘兴诗先生介绍八只独木舟的发现地——马丁湖。

值得注意的是，发现独木舟的地点不在英格兰西海岸，而是内陆湖区，竟有八只之多，至少应有八到十六人操作。倘若上述推断属实，这必定不是最初到达的古印第安独木舟，而是一批仿制独木舟。

由于这是一种偶然事件，不是有意识的探险活动，不可能有成群独木舟同时到达。从常理推想，一只独木舟无法装载多人，也没有妇女随船捕鱼的可能性。唯一的可能是，一只侥幸脱险的独木舟抵岸后，其乘员深入内陆湖区，与当地土著通婚，发展成为一个小部落，然后按照美洲故乡的方式，制作了一批新独木舟安然生活在新的领地。

如果这一切推想属实，可以得出一个十分重要的结论：

墨西哥湾流曾经把古印第安的独木舟，漂送到大西洋彼岸的英格兰。

我觉得这是个很好的科幻小说题材，因为它本身就揭露了一个被遗忘的历史事实。本身是人文科学问题，也是自然科学问题，具有独特的科学意义和社会学意义。诺曼人和哥伦布发现新大陆前，被狂妄无知的欧洲种族主义者所蔑视的印第安人，早就发现了他们的欧洲，还在他们“高贵的”血统中，滴进几滴有色血液。这不是对新老殖民主义、现代种族主义一个莫大的讽刺吗？

无论对考古科学还是社会科学，这无疑都是很有意义的题材。我决定以科幻小说的形式把它写出来。如果把这些材料拿给现在的科幻作家，或许马上就可以写，可是我不行。因为我必须首先排除一个可能性，古代欧洲有没有和美洲相同的独木舟？假如真有文物特征的巧合，上述推想便完全不能成立了。

为了解决这个疑难，我不得不中止写作计划，转而寻求解决欧洲有无同样独木舟的问题。经过漫长时间的努力，我终于在1979年弄清楚了事实，古代欧洲绝无和美洲印第安人完全雷同的独木舟。屈指算来，时间过去了整整十六年，这篇科幻小说终于可以开始提笔写了。

话虽然这样说，我却还不能马上就写，因为这还涉及三个场景：墨西哥、英格兰和苏格兰。必须把所有的背景资料研究透彻，方可动笔。为此，我参阅了大量资料和图片，终于把握住了各个特点，才可以如实描写。

墨西哥一段，我使用了一个古遗址实际场景。其中涉及的文物，没有一件是我杜撰的。英格兰湖区一段，我按照实景照片和文字资料，还参考了一些著名的湖畔诗人的作品，联系多变的阴霾天气加以描述。

这篇小说写的是一次模拟航行。如果让现代模拟者乘坐独木舟到达同一地点，未免显得人工斧凿痕迹太重。我参照了海流图，让它漂到附近的苏格兰海岸，也有同样意义，因此又出现了苏格兰海岸的场景。从照片可见那是一道峭壁海岸，可它是什么颜色呢?最后我查出是石灰岩峭壁，颜色便可定为灰色了。

由于有了这些准备工作，所以小说一气呵成，但心中却还有些不踏实。当时没有电脑，也没有复印机，又刻写为油印稿，广泛寄送给一些朋友，请大家挑毛病、提意见。上海少儿社姜英认为，漂洋过海一段写得太容易。这是我没有注意把握的一个环节，立刻改写一遍。直到最后北京的金涛认为“好像真喝过几两海水”，我才罢手。后来这篇作品被科幻评论家饶忠华评为“中国科幻小说重科学流派的代表作”，也许有一点儿根据。

这篇作品发表后，还有一个尾声。1986年，一个英国伦敦大学的考古学研究生AliceChilds，也是科幻迷，来拜访我。我请她回去落实一下这个问题。

这个姑娘很不错，回国后研究了一番，给我寄来一张地图，查明了莱伊尔所说的马丁湖，今天名叫Marton Mere，距离海滨城市Blackpool只有两公里左右。当年是被一个名叫Thomas Greenwood的人排干后，发现八只独木舟的。

后来我在一个幽静的海滨别墅度假，遇见一个二战时期的英国皇家空军老飞行员，说起这件事，他的儿媳马上给我找来Marton Mere照片。

我的推想如实，故事是真的。我把这一段被忘却的历史发掘出来，写成这篇科幻小说。越深入研究，我就越坚信这是一段曾经发生过的真实历史。

这个作品的研究和写作过程，符合我的一个科幻小说创作观：科幻小说是科学研究的直接继续。

不过，这还不是真正的直接继续。因为材料是从书本里来的，只能算是科学研究的间接继续。关于科学研究的直接继续，可以用《海眼》和《柳江人之梦》作为代表。

细节必须真实，才能使大家相信

刘兴诗：1956年，著名地质学家裴文中先生率队在广西柳州白莲洞考察，发现了一批很有意义的旧石器时代和新石器时代早期文化地层。这引起了裴文中、贾兰坡先生的注意。从1981年起，裴文中先生就申请了一个国家自然基金项目，委托周国兴主持研究工作。这个项目分为三个一级子课题，由周国兴负责化石鉴定，童恩正负责文物鉴定，我负责洞穴地层研究。

1982年，在这里又发现了两枚智人牙齿化石，引起海内外关注。于是，有关方面就在白莲洞召开了两次国际古人类和史前文化会议，我也因此受聘为新建的白莲洞洞穴博物馆研究员并在会上获奖。

我们在研究白莲洞遗址的同时，把注意力投到附近同时代的柳江人头骨发现地点。根据我们的研究，柳江人头骨所在洞穴没有任何原始居住遗址的痕迹。这里距离白莲洞只有几公里，中间一片开阔地带，没有任何地形障碍。

我们推想，柳江人很可能来源于附近的白莲洞，不知因为什么原因死在这里。因为含化石地层上的水流痕迹非常清晰，可以想到柳江人头骨化石，是后来被水流冲入洞中的。可是由于缺乏更多的证据，不能写成学术论文。

我和周国兴、童恩正等研究人员都是科普作家。写论文不成，大家便推选我写成一篇科幻小说，以故事形式表达我们的共同见解，希望引起公众注意。于是，我就把我们几个人都实名写进去，用完全实境的形式，摊开科学材料和观点，杜撰了一个故事。因为根据我们的研究，柳江人头骨和肢骨分属一个中年男性和一个女性，故事便叙述两个来自白莲洞的原始人因故死在这里。为了探讨其死因，我写了三个结尾，供读者选择——这里也欢迎读者提出新的见解，作为我们进一步研究的参考。

科幻小说《柳江人之谜》写成后，却一直不能发表。因为我为了强调科学性，表示言之有据，别出心裁按学术论文形式，在文末附了一大串参考文献目录，怎么能在文学刊物发表呢？后来删除了参考文献，才发表出来。不消说，这就是通过科学研究的直接继续，写出来的科幻小说了。

科幻小说和任何文学作品的主题都可以是虚拟的，但这个虚拟必须要有一个基础，虚拟不等于虚妄，不等于虚假，这个要分清楚。有一部谢晋导演、潘虹主演的电影《最后的贵族》，我看得非常投入。说的是1949年，中国社会大转变的时候，有四个上海姑娘到美国去，好像就在讲我自己，因为那个时候我也有这样的可能性。后来看到影片中墙上的一面美国国旗，居然是现在斜排的五十星，我就看不下去了。以前的美国国旗是四十八星的，竖排的，没有夏威夷，没有阿拉斯加。谢晋导演学识渊博，怎么会不注意这么一个细节？因此我再也看不下去了。

最近看美国大片《血战钢锯岭》，特别注意其中的美国国旗是竖排的四十八星旗，这就真实可信了。

一部作品的总体设想可以是虚幻的，但是细节必须真实，才能使大家相信。须知，只有细节的真实，才能达到整个作品的真实性。有一幅《清明上河图》的赝品，看起来什么都像是真的，可是在一个屋檐上，一只麻雀的位置和原画差几个瓦片，就一个铜板也不值了。我在《美洲来的哥伦布》中，也是这样做的。郑军还注意到，我在《扶桑木下的脚印》中，描写阿拉斯加的风光十分真实。我没有到过这个地方，却在邻近的加拿大北方考察过。这个景色描写，是从加拿大的哈得孙湾移植过去的，都是北极圈内外嘛，一点也不敢乱写。

第二次科幻低潮损兵折将

科幻邮差：刘老师，请继续跟我们说说第二次科幻低潮的情况吧？

刘兴诗：第二次低潮里面，科幻队伍有很大的损失，最大的损失是郑文光接了一次电话，马上脑溢血瘫痪了。

科幻邮差：什么电话？

刘兴诗：就是关于姓“科”姓“文”问题的批判的电话。郑文光一生气，马上脑溢血瘫痪了，从此再也不能写了。第二个损失是叶永烈不得不离开了，他们批评叶永烈写的“金明探案系列”是搞暴力之类的。好在公安部支持叶永烈，所以他后来可以在公安部的支持下到秦城监狱去采访“四人帮”，走出了另外的道路。

科幻在第二次低潮时损兵折将，郑文光没有了，叶永烈走掉了，肖建亨后来也不知道到哪里去了。

科幻邮差：进入80年代后，国内发表科幻的平台，唯一剩下的就是《科学文艺》。《科学文艺》的重组是怎么回事呢？

刘兴诗：好，我来谈谈这个问题。《科学文艺》第一任主编成绩很大、功劳很大，后来换了一个。论才干比第一任差远了，就是一个上面派下来的“行政科长”，完全不懂什么是科幻。为了《科学文艺》发展，这个人也必须换。于是，有一天，在成都人民南路芙蓉餐厅的二楼上开了个会，决定派谁去接任《科学文艺》主编。周孟璞主持这个会，我和童恩正都参加了。

当时有一个科幻作家，很想钻营这个职务。童恩正跟我说要阻止他，我说好，你看我的发言。我就讲了，为什么要从上面派人？我觉得应该从《科学文艺》编辑部内部实行民主选举，只有这个办法才能够挽救《科学文艺》，不能再由上面派。童恩正马上支持。周孟璞看见我们两个人这样表态，也就没有话说了，实际上就是我们几个人定的。

后来谭楷说，刘兴诗终于说了一句人话。他当然是开玩笑的。就这样通过选举，选出了杨潇和谭楷，这不是很好吗？没有杨潇、谭楷，就没有今天的《科幻世界》。他们是《科幻世界》的奠基人，功劳大于以后阿来那一届。从更高的一个层面说，中国科幻能够发展到今天，也是离不开杨潇、谭楷的。他们能够起来，靠的是民主选举。从那以后，《科幻世界》带动了整个科幻界，靠的也是这一次民主选举。杨潇、谭楷实在太重要了，不仅功在这个刊物，也在整个中国的科幻事业。他们的上任，可以视为中国科幻事业进一步发展的重要起点。

20世纪80年代的中国科幻影视并不是一片空白

刘兴诗：再来说说科幻影视问题吧。

2015年9月，《科幻世界》杂志社在北京现代文学馆举办银河奖颁奖典礼，其中一个环节谈科幻影视，主持人严蓬说了一句话，说中国科幻小说在最早一代，影视方面是沉寂的。我下来就对严蓬说，你错了。在那个时候尽管只有十几个人、七八条枪，可在影视上面还真有些成绩：童恩正的《珊瑚岛上的死光》不是中国第一部科幻故事片吗？

我顺便告诉你，我的经纪人告诉我，现在北京还有公司准备重新拍这部片子和《古峡迷雾》。

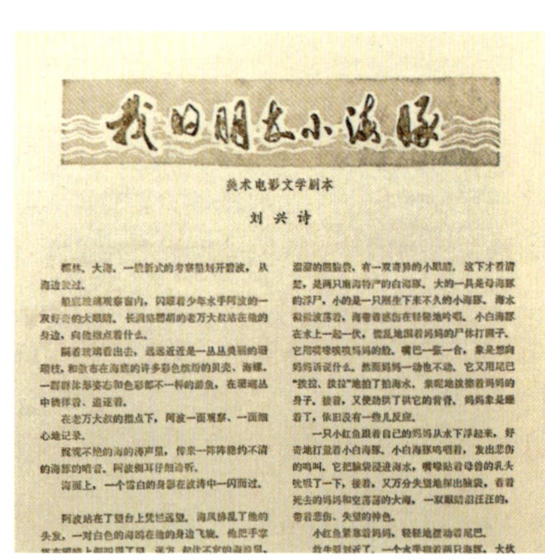

我的朋友小海豚

美术电影文学剧本

刘兴诗

椰林、大海。一艘新式的考察船划开碧波，从海边驶过。

船底玻璃观察窗内，闪耀着少年水手阿波的一双好奇的大眼睛。长满络腮胡的老万大叔站在他的身边，向他指点着什么。

隔着玻璃看出去，远远近近是一丛丛美丽的珊瑚枝，和散布在海底的许多彩色缤纷的贝壳、海螺。一群群体形姿态和色彩都不一样的游鱼，在珊瑚丛中结伴着、追逐着。

在老万大叔的指点下，阿波一面观察、一面细心地记录。

隐隐不绝的海的涛声里，传来一阵阵隐约不清的海豚的啼音。阿波侧耳仔细谛听。

海面上，一个雪白的身影在波涛中一闪而过。

阿波站在了望台上凭栏远望。海风拂乱了他的头发，一对白色的海鸥在他的身边飞旋。

溜溜的圆脑袋，有一双奇异的小眼睛。这下才看清楚，是两只南海特产的白海豚。大的一具是母海豚的浮尸，小的是一只刚生下来不久的小海豚。海水轻轻波荡着，海带着感伤在轻轻地吟唱。小白海豚在水上一起一伏，慌乱地围着妈妈的尸体打圈子。它用嘴喙碰碰妈妈的脸，嘴巴一张一合，象是想向妈妈诉说什么。然而妈妈一动也不动。它又用尾巴"拨拉、拨拉"地拍了拍海水，亲昵地拨擦着妈妈的身子。接着，又使劲拱了拱它的背脊。妈妈象是睡着了，依旧没有一丝儿反应。

一只小红鱼跟着自己的妈妈从水下浮起来，好奇地打量着小白海豚。小白海豚呜咽着，发出悲伤的鸣叫。它把脑袋浸进海水，嘴喙贴着母兽的乳头吮吸了一下，接着，又万分失望地探出脑袋，看着死去的妈妈和空荡荡的大海，一双眼睛泪汪汪的，带着悲伤、失望的神色。

小红鱼紧靠着妈妈，轻轻地摆动着尾巴。

◀演员表▶

◀职员表▶

①《我的朋友小海豚》电影剧本。

②《我的朋友小海豚》剧照。

③根据刘兴诗小说《雪尘》改编的舞台剧《冰山的秘密》节目单。

我的那部《我的朋友小海豚》是上海美术电影制片厂1980年拍出来的，1982年在意大利第十二届吉福尼国际儿童电影节获最佳荣誉奖、共和国总统银质奖章。这算中国第一部科幻美术片。值得一提的是，这是中国科幻作品在海外第一次获奖。

请注意，这是一个国际电影节颁的奖，是不是更有国际性？所颁发的意大利共和国总统奖章，由中国大使馆官员代领，是不是一种政府行为？和现在某一个国家的科幻团体颁奖，是不是档次也有差别？怎么能说那个时代的科幻影视是一片空白呢？

20世纪80年代，《科学文艺》发表了一篇我的《雪尘》，宋庆龄中国妇女基金会把它改编成了话剧，我也不知道怎么回事，居然那个节目单现在还在，这岂不是中国第一部科幻舞台剧吗？你说在影视、舞台剧领域，当时完全无所作为，这是不确切、不尊重历史的。

顺便说一下，肖建亨的《影子的故事》，曾经由中国科教电影制片厂拍摄为科教片。当年童恩正毕业后，第一份工作就是在峨眉电影制片厂做编剧。叶永烈的第一份工作是上海科教电影制片厂的编剧。我还曾经编剧、导演、拍摄一肩挑，地面加空中低飞摄影，在巴丹吉林沙漠拍摄了一部有关沙漠地貌的教学片。我最近与加拿大有关人士合作，将自己一个作品改编为歌剧剧本。请问，今天的科幻作家有这样的身份吗？

当时只不过十几个人、七八条枪，就搞得这样了。

请尊重历史，不要无视，甚至蔑视当时的成绩吧。

但愿他现在身体还健康

这里面谈到过去几位作家，我特别要提一下肖建亨。

唉，肖建亨就是因为生了一场病，后来从工程技术人员打下来做车间工人了。我到苏州去看他，他把我藏在一个机器的后面，不敢让工长看见，不敢让车间主任看见。

后来上海请肖建亨去开会，他请不了假。当时主管文教的国务院副总理方毅亲自发了个命令，让肖建亨到上海去开会。你知道他们那个厂长怎么说？他说："什么方的圆的，这里只有我说的才算数。"对他非常不公平。

肖建亨很值得怀念，现在不知所终了。他比我大一岁，老大哥，经常教训我。他当时住在苏州小曹家巷二号，这个地址找不到他了，因为他有三个孩子——三个女儿，分别在美国、日本和澳大利亚，不知道他到哪儿去了。而且他比我年纪大，身体比我差，我但愿他现在身体还健康。再多的话不说了。我觉得现在应该出一本肖建亨的选集。

科幻邮差：但估计肖老的版权不好解决，他的版权跟谁签呢？

刘兴诗：问题就在这里。但不能因为这个小小的阻碍，就不做这个事情了。

科幻邮差：嗯，我想有心人一定会把这件事做起来的。刘老师，您觉得在中国科幻早期，外国科幻的译介起到了什么样的作用？

刘兴诗：在中国科幻刚刚开始的时候，毫无疑问是受到了一些外国的影响。但是我需要强调一点，当时苏联科幻对我们的影响不是太大的。尽管从体制上面，对我们有指导作用，但是实际上，我们每个人都有自己的看法。我自己仰慕的是凡尔纳，苏联的作品我基本上没怎么看。肖建亨认为别列亚耶夫什么的对他有点儿影响，但是我看影响也不大。不过别列亚耶夫的作品的确很不错，值得向大家推荐，不要什么都看美国的。

所谓的"四大天王"问题

刘兴诗：这里，我想说说所谓的"四大天王"问题。

进入80年代中期以后，我认为必须要有不断涌现的新人，但是必须谦逊上进。

那时候，有一个成都青年作者发表了一篇文章，我觉得这篇作品写得很好。我就跟《成都科技报》讲：请你们宣传他。他刚刚出世，应该好好扶持才对。

天津《智慧树》请我和童恩正去，在上海第一次跟美国的世界科幻协会的主席波尔见面，我都把他带去了。第一位到大陆来的台湾地区科幻作家吕应钟，香港一个聚贤馆出版公司老板赵善琪到成都来找我，我都引荐他，认为他是一个很有潜力的新人。

为了更好地宣传他，我就给海洋出版社的孙少伯打了个电话。那时候正在唐山地震期间，海洋出版社编辑还穿的海军军装，就在今天东单的人行道上搭帐篷。孙少伯他们有一个《科学神话》杂志，我说老孙啊，你帮我宣传一个新人，你必须在头版头条，给我登这个青年作者。然后我又给上海的饶忠华打了个电话，饶忠华是科幻的第一位评论家。我说，忠华，你给我写篇文章，就评他的这个作品，要给我写好，写好给我看了才能发表。他的文章和饶忠华的评论，就在《科学神话》头版头条发出来了，我可是够支持提携他了。

后来出了个事件，就是所谓的“四大天王”问题。日本有一个《科幻宝石》杂志排什么中国“四大天王”，把这个青年作者也算了进去。这个话一出来，立刻就天下大哗。童恩正、肖建亨，以及熟悉的北京、上海出版界朋友都有看法。

《科幻世界》在北京开世界科幻大会的时候，就由郑文光和我出面问岩上治。岩上治不懂中文，也不懂英语。通过翻译，郑文光提问，这是怎么回事？岩上治就讲，这个不代表日本科幻界的看法。《科幻宝石》是日本一个科幻迷刊物，好像只办了两三期就夭折了，他们根本不了解中国的情况，在北京正好买了那一本《科学神话》，就是我让孙少伯跟饶忠华包装这个青年作者的那一期。凑不够四个人了，就把他凑了上去。岩上治申明，他们有一个中国科幻小说研究会，绝对没有这样的看法。他们也知道我们的情况，不会在这儿封什么中国的天王。因为这样一来就产生一个问题，你中国的作家，怎么能由我们日本刊物来封？何况还不是主流刊物，这是一个极端错误的原则问题。

这个事情，虽然今天郑文光没有了，岩上治还在啊，翻译也还在嘛，可以证实呀。

提携新人：“京城四少”

二十世纪九十年代，刘兴诗与科幻后辈们在一起，左起依次为：郑军、刘维佳、姚海军、柳文扬、刘兴诗。

科幻邮差：刘老师，之前听您说过“京城四少”的事情，请给我们简单介绍一下吧。

刘兴诗：进入科幻第二次高潮的时候，我就提出要考虑科幻作家队伍建设的问题。当时，我看中了北京的四个年轻人：吴岩、韩松、星河、杨鹏。吴岩那时候很年轻啊，肖建亨马上就不干了。他说我们的作品都经过了考验的，你给这个中学生站台干什么？

我说，老肖你错了。第一，我们的作品谁说就经过了考验呢？谁说我们的作品就是好的呀？我还觉得我们的作品有问题呢；第二，就算有我们这么几个人，但是最后都要被时间淘汰的。没有新人，中国科幻是发展不下去的。我说对不起，我坚持支持新人。

于是，我提出来“京城四少”。这个“京城四少”里面，我特别注意吴岩。我认为吴岩未来一定是中国科幻的马拉多纳。为什么呢？因为马拉多纳是打组织的，他并不是真正的前锋。

别忘记了，那时候还有柳文扬、张劲松两个小将，也是未来的潜力股。可惜柳文扬早逝，张劲松在美国一脑袋扎进了自己的学业，没有下文了。

科幻邮差：您从吴岩老师的哪些表现，看出他是中国科幻的马拉多纳？

刘兴诗：你听我讲。第一点，他承上启下，他跟老一辈的关系很好。承上，吴岩基本上是郑文光一手拉出来的。启下，他自己后来办了个科幻沙龙，团结了一大帮年轻人；再一个呢，内外通联，吴岩跟海外科幻作家的关系很深，他的外语也很不错的；第三，他不仅有作品，而且还搞理论。科幻要发展，只靠作家不行的，还要有理论家。从整个科幻史来讲，吴岩是一个举足轻重的人。

我推荐吴岩，这就好比我推荐董仁威接替周孟璞，担任四川科普作协主席一样。

我们一起退到底，什么职务都不兼

刘兴诗：这里我谈谈董仁威接任的事情。当时，有人给四川省科协写了一封匿名信，信中说周孟璞年龄到点了，应该退下来。当时童恩正到美国去了，科协领导把我叫去看了这封信，我一看就知道是什么人写的，非常愚蠢。那个时候没有电脑打字，用手写的，没有落名我也看得出是谁的，但我不能讲。写这封信的人，必定也是这个圈子里的，自以为有一点儿资本，想接替省科普作协主席。否则，谁会有这样的闲心，跳出来管这件事？

我找到周孟璞。周老问我，该怎么办？我说你年龄到了，是该退了嘛。我的年龄也到了。我们一起退到底，什么职务都不兼。

科幻邮差：那是哪一年？

刘兴诗：记不清了。我跟周老说，现在应该由你提出一个接替的人选。周孟璞给我提了个名字，就是我认为写匿名信的那个人。我说这绝对不行。但这个事（匿名信）不能告诉周老。过了很多年以后，我才跟他说的。

那谁来接替呢？我说，我支持董仁威。董仁威优点很突出，缺点也很明显，他太爱表现自己了，但这是枝节问题。董仁威长期是行政厂长，他有一套管理办法。作为商人，他有经济意识，有广告意识，他知道怎么张罗这些东西。我看我们科幻界，没有哪个作家具备这些条件。郑文光也好，童恩正也好，都没有这个条件，叶永烈也没有。董仁威是科普作家中难得的行政天才。所以后来吴岩也讲，董仁威是科幻的推手。我觉得吴岩这个词用得很恰当。要推动，没有推手怎么行呢？尽管董仁威不是科幻作家，中国科幻事业现在发展得红红火火，他是功不可没的，所以当时我就提了董仁威。

最后要对周孟璞、董仁威这两届做个评价。我说，周孟璞这个阶段是平平稳稳，董仁威是轰轰烈烈，做了不少事情。请注意，在当时那个风波很大的第二次低潮阶段，全国各地的科幻都烟消云散了，只有四川岿然不动。这就是周孟璞搞得平平稳稳的功劳。什么事情都要联系当时的环境，平平稳稳在那个非常时期不是贬义词，而是大大的褒义词。要不，在那个时候，北京、上海的科幻为什么都噤如寒蝉了？四川做一个平平稳稳给大家看嘛。当然啰，董仁威的缺点也应该克服，否则会影响自己的。但他成绩是主要的，这一点也很清楚嘛。

“王刘二将”及其他

刘兴诗：科幻需要新人，只有“京城四少”这几个人还不行。我还看中两个人，王刘二将：王晋康，刘慈欣。我认为当时王晋康在许多新人中更加成熟。刘慈欣也有很大的潜力。

2000年，我访问台湾的时候，台湾有关出版公司提出来，要我推荐一个大陆的新人。我毫不犹豫推荐了王晋康，所以他的《生死平衡》就在台湾出版了。

太原有一个出版社，对我上马金、下马银的。当时我就说，你们那么远，找我干什么？为什么不找你们山西自己的刘慈欣？

他们问：“刘慈欣是谁，在哪里？”

我告诉他们：“刘慈欣必成大器，就在你们的娘子关。现在不上门，以后不一定能够巴结上呢。”

我反过来让刘慈欣去找他们，也没有成功。后来我对他说：“下次这个出版社来，叫他们先填会客单。”

现在这些新人里面，我最看重两个人。一个韩松，一个王晋康。他们每个人都有特点。韩松毕竟当了那么久新华社记者了，观察力很敏锐。我觉得他有思想深度，能够接触现实，这点非常不错。

新人也需要帮助。现在一个很有名的作家，他有一篇作品讲非洲一个国家政变，提到了中国主席、美国总统。我就善意提醒他：老弟，怎么能这样写呢？必须要改变一下。他改了写作的路子，就一路畅通了。

科幻邮差：韩松老师给您留下印象比较深的作品，有哪些？

刘兴诗：当初我看的第一篇是《宇宙墓碑》，后来我看了《地铁》，都不错，我没有看更多的。

科幻邮差：其他几位老师呢？

刘兴诗：星河往往有些非常奇妙的思想和观念，非常可惜的一点，他现在当了奶爸，就不管这些事情了。杨鹏呢，他在少儿方面不错，现在走了另外一条路。这四个人我真的没有看走眼，王刘二将我也没有看走眼。我们还有一些人可惜了，柳文扬啊，可惜了。

关于两岸科幻的“破冰行动”

刘兴诗：我再跟你讲讲当年的“破冰行动”吧，这个事情现在我不多说，作为一个资料暂时封存。以后如果有机会，再从头到尾详细讲吧。

说简单一点，就是从“一个中国”的基本原则出发，我们科幻作家能不能从相互了解开始，做一点有利于推动和平统一、回归一个中国的事情。

那是80年代的时候，我跟香港地区、台湾地区的科幻作家分别联系了一下。我首先找了张系国。因为我研究了他的人生经历，他也认同“一个中国”的理念。他和我一样，都是抗日战争开始逃难到四川来的。那时候我在念初中，张系国在重庆念小学。他应该跟著名作家白先勇是一个年龄段的，白先勇的哥哥白先德是我南开中学的同年级同学。

张系国回复我说：“好啊，怎么办？”

往下的细节，我就不在今天说了，以后有机会再解冻吧。

一句话，大家都是中国人，应该认同“一个中国”的基本原则。

但非常遗憾的是，这件事情后来没有办成，但并不是我们笨，而是当时形势不允许，形势比人强嘛。今天吴岩他们办到了，就很好呀！由此也应该懂得一个道理，不是谁不行，谁特别能干，一切都与大的形势有关。这一点，必须要清醒。

不消说，当时障碍重重，根本就不能办到。我说，换一个方式，化整为零，我们相互访问吧。

1993年，台湾地区第一个科幻作家吕应钟访问大陆。不是到北京、上海，而是从香港直接飞成都。他是冲着我来的。我又介绍他到《科幻世界》去访问。吕应钟应该算是两岸科幻界互访的破冰第一人。尽管他在台湾科幻界并非主流人物，但是这件事应该记录在册。

2000年，我应邀访问台湾。除了从自己的专业出发，对1999年地震现场，以及环岛海岸、山地地质考察外，还在那边好几个地方进行了科幻演讲。第一站是高雄，第二站宜兰，第三站台北，第四站台中，第五站台东。在台北和台中，仅仅是简单交流接触一下，没有演讲，其他几个站都有科幻讲座。特别是在高雄与当地作家群交流，在台东师范学院给研究生的讲座，双方都很感兴趣。

顺便说一下，从1993年起，我曾经在台湾先后出版过小说、童话、科普、科幻小说、科学童话等十八本书，其中包括《辛巴德太空浪游记》《雾中山传奇》两本科幻小说。一篇科学童话《没法举行的宴会》，1998年进入台湾地区学校教师研习会编印的四年级下期普通话教材。所以也算是大陆科幻作品第一次在台湾出版，大陆作家作品第一次进入台湾小学课本，也可以算是具有一种破冰意义的事件吧。

科幻理念

我的科幻小说都是可以附参考文献的

科幻邮差：您在很多场合都提到一个科幻创作理念，就是科学性、文学性，还有民族性和现实性。

耄耋之年的刘兴诗先生在野外工作。

刘兴诗：对，联系现在的科幻，我要谈科幻创作这个问题了。

科幻小说说到底是浪漫文学的一种，它是通过一种折射的方式来反映现实生活。如果忘记了这一点，那就是断线风筝，无源之水，无本之木。所以我提出了两个口号，其中一个是幻想从现实起飞。

过去认为科幻小说有两个流派，我现在分成三个流派。

重文学流派，这个不够确切，什么作品不重文学啊？所以我说应该是重社会学流派。一部作品必须要有社会内容，郝景芳的《北京折叠》我觉得写得很好，她就是重社会学流派的，该获奖。

重科学流派，必须要有一个真实可靠的科学主题在里面。这里面又分两种：一种是直接研究，另一种是间接研究，也就是通过文献分析进行的研究。所以我又提出一个口号，科学幻想是科学研究的直接继续。

你看《海眼》就是这样，我在科学研究里面不能解决的问题，就写成科幻小说；《柳江人之谜》是另外一种，我和童恩正、周国兴研究古人类的问题，在没有获得结论的时候有些线索，我们就可以把整个课题铺开，所有的材料都拿出来编一个故事，让大家跟我们一起分析，最后我们列几个不同的结尾。这些作品我认为都可以附参考文献，都是实实在在的东西。而《美洲来的哥伦布》就是间接研究的成果了。

娱乐流派，这绝对不是贬义词

刘兴诗：如果既没有科学内容，也没有社会内容，那我给它起一个名字——娱乐流派。生活好了，当然应该娱乐一下，这绝对不是贬义词，但是也绝对不能把这个当作科幻的主流，或者唯一的形式。你看美国就提得很清楚：科幻奇幻协会。在一个圈子里，有科幻，也有奇幻嘛。

我们有的作家就不敢承认自己写的是奇幻，实际上现在大多数标榜为科幻的，几乎都是玄幻。玄幻就玄幻嘛，奇幻也可以，干吗非得往科幻上面靠？一些这样的作品到底有多少真正的科学成分，是值得研究的。

我不是不喜欢科幻作品，而是没有时间看。记得以前老师说，没有时间看小说，我们感到很奇怪。现在自己的年龄到了这个地步，才深深明白，工作头绪太多了，人一老，精力也有限了，的确没有时间看小说，特别是鸿篇巨制的那些大部头，看见就害怕了。

还有一个批判现代迷信的问题。这往往是披着科学的外衣宣传伪科学，譬如什么“北纬30度之谜”“诺亚方舟”等，都经不住仔细推敲。

现在很多伪科学，说一千遍就成真的了。什么“北纬30度”，说得神乎其神。北纬30度是非常普通的一个纬度，哪有什么谜？这是伪科学。关于科幻小说中的一些问题，我说话很谨慎，我不说是伪科学，而是伪命题。

现在我们搞科幻，动不动就谈外星人到了地球，或者我们移民到外星球去。我也研究过天文，开过天文课。我的老师是中国数一数二的天文学家戴文赛先生。我认为，外星人似乎没有到过地球。

现在很多谣言，多说几遍就成真的了。什么美国空军保存有外星人遗体、外星飞碟。如果这是真的，美国政府是不是发疯了，还向太空发射“地球名片”寻找外星人？如果这是真的，整个天文界都集体发疯了：组织起射电天文望远镜，联片成网，昼夜不停地向太空搜寻外星人的信息？

想一想，如果外星人真的来过了，我们还需要去搜索吗？请问，你是相信美国的政府行为，相信全球的天文学家行为，还是相信那些无聊小报？

再说“诺亚方舟”这个问题吧。

请你仔细想一想，这个阿拉拉特山海拔4434米，接近5000米，我以地质工作者的身份来讲这句话，就算包括南极大陆在内，地球上所有的冰统统融化，也绝不可能达到这个高度，海面最多提高一两百米。怎么可能淹到4000多米呢？就算到了，融化以后，这些水又到哪里去了呢？所以阿拉拉特山上发现诺亚方舟，本身就是不科学的。

我搞史前考古，研究西亚考古史，得知在今天的伊拉克南部，巴格达东南方向大约350公里的地方，有一个乌尔遗址。早在公元前5000年左右，苏美尔人已经在那里定居了。大约在公元前4000年左右，开始形成城市。到了公元前3000年左右，这里已经发展成为西亚地区最重要的城邦国家之一。请注意，这大致相当于我们的黄帝、炎帝传说时代，比我们的历史悠久得多。

就是在这个乌尔遗址的最下层，一个叫作欧贝德文化的聚落文化层上，发现了2.5米至3.7米厚的洪水泛滥堆积物。这充分证明早在四五千年前，这里曾经有一次特大洪水的侵袭，淹没时间很长，是远古洪水泛滥的有力证据。

说得简单些，它的上下都是文化层，中间夹着一个洪水层，就是洪水淹没了第一个文化层，以后又重新发展文化。即所谓的前洪水时代、后洪水时代，中间一个特大洪水时期。洪水洗刷了一切，而后又重新发展文化。

要知道，几千年以前的原始时期，哥伦布没有发现新大陆，西方也没有到达东方，各自生活在狭隘的范围内。当时所谓的“世界”，绝对不是今天的全球。那是一个个活动范围很小的“小世界”，仅仅是居住在某个东方的部落，能够活动的范围而已，绝对不是整个地球，不是今天的“大世界”。

一旦发了一场特大洪水，把他所居住的地方淹没了，他就认为整个“世界”被淹没了。坐一艘小船漂到附近的某一个小山丘上，他就认为上了“全世界”最高的山了。乌尔遗址附近没有高山，不过是一些小丘陵而已。后来就牵强附会，认为是土耳其的阿拉拉特山——再以讹传讹，进一步演化出诺亚方舟的神话，迷惑了许多人。

我们研究神话，不能搞神秘主义，以为神话说的，什么都是对的；也不能搞虚无主义，认为史前神话统统都是无稽之谈。

史前时期神话的真谛是什么?

在没有文字记载的史前时代，绝大多数的神话是原始先民对一些不可理解的自然现象的解释，绝非无稽之谈。其中包含了若干极其重要的古气候和古地理环境的重要信息，乃是史前神话的真髓。

对史前神话的研究，绝不能停留在一般的神话学的诠释。仅以其充满了幻想色彩的神异故事，便从其故事本身出发，探讨各种各样乌有的神灵，以及种种超自然力量，将神话学的研究引入烦琐的文字考证和训诂的神秘学方向、远离事实真相的做法是错误的。严肃的现代科学工作者的任务，应该由表及里，去伪存真，透过其怪诞荒唐的故事外衣，深入发掘其内涵的科学信息，将神话学的研究带进一条崭新的科学化的道路，作为第四纪古环境学的一个重要补充。需要在此特别指出的是，这也似应是原始先民意欲传达的某种本意。如果仅仅着意其神秘化部分，抛弃了科学成分，应视为对先民初衷的曲解。

科学研究不能以孤证为依据，仅仅一个例子就是孤证。诺亚方舟问题也是一样的。

我在鄂西考察中，在湖北西部，宜昌以下的红花套，长江南岸的一个遗址，我发现了一个有趣的现象。这里和乌尔遗址的地层剖面一模一样：下面一个文化层，上面一个文化层，中间夹一个洪水层。用同位素测定洪水层的年龄，距今四千年左右，和乌尔遗址那个洪水泛滥时期基本一致。在第四纪古气候期的序列中，属于全新世亚北方期，距今四五千年开始的一个全球性灾变期。

这个阶段在距今六七千年的全新世大西洋期。全球性温暖潮湿的环境条件下，原始农业井喷式发展，相应的生产组织形式，母系社会大发展的一个阶段。也就是西方所谓的“黄金时代”，我们的“神农时期”。

乌尔遗址、红花套遗址，就在全新世亚北方期之中，以全球性持续性干旱，加以突发性洪水为特点。也就是突发性的“诺亚方舟洪水”，我们的“大禹洪水”，以及干旱灾变连连的黄帝、炎帝、尧舜禹汤时代了。黄帝、炎帝、尧舜禹汤所在的时期，绝非从前那些迂夫子所说的“莺飞燕舞”。这从许多记载，以及第四纪古气候学、史前考古的材料可以充分印证。我有许多论文，这里就不详细介绍了。所以诺亚方舟洪水，实际上就是这样被夸大的。

这样的伪科学不揭露，怎么成！

当然啰，这和科幻小说无关。但是以此为例，应该注意这样的伪科学问题。

谁主张外星移民，就先把他发射出去

刘兴诗：再一点，动不动就是向外星移民，大家忘记了一个很根本的问题——人类其实是一个非常脆弱的物种。我们只能够生存在这样的大气成分和水环境中，稍微变一下就不行。

不，不是简单的“生存”，而是只能够“禁锢”在这样的生活环境里。只要稍微有一点变化，你就受不了。普希金的《渔夫和金鱼的故事》写得很美，但是，金鱼真的可以生活在大海里面吗？同样的道理，大海里面的鲨鱼能生活在淡水里面吗？

人类也是一样的。

要知道，宇航员是有特殊宇航服的，不能真的在外太空呼吸。

移民外星是一个非常复杂的问题。建造一个密封的仿地球环境，在未来技术条件下也许可以。完全敞开式的生活，那就未必了。

有人说，外太空星球的大气环境可以改造嘛。

试一试，那多么困难。

有人说，已经发现了近似地球环境的星球。

近似不等于完全相同。只要非常细微的一点差异，人类就受不了。

我是地质工作者，你们所能想象的地理环境我都经历过，洞穴我就进过七八百个。登山来讲的话，我登得不高，只有四五千米的纪录，那是工作需要才上去的。我们还算久经考验的专业工作者，上到太高的海拔高度以后，也有些不一样的感觉。这个高山反应，就不是一般人可以承受的。

在地球这个环境里面，稍微有点变化我们都很受不了。如果空气成分稍微变一点，氧的成分多一点、少一点，或者氮和其他成分有所变化，你肯定窒息而亡，肯定没法生活。

见过高山缺氧没有？见过煤气中毒没有？见过矿难中，地下矿洞呼吸困难没有？其中一些情况，空气成分基本上没有变化，只不过含量有一些微微差异，就能导致人因缺氧而引起种种问题，最后气绝身亡。

还说有什么近似地球环境的星球。须知，近似就不是完全一样，至少也比高山缺氧、矿洞窒息恼火得多。

我有个小小的建议，谁主张向外星移民，就给他一点福利：现在就先把他发射出去，看他有何感想。我看见有一篇科幻作品，叫什么《坐在冥王星上面望地球》。看起来很浪漫，想一想就不那么浪漫，不那么真实了。冥王星离地球多远哪？是根据引力计算发现的，肉眼能够看见吗？冥王星上有空气吗？就算有，大气成分是甲烷、氮气、一氧化碳，根本就没有氧气。你呼吸一口冥王星的空气，活得下来吗？可能马上就会窒息而亡吧。加上表面温度在零下二百二十摄氏度以下，受得了吗？咋还能望地球呢……

今天我再次建议，给一些梦想移民外星球的科幻作家以优先待遇：谁想到外星去，就提前发射到他们向往的任何一个星球，好不好？

话又说回来了，创作没有禁区。外星球题材非常有趣，有什么不可以写？说着玩玩儿没什么不好，只是不要太认真。奇幻和科幻的界线就在这里。再一个角度，言在天外，意在现实，那就更加没有什么不可以了。我就写过这样的作品嘛。

这是不负责任的态度

刘兴诗：要知道，外太空有这么多星球，绝对不可能有哪一个星球的空气成分和我们的地球完全一模一样，不可能。

除了空气，还有水。人类其实非常脆弱，只能生活在这一个环境内。你到外星去，根本没有办法生活的。地球历史上曾经好几次生物大灭绝，就是稍微有一点变化，整个生物体系全部崩溃。信不信，我们人类将要在自己的愚蠢行为中灭绝自己？认真保护环境，才是生存之道。不能不管三七二十一，弄烂就弄烂——弄烂了，大家移民外星一走了之。

就算你走得了，到了那里活得成吗？徒增一具化石而已。

现在许多科幻作家似乎胸怀宇宙，大谈什么“后地球时代”。

我们所有的人类，地球上所有的生命，就好像生活在一个刚下过大雨之后的小水潭里面。只要这里的水一干，全部完蛋。所以今天我们最重要的问题是保护自己地球的环境，而不是把地球搞得乌七八糟，拍拍屁股乘着一艘宇宙飞船，到另一个外星球的新大陆去。

请问，你真的走得了吗？到了那里，你活得下来吗？

有人说，这是技术障碍。我看，是不可克服的生理障碍。

所以一切移民外星的东西，我觉得都是扯淡。当成是玄幻小说，说着玩玩儿可以，要一本正经当成是“科学的”小说，那就未必了。

还有什么《星球大战》？胡说八道。

如果外星人真的来了，根本不用联合国号召大家去抵抗。有种，掀开你的面罩，呼吸两口地球的空气，马上就会窒息而亡。因为他们不是我们地球这个空气成分里面生成的嘛，你懂我的意思了吗？所以那天我在北京新华网就讲，只要外星人呼吸一下北京的雾霾，马上就死光光。你不是地球“产品”，还消组织联合国军去抵抗吗？

我这样说，也许会被群起而攻之。攻就攻嘛，反正我不是这个圈子里的人，认识不一致，也没啥奇怪的。如果我真的说错了，就赔礼道歉，认一个错得啦。你们高屋建瓴地去考虑后地球时代吧。我目光短浅，只盼在这个实实在在的地球时代，再多活几年。活过九十岁，奢望一百岁，能够再多看两届奥运会、世界杯，就非常满足了。

呵呵呵，一百岁，那怎么能达到啊！不知现在就开始讨论后地球时代、胸怀宇宙的诸君，届时是否能够如愿以偿？

你不关心他们，他们怎么关心你？

科幻邮差：哈哈，那就祝福刘老长命百岁呀！曾经有记者问过您一个问题，为什么社会大众不关心科幻，还记得吗？

刘兴诗：不是记者，是我和王晋康在武汉大学，对湖北省的一些大学生做的一个演讲。

科幻邮差：您是怎么回答这个问题的呢？

刘兴诗：为什么社会大众不关心我们的科幻小说？这个道理非常简单。因为我们的科幻作家不关心社会大众，社会大众怎么会关心你啊？

现在社会大众关心的是什么？最基本的就是教育、住房、医疗这三座大山，而不是胡说八道的外星人那些东西。你不关心他们，他们怎么会关心你？

关心现在的生活，社会大众才欢迎。你们不写，我来写。

2000年，中国足球梦想冲出亚洲失败后，我无比难受地写了《中国足球狂想曲》。现在中国足球又想冲出亚洲了。第一战高洪波有问题，思想太保守了，一副挨打相，高洪波必须下课。唉，看来中国足球只有靠科幻才有出路了，请任何教练都没有用。

你不是想搞影视化吗？拍一部《中国足球狂想曲》，保证有观众。

我还写了一篇《三六九梦想曲》。什么三六九？三代六口九平方米嘛，你说这一家人有没有幻想？你看今天深圳一平方米卖十五万，一下午就抢光了。中国普通老百姓关心的是这些问题，为什么我们的作家不写？

其实，每个人都有幻想，你杨枫在《科幻世界》干得好好的，干吗跑出来创业？因为你也有幻想嘛。

《北京晨报》叫我写一些科幻作品。其中一篇《流星雨之夜的心愿》，写的就是一个小面馆的服务员姑娘，幻想她的白马王子。流星雨来的时候只要许个愿就会实现。那一天，她就跑到过马路的天桥上去许一个愿，白马王子一下子就出现了，他也盼着心目中的公主，两个人很高兴。第二天，小面馆的后门一打开，一个搬煤球的小伙子，就是昨夜她的白马王子。这有什么不可以呢？服务员姑娘和送煤球的小伙子，为什么不能有自己的幻想？

中国科幻现在需要冷静，甚至冷清

刘兴诗：谁说科幻小说只能写外星人、外国人、机器人，那些高大上的对象？依我看，写平凡人的向往，写现实生活，也是科幻小说的一个方向。别鼻子朝天了，好好看一下脚下吧。这才是一个作家、一个科幻小说作家所应有的社会责任。走出玄思冥想的天地吧，走出象牙之塔吧，我的伟大的、亲爱的科幻作家们。

所以我讲，我们的科幻作品基本上还是校园文学。因为读者群基本上是不谙世事的学生群，作者群基本上也是毕业不久的年轻人，关在象牙之塔里胡思乱想，为赋新词强说愁，没有真正走进社会大众，基本上还没有完全成熟。

成熟的标准是什么？就是你关不关心社会大众，关不关心现实生活。如果不是这样，社会大众对你的关心度，当然就要大打折扣，道理就这么简单。今天我们的科幻文学实际上还是小众的，不是大众的文学。我觉得科幻的路子，首先要跟玄幻分开。各走各的路，不要混在一起。明明是玄幻，谈什么科幻嘛！

科幻邮差：要改变这样的状况，您觉得具体应该怎么做？

刘兴诗：首先作家应该反思。有一些作品声称自己是“科幻”，我建议干脆把“科”字抛掉，你就正儿八经、理直气壮地说，我就是玄幻，那又有什么不可以？玄幻也没有错啊，但是你别“科”呀“科”的不离口。要说“科”，就得要有“科”的实质内容。

我说这些话，可能有许多人会双脚跳起来，宣布人人得而诛之。诛就诛吧，反正我压根儿就不想在这里混一个什么名堂，拍一拍屁股一走了之，有什么关系？人生有许多圈子，沉溺其中则迷。一步跨出来，天地自然宽阔，也就无所谓什么了。本来我就是拉来的“雇佣兵”嘛，半点热情也没有，绝对不想在这里面捞一个什么玩意儿。所以我对圈子里的一个朋友说，我在这里没有任何欲望。二尺五一脱，回家种田才好呢，不想掺和什么热闹的场面。非要我参加的情况下，那也是拉壮丁。我一般只低姿态出席一点儿礼仪性活动，绝不抛头露面，尽可能不参加什么走红毯之类的活动。从来不参加任何科幻的高端讨论会，就是图一个清静。

科幻邮差：您说的这种情况，在一定程度确实存在，但最近这几年，国内还是发生了非常大的变化……

刘兴诗：是，我看见了，我也听说了。现在科幻热火朝天。我觉得在这种热闹的情况下面，需要冷静，甚至冷清。

我们科幻现在的体温是39.5℃，甚至是41℃，到医院里面去，要给你打吊针了。太浮了，沉不下来。作为一个作家，要有一点社会责任，认真负责地思考一下现实生活，跟现实生活联系起来，作品才能真正流传下来。要考虑一下你这个作品是不是真正有现实的东西或者科学的东西。不仅仅是科幻，整个大环境也这样。今天中国整个社会太浮，沉不下来，传统伦理观念都没有了。

我的骄傲与遗憾

科幻邮差：刘老师，在您科幻创作的生涯中，最骄傲的事情是什么？

刘兴诗：没有什么值得骄傲的。骄傲是完蛋的同义语。我不止一次在一些会议上说过，也是提醒大家，自我膨胀是败坏自己最好的办法。一个人骄傲的话，这个人离完蛋就不远了。但是我觉得在科幻生涯中，我曾经做了一些探讨，《美洲来的哥伦布》讲印第安人在四千年前到达英格兰，一个有趣的问题。如果有可能，我还想继续研究下去。

科幻邮差：在您八十六岁的人生当中，有没有留下一些遗憾？

刘兴诗：遗憾的事情太多了。每个人都曾经有过遗憾，应该尽可能从遗憾的阴影里面走出去，这才对。

2016年4月，85岁高龄的刘兴诗先生在南方一个飞行培训基地感受模拟飞行的乐趣。

科幻邮差：您希望得到别人怎么样的评价？

刘兴诗：如果人家能够意识到，我是一个科技工作者，是一个地质工作者，我就感到很满足了，这比作家更重要。更重要的是自身的理念。我的理念就是一生坚决反对帝国主义，向人民群众感恩。

科幻邮差：刘老师是一个特别可爱的人，这么多年保持自己的本性，从来不掩饰自己。

刘兴诗：在任何场合，我想怎么说，就怎么说。但是有一点，在老外的场合，我是该怎么说，就怎么说。这是内外有别的。

科幻邮差：刘老师，您看过的最新一篇科幻小说是什么？

刘兴诗：《北京折叠》，我很喜欢。我一般不看科幻小说。大家说好的，我就翻一翻。刘慈欣的《三体》送了我两次，肯定写得很好。要不，怎么会获得那么大的奖呢？我为他高兴，发自内心祝贺，但是却真的没有时间看那么厚的书了。

年轻的时候，我捧着《巴黎圣母院》《大卫·科波菲尔》《战争与和平》《安娜·卡列尼娜》《飘》《静静的顿河》这样的大部头看，但是现在真的不行了。我想找一个地方建议，能够看大部头小说的，也应该颁发一个什么奖才对。这不仅是脑力，也是体力劳动嘛。人老了，杂事太多，哪有那样的精力。

一些与科幻无关的故事

科幻邮差：刘老师这一生，敢说敢言，得罪了很多人吧？

刘兴诗：一个人，要说真话嘛。讲假话，多没有意思，对不对？

说起我的职称问题，也有一些故事。

从前面说的那些，反对这、反对那，肯定没有好果子吃。加上业余创作这码事，问题更多了。

一开始，认为这是“不务正业”“打野鸭子”。后来社会上掀起一股“创收”风，挖空心思开辟财源，又把这纳入“集体创收”范畴，派专人计算我的作品字数。经过“反复研究”“慎重分析”，论定每个字一元，境外发表作品每个字一至二美元。必须按照这个标准，对学校科研处缴纳“管理费”百分之四十，系内和教研室各另交百分之二十和百分之十五的“公积金”，再对教研室每人“意思，意思”。不许“瞒产私吞”，损害“集体利益”。天哪，有这样的稿费标准吗？我说，干脆你们去领吧。于是就真的有几次，通过财务科代为领取，打到公款账上。

有一次，我到上海开会。刚走进上海少儿出版社，就有朋友拉着我的手说：“老刘，你可来了，我们还以为你被逮捕了。”众人一齐拥出，对我问短问长，弄得我莫名其妙。该社书记张伯文立即请我进办公室，给我看一封我校科研处的公函。全文抄录如下：“上海少年儿童出版社：我院刘兴诗长期不务正业，从事非法创作，民愤极大。请将其稿费寄交我院，以便进行严肃处理。”

想一想，加上前面那些“反动言论”，会给什么职称吗？所以干脆对我说：“这种事，没有你的份儿，不要想。”

直到1983年，四川省职称评审会议在我校召开期间，地理、中文、教育三个评审组同时发难提出质疑，才在外语考试前一夜，通知我第二天考试。我这才拿了一个副高，以后就再也没有下文了。

1994年，在日内瓦，应邀参加韩素音主持的一个学术会议，到会有联合国欧洲总部的一些文化官员，包括西哈努克亲王之子的柬埔寨王国大使，一些国家驻联合国欧洲总部的外交官。因为会议语言是法语，韩素音请两位中国外交官帮我翻译，紧挨着我就座。与各国来宾互相交换名片时，我递出副教授的名片，韩素音十分不满地说：“你怎么在这样的外事场合，使用这样的名片？”弄得旁边帮助翻译的两位中国外交官也非常尴尬。

我退休也有一个故事。1993年，我带队转战重庆、广西。返回后，告诉我：“你在出发前已经到点退休了。”有人悄悄告诉我，原因是当年9月普调工资，“这块糖绝对不能给你吃，所以临时决定你退休的。”我听了一笑，也就过去了。

一些年轻人对我说：“您是真的假教授，真的真教授。真的就是真的，一点也不假。”我听了哈哈大笑。这些年轻人真逗，也入木三分。

这件事直到2000年，学校终于为我平反，给了一个高级顾问和正高。

得啦，这已经过去了，不用再说了吧？

杨：刘老师，谢谢您今天的讲述。希望将来还有机会把您今天没讲完的故事继续给我们讲完。

刘兴诗：但愿如此。希望诸位不要马上就成为我的生前友好，我们以后还要见面的。如果今天要送花圈，那不如我们先吃个火锅，别送花圈了。哈哈哈哈。

顺便再说一句，关于中国科幻小说，还有一些事情和问题。由于种种原因，今天就不说了，以后有机会再慢慢解冻吧。

趣问趣答

1. 您能否就科幻小说给出一个一句话的定义或者描述？

刘兴诗：科幻从现实起飞。以浪漫主义手法反映现实生活或科技发展的作品，就是科幻小说。

2. 您在创作过程中是否有灵感枯竭的时候，一般如何重新激发自己的创作灵感？

刘兴诗：肯定有，因为创作源于生活，而生活是有限的。如果科学里的东西还没认识到，这时我的创作灵感就枯竭了，我会重新充电，然后重新获得新的灵感。

3. 您认为科幻作品中的什么元素或场景最有可能在本世纪内成为现实？

刘兴诗：只要你所设想的具有真实的科学基础的，就有实现的可能性。我在“文革”以前写的那五篇不像样的东西，现在基本上都实现了。其中有个是不幸地实现了，就是《北方的云》引申的北京雾霾问题。

4. 您信赖科技吗？在生活中是否是重度科技依赖者？

刘兴诗：我当然信赖科技。我是一个科学工作者，离开了科学，我一事无成。

5. 生活中除了科幻，您还有什么兴趣爱好吗？

刘兴诗：首先声明，我的兴趣爱好绝对不是科幻。我有很多兴趣爱好，比如说足球，我这辈子连考大学也没有开过夜车，可是看足球还要开夜车。

6. 如果时光倒流，您最想回到什么时候？

刘兴诗：二十世纪三四十年代。我曾有个理想。走上沙场去当兵，为自己的国家作战。

7. 如果您的某一部作品将要拍摄为影视作品，您最希望是哪一部？

刘兴诗：我的版权代理人正在联系改编我的两部作品：《抗战难童流浪记》和《卢沟桥记忆》。《中国足球狂想曲》也许是拍出来大家会喜欢的一个作品。

8. 您最喜欢自己的哪一部作品？

刘兴诗：我对自己所有的作品都是采取一个归零的态度。人要善于放弃，只有不停地放弃自己的过去，创造新的东西，才有出息。

9. 在您心目中，四川科幻在中国科幻版图中是一种什么样的地位？

刘兴诗：毫无疑问是带头地位。但是有个问题——四川本土的作家还不够多，需要进一步培养。

10. 最后一个问题，请谈谈对于中国科幻事业的期望和祝福。

刘兴诗：当把科幻和玄幻的界限分清楚了，中国科幻就有出息了。

踏上科幻之路是一生的骄傲

王晓达

科幻是科学时代的文学

她的发展繁荣是时代

文明的进步。

我们为此而奋斗努力。

王晓达

WANG
XIAO DA

科幻邮差

今天来到采访现场的嘉宾是王晓达老师。与众多科幻前辈不同，王老师堪称“大器晚成”，四十岁才进入科幻圈，但之后厚积薄发，创作了大量的优秀科幻作品，为中国科幻留下了宝贵的财富。今天，希望通过他的讲述，带领我们重走他的科幻之路，感受起伏的历史中中国科幻发展的人和事。

科幻与人生密不可分

工程师世家的家学熏陶

科幻邮差：王老师，虽然您在成都生活工作多年，但听您的口音，好像并不是四川人。今天我们的访谈就从这里开始，请王老师跟我们介绍一下您的父母和家庭吧，他们对您的科幻之路有没有产生影响呢？

王晓达：好的。我是纯粹的苏州人。苏州是一座文化古城，我们家里头，从我的曾祖父、祖父、父亲到我，基本都是读书人。早年，曾祖父才十几岁时，就穿着棉袍到上海制造局当学徒——实际上就是后来的制造局招商局，由清代北洋系洋务派创办。曾祖父有数学跟制图的特长，便在那里站住了脚。也因为这个特长，当时被清朝的封疆重臣吴大澂发掘，把他招去做幕僚，他也帮吴大澂干了不少事。有的事情在历史上都是有记载的。

当时在东北，吉林珲春国界还没明确，俄罗斯的商人来侵占这个地方，吴大澂就要去划清这个界限。为此，他做了两件事情，一个是竖立金属的国界牌，另一个是在那里修了一座炮台，这座炮台就是我曾祖父修的。那时候曾祖父作为幕僚，自己还想长进，便参加考试，中了进士，当了翰林。再回过头来，他就和北洋系重臣张之洞、吴大澂等等这些人一起，参与了北洋系洋务派办教育建实业的洋务强国活动。所以，从工业到读书，我们家就是这样开始的。

接下来我的祖父，实际上也是在天津工学毕业的。我是后来才知道——我上天津大学时还不知道——他在天津也是北洋系的，一方面搞钢铁兵工，一方面就是搞教育。他从北洋工学毕

1 | 2

① 1943年，四岁的王晓达在上小学前，在苏州大公园扶着父亲的自行车留影。
② 1972年，王晓达（二排中）回苏州老家探亲，与父母兄弟合影。

业以后，到德国、瑞典这些先进的钢铁国家留学。回国之后，他在国民党的兵工署当技正，算是现在总工程师这个职务吧，先后出任了云南、武汉、重庆、沈阳一系列兵工厂的厂长。解放的时候，他在重庆大渡口的钢铁厂，也就是国民党的兵工厂当厂长。他在那里迎接了解放。当时，他是蒋介石点名要带到台湾去的专家，后来在地下党的掩护下留了下来，成为所谓国民党政府留下来的“三个半钢铁专家”当中的一个。宝成线、成渝线的铁路钢轨轧制，就是他主持的。那时，有个话剧《四十年的愿望》，其中那个坚持自主轧钢轨的钢厂工程师原型就是他。后来他当了全国人大代表，又当了九三学社的组织部长，从重庆调到上海，又担任上钢的总工程师，直到“文化大革命”受难为止。

我祖父给我印象最深的——我属于孙辈，离他比较远，我老家在苏州，他在上海——每年假期回去，都要去他那儿报到，去汇报。那时候他已经七八十岁了，他有好多笔记本，笔记本里记了什么？都是报纸电台——那时候还没电视——报道的有关钢铁的记录，我印象非常深，笔记本就放在桌子上。另外，他看的报纸，全部都要理平了再看。

我父亲是化工工程师，沪江大学的；妈妈是女子师范毕业的，也是知识分子家庭，在苏州算是比较好的家庭。我们住的那个房子，相当于在苏州的上海里弄房子，就是上海的石库门房子——一扇门进去，上面有个楼，三层，后边就是厨房，完全是上海住宅的格局。

科幻邮差：家境比较殷实？

王晓达：不，只算是比较好的。当时我们住的那个地方，是无锡的刘鸿生、荣毅仁这一系在苏州修的房子。我小时候在这里居住，是不需要担忧生活的，而且我父母比较重视教育，所以我们从小除了读书，还给我们订了杂志。我们四弟兄都是这样长大的。

科学启蒙：对科学产生了崇拜

科幻邮差：那个时候都订了什么杂志呢？

王晓达：有《小朋友》《少年科学》……都是科学类的杂志。所以到现在，我们四个弟兄，除了老二因为身体不好以外，其余都是大学毕业，也算是继承了家族传统。当时大环境下，孩子们都读书早，我也四岁就上学了。

科幻邮差：确实太早了。

王晓达：所以我大学毕业才二十一岁，还是读的五年制大学。我读书是不费劲儿，但是不太懂事。上高中的时候十三岁，个头才一米四七五，特别矮。

科幻邮差：啊，怎么记得这么清楚？

王晓达：为什么呢？当时一去报到——我考取的那个中学，江苏省苏州高级中学，全国重点，原来可以直升清华、北大的——门卫就把我挡住了，说：“小朋友别来玩儿，今天事情多。你礼拜天再来玩儿吧！”把我气的呀，后来我把录取通知书拿了出来——就这一幕，门房就记住我了。“小同学王孝达（我的本名）”，我进出他都要这么叫我。这事对我肯定也有点刺激不是？而且因为个子矮，分在班上就跟女生坐，因为没有再矮的了。跟女生坐在一起，我们那个班……

1959年暑假，王晓达在天津大学求学期间，参加庆祝国庆十周年大学生游行规划工作，在水上公园留影。

科幻邮差：那会儿你们排座位，是男女生分开坐吗？

王晓达：不，我们这个班是男女混坐的。年龄大的女生是一班，剩下的女生和小男生是二班，三班全是男生。

科幻邮差：哈哈，这种分法好奇怪呀。

王晓达：我们那个班阴盛阳衰，三分之二是女生，三分之一是男生，所以各种活动，举手表决后都只能跟女生走。我个子矮很受气，上体育课也是跟女生一起上。哎，那个时候，别提了，乘个公共汽车连把手都够不到。不过，说到看书和学习，从小学起，我都基本是班上男生里的前几名。而女生，一般没男生那么粗心，所以女生的成绩大多要比我们好。

说到上体育课，我们的体育老师很有意思。他过去参加过全国运动会，年纪大了，就到学校教体育，后来教到我的时候，身体也不太行了，他又到图书馆工作。我因为喜欢看书，经常去找那个老师。他看到我就吩咐："哎！王孝达，帮帮忙，帮我搬书。"当时别人只能借一两本书，而我可以借三本四本。而且他还会引导我："你都高中生了，还看什么童话啊！"我那时候还在找外国童话什么的，他就给我推荐了一些书，像《包法利夫人》这样的文学名著，还有就是当时苏联的惊险小说和科幻小说。所以我就比其他人看书看得多，经常三四本、四五本带回去，读一个礼拜。

科幻邮差：那个年代，苏联的科幻小说有哪些，您还记得吗？

王晓达：《加林的双曲线体》《阿爱里塔》，另外还有《水陆两栖人》等。

科幻邮差：那看得还真不少。

王晓达：苏联的比较多，还有一系列苏联的惊险小说。那时候有一个故事，苏联和德国打坦克大战，德国的一辆坦克给炸毁在战场上了，结果当天晚上，德国开了一个团的兵力去把坦克拉了回来。为什么？因为坦克上面有德国所谓的两大尖端科技，一个是机枪，一个是装甲钢板。

科幻邮差：王老师看的科幻小说都很硬呀。

王晓达：其实这个故事就和我后面学材料有关系了。这个时候，我从阅读童话转到文学转到科幻，就是那位老师引导的，而这之前我还一心想要把《格林童话》什么都看全。所以后来我想写科幻小说来教我的学生，教年轻人爱科学、爱读书，就是这时种下的种子。

科幻邮差：算是科幻启蒙呀。

对科学产生崇拜，大学报考焊接专业

王晓达：嗯，其实是科学启蒙，这就对科学产生崇拜了。再到后来高三毕业的时候，从我个人来讲，当时我要报考的专业叫焊接专业。好多人都不知道这个专业。

科幻邮差：对呀，为什么想报这么冷门的专业呢？

王晓达：说到焊接，人家就联想到焊水壶、洋铁桶之类，是不是？而我为什么选这个专业呢？是因为当时看了一本小说和一部电影，小说叫《茹尔滨一家》，电影就叫《大家庭》。

科幻邮差：这是一个什么故事呢？

王晓达：讲一个造船工人世家，一家都是焊工，故事就是讲主人公怎么制造一艘大轮船。书和电影都获得了苏联的奖项。什么原因呢？结合当时的时代背景，赫鲁晓夫在苏共十九大和二十大上做党内报告提到了两项技术，其中之一就是焊接。他认为，美国造的桥、造的塔、造的高压输电塔都是铆接的，而实际上，焊接，特别是电渣焊、厚金属的焊接技术，苏联在这方面是跑在前头的。

科幻邮差：所谓铆接，是指打钉子吗？

王晓达：打铆钉。我们的第一座南京长江大桥底座，最近要封起来修，就是打铆钉钉的。打铆钉看着挺好看，拍在电影当中，特别是晚上，上面一颗铆钉，底下一颗铆钉，这么一丢，钉进去，热的时候打好，冷的时候一收缩，它就压紧了。原来的钢铁结构建筑、桥梁、输电铁塔就是铆接的，但实际从结构上来讲，铆接是不合理的。两块钢板这样子连接后产生剪切力，对于钢材和铆钉都很不利。焊接就像是对接，它受的是拉力，铆接受的是剪切力，这就比较专业了。但是，赫鲁晓夫就敢在苏共十九大、二十大上专门说这个技术，我就听进去了，加上又看了那本书，所以我高中毕业的时候，就报考了焊接专业。

实际上，当时我还有另外一个身份。高中毕业时，我年龄比较小，学习也还可以，是留苏预备生。但当时我自己是不知道的。后来政审去调查，到居委会去调查，他们的调查员漏出话来说："哎呀，你们家的孩子要到外国去了，要怎么怎么……"我们家完全不知道。但是也因为这个调查，查出我有个叔叔在台湾，所以去不成了，留苏泡汤了。虽然我还有一个姑妈是新四军，但两者不能抵消。新四军是好的，但你有个台湾的叔叔就要包夹使用。而我当时的身份，一个是留苏预备生，一个是空军后备人员，于是我就去体检了。

科幻邮差：那会儿个头长起来了吗？

王晓达：到高三，我长到一米七三五了，长了很多。当时人家说，你吃什么肥料了吧？我长个儿晚，年龄也小，进高中才十三岁，到十五岁是该长个儿了，是不是？当时我报了焊接专业，觉得这是新技术，那时候有这种认识的人也不多。由于叔叔在台湾，我无法留苏，于是我报了三个学校——清华大学、上海造船学院和天津大学。

科幻邮差：都是焊接专业？

王晓达：都是焊接专业。但是，清华大学和上海造船学院是国防科工办的，我的台湾叔叔就又成了问题。所以，我最终到了天津大学。当时我也不知道这些事，反正能上大学，而且又是这个专业，就可以了。去了学校，三个班，一百四五十个人，大概有七八个是焊接中专生考上去的，他们的专业去向就是这个。剩下的人里第一志愿填焊接的，不超过五个。

科幻邮差：您就是其中之一。

王晓达：我是其中之一，而且是很坚定要学焊接的。学了五年，一心想焊接，毕业的时候1961年，你们是不太知道的，正是困难时期。

工厂生涯：跟真正的现实交锋

科幻邮差：那会儿是叫“三年自然灾害”吗？

王晓达：就叫“三年自然灾害”。那时候，单位里能少养一个就少养一个。我当时也算是热血青年，反正是要去祖国需要的地方。由于没有四川的学生报我们学的焊接专业，我作为热血青年，国家就把我分到四川来了。分到工厂后才发现，工厂实际上并不需要我。

科幻邮差：是到了成都吗？

王晓达：对，到了成都。我先被分到机械局，好像是对口的，又分到一个鼓风机厂，名字听着好像是要用焊接技术，但是它已经转向做汽车配件了。全厂只有三个焊工，我是唯一一个本科的大学毕业生。到厂里我就想，自己不熟悉生产，就下车间劳动呗，劳动了一年多，厂里把我忘了。

1961年，刚走出大学校门的王晓达先生。

科幻邮差：为什么呢？

王晓达：不是很需要用我啊。另外，当时还说了，假如你是去当技术工程干部，一个月二十一斤定粮，还要节约两斤，只有十九斤，当时十九斤是吃不饱的。但是你去当工人，三十三斤、三十二斤半，当焊工还有半斤油、半斤白糖。

科幻邮差：其实就是鼓励大家到一线

去当工人，对吗?

王晓达：现在正面可以这样讲，哎，实际就是不重视知识。反正你去，就解决临时困难，但是去久了没有真正的技术需要，他们也忘了厂里还有个大学生。后来还是我的师傅跟我提。师傅本来很高兴，多一个人干活，算他的工分，我也有基本工分，而他可以多得奖金。

我每天早上先去把工具准备好，把电石都拉好，他一来马上就可以干活，后来我可以帮着干一些活儿，都算成他的计件。所以师傅就很喜欢我，有时候中午自己家里煎个蛋，也会带给我。那个时候还要自己种菜，都是师傅帮我种，我哪儿会种菜呀。

科幻邮差：每人在工作之余还分了地?

王晓达：对，分的地你种了菜交给食堂后，才能有菜票。结果，我发现自己种的胡萝卜居然越长越矮。后来才发现，人家把胡萝卜拔掉，光把萝卜缨子插在里头了。

科幻邮差：（笑）天哪……

王晓达：后来还是师傅帮我弄。但师傅也觉得不对呀，你是大学生，全厂一千多人，只有你一个本科毕业的大学生，怎么老叫你当工人？这个没对哦。他就跟厂里提出来。但是总的来讲，我学焊接是想造船，分到这儿来，父母也是不太同意，只有祖父同意，支持我。他在重庆工作过，认为虽说是鼓风机厂、汽车配件厂，但以后可能会造飞机，造大的焊接结构，你大学刚毕业，要实实在在做些事。

但是，我感觉鼓风机厂并不需要我的专业，所以我后来就要求调任，1964年才调到工程机械厂，搞焊接结构。这之前就开始有矛盾，这个矛盾就是你的思想观念，有时候是对的，但有时候不适应现实社会，跟真正的现实有好多交锋。我在鼓风机厂还是很积极，想做好工作，在技术科做干部的时候，有次节假日让我值班，因为过年只有我不探亲……

科幻邮差：大概是哪一年?

王晓达：1961或者1962年，困难时期。本地人是要回家过年的，我没有回家去，我要值班，坐在那儿等着收发文件，然后就遇到了一个对我触动很大的事情。成都有一家玻璃厂，做玻璃器皿、热水瓶，厂里的炉子上装了个鼓风机，那就是我们厂生产的。

结果那天开炉之后，鼓风机出故障了。他们非常着急，跑到厂里来找人。可碰到放假，只有我一个人，而我还要值班。人家就着急了，找不到人，到厂宿舍里也没有找到领导。最后人家说，你一定要给我们想办法。我也觉得自己的确应该负这个责任，所以就去找几个车间里认得的老师傅。最后去了三个人，那时候也没现在讲究，人家开了一辆货车，就把师傅们拉过去了。过去以后，修好了机器，人家还送来锦旗，表示感谢。我也觉得这个事情自己处理得挺好。

结果假期结束后，领导来找我谈话，劈头就问，你有什么权力派人去？解决事情为什么不请示领导？我解释说你们都不在，而鼓风机如果得不到及时维修，会给玻璃厂造成很大的损失。而且，我也征求了师傅的意见，人家师傅愿意去，又是休息时间，师傅去解决了问题不是挺好的吗？最后，这件事还是被定性成我的组织纪律性不强。后来回头看，并不是自己这件事处理得不好，而是在平时，我跟科长关系不太好，一直磕磕碰碰。

后来，我又捅了个娄子。我们厂出口汽车配件凸轮轴到阿尔巴尼亚由我负责，俄文的说明书都是我在弄，还跟着外贸局的同志去跑产品。结果那年，到年底要交货的时候，检验口的人跑来跟我说，抽检十只里面，有三只达不到标准。抽检不合格率达到百分之三十很不得了。他又换了三只抽检，结果又有两只不合格。我知道这是大问题。他说，完不成任务你负责吗？我说，当然我负责。但是假设这批不合格的产品出口出去，我也要负责呀。结果，这个道理跟厂里无论如何说不通，我就告到局里去了。局里的技术科长还比较重视。结果那段时间，从12月31号、元旦到次年春节，厂里面都没安生。

科幻邮差：加班加点赶工。

王晓达：技术科长来检查，他事先没通知。这位老干部来了，就直接到仓库去检查这批出口产品。一检查，也是百分之三十左右不合格。他就扩大检查范围，这下不得了，要把出口的全部重检，把全市的硬度计都调来。又是我惹的祸。大家都说，学生做事和实际工作之间是有落差的……

1978年，王晓达于成都汽车配件厂宿舍，他的科幻成名作《波》就是在这筒子楼里完成的。

科幻邮差：就是学生做事情特别认真。

王晓达：另一方面，我当时心中还很窝火，我想造船，我想学焊接，可跟这些就越来越远……

后来又调到工程机械厂，这下就很好了。本科大学毕业生多了几个，大家也很谈得来，到现在我们还来往。到了70年代，我们一起参与大功率的装载机ZL90的制造，一铲斗有八吨。我们还获得了全国科学大会奖，就是刚粉碎“四人帮”那会儿。那时候我们非常高兴，虽然奖金只有三十五块钱。正在这个节骨眼儿上，就像刚才讲的，你自己工作认真，很多事情要和人家顶撞；再加上“文化大革命”的影响，就突然把我从设计科调到技校当班主任了。

科幻邮差：那是哪一年？

王晓达：1978年初。我当时非常气愤，才刚刚能够安心当工程师啊，真是气得我一天不吃饭，两天不说话。可是没办法，还得去，而且调过来了就要开展工作。

科幻之始：写科幻劝人读书

科幻邮差：那年王老师快四十岁了？

王晓达：三十九岁。

科幻邮差：嗯，三十九岁，距离您的处女作发表不远了……

王晓达：我为什么讲这个？因为处女作的发表跟这件事很有关系。后来我去了技校，情绪也很快转了过来。我做事是比较认真的，当班主任就要对这个班负责。而且又是焊接班，所以我就没法发火啊——你学这个专业，叫你带焊工……

科幻邮差：跟您真是对口了。

王晓达：叫你带焊工，其实有点儿贬低的意思。厂里面，技术工艺是先行的、决定性的工作；而学校是培养技工，是为厂里服务。不过，我去了学校以后，学生们跟我关系都很好，勾肩搭背，还有人递烟给我，或者抽我两根烟。

科幻邮差：哈哈，王老师年轻时特别帅。

王晓达：是吗？（笑）

科幻邮差：特别受学生喜欢。

王晓达：哈哈，我上课还好，还压得住堂子，其他老师上课的时候，我在窗外巡视，有女生在照镜子——当时也没有现在这么多的化妆品，就在照镜子，偶尔几个人有口红，但还不敢在学校用；男生呢，就在看小说，后面几排甚至有打扑克牌的。老师呢就睁只眼闭只眼，你不闹就行了，不讲话就行了。当时我很着急，有时候也跟他们聊聊。可学生就说："读书有什么用？你这个大学生本科五年读下来，还不如我爸七级工，他拿七十九块，你才拿五十二块五。"

科幻邮差：一定很受打击。

王晓达：那是肯定的。我再怎么说"这么下去不行，你还得要读书"，可他们就不想读书，反正技校毕业就上班挣钱了。所以，我就想到自己在高中时看的那些科幻小说，看的时候觉得科学技术真太奇妙了，可以有那么多变化，科幻小说威力真大，对人对社会确实会有改变的作用。如果能够喜欢上科学技术，就会知道要认真读书。所以我就想，能不能找点儿科幻小说给他们看。

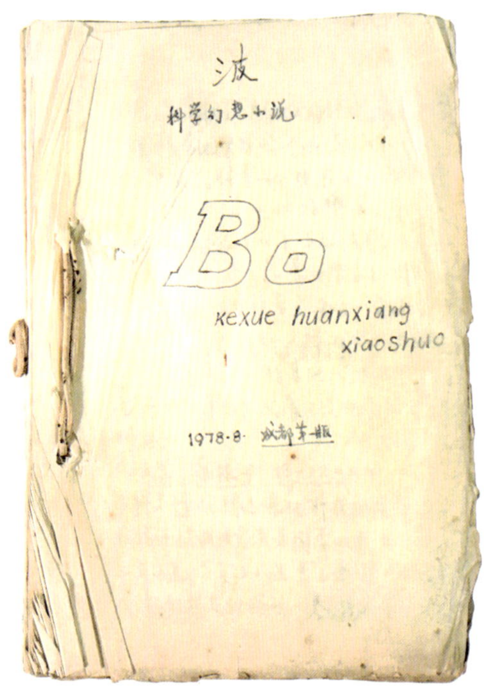

《波》手抄本，出版单行本时改名为《神秘的波》。

但是当时，只有两本科幻小说，一本是叶永烈的《小灵通漫游未来》，但这书是针对少儿的；另一本，童恩正的《珊瑚岛上的死光》，登在1978年的《人民文学》上，已经人手一本。你跟学生讲，他说我看过了。那个时候我就想，我自己写，毕竟有寒暑假。所以在那个暑假，1978年8月，我写得满头大汗。写的时候，就打定主意是写给我的学生、我的小孩看的。

当时，我们那个楼是筒子楼，八户人家，七家都有学生，小孩都差不多大，那些小孩都要看。不仅小孩要看，他们的家长也要看，所以我那个时候抄一页，他们就在那个窗口等一页。我一共抄了四本，在厂里面的同事、家周围的那些年轻人中流传。厂里边也有几个文青，他们说："嗨哟，晓达，这个作品你可以去投稿。"

科幻邮差：王老师，这就是您提到的手抄本吗？

王晓达：对。

四本手抄本

科幻邮差：现在看到这种手抄本，觉得特别珍贵，因为我们现在用钢笔写小说的机会已经很少了。而且王老师对这本小说特别用心，他还自己做了一个封皮。

王晓达：还做了版式设计。

科幻邮差：对，自己还做了版式设计。王老师的字非常漂亮，这本小说拿在手上，翻开每一页感觉都赏心悦目。我猜，当时周围的同学和邻居拿去借阅，除了看小说，很可能也是在把这个手抄本当字帖临摹呢。（二人笑）

王晓达：在"文化大革命"期间，大概有几个手抄本，一个是《一只绣花鞋》，还有就是《第二次握手》。

科幻邮差：《第二次握手》？

王晓达：《第二次握手》是"文化大革命"期间的，我这个手抄本是"文化大革命"结束后的。我没有投过稿，也没有当作家的想法，只是想写给学生看，所以我就自己"出版"，抄了四本给大家看。厂里面的同事朋友，觉得这个小说可以去投稿，所以，我就拿了这样的一本稿子卷了一卷，准备投到暑袜街邮局的邮筒里。但是邮筒开口小投不进去，我又拿到邮局里，贴上"投稿"两个字——贴上"投稿"当时好像要便宜些，属于印刷品。

当时投稿以后，自己心中还是揣了红苕，万一被退稿多丢脸。所以，我就老往厂门口的收发室跑，心想有退稿自己赶紧拿走，不要让人家看到。结果等了两个月——我大概是11月投的——元旦的假日完了以后，刚上班，那个时候学校也还没放寒假，突然有人来找我，就是《四川文学》的人。

科幻邮差：是编辑吗？

王晓达：对。我当时印象很深，那个编辑告诉我说，他们已经通过厂办和政治处了。意思就是，你的作品能不能发表，先要厂办政治处觉得你这个人可以，才会找到你。完了就跟我握手。

科幻邮差：就是说先要有一个政治审查。

正式进入科幻圈

王晓达：对。之后又问我，这是你投的稿吧？我说，是。他说，不错，没什么要改的，我们准备直接发表。当时是1月份，4月份要发表，问题是，我投的那个稿子没法儿排版，伤脑筋。然后他拿了两本稿纸给我说，希望你一个礼拜之内誊抄一下。

我两天就把它抄完了，抄完了赶紧送去。所以我这第一篇作品，就在《四川文学》四月号发表了。

1982年，王晓达前往著名科幻作家郑文光的北京和平里住处探访。

科幻邮差：1979年4月？

王晓达：1979年4月。当时，1978年《人民文学》发表了《珊瑚岛上的死光》，跟着1979年电影就开始拍摄了。所以当时编辑跟我讲，你这篇写得不错，《人民文学》可以发，我们《四川文学》也来开发一篇，我们也发。结果这一发表，我没想到影响会有那么大，东北有人写信来了，上海也有人改成评书了。

科幻邮差：作品特别受欢迎呀！

王晓达：北京也有传言说，四川有个作者有一篇很好，诸如此类。当时我也很意外，也是在这个时候，四川省科普作协成立，请了郑文光、肖建亨、叶永烈这些科普科幻作家在成都旅馆开会。我因为刚好赶上发表了这个作品，就作为非正式代表受邀参会，我也挺高兴能够有这么个机会。之前光是从少年杂志上知道有这些人，叶永烈因为“小灵通”名气很大，童恩正当时是因为有《珊瑚岛的死光》。我能跟这些人见面，真是太荣幸了。但是也有遗憾，叶永烈、郑文光，他们都带了些书来送人，而我不是正式代表，就没有书。

但也就是在这个会上——他们在台上，我在台下坐后排，没有编号和位置——郑文光专门派人来找我，还有肖建亨，因为他知道我是老乡嘛，说要见一下，专门跟我谈。所以会议其他活动结束后，就专门把我带到成都旅馆他们那个住处。郑文光跟我说，你这个路子对，你以后写的东西寄给我就是了，你现在还有些什么其他想法？我大致讲了一下，他也专门跟我探讨了一下。

科幻邮差：提了一些自己的意见？

王晓达：对，我当时很惊讶他能这么关注我。童恩正也是，他说“那我在四川又多了个朋友”，实际上还称不上朋友，这才第一次见。后来，我和童恩正开始联系来往，那个时候他还没住在川大，还住在博物馆的一个“长溜溜”。

博物馆、考古所，原来都在一起，现在也搬了，在草堂那边。从他们在博物馆住的房子一进去，能看见沿着街的一个长溜溜的房子，他们这一排房子就是厨房、客厅、卧室，这个“长溜溜”就这么来的。就这样，第一次去参会，就跟他们都认识了。

科幻邮差：这就算正式进入科幻圈了。

我想为年轻人做点事

王晓达：这个时候就碰上《科幻世界》筹建，当时还叫《科学文艺》，另外，晚报和市科协也开了科普副刊，所以我就开始涉足科普、科幻了。

科幻邮差：这对您来说，是人生的一大转折吧？

王晓达：嗯。其实当时的情形也出乎我的意料，我本来就没有想过要当作家，也没什么机会。结果报社要约稿，跟着第二年，八一电影制片厂专门来编导到四川组了两个稿，一个是周克芹的《许茂和他的女儿》；另一个就是我这篇《波》，改了三稿。

科幻邮差：请给我们说说当时的情况吧。

王晓达：他们说要拍两部片子，一个是《许茂和他的女儿》，一个就是《波》。但是要拍摄电影，《波》还比较单薄。我们商量了一下，《波》里头技术发展比较明显，人物故事比较简单。因为要拍成电影，就加强了几条主线。一个是玲妹跟主人公小伙子的，本来只是认识，开了点儿玩笑，后来就加了情书的情节，有点言情了；另外就是在基地和机场，技术背景下再增加一些故事性。后面就一直改，结果好了，一边改，一边“清除精神污染”运动就来了，无疾而终。

科幻邮差：实在太遗憾了……

王晓达：不过，总体来说，我虽然写作起步晚，但是碰到了所谓的天时地利人和。

不过这个天时我后来理解，并不一定就是顺风顺势，实际上我开始写科幻小说，偏偏是我想走工程师的路走不通，才有机会的。

但是拿到现在讲，这还有点儿正能量——我想为年轻人做点儿事，结果有心栽花花不开，无心插柳柳成荫。所以当时我在小说里面就写了，寒凝枝不绿，春来花自红。所以，这里不是讲我就喜欢科幻小说，而是我自己本想做点儿事情，做不成，等到国家向科学进军了，重视科学了，我的科幻小说才成功。大背景是1979年开始，科学的春天来了，《四川文学》才敢发表科幻小说。假设再早一点，他们不敢发，我也没这个机会。在工程师当不成的时候，我走上了这条路，实际上也是个天时，大天时。地利，正好在四川，有《四川文学》。

科幻邮差：对，有这样一个平台。

有两个人我们是要记住的

王晓达：另外，当时很多同道中人也都来到成都参加成都旅馆会议，包括现在科普界的几位。搞“科学文艺”的，大都是年轻人，虽然我不年轻了，但也算是新人。我和刘佳寿认识也是在那个会上。

科幻邮差：刘佳寿当时身份是什么？

王晓达：刘佳寿当时的身份是《大自然探索》的主编，搞科普的。

当时创办《科学文艺》，《科幻世界》的前身，有两个人我们是要记住的，一个是刘佳寿，一个是李力众，省科协主席。李力众是个老干部，在他的大力支持下，科普作协才能办这个刊物，1991年才能够开国际科幻会议，这些都是跟他分不开的。他当时就叫刘佳寿去请上海、北京的知名作家来成都开会。

那个时候，科学文艺还是个大概念，谭楷、杨潇还没有有意识地要走科幻的路。所以我们看到《科学文艺》第一期上面的一些作品，文学的也有，像张昌余的也有，在川大、川师找了一些作家支持，也用了一些科普的作品，才组成的稿子。

《科学文艺》开始挺不错，发展下去却开始有了坎坷。当时，四川宣传传媒口有这么一句流行话，叫“《科学文艺》不科学，《文明》杂志不文明”。当时，四川科技出版社还出了另外一本杂志，叫《文明》杂志。《文明》杂志是社会性的，有点儿像搞普法，就说一些边缘人物的一些问题要解决，现在看倒是挺好，挺有针对性，但当时认为不是正面宣传，这里边又有吸毒的，又有赌博的，又有第三者的……

科幻邮差：暴露社会阴暗面？

王晓达：但实际上人家是正面讲述，这些社会问题确实存在。那么就有人说：“《文明》杂志不文明，《科学文艺》不科学。”后来的意思是，《科学文艺》里头有科幻小说。之前科幻兴旺的时候，科幻小说受到中学生喜欢的时候，全国大概有十几家科普杂志愿意登载科幻小说。结果1983年，“清除精神污染”开始了。

《冰下的梦》

科幻邮差：王老师，您继《波》之后，比较集中的创作阶段是哪个时期？

王晓达：1979年到1983年那段时期。

科幻邮差：包括后面的那部《冰下的梦》？

王晓达：就是从《波》这里，有人找我改电影剧本。1980年我到北京去开会，海洋出版社找我约稿，也是郑文光郑老师介绍的。那个时期我写作了“海、陆、空”三部曲：《波》《冰下的梦》，还有《太空幽灵岛》。《太空幽灵岛》是黑龙江先出版的，后来四川出的一个集子叫《神秘幽灵岛》，科幻选集，用了我这个作品的名字。这三部作

《凝固的恶梦》在正式出版时，改名为《冰下的梦》。

品，第一部是我的处女作，比较硬的科幻，主要是科学技术的幻想，现在看起来还有点儿政治色彩；到创作《冰下的梦》的时候，我的思路开阔了一些，我也明确了自己读者的定位就是年轻人。虽然儿童也还是可以看，但里面有些社会思考了。

在写作《冰下的梦》的时候，我正在改编《波》的电影剧本，所以在可视化方面都有考虑，特别注意画面感。

科幻邮差：听您说，《冰下的梦》最初的名字是叫《凝固的恶梦》？

王晓达：对。

科幻邮差：后面名字为什么改了呢？

王晓达：海洋出版社提出最好跟大海有关。后来他们还说，起名字要文雅一点儿，不要太惊心动魄。那么，我当时怎么想起这个名字呢？是看了个纪录片，叫《冰上的梦》，关于溜冰的一部纪录片。我想，叫《冰下的梦》实际上想象空间也很大；而且故事一开头，主人公被救之后讲出的经历大家都不信，像做梦一样。我想说这个冰下世界，所谓精英统治，一个思想，一种行动，实际上是对社会的某种反思。

科幻邮差：《冰下的梦》讲的是个什么故事？

王晓达：我有意识地做了一个系列科幻，统一的人物，主人公就是军科社的记者。

科幻邮差：就是《波》里面的人物？

王晓达：对。《波》里面就是主人公张长弓去采访，《冰下的梦》也是。张长弓本是到北非去采访，那边的能源中心出了问题，结果受了伤。在《波》里面，张长弓实际上只是个旁观者，最后卷入意外有点儿偶然性，但在《冰下的梦》里，他成了主角，不再是旁观者。

一开始，我就给他制造了一个惊险场面。我本人是搞材料的，有人说，钛合金是21世纪合金，在结构材料中，它的强度比钢好，重量比钢铁轻得多。只有它出现了，航天科技才有可能实现——铝出现了，才能航空；钛合金出现了，才能航天。钛合金还有一个功能，我们称它为亲生金属，就是有生物亲和性。

以前我们骨骼坏了，要先切开，再用不锈钢做个钉子，但是，不锈钢跟人类的肌肉和器官及代谢循环不亲和，所以一个人装了不锈钢的器件之后，人家就叫他“气象台”，天气一变化一潮湿，都要酸痛。但是钛合金不会，接在骨头上后，它可以和骨头无缝长合，肌肤肌肉都可以附着在它上头不排异，而且头发还能长。

我看到这篇报道后，就在这个故事里写，主人公张长弓受伤了，削掉了一块头盖骨，但是脑部没伤。于是，就用手术给他补了一块钛合金的头盖骨，把头皮植上去以后，头发还长出来了。这是有医学根据的，我把钛合金放在他头上，是给他以后在冰下历险埋一个伏笔。

他到了南极以后，被冰下世界抓走。冰下世界只能存在一种思想，所以张长弓被迫接受洗脑。而洗脑的过程中，钛合金起到了屏蔽作用，给他洗脑的那个女科学家也觉得很奇怪，怎么他就是洗不掉？这时故事展开了，这位年轻漂亮的女科学家也是被抓来的，她看到自己的丈夫、父亲都被改造为boys，成了奴隶，本来很有才华、很刚正的人，现在唯唯诺诺，还打小报告。她一心要复仇，但没有办法，冰下世界控制太严格，孤掌难鸣。

然而，在发现了我们这位主人公张长弓并读了他的思想以后，她觉得他可以跟自己一起来造这个反。这个科学家，我给她取的名字叫费南思，维纳斯的谐音，也表达她是广东人，思念南方。这么一个人，她最终牺牲了自己，把我们的主人公救了出来；同时，在冰下她把长官的脑子也洗了。这样一来，长官被她控制，将整个冰下的世界凝固了起来。

这个小说同时兼顾了可视性、故事性，我觉得再把人物丰满一下，作为电影，可视性还是比较强的，所以那天（2016年8月18日）也是非常巧，正好拿它参加了国际科幻电影节。

2016年8月18日，王晓达应邀出席成都国际科幻电影周，上台介绍《冰下的梦》。

科幻邮差：嗯，是成都国际科幻电影周。

王晓达：对，电影周。前几天我在网上搜到，山西就出现了一个几千年的地下冰洞。本来我就一直在想，我这个《冰下的梦》外景到哪儿去拍呀？你要找一个大的地下冰洞，这就送来了。另外，钛合金是真的跟我有缘分。前年我动了个大手术，颈椎全部打开了，加了钛合金的支撑，所以我三十多年前写的，给人家加个钛合金头盖骨，这下在自己身上应验了。伤口愈合后，我一点儿感觉也没有。这么说起来，我也是个合成人了。（笑）

科幻邮差：哈哈，王老师也亲身实践了呀……

王晓达：科幻、科普，实际上是联系在一起的。当然我写科幻小说，并不是要讲里边的波或是传感。我是想说，科学技术很奇怪，变化很多，很出人意料，而且威力很大。一个人走到围墙前面钻不过去，崂山道士穿过去了，这不是现实，而是在讲故事；而如今，我真可以穿过去，因为你看见的东西并不一定是真实的东西，墙不一定是真的墙。希望大家接受这种思想，去爱科学。而实际上我的《波》还真起到了这个效果。沈阳机械学院的一个大学生，大四了，跟我写信说，王老师，你给我推荐一些参考书吧，我毕业了就要去某某基地搞某某防御系统。

我当时苦笑着，给他写了封长信。

关于《冰下的梦》，最近也还不时有中学生写信给我。二十多年前，成都七中初中升高中的一个学生写了一封信，后来我找到了那封信，是她看了《冰下的梦》以后写的感想。后来，她做了哈佛的研究生。

科幻邮差：这个学生主要表达的观点是什么呢？

王晓达：她说，科学技术假设掌握在《冰下的梦》长官雷诺那些人手中，就会用来干坏事；而掌握在好人手里，就有积极正面的效果。我在小说里有一些对社会的隐喻不想写得很明显，结果连中学生都看出来了。这实际上也是科幻小说的作用。科幻小说不是真的要教你什么技术，但真正用技术来讨巧的人也有。

科幻小说还是要和科学有关

王晓达：叶永烈跟我说过一件他碰到的尴尬事。他的一篇科幻小说，描写了一种万能粘贴剂，黏性很强。他是学化学的，就要多讲一些原理，并加入自己的幻想。结果有一天，某个单位的两个人开着介绍信来找他……

科幻邮差：找他干什么呢？

王晓达：要找这个配方，而且还提了要求，能粘住还要能够揭开，以后双方一起来研究这个东西。叶永烈就苦笑说：“我虽然是北大化学系的，但真不是搞这个的。”科幻小说也有这方面的作用，激发人们的需求，虽然不能具体解决问题。

凡尔纳的科幻小说，当然是硬科幻，但是小说里的奔月大炮，在现实里是行不通的。比如里面的大炮，人家就计算过要打到月球上的速度。那个大炮的材料，到现在也没找到；就算找到了这个材料，人类藏在炮弹里头，打到月球上去，整个人也都变成肉饼了。还有他写的那艘船、潜艇，用钠做燃料，用盐做燃料，这是不可能的。

但是很重要的一点，凡尔纳假设的都是科学技术，利用科学技术上月亮，利用科学技术在深海潜行，这跟我们的嫦娥奔月、《封神演义》里面的土行孙不一样，那些跟科学无关，只是一种幻想。土行孙往地下一钻，孙悟空的筋斗云翻个跟头就十万八千里，这些很不科学，都是神话。凡尔纳的珍贵在于，他的幻想是通过科学来达到的。

另外就是社会性思考，重不重视科学也是一种社会思考。还有一些其他问题，是不是能够通过科学技术解决？这一种就是软科幻，威尔斯的小说你不能去纠缠，不能像凡尔纳的小说那样去推导具体的技术可行性，因为他的幻想在技术层面往往是不可行的。

比如他描写的隐身人，我们说它是软科幻的典范——由于吃了某种药，受了某种辐射，主人公就变得隐身了，透明了。但是你顺着他的小说去找，都不知道吃的是什么药，也不知道是哪个频率的辐射。

但是，假设有这种技术，对这么一个人，对这个社会有什么影响呢？这方面威尔斯写得淋漓尽致。主人公本来是一个受气的小厮，他到城市里面生活，到处受气，被人看不起，人家不要他，欺负他，所以他能够隐身了以后，首先想到的就是能不能吃得饱，能不能有地方睡觉。刚开始隐身的时候，他进了一家宾馆，在食堂里吃饭，没人发现，之后在房间里的软床上睡了一觉，后来，他发现自己开始有更多的需求了。

然后他就开始想复仇了。到这里故事好像还比较正面，但是再到后来，他就感觉到这个科学技术，这种隐身技能，好像成了他的力量，他开始做坏事，最后受到惩罚。所以，整个故事其实是在讲科学技术对社会的影响，对人的影响。但是，它仍然是通过科学技术，不是念个咒语，这关乎如何认识科幻小说。

少年儿童对社会思考没这么多，简简单单，好的就是好的，坏的就是坏的，但是他们对科学技术的变化很敏感。《小灵通漫游未来》里没有太多曲折的故事，而是讲科学技术的发展变化对我们的影响，少年儿童都能理解的。所以能够有几百万册的印数，到现在已经是三版、四版了。

那么针对成人，则要多一些社会思考。我还是主张，虽然你的小说是反映社会思考、真善美的思考，但科幻小说还是要和科学有关。否则，你这个品种特别的小说，跟其他小说有什么区别呢？

当然现在我们可以很宽容，科幻只作为一个道具也可以。作者愿意叫科幻小说，不能不准他叫。这次的科幻电影周，《九层妖塔》得奖了是不是？之前没看，后来我看了一下，觉得有点儿悲哀。按照我刚刚讲的，这部电影里科学的作用和力量并没有表现，甚至是玄幻的作用还大些。电影用了一些元素，当然不能说这些东西是旁门左道，但是跟主流科幻，我觉得……

科幻邮差：有偏差，是吗？

王晓达：有偏差。

科幻电影有几个流派，《九层妖塔》更接近日本、韩国的流派，美国、英国应当是主流的。俄罗斯的现在接触不多，它原本也是主流的。那个叫《澳门风云》的影片我也看了，我想说，假设要评科幻，它比《九层妖塔》还要更像科幻。当然它是搞笑类的。

如今看起来，对科幻电影的追求还是跟社会分不开的。现在，有科幻迷和科幻作家，电影界也觉得科幻有发展，投资者也觉得大有可为，但是大家的认识都还不太一致。不过，只要能够有关注，即使当它是调料，对科幻也是有帮助的。

我真正希望的，还是主流作品能更关注幻想的科学技术对人和社会的影响，重心放在这上头。否则，科幻只是个道具的话，任何一部片子都可以改造了。那不是开玩笑吗？一部爱情片，只不过把谈恋爱的地方改到火星或者月亮上去，之后打个飞的又回来了；或者我们两个对打，本来是拿枪，现在是拿激光剑，看起来也蛮好看，但是情节不变，不就换了两把激光剑吗？这种电影也可以看，至少可以引起人们对激光剑的兴趣。

真正的现代科幻小说，为什么是从雪莱夫人开始的？这种叫法不准确哈，后来我查了一下资料，实际上她那时还是雪莱的情人。（笑）她是个文学家、艺术家，在工业革命的浪潮中，也就是在第一次技术革命的背景下，她感受到了科学技术对社会和人的影响。所以第一篇现代意义的科幻小说《弗兰肯斯坦》，也就是《科学怪人》，应运而生。雪莱夫人很敏感，但在那个时代，你找不到更多的科学技术。可她想到了医学，器官再植，可以再造一个人出来。造出的这个人，究竟跟这个社会怎么相融？她更多思考的是这个。这就是现在成年人的主流科幻了。当然是偏软的，对不对?

阿西莫夫基本上是写硬科幻为主，但他最后也是落到科学技术、机器人的发展，对人、对社会到底有什么影响。所以我们看到，一部真正优秀的科幻小说，科幻元素要有，社会思考也必不可少。因为小说毕竟是小说，它是要给人看、给人审美的。

从这个角度说，科幻小说可以很宽容，但是科幻小说一宽容，这些玄幻小说，还有盗墓小说都可以流传。我们回顾科幻小说走过的历程，现代科幻的发展实际上是非常宽松的。但是，我内心就是向往主流科幻，我觉得这才是正宗。

这就是我，一个理工男写科幻小说所感受到的。

科幻邮差：您更认同核心科幻这个概念?

王晓达：我也不排斥其他的，童话我也喜欢看。可是如今有些作品借科学之名，实际上宣传的是玄幻，我很是担心。它跟科学无关呀，你偏偏又说它是科学。就包括现在的量子纠缠，人家说鬼都出来了，物理学怎么会导致鬼都出来了嘛？但是有人会这么想，也会验证对错，这也正常，谁天生就是正确的呢？对吧?

中国科幻就受过这个气，受过这个苦。叶永烈写小灵通的时候，当时评了全国优秀科普工作者，1978年，就全国科学大会以后，得了一千块钱奖金，那时是破天荒的。上海也挺不错，给他的待遇相当于科协的专业作家。但是也有反作用，到后面，批他，整他，直接弄伤心了。

追忆科幻的艰难征程

科幻热潮：科幻跟社会环境关系很大

科幻邮差：王老师，从1979年到80年代初期，据不完全统计，那个阶段发表的科幻小说是新中国成立以后到70年代中期这个阶段的四倍，全国上下都兴起了一股科幻创作的热潮。那会儿是一个什么样的面貌？

王晓达：在当时，科幻生存发展所依赖的就是科学；你看在全世界科学技术真正发达的国家，科幻就有生存之地；落后的地方，就没有科幻。我们国家几起几落，所以科幻虽然有三次春天，但实际上总有冬天，这里是有社会反复的原因。

像这一次，从国家副主席李源潮的两次座谈会，到习总书记讲科技发展的科普和创新两翼，这里的科普还包括科幻了，因为他们把科幻广义的作用视为是对人普及科学思想。这是空前高涨的春天，那么在这样的背景下，科幻显然是会大有发展的。

但是，所谓天时地利人和，天时有了，地利不同了。以前我们四川科普科幻的阵地，一个是《科幻文艺》，《科幻世界》的前身；一个是晚报的副刊。你写的东西要有地方发表啊。但是现在，阵地不在了。虽然《科幻世界》还是一家独大，但大家现在接受的形式多样了，科幻迷不一定就要看《科幻世界》，我就是这么觉得的。他们的途径太多了，网络将是以后传媒的主战场，这一点我十年前就提出过。

因为我搞科普，比较关注新技术革命，关注互联网。以前写东西这么厚，都是手写，现在一个U盘往电脑上一插，就有几个G，是不是？所以这我们也得接受。当时提的多媒体还是个概念，现在，人手一部智能手机。他们接受的途径太多了，躺在床上醒过来，眼睛睁开手机一拿，马上就可以接收到信息。所以你要适应它。正儿八经拿本杂志拿个报纸，现在这种人越来越少了。受众还是有，需求还是有，但是接受的形式、方式不同了。

科幻要发展，对作者来说，写，这只是整个系统里的一环。到最后真能产生作用，或者市场经济讲的真正能够产生价值的，还得要有人消费、有人接受。

当时大家都是一条心

科幻邮差：科幻的发展任重道远啊。王老师，在第二次科幻高潮中，全国的科幻出版业也迎来了一个热潮，很多新的出版社和科普期刊应运而生，在这个过程中，《科学文艺》也诞生了。您当时虽然是刚刚进入科幻圈，但起点很高，迅速和童恩正、郑文光等老前辈建立了联系，您能回忆一下《科学文艺》诞生前后的故事吗？

王晓达：很早以前就有中国科普协会，是以知识分子和科技人员为主的一个高端组织，他们提出要提高国民素质、全民科普，所以成立了一个科普协会，后来就发展成立了中国科学技术协会——中国科协。在那个时期，全国的一些著名专家、著名科学家带头在各个报纸上发表文章，各个报纸也开始有专栏，周孟璞老师是元老，我祖父也是。

全国科学大会以后，各地方要成立自己的协会，四川这边要筹建的是四川科普创作协会，所以成都会议就把那些专家请来开办讲座，培养科普作家。当时创办了两个刊物，一个叫《科学文艺》，一个叫《课堂内外》。

科幻邮差：开始叫《科学爱好者》，是后来改名叫《课堂内外》吧？

王晓达：对，就这两家。当时邀请的专家来了，《科学文艺》就立即跟他们约稿，所以你看，第一期的里头那些人……

科幻邮差：阵容特别强大。

王晓达：是，当时大家都是一条心。当时因为刘佳寿喜欢找领导争取支持……

科幻邮差：刘佳寿当时是第一任主编？

王晓达：对，他原来好像是《大自然探索》杂志的主编。后来就是他找到杨超、李力众，利用他原来办杂志认识的这些人，组建了编辑部。

开头应当说还是可以。那个时候，谭楷还在研究所，贾万超是420厂的电工。他们就都在这个地方集结起来了。他们有个编务还是我介绍的，一个老报人，姓段，段星樵，后来还去了科协，原来就是我们厂里面的厂办主任，是个老报人。我了解情况后就把他介绍去了，他也愿意。这样我就经常去编辑部，当自己家一样。那时候的编辑确实比较开放，什么都能办得下来。

《课堂内外》的目标读者就是中小学，跟教育界联系比较多；《科学文艺》呢，实际上科幻是一个独立门类，只有爱好者，没有什么行业或者部门，那个时候跟学校，也就是跟中学生和大学生比较紧密。那么这个当中几经变革，开始势头很好，编辑部也很活跃，开笔会啊请人吃饭啊之类，办了些活动。

但是，后来杂志要加强领导，就有各种矛盾了，一个是要机关化……

科幻邮差：怎么讲？

王晓达：哎，就像机关一样，固定上下班的时间。我后来当学报的编辑当了二十多年，编辑这一个工作，跟机关上班完全不是一回事情啊，你拿到一个稿子要弄完，或者下班弄到半夜一两点钟，或者放下了明天再来弄，不行又得重头弄起。这是以工作量为主的，又不是以时间为主的。

于是，这当中就出现了各种矛盾，爱干的不爱干了，有的即使领导宽容一点儿，也还是不想干了。这时候出现了一个叫张什么的，山西人，南下干部，他就有点牛，他想了一个办法……

科幻邮差：他是杂志社的领导吗？

王晓达：不是，他是科协的人，反正他是一把手，他就想编辑部能多来几个党员。党员当

童恩正先生慧眼识珠，鼓励杨潇挑起了《科学文艺》这副重担。图为1994年7月，童恩正先生最后一次与四川科普、科幻友人合影，二排左起：徐清德、谭楷、童恩正、刘兴诗、何定镛、董仁威；三排：杨潇（左四）、王晓达（右三）。

然好，但关键是，作为编辑，首先要有专业业务能力，对吧？所以后来就有各种矛盾，甚至刘佳寿也调走了，他一走，人心也散了，所以那个时候才出现了我跟童恩正到杨潇家里那一幕。

科幻邮差：那大概是哪一年？

王晓达：八四、八五年吧。当时杨潇刚生了小孩，也好久没上班了，但是这边好像乱了套，分成了好几派。

科幻邮差：那时杨老师已经到编辑部了吗？

王晓达：嗯，但是她那时还没有挑担子。她有一个身份是杨超的女儿，另外她自己，做事比较细心、有分寸，人家不去惹她，她也不去惹人家，属于这样一种状态。后来，我跟童恩正两个局外人，觉得这个杂志不能垮了，所以我们在童恩正家里商量，分析来分析去，觉得杨潇的主观条件和客观条件比较好，那个时候《科学文艺》已经归省科协管。在那前后，有一阵想归到文联、作家协会去，结果上面没人接。

说服杨潇出山

王晓达：杂志社内部，谭楷、贾万超、晏开祥几个人分成几派，其实有人推杨潇出来，她自己不愿意。我们分析了一下她的主客观条件，她出来担任也许能够稳得住阵脚，跟科协的有关领导也可以沟通……

科幻邮差：就是那个时候，《科学文艺》处在群龙无首的状态，然后科协也不再派领导，让《科学文艺》自己从内部产生？

王晓达：嗯，所以后面我跟童恩正商量以后，找了杨潇两次，一次到她家里，一次好像就是在他们编辑部。

科幻邮差：当时是怎么说服杨潇老师的呢？

王晓达：就是跟她讲实话："你要勇挑重担。从你自身来讲，对《科学文艺》，对科幻小说都有感情。现在是一个机会，你出来，我们跟你撑起，你一定能把这个事情做好。"所以后来，包括那几派，有的就转过头支持她，她心里就有点儿底了。从有关领导来看，交给杨潇可能也放心一点，再离谱离不了大谱。

另外就是，经过几年工作后，她的为人处事领导是认可的。接任以后，有的人调走了，有的人就跟着她一直干下去了。杨潇上任以后，务实开拓，是做了不少事的。后来《科学文艺》还更名为《奇谈》，但是这个"《科学文艺》不科学"，也就是因为刚改了《奇谈》的名字。

后来叫《科幻世界》，也是经过讨论才最后定下来。这之后，还是有点儿起起伏伏，但总算是稳定健康了。

科学家搞什么文学，你是文学就到文学界去吧

科幻邮差：王老师，1979年到1980年前后，《科学文艺》问世不久，国内出现了一场“科”“文”之争。您能给我们介绍一下当时的情况吗？

王晓达：好，这可以从《科学文艺》说起。

办《科学文艺》这个刊物，科协是从科普的角度出发的，等于借文艺宣传科学，目的比较单纯。中国的各种科普创作协会，各个省的情况有点儿不同。中国科普作协呢，是中国科协的下属机构，它有编制、有级别，所以它里面就比较程序化。他们也认为，《科学文艺》刊登的，不光是科幻小说，还包括科学诗、科学童话等，这一系列都是“科家”的。

但科幻小说这种形式，当时还有一个分歧，而且一直延续到现在。是什么呢？就是鲁迅引进科幻小说的时候，把它叫成科学小说。

科幻小说实际上是一种类型小说，类似武侠小说。科学小说是有关科学的小说，但定位是文学的。然而到了科协里头，就有人提出来说，这个小说是为我们科学服务的。

这里实际上已经有矛盾，有纠结，就是有严格逻辑思维的科学怎么能用形象思维的文学来表达呢？不仅很难表达，也表达不确切。你可以去体会，但是你怎么表达？比如医学，药学，它就是按照分子结构叫作三苯甲二烷，你要叫它文学化的话，少一个字就不是这个东西，你也不能叫它押韵，所以这当中就有矛盾。

科学诗、科学童话好像更容易解决这个问题。童话，你让小狗小猫讲科学，就是童话了对不对？诗，又难一点，但也不是不可以。还有的人就把科学报告文学叫科学小说，但这也不是科学小说。

《哥德巴赫猜想》这篇文章把陈景润的名字宣传得家喻户晓，也激起了很多人的热情和眼泪，觉得这真不容易。但是很关键的一点，包括作者徐迟自己也觉得很恼火的是什么呢？陈景润所追求的，这么废寝忘食、疯疯癫癫所追求的一个数学问题，一加一等于二，究竟是个什么问题？说不清楚。

徐迟在这篇著名的报告文学里有一大段关于数学的推论，后边他不得不写上：此处艰深难懂，可以跳过。他写不明白，没法明白。那么这当中就带着一个问题，我们的陈景润在一个房间里头写稿子写了几麻袋，甚至有几天没吃饭，最后还摘下了数学王冠的明珠，但是弄到最后，大家对“一加一等于二”这个事还是不太清楚，也是一个遗憾。

当然，对科学的追求是很令人感动的，但是你讲他为什么追求这个，这一点实际上是所谓科学小说的一个关键点。科学报告文学是写人，那这个小说就是写人的，是人学；那要写科学怎么写呢？当然也有著名的《蜡烛的故事》《细菌自述》，但这些也不叫科学小说啊。小说是有定义的。所以这个问题自然到现在还在纠结。

其实，鲁迅提的科学小说就是指科幻小说，是关于科学的小说。我刚才讲这么多，实际上是把小说定性，它是文学。可这样一来，科学界和科普界有的人就不太舒服，我们科学家搞什么文学，你是文学就到文学界去吧！这虽然是气话，但实际上确实不太好驾驭。

所以这样子一来，还有一些事情，比如姓“科”姓“文”之争，包括叶永烈得的科普奖，反而受到有些人的白眼。原因还是我们的科学科普队伍内部出现了问题。而且，这个事情在特殊的社会历史背景下，演变得很不好。

你不说好话，但也别说假话

科幻邮差：当时这个事情是由什么引发的呢？

王晓达：刚才就说了，包括《科学文艺》，有的编辑是从文的角度出发，他们也觉得，科幻小说是小说，小说的定性是文学。可这就像是要去投奔作协，当然科协的人不高兴了，我出钱出人办了个刊物，到最后变成作家协会的了，跟我科协还有什么关系？你要这么搞，我不管了。北京也这样，你们这些人喜欢当作家，就当作家去，你是作家了再写科幻小说，我是不会管的。当时，就有这样一些背景。

本来这件事是可以讨论的，作家也可以写与科学有关的作品，而实际上很多科普作家就是这样。反过来，我接触过一些专家博导，叫他写或者讲科普，真要他的命哦，因为他讲出来的就是很高级的技术，要有很多知识储备。而你要叫他把这个东西对大众讲清楚，那真叫他为难了。

后来出了《院士科普丛书》，叫好不叫座的，卖都卖不掉，要么就是图书馆买去给学校做馆藏，人家拿去看着还

1983.10.29 光明日報 ·3·

警惕「科幻小说」中的精神污染

房亚田

科学和迷信历来是对头。然而，前段时间有些报刊（包括一些文艺报刊和科普刊物）却为这“两家”“攀亲结缘”，为一些违反科学的东西涂饰油彩，披上“科学”的华衣，给科学宣传造成混乱。有的人还利用科学幻想小说这种文艺形式散布了一些反科学的甚至有严重政治错误的精神污染。

一些科普报刊说，现在发现了一种“能使鬼魂显灵的鬼粒子”，人活着都会发出一种“散而无踪，聚而成形”的“生物波”和“生物场”。人死了，这些波、场还能聚拢成形——这就是鬼。

某报载一篇“科幻小说”，讲一个“无性生殖”的小孩，由于注射了“催生素”，五岁便聪明绝顶，达到成人都达不到的高度。“素”成了一切奇迹的源泉。

个别的“科普作家”，打着“科学幻想”的旗号，大肆宣扬西方式的爱情，津津乐道未来机器人的色情，甚至借题发挥，发泄对社会主义的不满，而且公然抵制正确的批评。

如此等等。

我国要实现四个现代化，关键是发展科学技术。三十多年来，我们吃了不重视科学技术的亏。现在重视了，这是我国社会主义现代化建设成功的希望。适应这种需要，短短几年，许多报刊和科技宣传园地就出现百花盛开的局面。但是，在姹紫嫣红之中，出现了一些病枝病蕾和毒草，这是不足为奇的。但是，我们必须引起警觉，加以修剪和清除。

科学与迷信“绝缘”，而有的人为什么一定要把二者牵合到一起呢？正如有的同志所说：科学对迷信的每一胜利，都迫使它的对手对非科学的东西找一块立足之地，以便蒙混那些不了解科学或相信科学而又天真的人。肖伯纳曾说过：“你应该小心一切假知识，它比无知更危险”。如果再把无知妄说传给广大读者，问题岂不更严重么！

1983年10月29日《光明日报》刊文：《警惕“科幻小说”中的精神污染》。

中国科协常委会议提出

清除科幻小说中的精神污染

据新华社北京十一月一日电 （记者杨惠民） 中国科协常务委员会第八次会议学习和讨论了中共十二届二中全会文件后指出，科普创作应当为建设社会主义精神文明服务，防止和清除精神污染。

中国科协副主席裴丽生、钱学森等同志说，几年来，科普创作活动有很大发展，在破除迷信，建设精神文明中取得一定成绩。但也确实有些人借写科学幻想小说之名，写了一些宣传鬼魂、色情，反科学的假想，甚至借题发泄对社会主义不满，对青年和社会进行毒害。据有关方面调查，从一九七七年到一九七九年上半年，科学幻想小说中表现探索和发展科学技术这一主题的占百分之九十以上，而到一九八一年，这类作品下降到百分之四十，以惊险、恋爱为内容的则上升到百分之六十左右。我们认为，科学幻想小说应该鼓励人们为共产主义的伟大理想和建设现代化的社会主义祖国的伟大战略目标而奋斗。科学幻想小说不应背离四项基本原则，作者必须注意作品所产生的社会效果，要具有作为人类灵魂工程师的责任感。

在会上发言的同志们建议，科技界、文艺界要对科学幻想小说进行积极的评论，对好的作品和作者给予鼓励；对有精神污染的作品要进行批评，对广大青少年毒害较大和政治上反动的作品应进行批判，严肃处理。

1983年11月2日《人民日报》刊文，提出科普创作应该防止和清除精神污染。

不如教科书易懂。所以说，科学的文学表达是要专门考虑的事情。

现在我们这么讨论都是比较心平气和的，而那时候是，你要这么想，你就走呀，当然无法冷静。所以本来这个姓“科”姓“文”的事是可以讨论的，而且这种讨论还可以深化。因为同样的问题，科学诗、科学童话、科学美术就都没有矛盾，唯独这个科幻小说老是扯。但是，老这么扯实际上没深化，只有情绪化。而且社会政治背景又变了，当时，以《中国青年报》还有北京的几家报纸为代表的媒体，专批科幻小说，就我带来的那些剪报里都有，而且语言之尖锐，就像“文化大革命”贴大字报，上纲上线，已经不是与人为善了，是敌对了。

前期姓“科”姓“文”的讨论，我们在座谈会上，或者在杂志上还有交锋，还有不同的意见，而这个时候就没有了，不同的意见不能发。我们当时特别气愤，就允许你们连篇累牍地批，却不允许我们说话。后来，居然升级到点名了。之前还很笼统，讲科幻有不健康的倾向，到后来就直接点名啦。

科幻邮差：点了哪些名呢？

王晓达：点了叶永烈，还有童恩正。童恩正讲科幻小说是文学，那就是惦记着到文学界去，还赖在科技界干吗？还有就是点名魏雅华的小说——和机器人恋爱的那个《温柔之乡的梦》。当时，大家都不约而同地写信，反复提出不同意见。但是不行，所以最后就促成了我们联名——联合全国的科幻作者写的那封信，要表达我们的意见，要正确评论这段时间科幻小说的发展。

《关于科幻小说评论的一封信》

科幻邮差：就是这篇《关于科幻小说评论的一封信》？

王晓达：是。当时的背景，童恩正是科学文艺委员会的主任，我相当于是秘书，我起草了这封信，然后寄给《中国青年报》和《光明日报》，都没下文。结果后来在四川文艺评论界的刊物《文谭》上刊登了，当时影响也很大。在这个过程中，对科幻小说的批判也牵扯到了具体行动上。针对北京以及一些全国的出版社，当时打的名义是，专业出版社不能出文学性书刊……它实际就是在点名北京的海洋出版社、地质出版社。在1978年之后，他们接连出了几本科幻畅销书。

文谭
WEN TAN
心灵美的赞歌
我怎样走上写作道路的
寻找与发现
大学生论坛
关于科幻小说评论的一封信
容许欢乐，也容许忧虑
《公开的"内参"》的争鸣
从《父亲》到《春蚕》
文学写作自修讲座之二：怎样积累生活
隔海说诗：短短的叙事诗
1982／8（总第四期）

1982年8月，《文谭》杂志刊登四川十二位科幻作家支持叶永烈先生的联名信：《关于科幻小说评论的一封信》。

科幻邮差：都有哪几本呢？

王晓达：有一本叫《科学神话》。"科学神话"就是那时中国的科幻小说。很荣幸，《科学神话》的第一篇就是我的作品《波》，当时是上海《科学画报》的主编饶忠华和海洋出版社的一个编辑两个人主编的。这一本书，有这么厚，还再版了几次，这本是中国的；另外一本，叫《魔鬼三角与UFO》，是外国科幻小说集。这两本书，海洋出版社重印了好几次，发出去就脱销。然后就是我的《冰下的梦》，《冰下的梦》也是科幻小说集。另外还有一本连环画，叫《大西洋底来的人》。所以在这两三年，海洋社的书风行全国，但后来重点也是批判他们。地质出版社呢，他们有几个编辑，感觉刘兴诗在我们这儿出了书，如果还有别的什么科幻作品，我们也愿意编。后来他们商量的结果，就是出了这本书。

科幻邮差：就是这本《方寸乾坤》。（拿起书展示）

在黎明前夜夭折的《方寸乾坤》

王晓达：《方寸乾坤》中收入的是我在香港《科学与未来》杂志上发的稿子，香港来约的一篇科幻小说。另外再加上郑文光、叶永烈、金涛几个人的作品，由地质出版社出了这本选

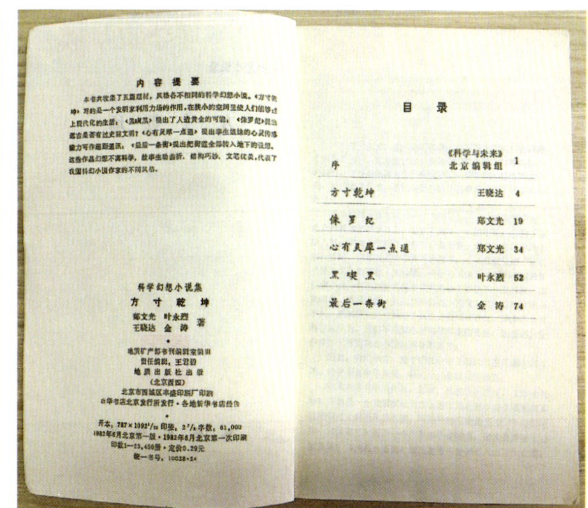

内容提要

本书共收录了五篇题材，风格各不相同的科学幻想小说。《方寸乾坤》写的是一个发明家利用力场的作用，在狭小的空间里使人们能够过上现代化的生活；《黑唛黑》提出了人造黄金的可能；《侏罗纪》提出恐龙是否有过史前文明？《心有灵犀一点通》提出孪生姐妹的心灵传感能力可作超距通讯；《最后一条街》提出把街道全部转入地下的设想。这些作品幻想不离科学，故事生动曲折，结构巧妙，文笔优美，代表了我国科幻小说作家的不同风格。

科学幻想小说集
方寸乾坤
郑文光 叶永烈 王晓达 金涛 著

地质矿产部书刊编辑室编辑
责任编辑：王君劭
地质出版社出版
（北京西四）
北京市西城区丰盛印刷厂印刷
新华书店北京发行所发行·各地新华书店经售

开本：787×1092 1/32 印张：2 7/8 字数：61,000
1982年6月北京第一版·1982年6月北京第一次印刷
印数1—23,450册·定价0.29元
统一书号：10038·24

目录

序	《科学与未来》北京编辑组	1
方寸乾坤	王晓达	4
侏罗纪	郑文光	19
心有灵犀一点通	郑文光	34
黑唛黑	叶永烈	52
最后一条街	金涛	74

未曾面世就夭折的《方寸乾坤》。

集。结果，这本书刚印好，那边“清除精神污染”就开始了，结果全部销毁。

科幻邮差：啊，就是说这本书并没有上市？

王晓达：正要上市的时候就……唯一知道，是印好了再销毁的。海洋出版社那边呢，虽然点了他们的名，但他们不理睬，因为他们是海军部门监管的。

但……他们社长总编之间也比较熟啊，不理，上面就叫军委派工作组专门来调查……宣传部门就讲了，这专业出版社，不准出文学书。

编辑辛苦了快一年，最后弄得这么个下场，最后只能说，对不起大家，稿费按照基本标准我们还是会给，书只有从书库里偷偷拿出几本，作者们也算借鉴，这没生的娃娃就已经死

就是在这次会见时，王晓达把自己珍藏的《方寸乾坤》送了一本给韩素音女士。从左至右依次为：谭楷、王晓达、韩素音、周孟璞、杨潇。

了……

科幻邮差：还没出世就夭折……

王晓达：给了我三本样书。1991年，韩素音来成都参加科幻笔会，会议之后杨潇约了我们几个，加上韩素音，大家见个面，谈一谈，我那儿还有记录。我送了几本我写的书和我编的书给韩素音，附了这一本，但我当时不好跟她说，这个书是绝版的，市场上是没有的，全世界都没有，只有这么几本。很遗憾，去年韩素音过世了，我这个话都没机会说了，只有在这儿说一下……

科幻邮差：她一直不知道这本书的真相？

王晓达：是。这本小说极其稀有。

香山会议

王晓达：那么就在这时，针对作者也有些行动。最著名的是，1983年10月香山植物园的香山会议，号称科幻小说座谈会，本来要在9月份召开，由于好多个作者不能到会，改到了11月份。

科幻邮差：是谁组织的？

王晓达：中国科普作协给我们发的通知，但是自己报销路费。四川通知了几个，最后是我去的。上海有叶永烈，苏州有肖建亨，北京有金涛，还有贵州的彭新民，还有东北的作者，都是前一个时期比较活跃的。我去的时候觉得，我们总算有个说话的地方了，你叫我们开会，总不能一直听你们讲，这叫座谈会是不是？所以也做了些准备，让心中有一点儿数。

科幻邮差：嗯，通知开会的时候，说主题是什么了吗？

王晓达：只是说，中国科普作协要写一个关于中国科幻小说的报告。

科幻邮差：哦，听一下你们的意见。

王晓达：对，就是大家一起来讨论这个事情——中国科幻的现状。但实际上，有的人就是来批判的，叶永烈就有预感，后来一些人的发言也果然有针对性。

当时对科幻小说，中国科普作协也不是铁板一块，包括领导人。有的人，就是要敲打敲打科幻，不仅要在报上发文章，还要在会上跳出来批判。所以隐约给了我一些启示。会议前几天我基本没发什么言，因为我还是“小字辈”。不过我都记录了，出乎意料地详细，把经过都记了下来。

当时中宣部派了观察员来，我很注意观察，中宣部的观察员究竟对这件事是什么态度，结果，他根本不表态——一个大高个儿的中年人，私下跟我聊，就只聊四川省作家协会的事，就不提那个……

科幻邮差：科幻？

王晓达：不提科幻的事，这些我都感觉得到。而且，他是观察员，基本上也不表态，所以只有科普作协的人有话要说。那期间也就没那么太平。可是，当时我们几个科普作家来开会，都是自费，也没人赞助，你们科普作协是有人管工资的，我们没有，是不是？最多我以后不写了。

从思想上，我是把这次会当作一个心理准备，那么跟着下来，就是出版社不准出书了，或是有的书销毁了，就已经提高到精神污染层面。

明日报 1983,12,5

当前我国科幻小说争论的我见

郭正谊　赵之

态，有忠贞的机器人与丈夫情死，有私奔的妻子用复制的女人替身去欺骗丈夫，有机器人和人争夺科学家的大脑，有吃人树与毒蛇合成的怪物反噬自己的主人……。当然，这类所谓科学的幻想，都是不要科学根据的，如果用科学来约束自己的笔，那么这些奇诡的人物和情节也就无法生产了。

在西方，制造这类产品的理论叫做“杜鹃原则”——杜鹃自己不筑巢孵卵，而是把蛋下在别的鸟类的巢里。比较通俗的说法，就是在旧瓶里偷偷兑上新酒，或者在新瓶里偷偷兑上旧酒。设计a、b、c、d几个人物，A、B、C、D几个情节，任意排列组合，就象玩魔方一样，很快就可以变出若干篇小说来。这类产品在我国有人是把它当作“新生事物”来倡导的，不仅给它冠以“惊险科幻”的美称，而且列出了比杜鹃原则更简明的加法公式：“幻想＋惊险”、“幻想＋爱情”等等。按照这种程式去生产科幻小说，据说是能够“激起读者对科学技术现代化的向往和追求”，成为“科学与道德的颂歌”的！

一位十六岁的中学生，曾投书上海《青年报》，说他看了这类科幻小说之后，“我无法否定这种幻想，于是我整天被这种恐惧缠得心神不定。有时真

1 | 2

① 1983年12月5日，《光明日报》发文《当前我国科幻小说争论的我见》。
② 1983年11月香山会议后，众科幻好友齐聚郑文光先生家中，（左起）叶永烈、肖建亨、郑文光、王晓达、徐唯果。

科幻邮差：整个会议跟之前的“科”“文”之争有什么联系吗？

王晓达：会议里边就有人说，觉得姓“文”的就出去，那帮人基本上就是批科幻小说的。而讨论姓“科”姓“文”的文章，本来是刊登在科系的报刊上，科技报或者科普的报刊，后来就扩大到社会报纸上。

扩大以后，那个态度就不只是“科家”如何如何了，而是整个社会给你的看法。当时新闻出版局参会的人，公开说：“我家小孩不准看科幻小说。”公开场合被这样说，科幻小说都成

老鼠了，像过街老鼠，人人喊打。

从那个时期开始，随着科幻小说的萧条，科普也降调了。之前四川省的科普报刊有十几家，《四川科技报》《老年科学》之类，到后来，《成都晚报》的科普园地也没有了，那个科普园地长期发表科学小品、科幻小说，还搞了几次科幻小说征文，我还去做评委，研究怎样评选……当时一个很好的科普园地，没有了。都变成了什么？美容、养生、卖药……都变成这些了。

所以整体来讲，虽说批判的是科幻小说，实际上也批到了科学，科学的领地在遗失。本来是科学的春天，结果科幻冷落了，科学跟知识也都冷落了。科幻小说是科学的产物、科学时代的产物，没有科学做基础，就没有科幻小说。

科幻邮差：王老师，在这次“香山会议”上，参会人员具体有什么表现呢？

王晓达：当时是这样的，大家都知道肯定是要交锋，但到什么程度还不清楚。中国科普作协的王麦林、章道义主持会议时，还持一个比较公正的态度，他们也没表示就是要来批判你们的，但是有一部分人，就是来批科幻小说的。

实际上，就是在给我们打气

科幻邮差：叶永烈老师在会议上表达的观点是什么？

王晓达：他说，欢迎评论，欢迎讨论，诚挚的批判也可以。但是要讲道理，讲事实，不能你自己想说什么就说什么。

科幻邮差：不能一棒子打死。

王晓达：对，不能你想说什么就说什么。他们有的人，根本就是政治化的大批判！另外还有最重要的一个问题，关于“科”“文”之争，有人说叶永烈去跟外国记者乱说，连“美国之音”都播了！这个“美国之音”是敌台，不能随便听，对不对？

科幻邮差：他们的证据是什么？

王晓达：这个问题啊，他们就说监听的人这样讲，拿不出证据来！叶永烈说，你快说了我赶紧去查，究竟是哪天我都去查清楚，看之前敌人有没有人采访我，我有没有说过这些话。除了你说的那几天，还可能是哪几天？结果都去查了，没有。后来，过了好些年以后，有人讲：“之前是有人叫我这么说的。”

说回这次会议，不是简单地讨论是非曲直。在大形势下，这也是科协跟科普作协对“清除

1986年5月，前中国科普作协理事长温济泽在首届中国科幻小说银河奖上发言支持科幻小说。左起依次为：鲍昌、童恩正、温济泽、黎本初（时任四川省文联主席）。

精神污染”的一种态度。但是，其实也并没有在这次会议上真的批判什么，也还是有人能够站出来辩论，火药味儿没那么大。另外温老，中国科普作协的理事长……

科幻邮差：温济泽？

王晓达：温济泽，他也出席了会议，他在这段时期，还是某个学院的党委书记，所以说是双重身份。开会叫他做报告，做完之后他先走了；之后又叫他发言，他发了言又走了。这三四天会，他就只在主席台上出现过几次，结果第三天晚上，我跟叶永烈住一个寝室，温老来了。他才开了会，到我们那儿都八点多九点了。

他讲什么呢？讲自己的经历，原来是广电局的党委书记，后来当了右派；讲后来社科院和他的关系……他说，人可以犯错误，但是觉得对的事情，就要坚持做下去。你们搞科普、写科幻，这都是应该做的，你们要做下去，不要去听人家的道听途说，不要因此阻碍你们自己的创作。他没有谈真正具体的事情，也没有说科幻小说好还是坏。

后来我们体会，实际上就是在给我们打气，说得直白点，就是“听蝲蝲蛄叫就不种庄稼了？要不得”！他作为一个领导，有什么必要来跟我们讲自己被打成右派、受批判的事呢？所以，他讲这些人生经历就是告诉我们，自己的路要坚持走下去，实际上，就是在给我们打气。

科幻邮差：用心良苦啊。

王晓达：对。当时中宣部的部长还有其他几个工作人员，没有那么杀气腾腾。但是总的情势，到后边还是相当严峻。实际上把科幻小说打成什么了？精神污染。所以当时还是很艰难的。那么从我自身来讲，写科幻小说本来是要发挥正面作用的，你不让写，那我就去搞科普，我还是要起同样的作用。或者我不搞长篇大论，我就在《成都晚报》搞个“微型科幻征文”，所以后来，就转成这么个形式……

科幻邮差：您后来主要创作的是儿童科幻小说，是吗？

王晓达：是，都是短篇。还有在《少年百科知识报》上，发表两三千字、三五千字登两期的小说。那个时期还是有不少报纸的，不过我都没有留下来，我把杂志都留下来了。但我的初衷就只是带带学生，提高他们的素养，培养他们爱科学，知道科学能够改变人、改变世界，这个初衷没变。

科幻邮差：王老师，1983年，以《中国青年报》某人为首的一批评论家，对科幻小说的目的性、思想性、文学性进行了全方位的批判。这个事件在整个科幻圈引起了什么样的反响？当时跟您遭遇相同的这批作家，都有什么样的反应？

王晓达：当时在香山开会，大家的感受就是，我们自己的事情该做的还照做，他们那些人乌云遮不住太阳。我们不去向你证明什么，也没地方跟你去说理……我们能做的，就是耕耘自己那一亩三分地。

当时，不是批叶永烈的《自食其果》吗？那个小说一开始就写基因遗传。有张照片是在郑文光家里头拍的，当时我们几个商量了以后，觉得还是有些地方能发表，某些杂志，像黑龙江的一个天高皇帝远的杂志，以及《科学时报》。之后我们每人写了一个续篇，支持叶永烈，所以后来就出了三个《自食其果》的续篇。

可叶永烈的《自食其果》是一个美国科幻小说的续篇，这就成了一个很奇怪的现象。叶永烈后来把这几篇收在一起，还出了一本书。这是当时我们科幻作家的反应之一。另外一个，就是我刚才讲的，我转到了少儿的报纸和杂志，在不那么显眼的、地区性的媒体上，自己还进行着创作。

而叶永烈，他就有些气愤，因为之前他得

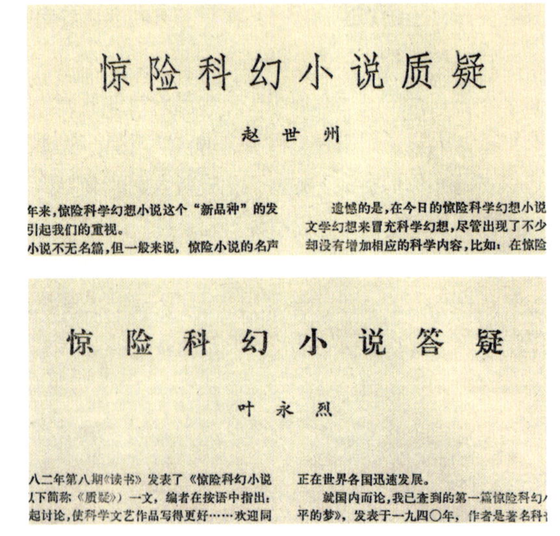

惊险科幻小说质疑

赵世州

年来，惊险科学幻想小说这个“新品种”的发
引起我们的重视。
小说不无名篇，但一般来说，惊险小说的名声

遗憾的是，在今日的惊险科学幻想小说
文学幻想来冒充科学幻想，尽管出现了不少
却没有增加相应的科学内容，比如：在惊险

惊险科幻小说答疑

叶永烈

八二年第八期《读书》发表了《惊险科幻小说
以下简称《质疑》）一文，编者在按语中指出：
起讨论，使科学文艺作品写得更好……欢迎同

正在世界各国迅速发展。
就国内而论，我已查到的第一篇惊险科幻
平的梦》，发表于一九四〇年，作者是著名科

一九八三年第五期《作品与争鸣》刊载有关叶永烈惊险科幻小说的争论。

了科普奖，还没写科幻的时候就有人东说西说，后来更是有人追究他的科幻小说。他写了个恐龙蛋的科幻小说，人家就说你这不科学，有恐龙蛋的地方肯定就没有恐龙的脚印……说这话的还是权威，地质部门的专家。套用叶永烈的话，没发现不等于不可能。结果过了五六年，考古发现显示，真的又有蛋又有脚印。这就印证了科幻小说的幻想。

其实，幻想是不需要印证的

王晓达：其实，幻想是不需要印证的，你们硬要印证，居然真的印证了。那个时候开始还是讲道理的，你有你的根据，我有我的根据，可到了后来，整个变成政治陷害了，还说你里通外国，跟“美国之音”不明不白。叶永烈遇到这种情况都很小心，他要出的书，中宣部批了再出，不批的我不出，我还是中国人，对不对？虽然后来科幻被这么批，但当时出版他的科幻小说的出版社，还都是赚了钱的。

科幻邮差：其他科幻作家的情况呢？

王晓达：魏雅华的《温柔之乡的梦》写男女之情，写了个女伴，女机器人，其实是要注重文学倾向。当时就觉得，好像是有点出格，批判他的时候也弄得很糟，就像现在的人肉搜索一样……当时是这种不正常的风气，所以后来大家都各自为政，叶永烈也转向了。我也没闲着，我也还有别的事情做，叶永烈就喜欢写稿子，就不写科幻科普，搞传记文学去了。

说到叶永烈，他前期在那几个出版社出的书很畅销，出版社对他都很支持，单是“科学福尔摩斯”那几本科幻惊险小说，公安部群众出版社就很买他的账。所以后来他搞文学采访，也得到很多支持。彭加木在沙漠失踪的新闻，新华社记者到现场去了一个，中央电视台都没准入，还有其他几个——包括《人民日报》的记者都没能进去，而叶永烈跟公安部群众出版社打了个电话，通过国防科工委，人家来个车子就把他接去采访了。这也算成功开辟了新的领域，也从科协编制的专业作家，转到作协那边去了，甚至不领工资。他说：“我伤心了。”

科幻邮差：是整个科普界对科幻的态度让他寒心了？

王晓达：对。整个那段期间，有的人很张扬，可有的人你不知道他私底下做了什么。你不说好话，也不要说假话嘛！

科幻邮差：这期间有人说假话吗？

王晓达：包括说他跟“美国之音”电台的那个……这些都是他认得的人哪！所以说这个事情之后，他就脱离科幻圈了。

当然，他跟我以及其他很多朋友还是保持联系的，包括后来他做王洪文、张春桥、江青、姚文元、陈伯达的采访，还和我们聊起很多具体过程。至于对科幻科普界，他有时候礼节性写个信、发个贺电什么的，也还在走动。

最近一阵，他都是在弄纯文学传记，还写长篇小说《中国华尔街》。他是20世纪60年代就开始发表作品，到现在五十多年了，他创作的《小灵通漫游未来》，连后来电话小灵通的叫法都是从这本书上头来的。

科幻邮差：对呀，那是叶老师的专利呢。

王晓达：叶永烈收了他们一块钱的专利费，一块钱。这么来看，他对少儿的影响，现在都还有。所以科幻文学，对人类未来、世界未来的展望，这些要有；让小孩对科学充满兴趣，也要有。科幻多亏起了这个作用。从叶永烈的作品，包括从今天的《三体》来看，科幻迷还是属于小众群体。

科幻邮差：您曾说，在中国，科普跟科幻有天然的紧密联系。但是，20世纪七八十年代，科幻文学才刚刚开始向比较成熟的文学转型，为什么会出现科普界对科幻“群起而攻之”的现象？而且那些批判好像不知不觉就超出了所谓的学术范畴？

王晓达：实际上，主要因为那些人不属于真正的作者群体。你看作者之中，有谁自己拆台的？没有。而且科幻宣传的科学主张不一定就是某个定律，社会的科学发展它也在宣传。为什么一定要局限在“数理化天地文”呢？实际上说那些话的人，并不是真正的科学家或者科普作者，我觉得很莫名其妙。

社会发展过程当中会出现一些寄生的东西，他们起不到正面的作用，只会挑三拣四。叫他写一篇文章写不出来，而搞个大批判很拿手……后来那些文字，简直就像大字报了。一会儿看看我带来的简报，人家辛辛苦苦写的东西……有趣的幻想，你就说人家是灵魂出窍了？叶永烈的作品，主人公逃到国外，最后还是要回归祖国的，只看了前半段就说作者叛国了？现在再这么说，人家都当笑话，但在当时的历史条件下，确实起了反面作用。那几个评论家，现在再去找他们，都死活不认账……

你不让我写科幻小说，我就去搞科普

科幻邮差：在整个“清除精神污染”运动的过程中，王老师个人有没有受到冲击？

王晓达：倒还好，我是在学校工作。只不过，原来要发表的作品，想要写的一些东西，发表条件不具备了，只能转向，做一些纯科普。再后来，我去主编成都市的《科普画廊》，一年发表几百幅科普作品，相当于一个科普长廊。

科幻邮差：就是那种竖在街头，供市民阅读浏览的壁报？

王晓达：对，从2000年到2007年，我都在做这些……那也是有一个时代背景。这种形式的宣传原来是科协的一个宣传政绩，后来城市改造、“文化大革命”，这些都没有了。而那时候，我们希望重新把这个阵地设立起来。我们科普作家一起上书请愿，成都市还真批准修建了几百米的科普长廊，各个区都有，统一编辑。

1991年成都举行世界科幻协会年会期间，王晓达（中）与著名科幻作家肖建亨（左）和叶永烈（右）合影留念。

科幻邮差：定期更换？

王晓达：对。统一编辑，我们做好底片，把它刻录了，再发到各个区去，区里喷绘到长廊里，这样子就实现了及时更新。我们做好一套，马上成都市就跟着全部更新。

科幻邮差：在那个时期是一种很好的科学传播手段。

王晓达：对，我自己也在想这件事。

我写科幻小说，不是为了体现自己的人生价值，而是觉得这是我能做到的，能对社会产生积极的影响，能够起到积极的作用，这就很好了。所以我跟很多文学爱好者不一样，他们会觉得自己从小就是才子，能写作。可是我四十岁才出道，这在我的人生中的确是个意外。

假如当初在科学大会上得了奖，我设计的道路还走得下去，那我就是个工程师，以后甚至是高工。结果，人家把我这条路给堵死了，而且当时也感觉到，有政治上的原因。那个时候“文化大革命”刚刚结束，还不叫“清污”，而是叫“清除余毒”。我这个人是个“保守派”，现在要把我绑到造反派那边去，这个是不是有问题？

王晓达：说回来，“天时地利人和”，其实这个阶段对我也算是“天时”。“天时”不一定是顺风推你，甚至就是逆风，转一下向，这不新“天时”就出来了吗？大家可以到网上去查一下我的本名，“孝顺”的“孝”，“王孝达”，是教授，是编审，出了哪本书，再版多少次，讲过什么课，得过什么奖，大概有几十条；再去查“王晓达”，我的笔名，写科普科幻用的，有几百条，书评更是不断有更新。在这两种身份上，我都下了功夫。但在专业教学、编书方面，我下的功夫比写作多得多，但论影响力，科幻科普明显比教书大得多。

人生的经历啊，天气冷的时候，一直都长不出东西来，风向好了以后，开的花……

科幻邮差：胜过你之前有意……

王晓达：对！胜过有意要栽的花。

文学界我也进过，也当过成都市作家协会的副主席，但是我觉得，科普界相对要纯净一些。正因为无所归属，没有一个科普专业或者科普单位对不对？最多有个科协。因此，很直接的名利之争没有，大家聚在一起，讲科普，好像信仰某种宗教一样。科幻也是这样，大家聚在一起都有话要说，就觉得有共同的志趣。这种心境非常好。所以，童恩正、叶永烈、肖建亨，包括科普界的一些人，我们很多都是通家之好，爱人孩子都认识，这个也真的不容易。

科幻邮差：嗯，温暖得像个大家庭一样。

王晓达：是真的不容易。而那些搞大批判的人，他们现在看到我们也很不好意思。那个批判叶永烈在小说里写叛国投敌的人，后来不久自己定居美国了。所以我们后来看到他的时候就问，美国到底好还是不好？实际上你去美国也无所谓啊，不见得就是卖国对不对？但是你怎么那个时候，批判的调子那么高啊？

科幻邮差：哎，时过境迁，他自己可能也会有些反省吧。

王晓达：当时，我们想象不到有那么复杂。虽然现在形势好了，但少有作者愿意在科幻上下真功夫。大形势好，科幻热络，就有好多人偷懒，把科幻元素当调料，本来只是个二三流的文学小说，加点儿科幻作料就变成科幻了。当然也要允许人家这样做，但是真正好的科幻小说，乃至科幻电影，应该有新的东西给大众。还要努力，还要努力。

科学和文学的纠结

科幻邮差：叶永烈老师后来分析中国的科幻为什么会陷入第二次低潮，说“文学界不重视，科学界的批判又太多苛责”，他之所以这么说，看来的确是深有感触。王老师，您觉得造成科学与文学如此对立的原因是什么呢？

王晓达：我曾写过科普的三个纠结，其中之一就是科学跟文学的纠结。科学讲究严格的逻辑思维，讲规律，要定论，要数据，是不是？文学是形象思维，象征着感情、审美。那么这两者能不能结合？有些就很好结合，我之前就讲了例子，比如科学诗、科学画。而在小说的结合上，科幻展开说是科学幻想。

幻想，文学界早就接受了，比如神话小说《西游记》，再怎么说，主流文学敢说它不是文学名著吗？但再加上科学，对文学界就是一个难题。所以，对科学的难以理解跟难以接受，诞生了两种态度：一种是想办法解决，包括写报告文学的徐迟。人家是积极态度，他也承认，实际上自己没办法弄懂科学，那么他就只写科学家的故事。

另外还有一种人，写又写不来，也弄不懂，却要批判。《红楼梦》里有没有科学？有。从饮食养生到医学穿着，都有很好的科学生活、真实描写。这种科学描述，主流也并不排斥。而一些二三流的“知名文学家”，对科学一窍不通，还要批判。对科幻小说的不容忍，实际是对科学的不容忍。雪莱夫人写科幻小说，并没有降低自己的身份，她是真正只把科幻当作一种文学形式来选择。

目前，文学界也正在逐步接受。当初在成都开科幻年会，中国作协书记处常务书记鲍昌就来到成都，还发了言，他是支持科幻小说的。但是，文艺界有的人就不支持，甚至反感。而鲍昌的爱人，就是《智慧树》的主编……

科幻邮差：哦，她是叫亚方吗？

王晓达：对！鲍昌的讲话，我当时摘录并打印了出来，还带到作协的会上，结果大受抵制。尤其是作协党组书记讲的话……后来我仔细考虑了一下，鲍昌在他的位置上，有对科学的清醒认识，不是对科幻，是对科学的认识。其他反对抵制的人，不懂科学，实际上也不真正地懂文学。

真正的大文学家，有些是非常愿意跟科学亲近的。不管是《红楼梦》的作者，还是写“狐仙”的蒲松龄，他虽然是讲鬼故事、讲人情世故，但故事里头他对当时的医术也是非常尊重的。

批判科幻小说的这类人，有人说自己花了多少时间看了几百部科幻小说，我跟他算了笔账，一天要看五万字，看了五万字还要抓重点，还要写评论，简直太有才了，是不是？还有人说“我什么都看，就是不看科幻小说”，结果他还要来评论……我说，任何人都可以批判科幻小说，唯独不看科幻小说的人没资格批判。

科幻邮差：对科幻小说来说，当时确实是一场灾难。

王晓达：对科幻小说来说，“清除精神污染”运动是一个灾难；另外一个灾难，是“市场化经济化”。

我之前也提到，科幻，一方面是科学跟文学的纠结；另一方面，是科学普及跟技术推广的纠结。科学跟技术有关，但不是一个东西，这就是为什么分科学院跟工程院。科学讲究规律，讲究客观事物变化、发展的规律。没有绝对的真理、绝对的科学，但是要不停逼近它、追究它的本质；技术不同，技术是有功利性的，讲究效率讲究效益。所以这两个东西都放到科普里头，又矛盾了。

科学普及，没有近期的效益，是作用于思想，提高素养，使受众对客观认识得更清楚。而技术是要讲究效率讲究效益，而且技术有实业做支持。你把它放在科普的篮子里头，自然而然就愿意去搞技术推广。就像现在所谓的科普专栏，都变成推广“美容养生保健药品”了。因为这个就……

科幻邮差：趋利。

王晓达：而科学普及呢，最终做了多少场报告，有多少人看，最后很难量化。

科幻邮差：嗯，无法转成经济效益。

王晓达：对科幻来说，从对科学的认知，到对审美的潜移默化，并不是具体教你某一个配方、某一个定理。那么技术趋利化了以后，对科幻小说也有类似的影响，农民要致富，跟技术有关，但是科学也非常重要。今年冬瓜好卖，第二年农民全都种冬瓜，冬瓜就会烂市；韭黄今年卖了十几块钱一斤，一万多人都去种韭黄，明年就只能卖几块钱一斤。这当中就有科学跟技术的纠结。而科幻小说跟科学的关系，是科学性的关系，不是技术性的关系，所以我看了《九层妖塔》《澳门风云3》就有点儿担心，大家不能只看重特效技术。

除了上面讲到的两个灾难，所谓的“核心科幻”还有一个问题，很多科幻迷对科幻是小众文学这一点沾沾自喜。但是科幻真要发展，一定要成为大众文学。科幻迷之间是有共同语言的，《三体》里头的某个俗语和场景，我俩讲得好高兴，另外的人就一头雾水。

科幻邮差：进不来这个世界？

王晓达：进不来。而像《007》系列，电影里的汽车和各种发明，好多都是科幻元素，但大众都能接受。《盗梦空间》，以及另一个讲梦境的电影，梦境里要去暗杀美国总统，就这么展开了一个故事。至于怎么进入梦境，电影也有一个说服你的道理。这一种类型，也比较大众化。另外像《阿凡达》，科幻故事不见得是一流的，力气都花在了技术和摄影上。

以前搞科幻电影讲究“编、导、演”，电影的“决定三要素”是编剧、导演、演员。但是到20世纪90年代以后，变成了“编、导、演、视”，为什么“视”要加进去呢？现在电影都要求“视觉效果”了。现代的摄影技术，已经不是原来的技术了，它可以把故事、人物用全新的方式包装拼接，甚至加个人物进来也很轻松，这就是科学技术的进步。

中国拍科幻电影，这几项要求缺一不可。编剧要下功夫，导演要下功夫，而技术现在好像发展得比较快。

《科幻世界》的生存之道

科幻邮差：王老师，我们回过头来说说《科学文艺》吧。在八三、八四年“清除精神污染”的运动中，除了出版社不能按照正常的步骤出版科幻小说之外，受到冲击比较大的，应该是之前发表科幻小说的期刊和报纸，是不是？

王晓达：对，科幻的阵地、科普的阵地大大缩减。

科幻邮差：在这样一场寒冬降临之后，基本上就只剩下《科学文艺》一根独苗了。那么您觉得，《科学文艺》是凭什么独自生存下来的呢？

王晓达：主要原因是它在四川。首先四川人多，作为读者的大众学生也多。比较来讲，虽然河南人也多，但是河南没有四川这样的一支队伍，这支队伍包括采编队伍和作者队伍，四川本土的队伍，加上原来团结的作者，有一种凝聚力在发挥作用。姚海军也在山西的《科幻大王》待过，是不是？一本期刊最后是谁养活你？读者养活你。要有人订阅！你不是在搞宣传刊物，有财政拨款支持。期刊需要有人订阅。采编和作者队伍稳定了，就基本能够满足读者，虽然会有一点起落，但基本的生存条件还是有的。

相比之下，上海的队伍就比较散。上海没有专门的科幻杂志，作者写了科幻作品，就只能投到其他地方。所以说，维持一本科幻刊物，只有四川具备这个条件。杨潇她们带了这么一个队伍，也真是不容易，要稳定住自己的采编队伍，还要团结作者。虽然《科幻世界》在全国发行，但大家都知道它在成都，而且早年的各种科幻活动，也是在我们四川举办。

科幻邮差：基础比较好，基础比较牢。

王晓达：对。

科幻邮差：到了90年代，科幻才真正开始走出低谷，进入了比较辉煌的发展时期。记得上次采访杨潇老师，她说，1991年的世界科幻年会在成都召开，是为科幻正名；1997年在北京举办国际科幻大会，是为科幻扬名。王老师有没有参加这两次活动？

王晓达：都参加了。

科幻邮差：怎么理解杨老师的这个说法？

王晓达：怎么说呢，开这两次会真是不容易。1991年的科幻年会，换了别人可能还真是难做。作为主办单位，开国际会议要经过批准，省委省政府批准，你要怎么申报？杨潇都没经验，其实要去外事处，请他们指导。那么叫他们来指导，别的人做不到，是不是？

王晓达先生（二排左一）出席一九九七北京国际科幻大会。前排从左至右分别是：日本中国科幻研究会会长岩上治，美国科幻作家大卫·赫尔。

科幻邮差：嗯，没有这样的资源。

王晓达：没有这样的资源，另外人家的态度也不能保证……但是，后来四川省政府也感觉到了，这么吸引世界跟全国眼球的事，四川还真不容易找到。最后你愿意我也愿意，很多事务最后还都要省政府、省外事部门的同志出来协助。

这次的世界科幻年会，四川是作为一个活动来办，而《科幻世界》则有机会表明科幻不是“精神污染”，而是一种积极的能量，是真正的精神文明建设，是社会发展的一个需要……

科幻邮差：这就是给科幻正名呀！

王晓达：科幻的功能是正当的，不是歪门邪道。有了这次的经验，后来在北京举办的那次，又把宇航员也请来了，在更高的一个层次上，为科幻立名。但也就只是立个名，真要改变地位，还要靠科幻自己的影响力。当年的文学界，那么不待见我们，现在呢，刘慈欣用实际行动回答了这个问题。他并没有要去争取，但现在人家觉得你有光，就要来沾你的光了。

当然，我们也要审视自己的科幻小说，从文学性上来讲，是不是达到一定的水准了？童恩正、叶永烈、肖建亨都在《人民文学》上发表作品，因为《人民文学》是不愿意降低标准的。不管你是什么小说，不达到一定的文学水平不会接纳你。

我的小说就没有被接纳。当时《人民文学》也跟我约过稿子，叫我修改的时候，是我自己不想改了，这涉及我的一个坚持。实际上那时候，文学界已经比较开明了，包括作协鲍昌书记都给科幻正过名。

那个讲话稿我不知道找不找得到，当时就是在四川讲的，引起了轩然大波，毕竟是作协书记处书记讲的话。可是底下就有一些人莫名其妙，搞科幻好像挖了他祖坟一样。

第一次见郑文光，诚惶诚恐

科幻邮差：在过去的几十年科幻长路中，王老师与很多的科幻作家都成了挚交。请您跟我们分享一些有趣的故事吧。

王晓达：先说郑文光吧。他是广东人，他第一次到成都旅馆参加科幻大会，已经知道我在《四川文学》上发表了处女作《波》。他就问别人我有没有来，想找我谈谈。真正谈的时候，我当时的感觉——这位是老前辈，我是新学生……

科幻邮差：诚惶诚恐的?

王晓达：对。但是真正见到他，真的是一点儿架子都没有，还说："你的稿子都可以给我看看，到北京记得来我家里。"非常可敬。他爱人姓陈，上海人。我到北京去的时候，虽然在北京有亲戚，但我们一谈就谈到了夜里九、十点钟，我就不回去了，把行军床一搭，就在他家的客厅里面睡。当时点评到《珊瑚岛上的死光》和《小灵通漫游未来》，他称童恩正和叶永烈

一九八〇年，王晓达（右）和叶永烈（中）一起看望中国科普创作家协会名誉会长高士其（左）。

是“成熟的作家”，而我是才开始写。

他对我说：“你这才第一篇，第二篇都还没有，但方向势头是对的。”后来在《开卷》杂志上，《开卷》是香港的一个文学杂志，它的办刊方向比较开放，刊登现代艺术、现代文学，也推科幻小说，专门发表了郑文光的科幻小说。

当时，《开卷》的编辑杜渐两次采访郑文光，文章还转载到其他杂志上。郑文光就在采访中介绍了我，还有宋宜昌。他说这两个人势头很好。宋宜昌后来到香港去住了，他写了十几篇，发了七八篇。宋宜昌知道吧？他是宋平的儿子。我的第二篇作品《冰下的梦》，由海洋出版社出版，就是郑文光推荐的。

另外，郑文光原来是科学文艺委员会的主任。他觉得自己年纪大了，就叫童恩正接任主任，还跟我们讲，要帮童恩正撑起。所以，我就去当秘书长，肖建亨担任副主任。其实那个时候，他就有预感，对我们说：“北京太难弄了，你们到四川去，你们到四川可以开辟一块新天地。”他就放手叫我们去搞。郑文光的确是科幻界令人敬佩的老前辈。

科幻邮差：他是很多科幻前辈的良师益友。

王晓达：另外他非常关心年轻人，他对吴岩就很喜欢。后来郑文光病了，再发表作品，都是由他口述，吴岩帮他记下来。他在中风之后很久都不能写字，第一次能写字，就是给我回信。所以他非常关心年轻人。

他生那个病，就是在八三、八四年搞“清污”运动的时候，当时点了他的名，给气出来的。当时他作为科幻小说作家，在文学界本来也是很有地位的。我记得当时自己加入中国作协，就是由郑文光介绍的。

当时《冰下的梦》拿给他以后，他说：“好，行，你等几天，我要告诉你一个消息。”是他给我填的入会申请表，我都不在北京。那时候他对年轻人的扶持，完全不沾一点儿利益关系。

我们一见面就叽里呱啦说上海话

王晓达：我跟叶永烈呢，他是温州人，一直在上海，所以后来见面，说我们也算老乡了；还有肖建亨，肖建亨本身就是苏州人。我们三个人一见面就叽里呱啦说上海话，别人就抗议：“你们几个，讲中国话！”（开玩笑啦！）

叶永烈跟我年龄差不多，肖建亨年龄要大一些。叶永烈有时候来成都，我就去接他。那时候也没有那么多讲究，我推个自行车就去了，把行李放上。1991年开世界科幻年会，我就在汽车站等他，用自行车推着他的行李到省科协去报到。四川这边，他就是跟我交往比较多。我到上海，也是去找他，到他家里吃饭，他妈妈做得一手好温州菜。

我们差不多的年纪，比较好说话。那次去上海，他家里的洗衣机坏了，他说你不是工科生吗？给我看看。后来给他修一阵也没修好。现在不同了，各种签书会，一会儿重庆，一会儿别的城市，有时候在成都就待半天，只能通个电话，有时候我们就在宾馆见一下面，或在宾馆吃个饭。有时候出去吃，点个麻婆豆腐，都觉得很自在。

我们也彼此信任。有些事情，比如上次，他发现了童恩正的一篇遗留稿件，就跟刘兴诗和我说了这件事，我赶紧同姚海军那边联系。稿子问题处理好，他就放心了。

另外，还有件趣事。前年我的邮箱突然收到他发来的一封信："晓达，我有一事相求，你方不方便？你回了我信我再告诉你什么事。"

我说搞什么鬼哟！搞错了吧？但我还是回了信，因为信落了他的名字。他又回复说："不好意思，我有些急用，问你借两万块钱，要寄到上海的一个账号。"

我想，这就奇怪了，他问我借两万？我问他借二十万还差不多……一个电话打过去，他说也正想打给我："哎呀，晓达我正要跟你打电话，你要借两万什么事？"我说："是你要借两万，不是我要借两万。"

他咚一下把邮件发给我，是我写给他的："永烈，我有事情相求，请你快……"原来是骗子。

科幻邮差：是邮箱被盗了？

王晓达：就是。知道了是骗子后，我们就都把密码改了。虽然我们之间往来比较多，但提及某些事情，包括这次科幻口述史，我跟他讲了以后，他就说："哎呀，我离开科幻已经很远了。"我就知道，他心里还有障碍。

但是实际上，他的科幻情结，从《小灵通漫游未来》到"科学福尔摩斯"系列，心中肯定还是无法割舍。他年龄比我小一岁，1940年出生的，现在也七十六、七十七了，我就说他是"非凡的温州人"。这两年出了近四百万字的书，而且两只眼睛的视网膜都曾经脱落。虽然现在还看得见，但他要完成的书稿怎么办呢？他有位好夫人。

科幻邮差：夫人怎么帮他呢？

王晓达：他口述，夫人用电脑弄。

科幻邮差：现在都是这样吗？

王晓达：不，现在他眼睛好了。但他眼睛包扎起来的时候，都没有停止写作，所以我说："你效率高，可也太辛苦了。"但是，他现在就很超脱，他说："我现在就做我想做的事情。"

结果第二天，他在手术台上就没回来

科幻邮差：您跟童恩正老师呢？

王晓达：童恩正老师很有意思。最早在成都开的那次成都旅馆会议，他连会都没开完就走了，他那时也是大忙人。后来他在《人民文学》得了奖，在哈尔滨开的“科学文艺年会”上，郑文光老师推荐他担任中国科普作协科学文艺委员会主任。他当时说：“我一个人咋弄？”郑文光就说：“还有王孝达嘛。”童恩正接着说：“王孝达你不能赖呀！”意思就是：“我做了，但有事情还得你做啊！”

科幻邮差：要您一起搭班子吗？

王晓达：对。因为他在学校要负责的课题比较多，那么我也就答应了。所以后来，他一方面是科学文艺委员会的主任；另一方面，叶永烈原来编的《科幻小说创作参考资料》，后来改成《科学文艺信息》，移交到了我们这边。

但是在这之前，叶永烈是作为全国科普优秀工作者担任作协科学文艺委员会的副主任，那个时候郑文光是主任，他是副主任。他起初编《科学文艺信息》，上海有出版社在制作印刷上会出钱赞助出版。但是到我们这边后，就没有经费了。我就去找人帮忙打字，然后我们再自己印，坚持了两三期。

科幻邮差：这一直是内部资料吗？叶永烈老师一共出了几期？

王晓达：对，中国科普作协的内部资料。叶永烈出了五六期。

科幻邮差：然后就移交到你们这边？

王晓达：对，后来被批判就停了。童恩正实际上是以学者身份为主的，他研究考古，也是川大的著名教授。三星堆考古他都参与过，那时候他还是年轻学生。实际上，科幻小说是他一个业余的文学爱好。他不写纯文学，跟他家里有关系。他家族接触新的科学技术比较早，所以他二十世纪五六十年代的作品中就有激光，laser。但他那篇小说不是1978年写的，是60年代就写了的。

科幻邮差：哦，是说《珊瑚岛上的死光》？

王晓达：对，就是“激光”才出现的那个时候。那时“激光”功率没多大，但它的特性——单色性好、方向性好都体现出来了。所以，他就幻想把“激光”功率放大，大功率的“激光”可以打飞机，可以切开船。但是要产生“激光”，需要高能电池，基于这两个点子，他就构思了一个故事。

这篇小说在60年代已经成稿，本来好像是要刊登在一个少儿刊物上。后来到70年代“四人帮”倒台以后，《光明日报》发表了《香水月季》，是一篇文学散文，引起了全国围观。那时候是没有文学作品的，诗歌都是歌颂“大跃进”和“文化革命好”这种……真真实实有文学性的作品，这是第一篇！

科幻邮差：《香水月季》？

王晓达：对，《香水月季》。在这种情况下，各种文学刊物都开始复苏了。童恩正从事的考古科学虽然属于社会科学，但是用到的技术跟思维，基本上还是自然科学的，他也是最早使用计算机的一批人。而且他也意识到，自己更擅长的可能不是纯文学，而是科幻小说，于是就把《珊瑚岛上的死光》投稿到了《人民文学》。发表了以后，就好比“春雷一声”！当时还没有人批判科幻小说，那是后来的事。

他的这部作品影响之大，上海电影制片厂立刻就要拍电影。拍完了电影，我跟他一起，在他家里——我们商量事情一般都是我到他家里——他问我：“孝达，你看了《珊瑚岛上的死光》没有？”我说：“看了，蛮好嘛。”他只跟我说了四个字：“惨不忍睹！”

什么原因？他说那些演员，乔奇他们，也是好演员；导演也算是名导，但是，跟他在美国看的科幻片差远啦！场景就像机关布景，里边的人物都模式化，科学家呆头呆脑、神经质，等等。

科幻小说创作参考资料

第1期

中国科普创作协会科学文艺委员会编　1981年6月30日

① 1986年，王晓达（右）与童恩正（中）、叶永烈（左）合影。

② 从1981年6月到1982年3月，叶永烈一共编了五期《科幻小说创作参考资料》，但目前存世的只有四期。

不过我反对他说，这是“破冰”！中国还没有过科幻电影，现在有人愿意拍，你说不好，是你高要求，这电影票还不好买呢。但是他就很坚定地认为，科幻小说是一种特殊的文学，也可以列入流行文学的范畴，它可以起科普功能，但他不是为了科普而写作。这样一来，他的观点就很明确了。

所以科协里有人就讲：“哟，找了一个文学家来！那你到文学界去写嘛，你到科学界干吗？”可是假设没有文学家愿意在科学界写作，对你有什么好处呢？

科幻邮差：文学家关注科学是件好事情呀。

王晓达：不管怎么样，我们四川有个人在《人民文学》上发文章了。所以省科普作协要他当副理事长，市科普作协要他当理事长。后来他去美国访问，我就去兼任了市科普作协的理事长。

他每次去美国，都把家里钥匙给我，嘱咐我：“搬家时候来一趟，不是要叫你帮我搬家，是我的那些书，你要给我关注着。”连着三次。每次都说要给他换房子，到他从美国访问回来也没有。

科幻邮差：连着三次都这样？

王晓达：都是这样。他申请的项目资金都是国外资助的，可每次回到北京，访问学者派出机构都先问他“还剩多少外币”，把他气得：“我出去做访问学者回来，不先问做了哪些项目、有了哪些构思，而是想赶紧把我的外币收了。”学校一直说要分套房子给他，因为他之前那套房子只有一间主卧、一间书房，还有儿童房一间，号称三室一厅，可客厅放了张饭桌，屁股就顶到墙了。

后来分了大一点儿的房子给他，但是呢，他们有一个系把那间房作为书库，硬是不腾出来。就这样拖了两三年，他很生气，“此地不留我，自有留我处”。然后厦门大学给他下了聘书，这下川大就着急了，他是学科带头人哪！出成果，出论文，历史系就看他了！已经定了的学科带头人，就差一个住房问题，本来很好解决的，就这么拖拖拉拉……

后来有人反映到省教委。省教委有的同志打听了知道我俩还比较熟，就问我：“他是不是要走啊……”我说：“是。”在这以前，其实童恩正曾经问我：“孝达，你的入党申请书是怎么写的？”当时，他都想入党了。可那个住房问题，五年了，说要解决，到现在还没解决。

他是大概五十岁评的正教授，当时也有人在背后搞小动作，但是他拿硬成绩就评上了。可评上之后居然是这样，他就认为学校是有意这么做。后来出国访问了几次，教育部门也还是这样。厦门大学下聘书那次，他是没去。又有马来西亚还是哪里的大学邀请他，他就说要守规矩，自己可以先回国，再申请出来讲课，因为访问期限就快超期了，所以得先回去。他人都已经回国了，又有人说三道四，都传到他爱人耳朵里，所以最后他说：“我现在接受美国的邀请了。”

科幻邮差：说了他什么？

王晓达：就说他不想回国了！实际上，他只是想在那儿多讲几天学，而且为了遵守规矩也按时回来了，可还是有闲话，他就不高兴了。即使后来去了美国，他总还是想要回国。

他在加州读博士的孩子毕业，落实了工作，那一年他就回国了，还约了我们几个人一起吃饭。他叫弟弟在成都安排了一间房子，因为他离开川大，所以房子就没有了。

那次，他春节回来是打算安排一下，下半年就回来，钊新的房子来。他说，以后他在美国讲学，活动半年，剩下半年还是回来，和我们这些兄弟朋友相处着舒服。结果那次一去……

实际上他就是想在下半年回国以前，在美国把肝上的毛病看一看——他喜欢喝点儿小酒，正准备回国继续喝呢，就觉得肝不舒服。去检查，医院跟他说是肝炎，是不是要移植？肝脏移植本来是一项很成熟的手术，大家一点儿都没有想到危险性。

医生第二天动手术，头一天就嘱咐他爱人："你下午来接他到病房去，休息得好，就可以回家疗养……"结果第二天……在手术台上就没回来。

科幻邮差：啊，就这么倒在了手术台上……

王晓达：对。他之前回来，我们还见了面，吃了饭，去看了房子。童恩正是科学文艺委员会主任、省科普作协副主席、市科普作协主任，我等于是他的秘书，工作的执行者，好多事情要等我们商量了以后，我再去起草，去通联。

科幻邮差：就是说，在很多年里，您跟童恩正老师一直相处得非常好？

王晓达：对，很多年。甚至他小孩去上大学，手风琴不好背，都是我背着去送他……我们家庭之间也很熟。在川大他第一个用计算机，第一个买汽车。他先是买了个摩托，跑起来吓人得很，之后买了"菲亚特"，川大第一辆私家小车——他等着单位下班了，七点多钟开车载我去金牛区看金牛，之后又开回来，还问我："体会怎么样？"我说，你这个车开的时候震动太大了，停在那儿还嗒嗒嗒嗒……但这辆车子在川大，在整个四川教育界都是……

科幻邮差：很大的一个新闻？

王晓达：对，可以这样说。他也是首先用计算机来分析甲骨文的。之后我们觉得他要回来，能多住一些时间，不想……就成了永别。

科幻邮差：唉，确实太遗憾了。

肖建亨是我的苏州老乡

王晓达：肖建亨呢，年龄比我们要大些，他跟郑文光差不多年纪，我的苏州老乡。他到成都来参加省科协召开的成都旅馆会议，认了我这个小老乡，后来还翻看了我的两篇作品。

他从金陵大学毕业以后，不愿服从统一分配，就返回家乡苏州当工人。发表作品的时候，还在无线电厂当装配工，发了作品以后，逐步有所改变。

他写科幻是从文学口入门的，所以要看你是不是真有才能，否则，他可以说"我还不想跟你们这些人打交道呢"。这不，来了成都以后，他就对《科学文艺》很重视，对科幻小说也更加认真，开始把科幻当成自己的一项事业。这是他人生的一个转折点。他说：“我是学理工的，写文学小说又是另外一个路子，但是我写科幻小说，把我的长处和能力都结合起来了。”所以，他后来逐步从一个工人变成一个作家，再成为作协的专业人员。

他的经历比较散，但是对科幻的态度一直很坚定，你看我们一起写联名信，他署名时毫不犹豫。

科幻邮差：他是从什么时候开始淡出科幻界视野的？

王晓达：还是“清污”以后。

科幻邮差：在这个事件当中他也受到了很重的打击？

王晓达：相比来讲不算很重。他在苏州搞科学文艺培训班、创作培训班，实际上是往“文”的方向走了。在苏州这么一个地方，文学氛围是比较浓的。

科幻邮差：转向科幻写作的培训？

王晓达：嗯，写作培训班这个类型的。

这个人很有特点

科幻邮差：那么刘兴诗老师呢？

王晓达：刘兴诗老师是我在成都的前辈。我第一次见到他是开一个会，那个时候他也年轻，我当时四十岁，他四十多岁。我们在科协开会，一个人发言说：“鄂华是我的同学。”鄂华是当时一位著名的作家。你说起自己的作品，却提到同学是作家，我觉得……有点别扭。后来，我发现这个人很有特点。

科幻邮差：就是刘兴诗老师？

王晓达：嗯，就是。我当时半天都回不过神来，因为鄂华那时候比较有名。

刘兴诗的科普科幻作品一直不断。从作品上说，儿童文学是他的特长。

他创作科幻小说还有一个理念：科幻是科研的继续。所以他的科幻小说下面还有几条参考文献。人家就说，这个东西怎么写的，科幻小说还有参考文献？他就说自己是“重科学派”。然后我说，这个派中国也没有第二人了。但是，也不能说科幻小说没有这个品种。

他写作是很勤快的，一直不断。对科普、科幻、《科学文艺》都是有贡献的。原来我都当他是老师、前辈，他从地质学院到成都来，打个电话，我就去接他；还到荷花池去买垃圾袋、买米，我都用自行车帮他搭好，送到车站。可是后来呢……很多事情我也体谅他，包括那时候董仁威我们几个一起开会，他没来，打电话也没人接。那时候董仁威有车，我们就开车到地质学院去接他……

董仁威做事情很拼命

科幻邮差：您跟董仁威老师打交道也比较早吧，看你们很早就有合影了。

王晓达：对，70年代开了成都的会以后就认识了。后来童恩正退了，我当成都市科普作家协会理事长，他是秘书长。后来，省科普作协主席退了下来，童恩正也走了，选了我们两个，省科普作协的理事长由他担任，我当副理事长；成都市的理事长由我担任，他当副理事长。活动经常是一起搞的。

科幻邮差：挂两个牌子。

王晓达：对。所以那时候好多事情是到他家里去商量的，他搬家搬了三四次，我都知道。他家的猫丢了，还是我去再找了一只给他。我们都很熟。他那个时候在味精厂，我们买味精要比人家便宜一点儿，我都一箱一箱地买。所以说，一直都很熟，跟他的爱人、小孩也都熟。

说到科幻，实际上董仁威是以科普见长，能力见长。活动能力，没人能比，风格比较粗放。我们合作比较好的时候，他管外头，我理内务；他放炮，我收拾。后来到了一个转折点，是他从厂里退下来了。他在厂里原来既是副厂长，又是儿童营养中心主任，退下来后心态有点儿失落，我就感觉到了。那时候他就一个人开着儿童营养中心的原装依维柯车，拉着我到街上去转。

为什么说他活动能力极强呢？当时，意大利有一个针对中国的援助项目，全国都要去争取，他知道之后，也去参加竞标。当时竞标方很多是医药行业的，用高精尖的项目去立项。但他的市场嗅觉很敏锐。他分析意大利是先进国家，但不会拿先进技术来援助，特别是这些高精尖的项目。又要项目好，又要名气好，他想了半天，选了儿童营养。

四川是大省，儿童最多，用这个项目去竞标，果然入围了。但是几百万的项目，除了你还有其他几家。他们到北京后，几天几夜地搜集信息、赶方案，要把同时入围的其他三家比下去。项目是弄下来了，可他回来差点倒下。回来开会汇报的时候，就在会场晕倒了，幸亏医务室就在隔壁，马上抢救。两三次。

科幻邮差：董老师做事情很拼命。

王晓达：嗯。他在厂里是副厂长、儿童营养中心主任，而且写东西也是他。每天晚上他先睡觉，睡醒了开始写，有时候五六点钟吃了饭就睡，睡到十一二点钟醒了，起来写，写到天亮。他写的大多跟技术推广有关，跟他的厂、跟他从事的项目有关。后来他搞了个杂志《儿童营养保健》，我搞了个《国防风云》，都搞了一期。嘿嘿。

科幻邮差：只做了一期？

王晓达：对。当时市场上既然有《科学文艺》，又有其他的科普杂志，我们想再多搞一些。后来发现是自作多情，搞不下去。

那个时期我俩的合作非常多。当时还有这么个背景，成都市落实知识分子政策，有五十到六十万的知识分子要评“有突出贡献的拔尖人才”，要求是要得到省以上的国家级奖。这就是比较硬的指标。后来，第一期六十万知识分子评了五十八个人，科协系统就我跟董仁威两个。

1992年1月，王晓达主编的杂志《国防风云》创刊号。

我们两个主要是在全国的科普征文比赛中得过奖。我还有一个全国科学大会的奖，就我搞工程机械那个奖。当时，晚报的“科学与生活”这个科普阵地，经常刊登一些有奖征文的消息，比如全国环保征文、全国绿化征文、全国新技术征文等等。

我们两个，经常通过晚报参加全国的征文比赛，然后得奖。所以当时晚报的总编辑凯兵经常给我们发奖，而且是全国奖，跟我们就很熟了。我们两个被称为“获奖专业户”，就这样评上了两届“成都市突出贡献拔尖人才”。

现在省、市科普作协的老朋友，渐渐少了，当然也跟他搬到温江去住有关。他愿意经常请人去做客，但到底不太方便。所以有的时候，科幻、科普界的老朋友们就到我这儿来聊聊天、诉诉苦（笑）。我想现在大家年纪都七十多，要八十了，有的事情也包容一点。有的事情，比如，不是我的事情栽到我头上，叫我背黑锅，当然我是有点儿生气的，但是我没必要解释。后来他还是在大会上给我道了歉。

科幻邮差：有这回事？

王晓达：对，我想到底还是几十年的老朋友。

科幻邮差：那也是，至少冰释前嫌了。

王晓达：当时那个事情，我根本就不在成都，但是有人在他边上说了一些话，后来就造成

1982.2.21　杜甫草堂 蔺花园 第一次活动

出席：邓永康、童恩正、曹建、范广荣、张昌余、谭楷、流沙河、周孟璞、段星祖、陈林、张大放、贾万超、董仁威（偕夫人）、徐建华、杨潇、王晓达。（刘兴诗、章郁毅、莫树清请假）

为组织成都市SF研究会，周孟璞、陈林、童恩正、刘兴诗、王晓达已在重庆、成都多次开会议论，讨论了组会宗旨及成员、组织等问题。今日会上先由王晓达作成员介绍，陈林宣读筹组经过，童恩正讲述组会宗旨，强调文人相助，团结友谊，共同探讨SF创作和评论，为繁荣SF创作而努力。会上推选周孟璞、童恩正为理事会召集人，流沙河、刘兴诗、贾万超、陈林、王晓达为理事，陈林、王晓达兼任秘书。

会上周、流、张、谭、范等都发言表示拥护并互相谅解。会后在草堂旁“浣花村”共进午餐，两桌四瓶酒尽欢而散。

大家议定以后每月聚会一次，确定一些专题。下次聚会在市科普作协理事会批准后举行，作为市SF研究会正式成立大会，地点准备定在“王建墓”，到时要通知全国及省市各团有关组织。

成都市SF研究会成员名单

姓名	单位职务	备注	序号
童恩正	四川大学历史系付教授	付会长	1
周孟璞	成都市科协主任	会长	2
陈林	成都市科协科普部部长	理事 秘书	3
刘兴诗	成都地质学院地理系讲师	理事	4
王晓达	成都大学机械系讲师	理事 秘书	5
流沙河	四川省文联“星星”诗刊，作家诗人		6
范广荣	成都市科协、成都科技报主编，工程师		7
张昌余	四川师范学院中文系讲师		8
张大放	成都大学中文系讲师		9
贾万超	四川省科普作协《科学文艺》编辑	理事	10
谭楷	《科学文艺》编辑		11
杨潇	《科学文艺》编辑		12
莫树清	〃		13
段星祖	〃		14
吴显祥	〃		15
董仁威	成都市制药四厂工程师		16
徐建华	成都市科协科普作协		17
曹建	四川大学物理系教学秘书		18
章郁毅	四川省第一安装公司机动站工会干事		19
△邓永康	成都杜甫草堂蔺花园		20
刘佳寿	科学院		21
张镜生	四川少儿出版社	理事	22

王晓达忠实记录了1982年成都市科幻小说研究会成立前后的详细情况。

了一些后果。我也不太在乎这些事情。现在有的时候通通微信，转转信息，大家问候一下。我的腰又不好，没办法像以前那样来往了。

以前骑个自行车就来回跑，童恩正还给过我一辆摩托车。哦，对了，关于童恩正有个事情没说。他搞考古，是博物馆馆长，历史系教授。1988、1989年，全国搞市场经济下海，我们就商量是不是一起搞点儿什么。他想和他的几个朋友在学校里搞培训，一方面叫我帮他做培训班，另一方面又叫我利用专业开个公司，搞精密铸造，搞铜器、仿古铜器。

科幻邮差：嗬，挺好啊。

王晓达：真就做出了几件铜佛，董仁威那儿有，童恩正那儿也放了，就我自己没留。最后，投入的经费还是不够。

科幻邮差：没有办法持续生产？

王晓达：唉，童恩正就说"晓达你辛苦了"。我当时骑个自行车，他就给我派个摩托车，结果我不敢骑。（笑）当时有很多想法，我们也想做成产品线。

童恩正说，只要你做得出来，我博物馆里的那些佛像、铜像你就去仿制。只要说明是仿制的，就不是假造；你不说，这就是赝品。说好是仿古作品，是卖得掉的，菩萨像你花两百块钱做出来，两千块钱都卖得掉。

结果后来，我在学校实践，还找了校长，来回折腾花了他们三四千块钱。那时候三四千块钱……

科幻邮差：是很大的一笔钱了吧？

王晓达：是我一年的工资了。

科幻邮差：听王老师回忆过去的事情，真是感觉恍如隔世。

王晓达：真是。那个时候，大家之间没有利害关系。搞这些名堂，也不是说我要发财挣钱，就是想要把科幻小说研究会、把科学文艺搞上去。当时，大家还组织了个科幻小说研究会，徐久隆当秘书，我们作为会员，稿费的百分之十拿给科幻小说研究会做经费，出了书再拿本样书给研究会。徐久隆那里还有我当时的几百块钱。后来就没有活动了。我只是可惜了那些书，不知道被他女儿弄到哪里去了。

科幻理念

科学技术变化无穷，科学技术威力无穷

科幻邮差：关于小说创作，刚才王老师已经或多或少涉及了一部分。关于创作理念，其实从您创作第一篇《波》开始，从您的系列小说和“海陆空三部曲”开始，您就在践行自己的科学理念。

王晓达：高中时，图书馆老师介绍我看科幻小说，首先我是被故事吸引了，然后就感觉到它讲的是科学幻想，但又像是真的一样，威力如此之大。而且通过描写，科学的发展变化如此之奇妙，感到非常有意思。

而我家里头都是理工科出身，逻辑思维比较强，教育理念都是讲道理。我父亲、祖父从来都是讲道理，不会正面训人。他们做事正派，我印象最深的祖父，曾留学德国和瑞典，又是上钢的总工程师，已经入了名人录。他有一个理念，人要靠自己的本事，不要靠裙带关系，国民党的风气就是这样搞坏的。所以，我们的家风就是要讲道理，要靠自己奋斗。这也影响了我的人生。受到挫折，自己想做的事情做不到了，但还是会靠自己的努力，把它做出来。后来就养成了一种习惯，一种精神。

科幻邮差：这是一种非常令人敬仰的境界。王老师，在科幻界，尤其是比较老派的作家中，喜欢把科幻小说分成“重科学流派”和“重文学流派”，您怎么看待这个问题？

王晓达：我对科幻小说的理解，就是科学技术变化无穷，科学技术威力无穷。一个是发展变化，一个是威力，然后这两方面再发挥作用，影响人跟社会。科学对人和社会的影响，这就是我写科幻要表达的。但是对少年儿童，就比较简化，只有好人、坏人，重点都放在了科学技术的发展变化跟威力上，这就是所谓的“硬派”“重科学流派”。另外一种是面向成年人的科幻，作者就要考虑科学技术对人跟社会的影响了。

我国科幻小说在发展初期，主要是在少儿科普杂志报纸上发表，对象是青少年偏少儿，《小灵通漫游未来》就是典型的“硬派”科幻，以科技发展变化的幻想来展开故事，描绘的未来社会也是科技发达的社会。对于人物的刻画塑造，也是“科研”型的，关于人物的思想感情、爱恨情仇描绘较简浅，好坏善恶分明。作品是被少儿这样的读者所决定，而科技发展变化的幻想恰好能给读者深刻印象和深远影响，其“社会意义”并不浅薄。

有很多人因少年时期读了凡尔纳的“硬派科幻”而立志于造潜艇、献身宇航而成“专家”“大家”；或者读了《小灵通漫游未来》而献身科技创新……也可以说，“硬派科幻”或“重科学派科幻”，是通过奇思妙想的“科幻”来激励读者关注科技、爱科技，相信科学技术变化无穷、威力无穷，可以改造天地改变社会，相对“软科幻”或“重社会派科幻”，似乎与通常说的“科普”更贴近。所以，科协与“科学界”对这类科幻较多地持支持态度。其“文学性”，应以“少儿文学”来衡量。

而“软科幻”或“重文学派科幻”通常以科学技术发展变化的幻想为前提，重在关注“科幻”对人和社会的影响作用。人性和人的关系变化发展形成新奇怪异的故事，引起了更多的思考和启发。与“硬科幻”不同，“软科幻”往往不注重其“科学逻辑”，而着意于在此前提下的人和社会的发展变化，注重人物形象的塑造和故事的社会意义。这也是这类作品讲究“文学性”“社会性”的特点。

对于高中生、大学生和成人来讲，这类作品更受欢迎。其“文学性”也就以“类型小说”的标准，如历史小说、武侠小说、推理小说等来衡量。

在科幻小说发展初期，为了便于评论分析，所以有“硬派”“软派”或“重科学派”“重文学派”之说，其实科幻小说发展至今，特别在科幻“发达”国家、地区，已很难拿这么个“标准”去划分不断出现的新作品。

成功的科幻小说，或者说受读者欢迎、受社会认可的科幻小说，首先必须是“好看、新奇”的小说，更多人不去计较它的“软、硬”，具体的作品也不是简单的“硬到底”或“软到底”，而是“硬中有软、软中有硬”；既注意科幻的科学逻辑，让人信服，又注重科幻对人和社会的影响作用，在科学和文学上都让读者有美的欣赏和积极思考。

假如你把这个设定抽掉，故事就瓦解了

另外科学幻想有一个悖论，就是这篇科学幻想好不好，标配是构想能不能实现。凡尔纳之所以非常伟大，因为他好多幻想现在都实现了。为什么说这是个悖论呢？实际上，凡尔纳的幻想，潜海是实现了，但是并没有按照他的记叙实现。按照他的记叙，这个潜艇沉下去就起不来了；按照他的幻想，登月是实现了，但大炮登月是实现不了的。但假如抽掉大炮登月这个设定，小说的故事就没有了。

我的处女作《波》里，假如没有“波”的种种变化，这个故事就没有了。而《冰下的梦》核心关键是RD中心，统治者要洗脑，要保留它认为最有用的思想，其他的都去掉。这篇科幻里因为主人公头部有钛合金，洗脑奈何不了他，后面的故事才得以展开。假如你把这个设定抽掉，故事就瓦解了。

我之所以坚持这样的理念，是因为现在有一些作品就有这个问题。包括我说为什么要担心像《九层妖塔》那样的作品，它里头的一些科幻元素完全可以替换，甚至说可有可无。声称是科幻，打个科幻名号，加点儿科幻元素，可真正起主要的作用，是妖。它跟科学有关系吗？

主流的科幻中，科学幻想在整个小说里是有机的组成部分，不是可有可无的。你把这个科学幻想抽掉，整个故事就散架了。所以我自己的作品，不管强一点的、弱一点的，都有这个考

虑。一旦把科学幻想拿掉，小说就不能成立。我认为这才是主流科幻小说。

所以，主流科幻就是“科幻”在小说中不可或缺、不可替代，抽除，则作品“散架”。这就是我的基本理念。

我有三重身份

科幻邮差：在过去的岁月里，王老师创作了不少科幻小说，但更多的是科普作品。

王晓达：因为科普作品更加短小。

科幻邮差：对，在您看来，科幻和科普是怎样保持创作平衡的？

王晓达：科幻小说是一个系统，大项目，作用和影响都要深远一些。科普呢，特别是科学小品，两千来字，就像游击队，轻骑兵。所以，有比较完整的时间，能完整思考的时候，我还是写科幻小说。比较零碎的时间我就写科普。我前面跟你说过，在没退休以前，我实际上有三重身份。

科幻邮差：哪三重？

王晓达：一重是教师，我要上金属工艺学的课、材料课和工程图学。这就已经够一个副教授、教授的工作量了。同时我还是学报的编辑部主任、常务副主编，一年四期，一期十五万字，虽然一年只有六十万字，但组稿、编辑、审稿，到最后交出去，有时候封面设计还得我自己来，还是比较劳累。

科幻邮差：全才呀。（笑）

王晓达：再一重身份就是科普、科幻作家。这是我自己喜欢的。有时候我跟董仁威聊天，他就说我们爱好这个就是“有病”，自己找的。譬如说最近几年，我还在写，我觉得阵地不能丢。现在在老科协那边，我找了几位老同志，在《四川科技报》开辟了一个专栏叫“科苑百花”，写一篇一千多字的文章，有时候才给八块钱。那没关系，能开辟个阵地也不容易。

不过也有收获，2015年的年底我写了一篇文章，一千字。关于大数据，现在的人们相信数据，数字时代嘛。但是，也有很多人经常被数据给骗了。这篇稿子被中国科协评为“优秀网络

一九九二年，王晓达与夫人。

科普作品”，给我发了奖品——一个品牌手机照相镜头。

现在年龄大了，我更多的是写这些短小的文章。至于科幻小说，无论是对成年人还是对少年儿童，都是需要的。我特别关注一些新的前沿科技，比如纳米技术、石墨烯，这里面特别有幻想的空间。譬如说石墨烯，可能最近三五年又要有突破了。轻便的石墨烯电池、氢燃料电池解决了之后，电动机、汽车行业都要更新换代了。

我的这个构思，倒有点儿像叶永烈的路子，《小灵通漫游未来》《小灵通再游未来》，这是面向少年儿童的。那么面向成人的刘慈欣的那种，这个类型的科幻很难再有突破了。我自己来说，还是要选择大众化的科幻，少儿的科幻。

我的骄傲与遗憾

科幻邮差：王老师，回顾过去这三十八年的科幻之路，您最骄傲的是什么？最遗憾的是什么？

王晓达：写出《波》，踏上科幻之路，这是最骄傲的一件事。

科幻邮差：改变了您的人生。

王晓达：对，因为事先想不到。你刚才看到我那时的手抄本了，只是打算自己抄写四本，根本没想到后来起了这么大的作用。反过来说，它也满足了当时的一个社会需要。当然也感谢《四川文学》，实际上它后来就没发表过多少科幻小说，倒是《人民文学》后来还发了几篇。而且这件事，应当说是我在人生的一个低潮迎来的转折。

1979年是我的人生转折，发生了三件大事。

科幻邮差：哪三件大事？

王晓达：第一件，《波》问世。第二件，我从工厂技校调到了成都大学。第三件，我的祖父平反，1979年进了上海革命烈士陵园。

我的祖父是在“文化大革命”中被诬为潜伏特务，进了专案组学习班，最后在医院病危时，造反派才通知“敌我矛盾按人民内部矛盾处理”，把垂危的祖父交给我们。1979年，改革开放也正式开展了。

科幻邮差：人生开始了真正的春天呀。

王晓达：本来1978年我得了科学大会的奖，不是挺好吗？结果来了这么一手，把我调去学校。唉，只能说东方不亮西方亮，那个整我害我的人，恐怕气得跳脚——把我推到坑里，我又冒出来了。（笑）

科幻邮差：其实这个不是骄傲了，是您人生的一个里程碑。

王晓达：是我的一个选择。我老说天时地利人和。所谓天时，你看上去好像有磨难，其实也是给你机会。就好像人家说的，上帝关了一扇门，也会打开一扇窗。本来我一心想当工程师，搞设计，结果才得科学大会奖，这扇门却给你关上了。不过，打开的那扇窗另有天地，也值了。

科幻邮差：那您有没有什么遗憾的事呢？

王晓达：我曾经一心想造船。看了《茹尔滨一家》，听了赫鲁晓夫的报告，下定决心要造船。后来到了工程机械厂，祖父就跟我开玩笑说，大船造不成了，你是要去造陆地行舟——装载机是陆地上的。

科幻邮差：我看到在王老师家的客厅墙上，都挂着“风帆号”的挂毯呢。

王晓达：就是。创作《冰下的梦》还有我的另外一个意愿，在小说里面造船。造不成船，是最遗憾的。后来想想，假设真去造船，我恐怕写不成科幻小说。

科幻邮差：您或许会有新的遗憾。

王晓达：那就不知道了，也不会知道我能写科幻小说。但也许会很骄傲，每艘万吨轮船都有我的贡献。说来说去，我知道是不可能重新再来的。

趣问趣答

1. 请王老师给科幻小说下个定义吧。

王晓达：科幻小说是文学，是一种特别的文学，特别之处就是科学幻想。科学幻想应当是小说的有机组成部分。假设抽掉了科学幻想，小说就不成立了，就不是一部成功的科幻小说。

2. 王老师依赖科技吗？生活当中对科技的依赖强吗？

王晓达：我觉得是强的。因为我自己就信奉“科技带来更高的效率，能更有效地改善、提高生活品质”这样的信条。现在有人说，科技是把双刃剑，我经常要纠正这句话：技术是把双刃剑，科学不是。所以我应当算是比较愿意接受新生事物的，从数码产品到滴滴打车，都乐于接触。

3. 三十年前，王老师在小说中设想的钛合金技术，现在已经是医疗的常规技术了。那请问一下王老师，对于当下的医疗前沿，您有没有新的期待？

王晓达：有。譬如钛合金制品的3D打印技术，它可以应用到航天领域，用到高精密的机械上。另外可以制作人工关节、头盖骨、颈椎骨。另一个是现代陶瓷，生物陶瓷也可以用来制作关节。但是跟钛合金相比，生物陶瓷对老年人来说要重一些。

4. 假如时光可以倒流，您最想回到什么时候？为什么？

王晓达：能倒回去的话，想回到大学的那五年。我上学太早了，上大学还不懂事，又参加合唱团，又是美工团长，还参加天津市美展，可是会这么多，也仅仅只是爱好而已。所以我就想，大学里是不是可以过得更实在一点？不过，现在我也还是比较满意的。

5. 张长弓这个角色在您的小说中出现最多，同时也是塑造比较成功的一个角色。如果这个系列要影视化，您对演员的形象有没有设想？

王晓达：这个角色是比较硬派的，就想到两个人，一个是陈坤，一个是侯勇。但是他们现在来拍科幻片，我觉得年龄有点偏大。不过我看到现在年轻的小鲜肉，又有点恼火——广告拍多了让人难受。

6. 如果有一本您的自传，传记开篇的第一句话您希望怎么写？

王晓达：假设要科幻一点，就这样写：一个苏州书香门第的后代，恐怕谁也想不到会去搞科普科幻。太公是进士、翰林，祖父是被收录在名人录上的，隔壁巷子住着的苏州大儒，也是王家的祖先。这些却都和他一生的经历有关。

7. 王老师写科幻这么多年，有什么经验可以跟年轻的作者分享？

王晓达：我的写作基础来自于，从小家里要求我写日记。我写科幻小说，有自己的科幻小说理念。像《阿西莫夫科学探案》这种小说就很符合我的科幻理念，它的科幻点是整个故事的有机组成，你拿掉了就不成立。

8. 王老师，在您的心目中，四川科幻在中国科幻的版图中占什么样的位置？

王晓达：四川有《科幻世界》，有一些科普的阵地发表科幻小说，是科幻生长发展的好地方。它培育了作者，也培育了读者，而且是积极的作者和一定基数的读者，是一种天时地利。

9. 请王老师谈谈对中国科幻的期待和祝福。

王晓达：现在是科学的春天，科幻的夏天。但是，我们应当意识到，现在是一个新的传播时代，新的科技时代。中国科幻现在也需要立体发展，从作者到改编、制作，都应当考虑时代的特征、科技的特征和中国的特征。

薪尽火传　不知其尽

周孟璞

科幻是
高科技时代的
专属文化语言。

ZHOU MENG PU

科幻邮差 今天我们邀请的嘉宾是周孟璞先生。周老是中国科普学的创始人之一，对中国科普界来说，是名副其实的“不老松”，为什么呢？因为周老今年已经九十四岁高龄了。今天，希望我们跟随周老的讲述，透过科普、科幻深切的渊源，再一次触摸和探讨中国科幻发展历史背后的人和事。

科普人生

我的父母都是爱国科学家

科幻邮差：因为马上就要进入冬季，天气寒冷，所以今天的访谈在周老家里进行。一走进周老家中，我们就看见了墙上高悬的照片，听周老说这是您的父亲，今天的访谈我们就从周老的家人聊起吧。周老，请您跟我们介绍一下您的父母和家庭好吗？在您年幼时，家庭对您产生了怎样的影响？

周孟璞：今天我非常高兴，很激动，因为八光分文化的同志们专程来访问我。我对科普、科幻一生热爱，今天有这个机会来谈一谈这方面的情况、看法，我很高兴。由于时间关系，我只能长话短说，不合适的地方还请同志们多加原谅。

我简单介绍一下我的家庭。我的父母都是爱国科学家，父母年轻时下定决心向科学进军，到法国勤工俭学，整整十年。父亲、母亲都在法国获得了博士学位，1930年冬天带领我们姐弟五个回到祖国。我是1923年5月24号在法国蒙彼利埃出生的，当时我的父母都在蒙彼利埃学习，在那里获得硕士学位，后来到巴黎获得了博士学位。我有一个姐姐和三个弟弟，我父亲周太玄是我国著名的生物学家、政论家、诗人，他的日记现在由国家图书馆收藏，并且影印出版了七卷。

我父亲早年就非常热爱国家，20世纪20年代（实为1919年）在北京和王光祈、李大钊一起创办了“少年中国学会”。当时，毛泽东、张闻天等还是少年中国学会的会员。那一年，我

1 | 2

① 1926年，周太玄（周孟璞先生的父亲）全家与周晓和（周太玄的兄长）在法国合影。
② 1935年，在痛失爱妻后，周太玄再度出国。出国前，周太玄一家与周晓和一家在望江楼合影。

父亲以记者的身份到了巴黎，正赶上第一次世界大战结束后的巴黎和会，于是我父亲在巴黎成立了“巴黎通讯社”，向国内报道了巴黎和会的情况，这在国内引起了很大的反响，甚至引发了五四运动。可以说，我父亲成立的巴黎通讯社对五四运动起到了一定的推动作用，所以我父亲在政治上一直是非常进步的。但父亲因为早年就非常喜欢科学，在巴黎他不愿意只做一名记者，他要学习科学，他要像牛顿、爱因斯坦那样成为科学家，他曾经想获得诺贝尔科学奖。于是他立志学了生物学，在法国生物学领域他是有影响力的。博士毕业以后，法国科学院挽留父亲在法国。父亲少年时就离开成都去上海学习，整整十多年没有回家，我的祖父去世早，家里还有祖母，父亲是个孝子，获得博士学位后他不愿意留在法国，要赶回祖国尽孝心。我觉得这一点对我们的影响非常大，可以说，我们现在一家，子孙都很孝顺。

我的母亲王耀群学习的是药学，拿到了药学博士学位。母亲回来之后在国立成都大学、四川大学做教授，但可惜在1935年（正月十二）因病去世了。我的父亲是一个慈父，非常爱我们，同时我们也是乖娃娃，兄弟姊妹很和气，也很听话，我们家庭一直留下了和睦的家风。我父亲著作很多，20世纪20年代他在法国写科普著作，是我国老一辈的科普作家，我走上科普道路也一定程度上受到了他的影响。他的科学水平很高，同时他对科普也非常热心，我记得成都的中学都请过他去做科普讲演。

有一次，他在四川省艺术专科学校做生物学科普讲演，我当时是高中二年级，也去听了这个讲演，并把它记录了下来。然后我组织了班上八位同学办壁报，包括我的二弟。当时学校有办壁报的风气，每个班都办，于是我们班也办了壁报，名字叫作《新潮》。

我们办的是科学壁报，这是我科普生涯的开始，当时十八岁。我记录了父亲的讲演，在科学壁报上发表。当时全校其他班级都是办文学性壁报，只有我们是科学壁报。我父亲的演讲里面就谈到在生物学里有一个现象叫“薪尽火传”，这个我记录下来后印象很深。所以在我搞科普的几十年里我曾经也讲，我要薪尽火传，我一生“烧尽”，但“科普之火”要传下去。

埃菲尔塔上的陀螺为什么不会掉下来

科幻邮差：周老，听说您跟弟弟仲璧关系非常好，两兄弟只相差一岁，早年曾一同考上金陵大学物理系，后来弟弟成了中国著名的实验物理学家。想必周老一定也有科学家的梦，后来怎么走到科普这条路上了呢？能跟我们讲一讲这其中的渊源吗？

周孟璞：我很早就爱科学，我在法国大概只有五六岁的时候，玩过一个玩具。这个玩具下面是一个埃菲尔铁塔，上面就是一个陀螺，这个陀螺就在塔上面转，也不掉下来。我就问父亲，它怎么不掉下来？我父亲告诉我，以后学了物理就知道了。大学我就决定考物理系。

1943年的春天，抗日战争时期金陵大学搬到了成都，我们两弟兄就一起考上了金陵大学物理系。1947年春天，在物理系毕业以后我们回到成都，我父亲当时是四川大学理学院的院长，物理系招收一个助教，我父亲就问我们两兄弟谁去？我就主动说让弟弟去。

失业青年的志向

周孟璞：仲璧（弟弟）就到了川大物理系，这一生他都在川大物理系，从助教到教授一直到退休。我当时就到了华西协和大学，在那里当了半个助教，还是托教务长跟我父亲的关系，我就做助教做了一年。到了1948年秋天，成都理学院成立，院长魏时珍，教务长胡助（字少襄），也是法国留学的，跟我父亲很熟悉。从1948年秋季开始，我就到了成都理学院物理系做助教做了一年。到了1949年秋季开学的时候，成都理学院却没有聘我。其中一个原因就是当年的成都理学院是青年党办的，青年党跟着国民党逃跑了。而我1947年回到成都以后，就跟进步朋友在一起，还在报上搞了副刊，所以理学院就觉得我当时有些“红”（亲近共产党），这样我就离开了大学。

离开大学后，1949年下半年，我就暂时在府城中学教了一学期课，当时已经是半失业状态了。到了1950年的秋天，成都解放。我的爱人在四川省女子中学教书，就把我介绍给校长，我就到了川西女中（即后来的成都第一中学）任教，从大学助教走上了中学教师的岗位。我的爱人是我金陵大学的同学，金陵大学搬回南京是在1946年，我跟着到了南京。1947年毕业我回到成都，她就没有留在南京，而是来成都到了华西大学，在华西大学毕业后就在四川省女子中学教书，我们在1949年结婚。

这种情况下我就在一中教物理，我这个人还比较活跃，同时学习的热情比较高。当时，一中唯一的一个党员就是校长，他召集我和我的爱人一起组织了一个党课学习组，同时我又被大家选为学校工会主席。当时我也显得比较进步，到了1952年的暑假，全市一千多名老师被组织在革大学习。到十月初革大结束，就发展了八个共产党员，一千多名教师里面发展八个，我就是其中之一。我一入了党，上级马上就派我去接手私立济川中学，我就作为副校长接手私立济川中学。济川中学就很快改名，改作十六中，我任校长。

原来这个学校比较落后，我有很明确的一个思想，就是依靠教师办好学校。于是我就团结教师，听取大家的意见，教师的积极性马上起来了。两年时间过去，十六中就有了比较好的声誉。然后我就被派到省党校学习。省党校是在重庆，我在省党校学了半年又回来，回来过后就到石室中学，这个就很有名了，当副校长，校长是民主人士。

到了石室中学，我就组织了党支部，又做支部书记。在石室中学做了一年，上级就把我调到市教育局做副局长，从1956年8月一直到1958年3月。

這象徵我俩永遠是幸福的紀念物，你願好好的保存它吧！

璞誌

一九四八年十一月十九日攝於菊元赴京的前一天.

1948年11月，周孟璞送给夫人的信物。

有人说我是科普学的奠基人之一，就是这样来的

周孟璞：1958年初，上面号召干部下放劳动，我就带领成都市一千多名教师到了天全县。我负责组织大家参加劳动，我还没真正开始参加劳动，3月，突然来了一个调令，说成都市要成立科学技术委员会，简称科委，因为党中央提出要向科学进军嘛。我是学科学的，所以我就到了科委，当时呢是当秘书长。当时的主任米建书是市长兼主任，副主任是国防科工委的主任，主任、副主任都很忙，所以实际上科委就是我在管。管科委这个方面，不仅仅是科普创作，还有社团组织工作。我组织了一个新中华自然科学学会，其实在解放以前就组织过。

所以成都刚刚一解放，成都市就有八个科技团体，大家的热情非常高，一起聚会，一起座谈，我就代表大家写了个《迎接解放宣言》在报纸上发表。也就是说，我不仅仅在科普创作方面，还在社团组织上面做了些工作。早在新中国成立前，这八个群众科技团体就成立了一个成都市科学工作协会，我就是这个协会的负责人之一。这个协会成立没到一年，1950年上半年，中华全国科学技术普及协会就成立了，同时也成立了一个科研科普协会，我们这个协会就是学习了它。

① 1986年，周孟璞在成都市科普作协“二大”会议上。
② 20世纪80年代，周孟璞走进校园开办青少年科技讲座。

四川当时是四个区，我们属于川西区，结果就成立了川西区科学技术委员会，我担任常务理事兼业务部副部长。到了1953年，四个区合并在四川省，就改成四川省科学技术普及协会，我还是常务理事、业务部的副部长。到1958年上半年，我到了科委。四川省科普创作协会我挂个名，并没有很多的事情去做。我就因为很喜欢科普，就准备成立成都市科普创作协会。1958年7月成都市科普创作协会成立，到了11月四川省成立了科学技术协会。于是，我又成立了成都市科学技术协会，那个时候我是成都市科学技术协会的副主席，实际上我是主持工作的。所以我就这样走上了科普的道路。

到了1978年3月，全国科学大会召开。这个科学大会影响非常之大。五月，中国科协就在上海召开了科普创作座谈会。当时我的印象是，过去我们搞科普创作都叫作科学写作，那个会上叫作科普创作，从此就把科普写作提高了一步了。

这个科普创作座谈会后，李力众主任和童恩正从上海回来，就马上把我叫去，我们三个人一起研究决定，在四川照样开一个科普创作座谈会，照样成立一个科普创作协会。

后来，1980年在全国科协“二大”会上，我做了一个关于科普的发言，钱学森还专门在会议结束的时候约我。当时是这样的，我和曾启志在1978年那个全国科普创作协会上面提出要加强科普理论研究，研究科普学。从那个时候起，我就依靠曾启志和松鹰，成立了一个成都科普学研究小组，我做组长，曾启志做副组长。1979年冬天，我跟曾启志两个人写了一篇文章《科普学初探》。现在回过头来看，这个《科普学初探》是当时科普学的第一篇正式成型的文章。后来有人说我是科普学的奠基人之一，就是这样来的。

因为一个“户口不好解决”，就没到北京

周孟璞：我那个文章是1979年底写的，1980年3月中国科协“二大”开会的时候，我跟曾启志都出席了。王麦林当时是中国科协“二大”的重要领导者，她跟我的关系很好，她安排我做了一个大会发言，我就讲了一个《必须加强科普学研究》。我把这个发言和那篇《科普学初探》的文章拿给钱学森看了，他之前还听了我的发言，然后就带上我跟曾启志还有王麦林开了一个座谈会。钱学森在这个会上做了一个半小时的讲话，表示支持搞科普学。

当时，王麦林是中国科协的普及部部长，分管中国科普创作协会，这个科普创作协会响应高士其的号召——高士其提出来要成立一个科普创作研究所，就是现在的北京科普研究所。在成立这个研究所的时候，王麦林专门跟我写信，问我能不能够离开成都到研究所去工作。我很高兴，就回她一句：我家庭没有问题，我可以来。

但是这时候，北京方面决定：你这个科普研究所涉及的人员就在北京，外地人员户口不好解决。所以我因为一个“户口不好解决”，就没到北京。这个机遇，又失掉了。我想既然去不了北京，我就在成都搞一个科普研究所，结果因为种种原因，一直没有成功。那一年呢，我们四川省科普创作协会做出决定，要成立四川科普创作研究所。决定是做出了，但是没有落实。当时为什么不能落实呢？就有个体制上的问题，你这个科普创作协会是个群众团体，科普研究所是个事业单位，所以就一直没有落实。

2002年，《科普法》颁布，学习《科普法》给我感触很深。我感觉需要加强这个科普理论研究。2004年1月，我起草了一个《科普学三大定律》。我提出的“三大定律”，可以说是科普学的一个重要理论基础。当时松鹰也写了一些关于科普史的文章，于是我就跟他一起商量：从理论上讲，有我这三大定律；从科普史来讲，有松鹰你写的科普史，我们可不可以写一本《科普学》呢？于是，我就把林绍韩、方守默、贾英杰三个都拉来写文章，结果我们就在2007年出版了《科普学》。在这之前，还有人出版过《科普学创论》《科普学概论》。但是呢，我们这本书是名正言顺的，就是《科普学》。我的那个三大定律，也是一个理论基础。牛顿三大定律给我的印象非常深刻，所以我就有了科普学三大定律。

在《科普学》出版之后，2009年根据企业法，成都科普研究所属于非营利性企业，根据这个情况，就得到了市科协的支持。我八十六岁了，终于成立了成都科普研究所。我就是成都科普研究所理事会的主席，松鹰是副主席兼所长。因为他比我年轻多了，他只有七十岁啊。干了几年，就得到了省科技局的直接领导支持。今年我已经请了病假，把这个研究所交给松鹰了。

我的科普社团活动，从1941年的《新潮》科学壁报，到2009年成都科普研究所成立，再到2010年我不管科普所的事，整整七十五年。我的一生就走了这么一条道路。

这几十年，我不仅仅是四川省科普作家协会的领导人，我也是四川省自然辩证法研究会的理事长，也是全国自然辩证法研究会的理事，我也是中国科普作家协会第一届、第二届、第三届理事，第四届是顾问。第五届、六届是荣誉理事，后头又加了个括号写着“终身”。我又是四川省人体科学学会的副理事长，而实际上，关于人体科学学会我是做了大量工作的，我也是全国人体科学学会的理事。钱学森很支持人体科学，所以全国人体科学学会开会，钱学森也参加了，我在那儿就跟钱学森在一起。那次中国科协开会，我有一张照片也是跟钱学森一起的。

1
2 | 3

① 1986年，王麦林女士于孔庙大成殿前留影。（周孟璞先生摄）
② 周孟璞（左）与时任中国科协主席的钱学森（右）于全国科协会后合影。
③ 周孟璞与松鹰共同主编的《科普学》，四川科技出版社2013年第二版。

我与科幻

倡议创办《科学文艺》

科幻邮差：周老，您与科幻是如何结下渊源呢？

周孟璞：我在中学时代就非常热爱科普，因为家庭是科学家庭，很自然就热爱科学、科普。当时还不叫科普，就是热爱科学——很自然地就读到凡尔纳的科幻小说，就引起了我对科幻的兴趣。我热爱科学，自然就爱上了科幻。在我一生的科普活动当中，我都尽力为科幻做一些事，做一点工作。

1978年全国科学大会召开，邓小平在讲话中提出“科学技术是第一生产力”“知识分子、科技工作者是工人阶级的一部分”，郭沫若讲了“科学的春天来到了”，这是3月份。5月，中国科协在上海召开了中国科普创作座谈会，在座谈会上决定成立中国科普作协。很遗憾我没能参加这个座谈会，当时四川有几位代表参加了。

一个是四川省科委的主任李力众，一个是四川大学教授、著名科幻作家童恩正。我也是代表之一，但由于当时我是成都市科委副主任，工作忙，没能去上海参加科普创作座谈会。李主任和童恩正从上海回来就马上找到我，把上海座谈会的情况跟我讲了，然后我们三个人就商量在四川同样开一个科普创作座谈会。全国科普创作座谈会上提出要成立全国科普创作协会，我们也商量要在四川成立省科普创作协会。

1978年8月，我们在自贡市召开了四川省科普创作座谈会。因为我从新中国成立前就搞科普，成都一解放我就搞科普组织活动，在成都科普方面我做了不少工作，所以当时这个座谈会由我主持，童恩正也和我一起。在这个会上我们决定，在成都办一个《科学文艺》刊物，在重庆办一个《科学爱好者》刊物。《科学文艺》在1979年就正式出刊，发表科幻作品。我很高兴，在科幻方面我是支持这个刊物的。《科学文艺》到了1983年遇到了困难，我也是积极地支持他们的。

当时，《科学文艺》是作为四川省科普作协的一个刊物，但是遇到了一些困难。我就和杨潇、谭楷商量，刊物挂靠在科普作协下面，但科普作协影响有限，是不是能挂靠到四川省科协？科协是半官方的组织，不像我们科普作协是民办群团组织。所以我就跟当时科协主席谈：《科学文艺》是有前途的杂志，有一批读者，是不是能挂靠到省科协？但当时提出后，他不同意。后来我就约杨潇直接又跟他谈，最后他才同意了。所以《科学文艺》最后就挂靠到四川省科协，这样对它的发展很有帮助。

科幻邮差：具体有哪些帮助呢？

周孟璞：具体的我现在也说不出来了，但毕竟是省科协，有影响，比科普作协影响大。所以《科学文艺》在杨潇、谭楷几个同志的努力下发展得很快。所以这一步，我觉得还是很重要。

《科学文艺》成立三周年的座谈会，我的印象比较深。杂志办了三年了，才举行了一个座谈会。原因我刚才说了，当时形势不好。在这个4月份座谈会上大家就有一个倾向：是不是以科幻内容为主？到了5月，童恩正、刘兴诗、王晓达就成了积极分子了，然后我们就成立了成都市科幻研究会。看笔记才查到这个事，我都忘了。

科幻邮差：哦，好像还没听说过这个组织的存在呢！

周孟璞：因为这个研究会虽然成立了，但是过后并没举行什么活动。到1983年，就遇到了“清除精神污染”。后来，科幻的力量都用在《科幻世界》杂志上，就不需要这个研究会了。

我很明确地告诉他：我不批判科幻

科幻邮差：“清除精神污染”前后的情况您还有印象吗？

周梦璞：对于“清除精神污染”那段时间的情况，我的态度是非常鲜明的，就是支持科幻。中国科普作协的一个同志到成都来，也是我的好朋友，到我家里来动员我，要我批判科幻。特别是批判我们四川的童恩正、王晓达和上海的叶永烈等。我就很明确地告诉他，我不批判科幻，我第一件印象深的事就是这个。

另外当时在北京，科普作协开会要成立一个“科学文艺”组织科学文艺委员会，就遇到科幻界的问题。当时的理事长温济泽，他还是很正确地组织了当时的活动。这个组织提出要支持童恩正来做主任，在童恩正已经受到批判的情况下，他还是被推举出来了，这也起到了一定的抵制“清除精神污染运动”扩大化的作用。当时那部分批判者就不同意童恩正出来，这个我的印象很深。要我再说一下精神污染这方面的问题，我就没有印象了。我现在记忆力很差，主要的就是这两个事。

科幻邮差：周老的记忆力已经很棒啦。

周孟璞：刚刚我也讲了，我是爱科学、爱科普，也爱科幻，这可以说是我一生的追求。那么在这种情况下，对我而言，科幻活动我能参加我就参加，积极地支持。因为按照我当时的身份来讲，我想我只要参加，总有一定的影响。1979年四川省科普作家协会（当时叫科普创作协会）正式成立，我做理事长，第一、二、三届理事长，第四届换为主席，做了四届领导人，整

20世纪80年代，周孟璞（中）与郑文光先生（左）共同出席过不少科幻活动。

整二十年。所以我认为我参加科幻的活动是有一定影响的。对于科幻具体的工作，就是支持了《科幻世界》这个刊物，其他的我就做得不多了。

科幻邮差：在“清除精神污染”那场运动中，全国除《科学文艺》外，几乎所有的科幻出版物都无法继续生存了，《科学文艺》为什么能保存下来？

周孟璞：它能够生存下来，是因为杨潇、谭楷他们的坚定。同时呢，在成都有一批非常优秀的科幻作家，这些都是在全国有影响的。有他们的影响，所以《科学文艺》坚持到了《科幻世界》。在四川来讲，还没有受到“清污运动”很大的影响。

科幻邮差：叶永烈曾经在分析中国科幻小说为何会陷入第二次低潮时，说：“文学界不重视，主流文学不接受科幻小说；另一方面科学界的批评又太过苛刻，寒了作者们的心。”周老能从科普界的角度为我们分析一下这种说法吗？

周孟璞：作为搞科普的，我一直坚定地支持科幻。我最近查了一个材料讲：中国科幻分两个时期。一个时期是1902-1978年，这是第一时期。这第一时期主要强调科幻的科普作用。1978年到现在又是一个新的时期，科幻就不仅仅是一个科普的作用，还有文学的作用，就是思想、精神、道德这方面的宣传教育。那么第一段，20世纪初期，最有名的是鲁迅，鲁迅当时就很支持科学小说，实际上那时的科学小说就是科学幻想小说，那么在后来一直发展下来，我们就认为科学小说应该是包括了科学幻想小说在内的科学故事、科学诗歌等等。《科普学》里面就讲到了：科学小说包括了科幻小说。

但是有一批人就只承认科学小说，不承认科幻小说，认为科幻小说是文学，不是科普。这个观点就是四川绵阳一个叫汪志的同志提出来的。这个同志非常活跃，他跟我争论过。我也说不服他，他也说不服我。

我认为科幻它要靠人，就是要有一批科幻作家支持我们的科幻。因为科幻的发展离不开科幻作家，因此我再讲一下科幻作家。

科幻作家里我很尊重郑文光，因为“清理精神污染”最初影响的就是他。

科幻邮差：您是从什么时候认识他的？

周孟璞：在中国科协的会议上。中国科协1978年成立的时候，郑文光、叶永烈、金涛这几个人我都接触了的。这几个都是科幻大家。经过几次接触，我对郑文光印象很好，我还专门到他家拜访过。所以刚才你看到的那个照片应该是在他家里照的吧？我都没有印象了。

一个是郑文光，还有一个是叶永烈。叶永烈在中国科协成立的时候，他的科幻地位就很高，当时是著名的科幻作家了。肖建亨也是当时著名的科幻作家。1980年5月，我在成都组织了一个科普创作学习班，就请了叶永烈、郑文光、肖建亨、鲁冰、陶世龙、刘后一、周国兴这些专家在我这个学习班上讲课，只有金涛跟吴岩没来。就是说，我在四川成立科普创作协会之后就开了科普创作会。这个科普创作协会里面，科幻作者占了很大的比例，这个为四川的科幻创作打下了很好的基础。这个事情我也感到很安慰。

刚才我说的都是一些比较老的作家，新一点的比如吴岩是了不起的科幻作家，他对于科幻的发展、推动、研究做了很多工作。他到成都来参加过我们的科幻会，我到北京也见他，我们的关系也是很好的。

再比如说刘慈欣得了个雨果奖，这对科幻影响是非常之好的。还有王晋康，多次获得银河奖，也是对科幻做了很大的贡献的。所以我觉得这些科幻作家对我们科幻事业的发展是起到了不可磨灭的作用。我们应该永远记住他们。我跟他们交往，我感到很幸福。

编纂《科幻爱好者》

周孟璞：另外对科幻我还做了一点事情，就是我主编的那本《科幻爱好者手册》，这个在编后记里面已经讲了。由于杨振宁给《科幻世界》题了词，这么大一个科学家很支持科幻，我就想为科幻爱好者编一本手册，也算是进行科幻教育。有一次会上，我就跟四川辞书出版社的社长商量，我要出这本书，他很支持。我就组织了一个编委会，名单这本书上都有。然后就出了这本书，这也是我自认为为科幻做的一点工作。

科幻邮差：这个编委会就有杨潇、谭楷，后面还有柳文扬、姚海军……

周孟璞：对，你们都看到了，就是这本书。我都依靠他们啊。

科幻邮差：《科幻爱好者手册》这个书出来以后，在当时应该比较受欢迎吧？

周孟璞：是，因为我们成都科幻读者是越来越多的，所以这样一本书还是有一定的影响。

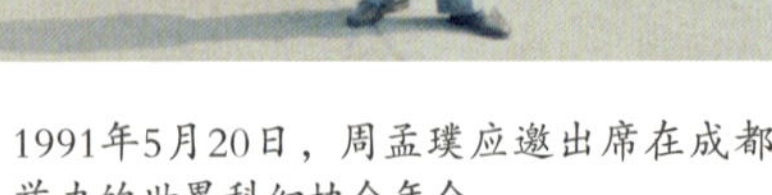
1991年5月20日，周孟璞应邀出席在成都举办的世界科幻协会年会。

周孟璞主编出版的《科幻爱好者手册》，四川辞书出版社2000年4月第一版。

科幻邮差：周老，对您参加的几次国内科幻大会还有没有印象？

周孟璞：三次科幻大会，第一次是1991年。1991年的科幻大会，我的印象比较深，这次大会很不容易啊，是杨潇只身跑到欧洲，跑到意大利，争取了世界科幻协会年会在成都开。在成都开的时候，我很高兴地参加了这个会。这个会我基本属于学习。

1997年，第二次，成都和北京两个地方同时开。当时我在北京。我很高兴地参加了，也是属于学习状态。

2007年，在天府广场的四川科技馆开。那个时候是叫（成都）国际科幻/奇幻大会。那次会上才晓得有个奇幻，那次会开得很好。

科幻邮差：从整体来说，其实这三次大会的总体规模以及在社会上产生的反响，其实可以反映整个社会对科幻的态度有巨大转变。

周孟璞：对，应该是这样的。

不把科幻作为科普的做法，是走不通的

科幻邮差：周老您觉得科普或者科幻跟社会环境，尤其是政治环境之间的关系是怎样的？

比如1978年全国科学大会上提出“向科学进军”后，都明显带动了科幻小说的发展。国家和政府的这种支持，是不是对科幻事业的发展有着非常大的促进作用？

周孟璞：当然有，总的来讲政府是支持的。我们党对科学非常重视，因此对科普、对科幻都是重视的，这是无疑的。当前这个形势更是好。习近平总书记为首的党中央非常重视科学，也非常重视科普。所以这次（2016年5月）北京的“三科”大会上专门讲了：科研和科普同等重要，还专门强调了要在全国加强科普活动。

科普包括了科幻。不把科幻作为科普的做法，是走不通的。我刚才给了你一篇文章，里面把台湾地区的一些情况讲得很详细：台湾把科普和科幻完全割裂分开，科学部门不管科幻。台湾有一个科学奖，叫吴大猷奖，那个奖明确规定不包括科幻，这个就不对了。我们的世界华人科普作家协会的科普奖是把科幻包括进去了的。台湾这个现象我认为是暂时的，终究还是要像大陆这样，科普科幻都是一个概念。科学小说当然可以是一个体裁，科幻完全也可以是一个体裁，两者都属于科学，都是科普啊。

科幻邮差：刚才你提到的世界华人科普作家协会也是您创立的吗？

周孟璞：世界华人科普作家协会的成立我是出了力的，成立之后我挂了一个主席的名。然后是松鹰，另外我还找了吴岩。

回忆友人

这些朋友，都是和我很好的

科幻邮差：周老的一生好交朋友，身边的朋友非常多。既有很多跟您同龄的，也有很多忘年交。您跟这些朋友交往的过程中，有没有给你留下记忆非常深刻的事情？

周孟璞：他们都给我留下了很深的印象。叶永烈在科普作协的会上我们见过面，后来我还专门到他上海的家里面去拜访过，跟他交谈，谈得非常高兴。在他的住宅里面，我还看了他的书房啊。成都他也来过好几次，上次讲课也请了他，还有一个什么活动也请了他。我跟郑文光也有交往，童恩正当然不用说了，童恩正就在四川，在成都。我们成立科普作协的时候，还是我跟他商量着来的。很可惜，他死得太早了。刘兴诗，至今我们关系都非常好的。王晓达，我们也是经常在一起。这些朋友，都是和我很好的……

科幻邮差：还有吴显奎老师。

周孟璞：吴显奎对我可以说是非常之尊重，同时非常之爱护我。我跟吴显奎，我是主席，他是秘书长。我们共同工作了十五年。在“清理精神污染”最困难的时候，我们两个都在商量对策。我们办了一个《课堂内外》，早先的《科学爱好者》变成了《课堂内外》。《课堂内外》本来是在重庆，吴显奎非常积极地在成都办了个《课堂内外》的小学版，至今还在办。这个《课堂内外》过去每一年开会、春节活动我都参加。我做了几年它的顾问，同时也做它的审读，还写了好多审读报告。我们两个非常合得来，观点很容易一致，至今他还很关心我。今年（2016年）中秋节，我的儿子给他打了电话，他专门又给我儿子讲，要我现在这么大的年纪应该尽量保重身体，有些事情就不要管了。所以现在，科普研究所的事情我就不管了，交出去了。现在不管了就非常轻松，所以我现在叫作彻底退休。我在1988年退休实际上没有退下来，退休是职务上的退休，退休过后这二十几年，一直在搞社会活动。

不合理的现象总会过去，我绝不自杀

科幻邮差：听您回顾这一生，确实像访谈最开始讲到的，是接受父亲的教导——“薪尽火传”，其实就是燃烧自己，照亮别人，同时也希望把科学的火种一代一代地传播下去。您这一生其实一直是在做一件非常了不起的事情啊。周老最大的骄傲是什么？

①1989年，时任四川省科普作协理事长的周孟璞与协会秘书长吴显奎（右）在参加重庆市科普创作协会年会期间，于重庆长江索道合影。
②2003年5月周孟璞八十华诞，四川省科普作协为周老颁发“元老杯”终身成就奖。图中人物左起依次为何定镛、周孟璞、董仁威。
③20世纪80年代，周孟璞和科幻作家王晓达老师以四川省科协科普宣讲团成员身份在大英县中学做科普报告。

周孟璞：你要说最大的骄傲，我就说——我总要做事，我不考虑名利。我最近写了一篇文章发表在《养生》杂志上，讲养生要“五好”。第一是心态好。我一生心态是好的。“文化大革命”把我作为党内“走资派”斗，很恼火。但我心头想的是，这种不合理的现象总会过去，我绝不自杀。这事就反映了我心理平衡。

第二个是饮食要好。人以食为天。饮食要注意，我从不挑食；同时，吃任何东西我都感觉很好，吃得很舒服。

第三个叫作运动要好。我游泳一生，分三个阶段。一个阶段从十三岁开始学习起，到七十岁的时候这几十年都是暑假游泳季节才游泳；七十岁到八十岁这十年我又增加了冬泳。从1984-2009年，我组织了一个成都市老年体育协会的游泳协会，我是协会的主席。整整二十五年，我基本上每天都要去游五百米到八百米或者一千米。

第四，医疗卫生要好。现代人，生老病死，你不可能不生病。这就要依靠当前的医疗，我生过两次大病。一九七八年，胆结石，动了手术，好了。1985年害了结肠癌，手术好了，一点儿影响都没有。

第五个叫爱好要好。一个人要有爱好啊。我的爱好是多方面的，但是体育这个方面的爱好比较突出。我看电视经常看体育频道。当然过去对音乐对歌曲啊戏剧啊也爱好，我父亲喜欢唱京戏，所以过去也喜欢京戏。

所以我说养生要“五好”，而我也有实际体会。

遗憾的是，有个愿望没有能够实现

科幻邮差：因为有这“五好”，所以周老到九十三岁身体还能这么健康，具有让同龄人非常羡慕的体魄。周老，过去的这些年有没有留下什么遗憾？

周孟璞：我的第一个遗憾，就是母亲过世太早，这是我的遗憾。我曾经写过一个短文章，就是说我接受母爱的时间太短了。十二岁，我母亲就去世了。

科幻邮差：父亲后来是终身都没有再娶吗？

①周孟璞先生全家福，拍摄于1987年春节，成都。
②周孟璞先生一生乐观豁达。

周孟璞：娶了。有个继母。

科幻邮差：继母对你们好不好？

周孟璞：很好，但是继母在北京。当时我父亲在中国科学院，他在中国科学出版社任社长，在北京。我每次到北京开会都专门去看她，继母是对我很好的。我认为我家庭还是很幸福的，当然遗憾的是，我的母亲去世太早。另外，我的爱人去世也算早了一点，她是七十八岁去世的。但是，我们夫妻生活五十四年，也算可以了。在工作上，我认为我没有什么遗憾。第一，我听党的话，叫我到哪儿我就到哪儿，从不讲条件。所以我虽然曾经想做科学家，结果没

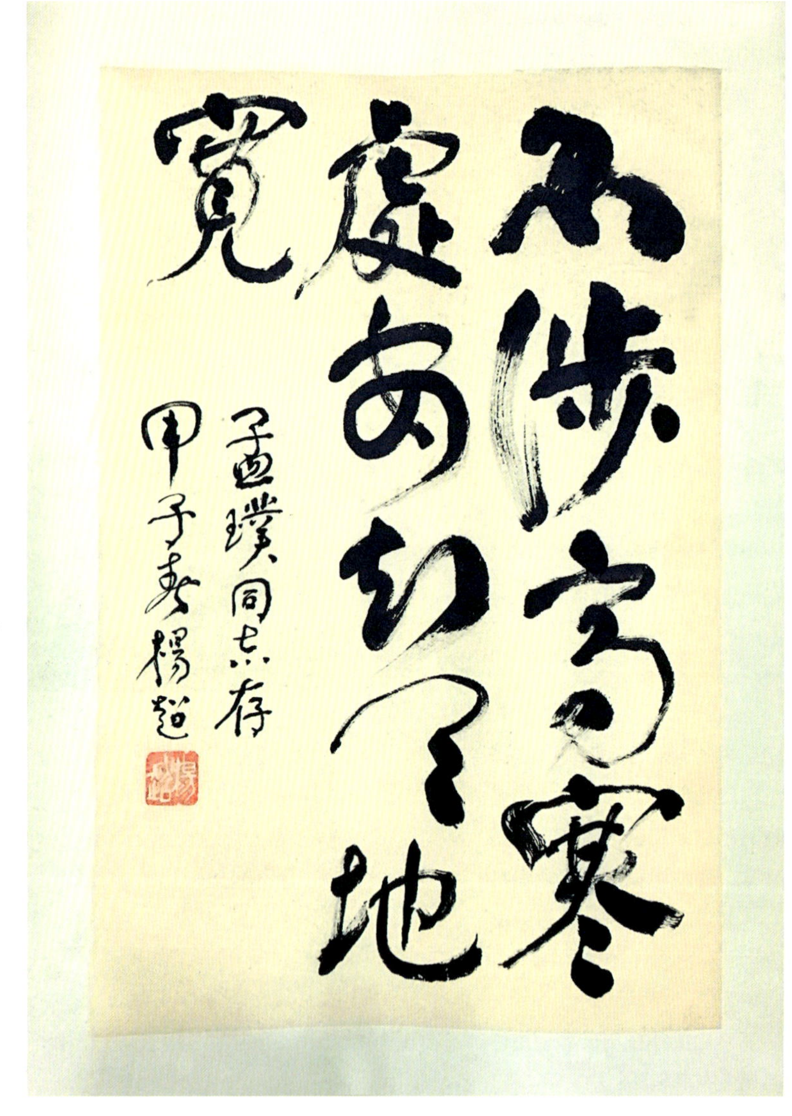

原四川省委书记杨超先生赠周孟璞先生字幅：不涉高寒处，安知天地宽。

有能够做科学家，也无所谓了。听党的话，听形势的话，哪个地方需要我，我就在那个地方了嘛。遗憾的是，1980年我有个机会到北京科普研究所，这个愿望没有能够实现，这算是一个遗憾。

科幻邮差：周老，您有哪些人生经验可以给年轻人分享一下吗？

周孟璞：当然，第一条是要努力地学习。第二是要认真负责，任何事不管大事小事都要认真负责。我自认为我基本上做到了这两点。还有一点，要正确地处理人际关系。你身处社会不可能不接触人，我自己这方面也还处理得可以。

科幻邮差：嗯，不要太计较个人的得失，对人心放宽一些，不要太在一些小事上面纠结。周老，不知不觉我们已经聊了三个小时了，今天的访谈就到这里，谢谢周老。

周孟璞：也谢谢你们，我要再次感谢新华网和八光分文化举办这一次“中国科幻口述史”活动。八光分文化这样热情支持科幻口述史的编纂工作，非常有意义，也非常辛苦，我预祝这次活动取得圆满成功。

趣问趣答

1. 您觉得科幻和科普最大的不同是什么？

周孟璞：科普包含的方面很广，科普创作、科普展览等等。科幻小说，就是具体的科幻小说，所以在关系上应该是说科普包括了科幻。

2. 您从小就有一个科学家的梦，现在还会经常关注科学前沿的发展吗？

周孟璞：这个我是非常关注的，这次我们神州十一号跟天宫二号对接，这些情况我非常关注。

3. 周老十三岁第一次下水，一直到2009年最后一次游泳，这中间坚持了七十三年，您觉得这种坚持对您培养人生的品格有没有帮助？

周孟璞：这个事情里面，兴趣很起作用。就是对这个很感兴趣，这是一个原因；另一个呢，要排除一些干扰。不排除干扰，你就坚持不住。比如工作啊这些会有影响，我六十一岁到八十六岁那二十五年，我是想天天都去游，但实际上是做不到的。最后我的统计是两天游一次，也不错了。你要出去开会，就没有办法游。

我曾经在北京参加一次会，住在友谊宾馆。友谊宾馆距离颐和园不远，于是我就在中午休息的时候，从友谊宾馆出来搭公共汽车到颐和园，在颐和园游泳半个多小时再回来开会。还有我在成都工作的时候，有时就是中午吃了饭就骑车到猛追湾游泳。我这个叫积极休息，诸如此类。就是说，尽量地保持我这个游泳的爱好。第一是兴趣，第二认为游泳是锻炼身体。身体要好嘛。

4. 您从1988年退休以来一直积极参加各种社会活动，是什么使您这么多年来一直保持着对工作和社会的热情?

周孟璞：这种热情，应该说是我入党的时候我表的态，就是要为党好好地工作一生。因此我觉得，我就有这个信念。我现在已经是党龄六十四年的共产党员了，我确实对党是热爱的。

5. 现在周老已经是四世同堂，您觉得家庭幸福的秘诀是什么?

周孟璞：孝顺。我的父亲就是很好的榜样，他很孝顺，很爱国，后来也回到了祖国。现在我两个儿子一个女儿对我很孝顺。所以我就觉得，我们祖国的传统美德孝道使得我自己一生都感到幸福。

6. 如果时光可以倒流，您最想回到什么时候? 刚才一起吃午饭的时候，您说你想年轻五十岁。（笑）

周孟璞：我现在已经吃九十四岁的饭了，倒过来，四十九岁。这个四十九岁就是这么来的。你这个问题不好回答，因为回顾我这一生，我总体感觉还是满意的。要说困难的时候，就是“文化大革命”。

7. 如果有一本书是您的传记，这本书的开头您想用什么话来开头?

周孟璞：这个我还没有想好……

8. 在您的心目中，四川科幻在中国科幻版图上占什么样的位置?

周孟璞：我认为四川科幻在全国占了比较重要的位置。科幻作家在四川不少嘛。童恩正在科幻方面产生了很大的影响。他的《珊瑚岛上的死光》是第一部被改成电影的中国科幻作家的作品。童恩正、刘兴诗、王晓达，全国嘛就还有一个叶永烈，还有肖建亨，就是后来说的“五虎将”嘛，我们四川就占了三个，所以确实有一定的影响力。

9. 请您说说对中国科幻的祝福吧。

周孟璞：我认为中国科幻有很光辉的前途，我相信中国科幻会在世界上起一定的带头的作用。

让科学与文艺之美尽情绽放

吴显奎

四川 是中国地理上的洼地
中国科幻创作的高地

科学文艺创作之路

那些不平凡的岁月

人物回忆

科幻近况

科幻邮差

吴显奎老师作为中国科幻银河奖首届得主，不仅有着深厚的科学文艺创作功力，更是改革开放以来科幻文化发展的亲历者和见证人。今天，希望可以通过吴老师的讲述，学习他宝贵的创作经验，触摸科幻历史风雨发展的脉络，感受几代中国科幻人之间的传承。

科学文艺创作之路

《科学发现纵横谈》与《科学文艺》是我的引路人

科幻邮差：我们知道，吴老师的科学文艺创作开始于20世纪70年代末，那时席卷全国的政治运动刚刚结束，全国科学大会胜利召开，“科学的春天”宣告到来。今天的第一个话题，就从您的科学萌芽聊起吧。

吴显奎：好的。1979年5月，我正在成都气象学院无线电系气象通信专业读书。五月中旬的一个傍晚，夕阳把锦江河面映得波光粼粼。就在成都锦江大桥的桥面人行道上，有一个书摊铺了几张报纸，放了几十本杂志，里面就有《科学文艺》第一期。我记得是深蓝色的封面，像黛色的海洋，也像在北极地区能看到的湛蓝天空，上面印着四个红色大字：科学文艺。这四个字写得遒劲有力，非常漂亮，是谁写的，到现在我还没有问到。

这本杂志让我很兴奋，兴奋点就是“科学文艺”。这件事起因于两年前，也就是1977年底我读到的《南开大学学报》。

当时，这期学报发表了该校数学系王梓坤讲师的科学随笔集《科学发现纵横谈》。那时候“文化大革命”刚刚结束，书很少，此前整个“文革”十年里基本上没什么书看，特别是科普类的书更少，所以我读了那本书，印象相当深。

记得1977年恢复高考，那年的10月21号，我从中央人民广播电台新闻和报纸摘要上得知消息。那时，我正在黑龙江大兴安岭地区莫力达瓦旗兴隆公社前兴隆大队一队带领社员秋收，

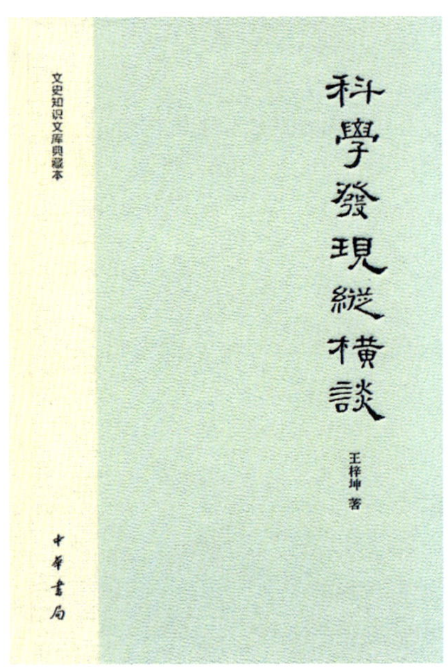

吴显奎的科学文艺启蒙：《科学发现纵横谈》（中华书局）和《科学文艺》创刊号。

我是生产队长，小队党支部书记。当晚我主持召开队委会，我委托副队长薛显志代理我的工作，我说："我要复习参加高考了！"

后来我在成都气象学院担任副院长时，查阅了当年的有关文件才知道，中央9月份就决定恢复高考，京、津、沪一些下乡知识青年在9月下旬就知道了，并悄悄地准备复习了。后来也听说，当时教育部不同意1977年开考，准备推到1978年。但小平同志知道后坚决反对，才决定在1977年底考试，第二年3月入学。当年12月考试，全国有570万考生参加，录取了273000人，录取比例是4.8%。

就在这紧张的复习阶段，我还是放不下那期《南开大学学报》，因为它刊载了王梓坤老师的《科学发现纵横谈》，像随笔，更像散文诗，是一部漫谈科学发现的书，但写得文采飞扬，字字珠玑。作者纵览古今，横观中外，从自然科学发展的历史长河中，挑选出有意义的发现和事实，努力用辩证唯物主义和历史唯物主义的观点加以分析和总结，阐明有关科学发现的一些基本规律，同时还专门探讨了作为一名优秀的自然科学工作者应该具备的品质。

可以这样说，正是由于这本书，我当年高考时选择了理工科院校，也是因为这本书，让我关注科学文艺。那时候我就想，把科学和艺术结合在一起是一番很值得追求的事业。从那时起，我就很关注科学和文艺结合的作品，所以1979年的5月份看到《科学文艺》这本杂志，我喜出望外，格外兴奋。

我记得当时这本杂志的发刊词是曾经在新中国成立之前做过四川地下党主要负责人的老作家马识途先生写的，老作家艾芜还写了一篇《漫谈科学和文艺》。我记得那一期还刊发了童恩正老师的《珊瑚岛上的死光》的电影剧本，还有后来成为辞赋大家的张昌余老师的一篇杂文叫《科学与鬼话》，以及谭楷老师的一首科学诗《显微镜下的城市》。我后来听说这本杂志当时开印就印了十万册，定价五毛钱，被抢购一空。

这期杂志对我个人来讲是立志科学文艺创作的真正启蒙，是让我喜欢科幻并尝试科幻创作的引路人。从此，我就和《科幻世界》结下了不解之缘。

王梓坤：一代顶级知识分子对年轻人的关爱

科幻邮差：啊，吴老师记性太好了，三十年前的记忆还那么鲜活！真想不到一期刊载在学报上的文章，会对吴老师的一生产生了这么大的影响。听说1979年您还找机会专程去拜访了《科学发现纵横谈》的作者王梓坤先生，跟我们说说这是怎么回事吧。

吴显奎：我刚才讲，当时读了《科学文艺》的创刊号以后，确实很心动，就产生了写作的想法。1979年《科学文艺》第二期刊发了我的一篇随笔《给科学插上翅膀》，接着我又写了一首很长的科学诗叫《天高可问，星云可攀》。写完了以后，我就步行找到了《科学文艺》编辑部，他们在成都市五世同堂街附近的省国防科工委办公区里办公。

当时，刘佳寿是《科学文艺》的主要负责人，还有一个编辑是很著名的工人作家贾万超，贾万超后来写了一部影响挺大的小说《玫瑰梦》，在《成都日报》连载。我现在还保留着刘佳寿和贾万超在我那首诗的原稿上批的字，但是今天忘带了。因为保存到现在比较珍贵了，所以我把我过去的手稿装订成这么厚的一本书。

那天刘佳寿见我以后，给了我一些鼓励，他说这首诗写得很好，有科学内容，又有激情，可以发。这让我非常激动！因为这首诗对我来讲非常重要。后来这篇稿子传到谭楷老师手里，谭楷也很重视。那时候的编辑非常敬业，我还是学生，谭楷就专门到成都气象学院把我从宿舍找出来，说要修改。这篇稿子修改以后，我又专门送去。但由于稿子愈来愈多，就没有及时刊出来。所以我说我的科幻创作之路最遗憾的就是这首诗没有在1979年发表，后来在其他刊物上发表了。

到了1980年春节，我回到老家莫力达瓦达斡尔族自治旗，旗就是县，主体民族是达斡尔族。回老家过了春节，我正月初五就出来了，就想去天津拜访王梓坤老师，那时候王梓坤老师还不是教授。

正月初八，我到了天津南开大学，找到了数学系，在概率论的教研室找到王梓坤老师。当时，王老师是教概率论的，他瘦高的个子，脸很白净，穿一件中山服，见到我以后挺热情的，那时候学生也少。1978年12月22号党的十一届三中全会召开后，一场关于“实践是检验真理的唯一标准”的大讨论正在酝酿，科学大会已经召开，所以那时候确实是科学的春天，整个科学、教育、卫生都开始走向正轨。

王梓坤老师的办公室给我印象最深的是门口有一张很旧的沙发椅，椅上坐着一个年纪比较大、头发花白、人挺瘦的老师。王老师跟我谈了一会儿，有十多分钟吧，我讲了自己的科幻创作，因为他当时提出要重视科学方法论研究，我就说今后我想研究科学方法论。可是王老师说我不能搞这个，我问为啥不能搞呢？他说：“研究科学方法论必须建立在你已经有相当的科研成果上，居里夫人讲科学方法别人就会信，新西兰核物理学家卢瑟福讲怎么发现原子核，别人

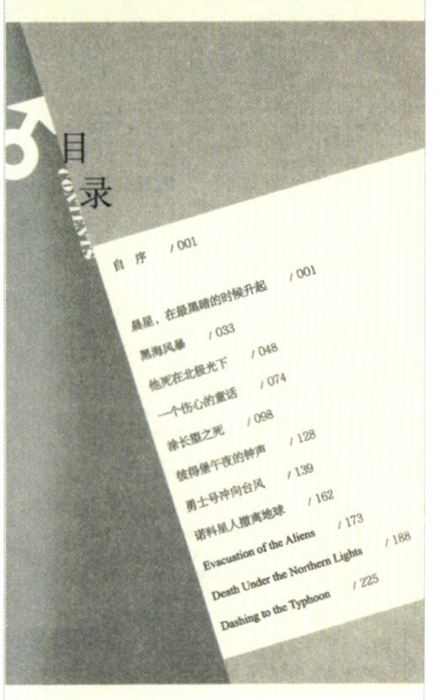

目录
CONTENTS

①一九八四年夏，吴显奎（右）向《科学文艺》编辑部谭楷老师（左）请教。

②一九九一年五月，参加世界科幻协会年会的嘉宾前往卧龙采风，吴显奎（右一）同与会嘉宾在篝火前跳起了锅庄。

③吴显奎科学文艺作品精选集《勇士号冲向台风》及其目录。四川文艺出版社二〇一四年五月第一版。

会信。但是你没有做过研究，你去说研究方法那是肯定有问题的，是误入歧途。”从此，我就彻底打消了这个念头。

当我离开的时候，门口坐着的那位老师也站起来了。王老师就跟我介绍说，这位先生是周培源教授。我当时非常吃惊，我知道眼前这位大科学家是中国物理学界泰斗，中国科学院副院长，但他却这样平和，没有一丝架子，实在让我震惊。所以那次会见对我影响很大，我再也没去搞科学方法论研究。

王教授后来专门给我寄了一本书，是美国科学家贝弗里奇写的《科学研究的艺术》，这本书我一直保留着。你看，素昧平生，见了一面，他却记得成都气象学院，记得吴显奎，然后又寄来一本书，所以我对王梓坤老师确实很感激。王老师后来成为我国顶尖数学家，曾经做过北京师范大学校长，很了不起！

科幻邮差：这就是一个长者对年轻人的关爱。

吴显奎：对，不过当时他的年纪也不算大，主要是他那一代知识分子对年轻人的培养可以说倾尽心力，不仅是传道授业解惑，同时还有一种科学精神、科学思想的传承。或许是因为他们肩负着为国家培养人才的使命，养成了一种自觉的行为，非常难得。你看我们现在说的这些老科学家、老教师，确实令人肃然起敬。

科幻邮差：其实对现在的年轻人而言，跟顶尖的科学家进行这样的交流是非常罕见的，而在那样一个年代，“文化大革命”刚刚结束，文化还处于一片荒漠的时期，没想到一位如此有成就的知识分子对年轻人的提携和爱护最后真的影响了吴老师后半生的志向和对职业的选择，确实难得。吴老师，请问您当时选择气象专业是出于什么考虑，是想从内蒙古大草原走到四川盆地吗？（笑）

吴显奎：我当时选气象专业实际上也没有更多考虑，因为那时候我在农村，高中毕业干农活干了两年了，当时我就想出省。

说起来就很复杂，当时我所在的莫力达瓦达斡尔族自治旗还属于黑龙江省管辖，1980年以后区划调整重新划给内蒙古。我就是想能够考出去，能够不在省内读书就是我的追求。在院校选择上，我只想读理工科。我记得我们中学当时有一张全国地图，我看成都和我们所在的大兴安岭直线距离是最远的，我就说我要到那儿去，于是就报了成都气象学院。

我到了这个学校以后，主要受王梓坤的影响，再加上接触《科学文艺》，所以后来创作一直没有间断过。

1983年1月，我在《科学文艺》上发表了写科学家的中篇传记文学《晨星，在最黑暗的时候升起》。这篇作品是基于英国威廉爵士哈维发现血液循环的真实事件编的一个故事，历史上确实有哈维这个大医学家。小说的主题是科学战胜愚昧，也侧重写人，写人的命运和情感，写内心的复杂活动和广阔的历史空间，对科学家的发现给予了很高的评价。1983年《科学文艺》的发行量还挺大，我记得当时是二十二万册。

从那以后，我就陆续开始写科学家传记文学、报告文学和科幻小说。

《汉语成语小词典》全部背完

科幻邮差：从吴老师的讲述中，能深切感受到您对科学的崇敬。可能您体内一直潜藏着这样的基因，所以在碰到王梓坤先生之后迅速被点燃，科学的萌芽开始迅速成长。科学文艺由科学和文艺组成，现在我们知道了吴老师的科学启蒙，那您的文学素养又是如何培养起来的？早年那个阶段您喜欢什么样的文学作品？

吴显奎：这主要得益于我在大兴安岭那段生活经历。很少有人去过大兴安岭，那儿非常寒冷，冬天很漫长，无霜期只有一百天，其他时候全是有霜的。在我小时候，天气特别冷，经常零下40℃，一个冬天很漫长，很多时间只能在屋里。“文化大革命”那个时候不允许看书，找不到书，但为什么我能看到书呢？

因为在我们偏僻的小山村里有两个相当于右派的“老九”式人物，一个来自北京大学，一个来自内蒙古大学，他们两人都是为了逃避迫害，所以当了盲流。一个小山村有两个有学问的人，我没啥事就去他们那儿，他们的老婆、孩子都没跟在身边，而我当时很小，他们就把我当成自己的小孩了。

两人中有一个右派叫王伯，他有很多书，当时主要是苏联作家写的一些书，比如我们过去没接触过的《静静的顿河》《钢铁是怎样炼成的》，还有高尔基的《人生》三部曲等，在他那儿都能看到。另一个是我们当地的清代秀才，这个老先生很有学问，也是受迫害跑到山区里来的，他有很多古书，我现在能认识繁体字，就是当时边猜边读认识的，他那会儿有《大八义》《三侠五义》《十把穿金扇》这些小说，是水印的毛边纸。这些书从中间断了，你要是不接着看的话，要找半天才能对齐。当时看小说就是因为好看，因为精神需求，所以读了很多，有了些文学素养。

后来山区又来了一批北京知识青年，北京知识青年带来的就是《苦菜花》《野火春风斗古城》这些现代小说，还有《青春之歌》，以及一箱子小人书。那时我们不学数理化，所以读了这些书很高兴，也很好玩儿。等我上初中的时候没书读了，特别上高中后，高中那会儿只有课本，其他都没有，但高中有两本字典对我很重要。一本是辽宁人民出版社出的《学生字典》，当时我就把字典里的三千六百个字都学会了，另一本是商务印书馆出的《汉语成语小词典》，当时有二千三百个词条，我也把这本小词典全背完了。全部背完的动力是要学好、要有学问的信念，当时没有书读，就只能那样。

我在读初中和高中时很拔尖，我是我们那个旗唯一一名在高中就入党的学生，那是1976年。我们那个地方是很尊重知识的。那时候有一点汉语言文学的底子，完全得益于初高中时候读的大量文学作品。

到了1982年5月，我觉得自己既然喜欢科学文艺，但学的是理科，缺欠的是文科，所以我就报考了中央电大汉语言文学专业。既然想把科学和文艺结合起来，根底必须扎实一些，现在看来我当时报考中央电大非常正确：我1982年以前的作品和1985年中央电大毕业之后写的作品完全两回事，科幻创作确实要有文学功底。

那时我也非常幸运，1982年中央电大才第一次开设汉语言文学专业。这个专业汇聚了当代中国汉语言文学的高手，汇集了中国汉语言文学顶级专家教授。比如，古汉语由王力先生授课；古代文学由赵齐平老师主讲；袁行霈主讲元曲——袁先生目前是中央文史研究馆的馆长，我现在是四川省文史研究馆的党组书记，前不久见到袁先生，我毕恭毕敬地向袁先生敬礼，我告诉他，我真是他的学生。此外，还有季羡林老师等给我们上专题讲座。

科幻邮差：啊，真是让人羡慕的教师组合！你们是集中授课吗？

吴显奎：每天都是集中授课，当时我还半脱产，所以我主要的汉语言文学的功底都是那时候积累的。那时每次考试都是全国考试，我读了三年，六次全国统考，再加一次入学考试，等于是参加七次全国大考，后来，我读研究生就不怕考试了。当然我分数也很高，至少在成都，一直排在前十名。这么说吧，当时让我们背两百多篇中国古典诗词短文，我全部背完，学得非常认真，下了大功夫。

科幻小说“银河奖”发奖大会在蓉举行

我省六名作者获奖，其中我市占了五名，他们是刘兴诗、王晓达、吴显奎、曹建、席文举

本报讯 记者林树仁报道：中国科幻小说“银河奖”发奖大会，今日在成都举行。中国科普创作协会理事长温济泽、中国作家协会书记处常务书记鲍昌等出席了大会。

这次科学文艺征文活动，共收到应征稿件一千多篇，由英籍著名女作家韩素音女士担任名誉顾问的评委会经过认真评选，共评出获奖作品二十三篇，在我省获奖的六位作者中，刘兴诗、王晓达、吴显奎、曹建、席文举五人为我市作者。

省有关领导同志到会向获奖作者祝贺，并和其他同志一起，向获奖作者颁发了奖金和获奖证书。征文主办单位《科学文艺》和《智慧树》杂志编辑部负责同志在会上介绍了这次征文活动的情况。

又讯 中国科普创作协会科学文艺委员会年会，今日同时在成都召开，鲍昌等同志将在会上作专题讲座。

鲍昌拜望老作家艾芜

本报讯 记者吴红报道：中国作协书记处常务书记鲍昌于昨日上午，专程前往本市红星街省文联宿舍新楼，看望著名老作家艾芜。

鲍昌是来成都参加中国科幻小说征文发奖大会的。他十三日晚抵蓉，十四日上午就去看望艾芜。他握着老作家艾芜的手亲切地说：“艾老，我代表中国作协专程前来看望您！”陪同前往的四川作协分会副主席陈之光介绍艾老近年仍在辛勤创作。

鲍昌说：“在我国，八十以上高龄还在继续创作的作家不多。四川是出作家的大省，希望一批一批地出作家。”

1 2

① 报道首届中国科幻小说“银河奖”消息的这张《成都晚报》，吴显奎珍藏了30年。
② 出席首届中国科幻小说“银河奖”颁奖典礼的部分嘉宾，前排右起依次为：原中国科普作协理事长温济泽、著名科幻作家童恩正、原中国作协书记处书记鲍昌、原四川省科协主席周玉振。

读中央电大汉语言文学专业使我有了重大的提高，练就了一身硬功夫。毕业前后，我写了两篇作品，一篇是《勇士号冲向台风》，另外一篇就是报告文学《两弹元勋的秘密历程》。

在激情燃烧的岁月获得首届银河奖

科幻邮差：终于知道文采飞扬、口若悬河的吴老师是怎样练成的这一身真功夫！进入20世纪80年代初期，吴老师陆续创作了一批优秀的科幻小说，最为大家所称道的就是您刚刚提到的《勇士号冲向台风》，这篇作品获得了第一届中国科幻银河奖金奖，请您跟我们分享一下其中的故事吧。

吴显奎：我是1983年以后开始写科幻小说的，第一篇比较有影响的是《美丽的哀牢山》，这篇小说契合了我的专业。

我那时已经从成都气象学院毕业，而且留校工作，有时间创作。我留校做辅导员，和学生、和年轻人在一起，那是激情燃烧的岁月！《美丽的哀牢山》主要还是写人工影响天气，写一男一女在哀牢山一同研究西风带大气环流，我那时也处于恋爱阶段，我把那种感受也写了进去，所以很受欢迎。

等到1984年的时候，《科学文艺》有一次在天津开笔会，之后又在都江堰开过一次，这两次笔会之间我都在构思设计《勇士号冲向台风》。

那时中国还没有气象卫星，我们用美国的泰罗斯卫星来跟踪台风。那时四川对台风不那么敏感，所以当时对台风的关注可能没有那么多，以此为题材创作的作品也比较少。我则通过这篇小说把台风的来龙去脉讲明白，同时传递出人类认识自然、探索自然、尊重自然的一些信息。

写这篇小说前，我做了一些准备工作，真正动笔则一气呵成，完成后又放了一个多月，改了又改，称得上字斟句酌。再加上我读了汉语言文学，也知道在什么地方发力，不像在80年代初时那么急于发表，急于出名。那时出名的愿望很迫切——想给自己找点儿成名的感觉，想着作品发表后，送给同学，显摆一下，其实很幼稚！到了1985年，我二十八岁，那时就真的冷静下来了，一是看到高手在旁，二是想拿出一个重头戏，就是要追求精品，所以这篇小说发表以后反响很好。

首届中国科幻小说银河奖颁奖典礼，安排在1986年5月15号。因为那时《科学文艺》缺人手，我也去帮忙。5月14日我被会务组安排去接《人民文学》副主编王扶老师，得什么奖我都不知道，从机场回来的时候，会议还在省科协的会议中心举行。评委们很紧张地评比，最后是王晓达老师出来告诉我，他说："显奎，你那个《勇士号冲向台风》获奖了，而且是第一名。"

王老师还说是温济泽温老提名的，温老说他要推荐给文学评论家冯牧，请冯牧写一篇评论。温老说这篇作品确实是体现了科学和文艺的完美结合，鲍昌书记也说这是科学和幻想的有机结合，真正插上了幻想的翅膀。当时听到这些，我就很激动，也很感动！

当晚八点半，《科学文艺》的一位年纪很大的名叫李理的老师通知我说鲍昌书记要见我。

鲍昌是一位好作家、好领导

1986年5月15日晚，原中国作协书记处书记鲍昌（右）约见吴显奎。

吴显奎：鲍昌当时是中国作家协会书记处书记，我在学习汉语言文学时就知道他。鲍昌当时有两篇小说非常有影响，有一部长篇小说叫《庚子风云》，写义和团的。他是东北人，辽宁省凤城县（现凤城市）人，日本人侵占东北后随他父亲到天津、北京，对天津、北京比较熟悉，所以他专门写义和团。他还写了另一部很有影响的小说，名叫《盲流》。

你们可能不知道什么叫盲流，盲流是“文化大革命”时期的一个特殊群体，这些人为生活所迫，为阶级斗争所迫，怀里揣着户口，盲目流动，没有目的地到处走。当时我们家就是盲流家庭，这事就说来话长了。

1969年，我父母带着我们兄妹五个从黑龙江省的青冈县盲目地如逃荒一样来到了莫力达瓦达斡尔族自治旗，在那儿怀揣着户口，三年没落户，到处流浪，饥寒交迫。所以鲍昌写的《盲流》我非常认同，他写的主要是新疆的盲流，他对盲流这个群体太了解了，写得非常好，让人感动。所以我对鲍昌，高山仰止！那时能见他真是激动得不得了。

那天晚上，我在省科协招待所二楼见到鲍昌书记。我记得他住的房间里有两个布艺沙发，他和我聊了半个小时，问了我过去的生活，我也讲了《盲流》，他也很激动，因为我对他的作品很了解。

临走的时候，我请鲍昌书记帮我题词，当时我带了一个很薄的笔记本，他就拿了一支蓝色软笔写了一句话：“插上幻想的翅膀，扬起科学的风帆，在理想的天空奋力翱翔！”

鲍昌书记把我送到楼梯口，对我说：“你的作品达到了相当的水准，你可以加入中国作家协会，你回去就写申请，我做介绍人。”我当时非常兴奋，紧紧地同他握手。可是回去后并没有照做，因为我当时不是四川省作家协会会员，一步跳空，深感不妥。所以我当月就加入了四川省作家协会，但没再接着去找鲍昌老师，那时候是有点傻，应该接着找他。所以说鲍昌是一位非常好的作家，一位好领导。

记得他当时的脸色很不好，青青的。他工作和创作都特别卖力辛苦，因为他是搞鲁迅研究的。他研究鲁迅，做上万张文献资料卡，手抄资料一百万字。一万张卡片什么概念？那是非常惊人的。听温济泽理事长说，鲍昌住房不大，墙上定了很多格子，摆的全是卡片；甚至连座椅下也全是卡片，并且分好类，所以他非常了不起。可他1989年就去世了，是累死的。五十九岁，跟我今年一样大，太可惜了！

鲍昌这人不计较个人名利，《歌唱祖国》大家都知道吧，相当有影响力，“五星红旗迎风飘扬”大家都会唱。鲍昌是《歌唱祖国》的词作者，但是没他的名字，因为当时有一个曲作者王莘，他对歌词做了一些改动，鲍昌不太愿意，他说：“行吧，要改你就改，但改了以后落款最好别落我的名字。”因此，虽然词作者是鲍昌，第一稿、第二稿、第三稿都是鲍昌，但现在唱火以后就没有写鲍昌。“五星红旗迎风飘扬”，多好啊，所以这人很了不起，不计名利。和这些大师在一起，你的眼界心胸都会不一样。

温济泽：“显奎这人哪，是审美的”

吴显奎：我再说温老温济泽。后来我跟温老建立了很长期的联系，直到温老1999年去世。首届中国科幻小说银河奖颁奖典礼期间，温老跟我说：“显奎，我看中你的理想主义精神，看中你的激情，看中你用小说反映的人性美、人情美、人和自然美。”

当时我写台风，确实把台风写得非常美。台风登陆破坏性很大，但功劳也不小，它能给人类送来淡水资源，缓解水荒。一场直径不大的台风，登陆时能携带三十亿吨水。所以台风确实能造福人类，没有台风整个太平洋上空的水进不来。温老说我写台风、写大自然，写自然的美，写人性的美，一句话，就是美！他说：“显奎这人哪，是审美的！”这是温老对我的评价。

后来我就在生活中观察，人确实有两种，一种人在主体以上是审美，他首先看到人的优点；有一种人审丑，他首先抓到人的毛病，审丑的人语言也犀利，表扬人少，批评人多。所以审美和审丑不一样。后来我观察，审美的人一般长寿多，审丑的人一般长寿少。这并不是说鲍昌审丑，因为鲍昌是累死的，而是我们尽量多做审美的人。这世界就是这么安排的，人的性格多样，五花八门，什么样的人都有，这又说远了。

温济泽先生了不起，他1930年在复旦大学读书，是复旦大学共青团的组织者、领导人。他就是因为在1932年时反对国民党反动派被抓起来，被国民党监狱关了5年。他于1937年出狱，是在国共合作时把他救出来的，到延安担任延安新华广播电台编辑部主任，是新中国新闻事业的奠基人之一，中央人民广播电台副总编辑。他也是新中国最早写科普作品、出版科普图书的作家之一，他还编了一套《自然课本》，是当时陕北延安地区小学生的读本。很遗憾的是，新中国成立以后他被打成右派，被下放。但愈挫弥坚，不坠青云之志，温老很了不起！后来，他第一个被平反。再后来他是中国科学院研究生院院长、中国科普作家协会的理事长，最后去世的时候是中国科普作家协会的荣誉理事长，一生与科普结缘。

温济泽理事长（右）与吴显奎在首届“银河奖”颁奖会场外合影。

后来我跟他有多次接触，他为人非常严谨，而且讲原则，同时又充满了大爱之心。对国家、对党的事业、对党的新闻事业充满了感情。特别是对年轻人的厚爱，见到我的时候，他叫我“冲向台风”，若干年后还记得这句“冲向台风”。温老于1999年4月16日去世，葬在八宝山。我当时在国外，没能出席他的葬礼，至今仍觉非常遗憾。

这次获奖对我来讲很重要

1 | 2

① 在首届“银河奖”颁奖典礼上，吴显奎代表获奖作者发言。
台上前排嘉宾右起依次为：吴显奎、鲍昌、周玉振、李力众。
② 吴显奎先生获得首届“银河奖”甲等奖奖状。

科幻邮差：这么多年，吴老师用自己的行动一次又一次告慰这些老人，他们的眼光没错。（笑）吴老师还记得第一届银河奖颁奖是在一个什么场景下，跟您同台领奖的都有哪些人吗？

吴显奎：我记得颁奖典礼是在四川省科协二楼第二会议室里举行的。会议室有四百多平方米，还是很大的。那时候不像现在有很多高档酒店，当时省科协建得不错，餐厅可以容纳一千二百人吃饭。

科幻邮差：那时候省科协的位置是在哪儿？

吴显奎：就是现在的人民南路四段十一号，跟科幻世界杂志社在一起呀。当时规划非常好，省科协办公大楼在人民南路是标志性建筑，有大礼堂、小礼堂、停车场，非常漂亮、气派。可惜后来省科协把广场全部盖了房子，把礼堂也卖了。那时候科幻世界杂志社有个老师叫向际纯，他设计了银河奖的徽章，非常好，但后来好像没怎么用这个徽章了。

当时出席庆典的有温济泽、鲍昌，四川省科协主席李力众，还有童恩正、松鹰、流沙河。当时有影响的人物都在主席台上就座，我、刘兴诗、魏雅华、王晓达、吴岩这一批获奖者坐在下边第一排。因为我是第一名，当时就让我做代表发言。我非常激动，后来我看照片，发现自己连衣服的第二颗扣子都没扣。

获奖感言主要是三重感谢：第一感谢这个时代，科学和文艺的结合，科学的春天，艺术的春天；第二感谢前辈们的扶持，温老、鲍昌、童恩正；第三就是感谢《科学文艺》杂志社扶持作者，通过两次笔会大家都得到很大提高。

科幻邮差：这次获奖对您产生了什么影响？

吴显奎：这次获奖对我来讲很重要。实际上确定了我后来整个生活的走向，就是我这辈子和科学文艺肯定是分不开了，最大的影响就是我后来成了四川省科普创作的主要组织者之一。

我从1986年上半年起做四川省科普作协常务理事、秘书长。我这个秘书长不是挂名的那种，是真干活的，我一口气干了二十年，从1986-2006年。这期间我先后牵头策划、组织了四次四川省优秀科普作品评奖和上百场各类活动以及创作座谈会。四川省科普作家协会作为四川省科协所属的社团，是最有影响力的一个团体。四川省科普作家团队成为全国最优秀的团队，产生了一大批优秀的科普作家，直到今天这支队伍仍然全国领先。所以这次获奖让我这辈子和科普创作结了缘。

“您们对稼先的理解是很深刻的”

科幻邮差：吴老师刚才提到80年代初期您两篇比较重要的作品，一篇是《勇士号冲向台风》，另外一篇是报告文学《两弹元勋邓稼先》对吧，能跟我们讲讲这篇作品背后的故事吗？

吴显奎：应该说邓稼先这篇报告文学在我的创作中是非常重要的，重要在哪儿呢？这篇报告文学率先披露了中国原子弹和氢弹的研制过程，这是国家机密，它最开始是一篇长篇通讯，发表于1986年的7月28日的《中国青年报》，是我和一个叫孟勇的同学合写的。在这之前，我们先后采访了国防科工委的马兰基地、岢岚基地、酒泉基地的工作人员，然后又到北京采访了一些大的核物理学家。

那时候，我电大同学孟勇在《中国青年报》当记者，当时他的任务是写科学家。我是中国科幻小说银河奖获得者，受到关注，再加上我之前写过很多科学家的报告文学，特别是当时写海王星发现者法国科学家勒威耶的《黑海风暴》影响很大，同时我还写了国内几位大科学家的传记作品，影响都很大，所以让我参加了这个采访任务。后来我就和孟勇一同去采写，由于涉及国家机密，所以是由国防部特批的。

1986年7月发表长篇通讯以后，我就在那个基础上着手写报告文学。这篇报告文学《两弹元勋的秘密历程》是在1986年12月的《萌芽》杂志上发表的，发表后引起轰动。当时《萌芽》杂志上市售卖前，在《光明日报》打了个广告，所以杂志一出来就被抢购一空，影响非常大。大到什么程度呢？中央军委专门给《萌芽》杂志打电话表示感谢，然后徐向前、聂荣臻两位元帅的办公室给《红旗》杂志打电话，让《红旗》杂志发表了评论。

这之后，当时国内有一个很重要的刊物叫《作品与争鸣》，该杂志把它作为头版头条推荐

1 | 2

①吴显奎代表作品之一——报告文学《两弹元勋的秘密历程》，首发于上海《萌芽》杂志一九八六年第十二期。

②一九八七年五月三日，邓稼先夫人许鹿希写给吴显奎的感谢信。

发表，还刊登了一篇分量很重的评论。后来这篇报告文学获得了上海萌芽文学奖、四川省第二届文学奖、成都市首届金芙蓉文学奖，所以这也是我获奖最多的一篇报告文学。

那时正在评选第二届全国优秀报告文学奖，全国获得提名的有二十九篇，这篇也获得提名，但最后没有正式得奖。后来《萌芽》杂志的一位叫嵇伟的女编辑打抱不平，她说完全不公平，不能因为作者是四川人，没在北京，没有关系，你们就不评，关键要靠作品说话。

在这篇报告文学里有我这样一句话：“平衡来源于力量，和平依赖于威慑”，后来这句话写在军方的文件中，成为维护祖国和平的一种理念。

今年7月，邓稼先逝世三十周年前夕，我在网络媒体上公布了邓稼先妻子许鹿希在三十年前写给我的一封信。她在信中充满深情地写道：“您们对稼先和同他一起干核武器工作的同志们的理解是很深刻的。他们之所以奉献自身的一切，只是为了一个强大的中国和安宁的世界啊！”许鹿希教授是病理学家，是全国人大原副委员长、九三学社创始人之一的许德珩的女儿。

后来有人以《两弹元勋的秘密历程》为脚本改编了一部电视片，叫《西部痕迹》，反响也不错。虽然后来宣传“两弹一星”的作品不少，但这篇报告文学在当时及其后都是国内最有影响的。当然，这也和科学与文艺的结合不无关系。为什么邓稼先的妻子许鹿希对这篇报告文学这么满意呢？就是因为这篇作品既有国家战略和国际政治高度，又有人文精神、人文情怀，还有相当的科技知识、军事知识含量，以及非常美的文学语言描述，不是干巴巴的数字，所以这篇报告文学应该是科学和文艺的很好结合。

之后，我还写了一篇很有影响的传记小说《涂长望之死》。涂长望是中国科协和九三学社创始人之一，也是新中国气象事业的奠基人，是中央军委气象局第一任局长，也是新中国的首任气象局长，新中国气象事业走到今天，他有首功。他是一位杰出的领导者，是中国近代长期天气预报的开拓者。但是到现在为止，包括很多气象专业的大学生都不太知道涂长望其人。我认为人是一种面向未来的动物，应该面向未来，但确实也不要忘记过去，传承很重要。

涂长望1930年留学英国，在伦敦大学攻读气象学。1952年他就提出全球气候变暖的判断，非常有先见之明。可惜老先生因患脑瘤，英年早逝，只活了五十六岁。涂长望是新中国气象事业的奠基人啊，也是他把一大批在国外的气象学家、中国留学生请回来，奠定了中国气象事业的基础，但是他自己受了很多委屈。

我写的《涂长望之死》于1985年发表，也是科学和文艺结合的传记小说，发表以后在气象界引起很大反响。

科学、文艺、想象力的结合就是我的追求

科幻邮差：实际上您是通过创作科学家传记来提升自己对科学的认知，践行着在王梓坤先生那里得到的点拨，同时又将早年在电大培养起来的文学素养揉入其中。那么在创作中将科学和文艺有机结合的时候，吴老师如何处理科学与文艺的关系呢？

吴显奎：我觉得科学知识、科学思想和科学精神需要借助文学的力量。言而无文，行之不远。优美文字和富有惊奇感的想象十分重要，要把中国的语言美展示得淋漓尽致，要有追求，追求语言的形象美、形式美、修辞美、音律美、纯洁美。

对我来说，有一个作家对我很有影响，就是原来吉林省的作家协会主席鄂华。鄂华写了多篇报告文学和传记文学，其中比较有影响的作品是《在黛色的波涛下》，还有在20世纪60年代写的七篇传记小说。例如写伽利略的《阿尔切特里的林中小屋》，写培根的《虹》，等。在这些作品中，鄂华是把科学知识全部砸碎，把科学思想、科学理念全部融在故事里，而且写出了境界，写出了科学家追求真理的精神。他的叙事角度非常独特，语言非常美。他写西方科学家的时候都采用欧式的句子，修饰语言特别多，非常准确，而且非常漂亮。

所以文学语言要给人以美感，我觉得在这个过程中作者也会受到熏陶，这种美感就是作者个人的追求。所以汉语言文学的功底很重要，鄂华的功底就非常深厚，他对汉语言的使用可以说是运用自如，炉火纯青。

所以从《诗经》到现在的作品，不管是口头文学还是文字文学，中国汉语言有几千年的发展历程，这个传承是能够实现厚积薄发的。但这里面需要有大量的背功，现在有些年轻人不背东西，这确实是一大失误，一说背好像就是死记硬背，其实不是这样，你要有背功才有基础。你看我背了《汉语成语小词典》，并非需要时才想到成语，而是在此情此景下成语就会自然涌出。我在很多地方演讲时，一些诗歌、词曲开口就来，只有这样才能最准确地表达。现在看小说的读者越来越不读大部头的东西，文学游戏化、快餐化了，只能说很遗憾。

1982 年 9 月 28 日

晚上拜访我尊崇的吉林作家鄂华，谈及传记小说的写作。他说："主要事件要真实，其余部分则可虚构。像《阿尔切特里的林中小屋》一文中的密尔顿就是一个例子，在伽利略生平中就没有这一方面的记载，但在整理的日记中则出现了他在 30 岁的时候会见过伽利略的记载，我就凭这一点写成了这两篇文章。而会见时的情景以及对他一生的影响，则是虚构完成。"

这是需要想象力的！

在拜访鄂华的同时还见到了《夜幕下的哈尔滨》之作者陈迁和《千万不能忘记》的作者丛生。

鄂华还强调要多搞调查研究。

鄂华——中等身材，清瘦，大眼睛。

吴显奎回忆拜访作家鄂华的片段。（摘自《吴显奎文集》，四川大学出版社，2016年5月第一版）

话又说回来，《科学文艺》也好，更名后的《科幻世界》也好，科幻小说也好，更多的是面向未来，最核心的问题还是要有想象力。所以历史不应该成为我们的包袱，未来确实给我们展现了广阔的空间。人类正在加速文明化，这是我自己概括的。

考古发现人类在距今九千年以前才会养猪，才会驯狗，九千年的历史相对于地球四十六亿年的历史来说确实极短。西方文艺复兴距今三百年，三百年对九千年来讲，又是一个巨大的历史跨越。九千年前到文艺复兴，期间八千七百多年的历史基本上变化很缓慢。但是自从哥白尼的《天体运行论》发表，蒸汽机出现以后，人类进入了蒸汽动力时代，然后又经过一百年左右时间，进入电力时代。现在只用了三十年就进入信息时代。

社会确实在加速发展，这就是所谓加速文明化，现在人类的挑战恐怕是怎么样面向未来，面向什么样的未来。所以涌现出一大批像刘慈欣、王晋康、何夕这样的科幻作家。科幻小说就是面向未来的类型文学，而且对我们来说，严峻的挑战是未来有相当多的不确定性，这种不确定性还表现在我们对已有世界的认知，以及我们用已有的宏观视角和知识是不是能够比较理性准确地把握未来。

那些不平凡的岁月

科幻创作的两个流派

科幻邮差：其实，这在一定程度上给科幻小说提供了更多未来的主题。回到科幻创作上面来，20世纪80年代初，科幻创作渐渐出现了两个流派，一个叫重科学流派，一个叫重文艺流派，吴老师怎么看待这样一种划分？

吴显奎：因为受王梓坤这些人的影响，我还是主张科幻小说一定要重视想象力。因为我们中国人是从坚实的土地上成长起来的，不像西方文明是通过海洋经济、海上贸易发展自己的文明。我们是农耕文明，农耕文明讲的是春种秋收，讲的是一分耕耘一分收获。所以就特别平实，想象力就比较弱，再加上两千多年的封建历史中，封建帝王不愿意他的子民有独立思想，所以自隋唐两朝开始的科举考试，就是把所有的知识分子统一在一份考卷上。中国人确实缺乏想象力。我们更推崇务实的精神，而对未来、对未知的探索、对开拓是惧怕的。所以要强调想象力，面向未来，同时主张把更多的科学知识砸碎，揉在作品里面，从而发挥传播科学知识、科学思想、科学精神，启迪人们智慧的作用，这就是我的追求。

我本人欣赏刘慈欣的写法，在深厚的已知的自然科学知识基础上，构建广阔的艺术空间，实现科学和文艺的结合。也有一些科幻作家，把观念和理念揉在作品里面，就是软的科幻，注重文艺范儿，甚至偏离了科幻创作本身，受到了批评，被说成“精神污染”。

“清除精神污染”没那么严重

科幻邮差：听说“清除精神污染”运动的影响还是有点儿大，比如说叶永烈，后面包括像肖建亨这样的一些大家，在“清除精神污染”之后就罢笔了。

吴显奎：如果说“清除精神污染”是一场运动，则过头了。当时只是对一些创作倾向做了关照，提出批评。北京有几个人可能受“文化大革命”极“左”思潮的影响，说了一些话，但官方并没有扣一顶帽子给科幻小说。反正我自己感觉当时压力不大。相反随着思想解放运动的深入，商品经济时代的到来，人们明显感觉到文学开始衰落了。所以很大一批写科幻的人也逐渐放弃了创作，这不仅仅是因为“清除精神污染”，也因为社会潮流的取向改变了。应该说“清除精神污染”对科幻有影响，但是没那么严重。

当时20世纪70年代末，在科学的春天到来时，全国有科普类杂志一百一十多种，到了1985年的时候只剩下二十几种，将近九十种关掉了，就是因为体制变化了，期刊开始接受市场的挑战了。

科幻邮差：是主动关的还是被动关的？

吴显奎：多数杂志都是主动关的，订阅量很少，没有办法。后来质量高的书和杂志蜂拥而出，由于科普类杂志的发行量小，发展慢，所以被市场淘汰。停刊的科普期刊没有几个是因为发表科幻小说，而是自己不行了，这也是一个明证。

所以从走过的这段历程来看，“清除精神污染”对科幻小说创作本身没有直接影响，从社会大范围来讲也没有构成直接的伤害。作为亲历者，我觉得我和我身边的人都没有受到多大影响，你看谭楷就很少讲。其实，当时整个文学界都在转向，伤痕文学落寞了，朦胧诗人出现了。在整个国家转型时期，文学样式也随着经济社会的转型而转变了。相反有一些科幻作家转向，比如说有科幻作家写了大部头的传记文学，影响更大了。

“科”“文”之争

科幻邮差：实际上谈到“重科学”还是“重文艺”流派的时候，后面延伸出来的一个问题就是，在科幻界引起比较大争议的姓“科”姓“文”之争。“科”“文”之争对科普作家和科幻作家有什么影响？

吴显奎：当时咱们四川有个科普作家叫汪志，他就一直主张“科学小说”的提法，科学小说不是科幻小说。他认为，科学小说就是用小说的形式来普及科学知识。我当时在省科普作家协会给周（孟璞）老当助手，我自己的主张就是“百花齐放，百家争鸣”，核心问题是要有好作品，要被读者、受众喜欢才行。不要拿着一个理论说别的理论行或不行，关键是赢得读者，要有好作品，最终还是要用作品来说话。《流浪地球》也好，《三体》也好，就还是作品说话，而不是你的主张来说话。所以我认为这个姓“文”姓“科”的问题没有必要争论，非要争论就有点儿无病呻吟。这也是个错误的思潮，关键要把这个精力用在写好作品上。

关于这件事情（“科”“文”之争），我问过温济泽老先生，他对此事极不满意。他主张关键是要写好作品，你没有作品引起观众的注意，吸引读者的眼球，再怎么争论也没有必要，如果太多精力都用在这上面，是误入歧途。

科幻邮差：我们知道吴老师1982年就加入了四川省科普作协。有一种观点认为，成就中国科幻20世纪80年代那次高潮的正是科幻向主流文学的靠拢，就是向主流作家学习，这种观点似乎并不被科普界的人士所认可，认为当时的科幻作品偏离了既定的方向。吴老师怎么看待这个说法？

1989年，吴显奎（中）参加第二届中国科幻小说银河奖创作采风。

吴显奎：80年代的科幻创作，是有标杆的，那就是童恩正发表的《珊瑚岛上的死光》。后来我遇到童恩正的弟弟童恩文，他告诉我这篇作品实际上是在60年代就写好的，“文化大革命”期间没有发表，后来1978年在《人民文学》上发表，获得了中国短篇小说奖。这篇作品是作为文学作品发表的，写的是科学家的故事，是科学与文艺的有机结合，也是里程碑式的科幻小说。我知道当时中国科普作家协会作为全国搞科普创作的最高社团组织，它也没有明确要偏“科”，远离“文”，而仍然主张科学和文艺的有机结合。

1986年，温老曾经发表搞科普创作的六项主张，完整的内容记不清楚了，但其中有一项就讲，作为科普作家、科幻作家应该以宣传科学思想和科学精神为自己的使命，提出科普作品不仅要传播科学知识，还应该宣传科学思想、科学方法、科学道德和科学精神等等，同时希望作者要有一定的文学修养，像鲁迅那样，把科学与文艺结合起来。

这是温老的态度，他是中国科普作协几届理事长，是中国科普创作的领军人物。所以我现在想，要对后来人有一定的正确引导。80年代好像是黑云压城城欲摧那样，其实不是这样的，因为那时候真理标准大讨论，正是思想大解放的时候。那时候中央正推动思想大解放，不会“高天滚滚寒流急”，不可能啊。

科幻邮差：也可能那个时候吴老师的创作重心是在科学家传记文学写作上，所以感觉不太明显？

吴显奎：我的创作重心是在科学家纪实文学上，但是也很关心科幻创作。因为那时我的很多作品都在《科学文艺》上发表。北京的几次科幻创作座谈会、研讨会我都出席了，北京的、天津的会，我都有参加。实际上，北京有几位作家看法不一样，在一些研讨会上提出一些批评其实也是正常的，包括到今天，对刘慈欣的作品也有一些人提出不一样的看法嘛。

科幻邮差：当时是否因为北京有几个人对一些科幻作家的创作产生了一种打压的态势，所以后来以童恩正老师为首的十二位作家联名写了一封公开信表达疑惑和不满？

吴显奎：北京也就那么几个人提出不同的主张和批评的声音，其实没有必要反应过激。因为当时四川方面，还是在致力发现第二个、第三个、第四个童恩正。中国科幻创作蜚声海内外是在科学的春天到来之后，许多期刊报纸开始刊登科幻小说。

进入80年代，国内期刊都在探索新的改革路子，1979年前后出版物少，人们对知识的渴望使纸质媒体出现爆发式的增长，但人们很快开始转向新的审美，转向外国大片，特别是科幻片和动画片等等。这是由于整个社会审美发生变化所致，《科学文艺》在1980年的时候每期发二十万册，到了1985年的时候就三万册不到，这种大起大落是什么原因？就是人们的审美发生了变化，人们对精神产品的需求需要有新的东西来满足。科幻不是几个人在《光明日报》上发表了批评文章就给打压下去的。

科幻邮差：但是“清除精神污染”之后有一个比较明显的表现就是：刊登科幻小说的杂志少了，许多出版社都不敢出版科幻小说了，是这样吗？

吴显奎：科幻小说的发表的确受了一些影响。主要原因是一大批发表科幻小说的科普期刊办不下去，关门了，所以不能说这些杂志是因为科幻小说死的。当时的确有几个有影响力的科幻作家承受了一些压力，《光明日报》发了有关文章，但也就是一家之言。

我们四川是很宽松的

科幻邮差：我们上次在采访周孟璞老先生的时候，他表示说，面对“清除精神污染”的批判，他作为当时的四川省科普创作协会理事长，是坚决支持科幻小说的，这是当时整个四川科普界的态度吗？

吴显奎：当时周老是理事长，我觉得我们四川是很宽松的。如果四川不宽松，《科幻世界》能到今天吗？甚至其前身《科学文艺》有一段时间名字改为“奇谈”还获批，所以应该还是比较宽松的。我感觉“清除精神污染”运动没那么严重。

科幻邮差：那么在当时那个情况下，您觉得是什么原因让《科学文艺》得以生存下来？

吴显奎：我觉得还是《科学文艺》杂志主编有追求，并且还有一支有理想、有志向的编辑队伍。当时编辑部有杨潇、谭楷。杨潇是主编，是社长，她的坚守使《科学文艺》独树一帜。当时杨潇特有主张，她认为中国就是科学精神普及不够，科学思想普及不够，科学知识传递不够，所以她要坚守这个阵地。因此不管是什么体制，她这方面是没动摇过的，这一点和她父亲有关。

她父亲是杨超，在延安的时候研究哲学，杨超担任过四川省委书记，是中共优秀的马克思主义理论家，在哲学上有建树。因此他影响了杨潇，使她有一种秉持，这种秉持使她能够坚守信仰，她不是为了赚钱，那时候《科学文艺》根本赚不了钱，所以杨潇是一代有理想的中国知识分子的优秀代表。

当然还有谭楷和阿来。谭楷有志气、有理想、有才华，他本可以成为优秀作家，会有很多好作品，但是他坚守科幻，应该说他培养了一大批作者：吴岩、韩松、王晋康、何夕，谭楷功不可没。阿来是大作家，茅盾文学奖最年轻得主，他担任过《科幻世界》总编、社长，做出重大贡献。阿来在每期《科幻世界》首页上写文章，写得极漂亮。应该说，阿来、谭楷、向际纯、莫树清包括李里这批人是有追求的，就是传播科学思想、科学精神、科学知识，启迪智慧，让中国人摆脱愚昧，摆脱迷信。

正因为这个团队对信念的追求，使得更名后的《科幻世界》传了几代，一直坚守到今天。后来承办了几次国际科幻大会，应该说中国科幻逐渐迎来了刘慈欣、王晋康、何夕为代表的辉煌的新时期，《科幻世界》这种坚守是值得的。最后，必须提到的是姚海军，近十几年，中国科幻新一轮强劲崛起，姚海军献出了扛鼎之力。他牵头推出中国科幻“基石”系列，开创了中国科幻新天地。当然，也包括杨枫老师您，贡献也很大！

缺失想象力的民族必然缺失发展动力

科幻邮差：这样一回顾，我觉得中国科幻真是经历了一段不平凡的历史。那么请问吴老师，您觉得在中国发展科幻文化需要什么样的土壤？

吴显奎：我之前说过，中华文化始于农耕，在骨子里就有这种农耕文化的基因。这种基因和西方国家商贸文明发展的路径不一样，因为我们特别重视过去，特别重视经验。我们的历史负担比较重，老想过去怎么样，人的精力有限，老想过去你就不想未来了。所以，现在我们确实要面向未来，去思考未来，最后从哲学角度来回答“我从哪儿来，我到哪儿去”。中国人搞清楚了“我从哪儿来”，剩下的主要是关心、关注“我到哪儿去”，就是要关心人类的命运，这一点很重要，所以要展开想象力。像刘慈欣，他实际上成了宇宙规则的制定者。

我们从大处看中国人，并不乏想象力。打开视野，思接千载，视通万里，博采百家，自成一体，那么这个自成一体，更多是面向未来的一体。因为我们太强调务实了，所以一说面向未来总觉得不着边际，其实不是这样的。人无远虑，必有近忧，这是荀子的一句话。对人类的未来，对大自然的未来，我总觉得会充满阳光，人类真会越来越好，因为这是人类理性使然。

所以我后来写了一篇科幻小说《诺科星人撤离地球》。我设想地球是外太空的一个遥远星系发射出的实验小行星，地球本身及各种生物活动都是预先由程序设计好的，甚至包括我俩今天坐在这儿讲故事。整个实验结束后，这颗行星会爆炸。后来诺科星人在监测这个实验小行星地球的时候发现，地球的人类文明已经偏离他们预设的轨道，变得更高贵、更文明、更理性、更先进，所以母星就终止了他们的实验，让人类自己去发展。

科幻邮差：非常棒的故事！如果将来有更多的时间，吴老师脑子里一定还有无数的想象可以用科幻小说的形式呈现出来，我们期待着。我们知道，吴老师不仅是一位优秀的科幻作家，写了很多优秀的科幻作品，同时也是一位非常出色的科普作家。在您看来，科幻、科普之间要

2005年秋，吴显奎（前排右四）《诺科星人撤离地球》作品讨论会在成都举行。著名科幻作家王晓达（前排左一）、刘兴诗（前排左二）、董仁威（前排左三）等众多好友到场祝贺。

达到一种什么样的平衡，才有利于它们生长？

吴显奎：传播科学知识、科学思想、科学精神、科学方法是每一个科普作家、科幻作家应该坚守的使命，这一点大家都是一样的，只是表现形式不一样。像叶永烈老师，他既写了很多科幻小说，是个优秀的科幻作家，也写了很多优秀的科普文章，是个非常优秀的科普作家。但是，写科普和写科幻还是不一样，因为科幻要面向未来，科普是针对已有的科学知识进行普及，当然能立足于已有知识的普及来面向未来那是最好的。所以有所谓的硬科幻和软科幻，软科幻更多是展示人的想象力。

想象力非常重要，缺失想象力，这个民族就没有动力，所以想象力是非常可贵的品质。过去我们把幻想和胡思乱想等同起来，这也是错误的。胡思乱想者多数是利益驱动，渴望一夜成功、一夜发财，是妄想。这些人考虑的东西更多是个人或者小团体的利益，而幻想者更多是考虑包括自身在内的整个人类未来该怎么走，人类怎样才能生活得更加理性，社会更加和谐，世界更加美好，这二者是不一样的。所以说很难把科普创作和科幻创作截然分开，因为它们肩负的是同一个使命。当然具体来讲表现方式是不一样的，而且重点也不同：科普创作以推广知识为导向，更多的立足于过去，科幻创作主要是立足于未来。

科幻邮差：吴老师早期的创作应该是在进入成都气象学院工作之后开始的，后来随着行政工作越来越重，慢慢就减少了科幻小说的创作，当时这样的转型对您来说难吗？

吴显奎：还是有些难，我还是有些不舍。我的弱点是讲不好故事，有的人天生就会讲故事，像我前段时间碰到的麦家，他就会讲故事。所以我转向了，这是原因之一吧。更主要的原因是职业选择：干社会管理是我读高中时就确立的志向。

人物回忆

周孟璞先生是我的忘年交

科幻邮差：吴老师在过去几十年中，无论是科幻还是科普都给我们留下了十分宝贵的财富。刚才听了吴老师的讲述，我们也能感受到您从很多科幻前辈、科学家身上获得的精神上的支持。下面就请吴老师跟我们分享一些和这些前辈交往的故事吧。

吴显奎：我的忘年交就是周孟璞先生，可惜他前不久逝世了。上周，我主持了他的遗体告别仪式，杨老师您也参加了。周老一辈子搞科普创作，他是中国科普学的奠基人之一。他过去多次跟我讲，他父亲周太玄给他留了四个字的遗嘱作为家训，叫“薪尽火传”：柴烧完了，火种传下去。他一直把这四个字作为座右铭，他的精神就是传播科学知识、科学思想与科学精神。

他父亲周太玄先生，当时也是“五四”后期一个非常优秀的青年知识分子，留学法国。周太玄曾经写过一首跟闻一多的诗齐名的诗作，叫《过印度洋》，那时候非常有影响。周太玄老先生还翻译了《生物进化论》，参与创办四川大学生物系，是著名生物学家。他们家就是知识分子家庭，而且国学底蕴也很深厚。周孟璞出生在法国，受凡尔纳影响很深。他这辈子就干科普创作一件事，我在周老八十岁时写过一篇文章《周孟璞先生给我们的人生启迪》，讲了三重启迪，对青年人、中年人、老年人都有深刻启迪。周孟璞是一个非常令人尊敬、非常了不起的科普理论家和作家，也是对四川科幻事业发展起了重要作用的一个人。

1982年，《科学文艺》在到底定位为事业单位还是企业化管理的问题上出现分歧，这种情况下，是周老出面把《科学文艺》的管理纳入到四川科技出版社。周孟璞是四川科技出版社的首任社长，所以有一段时间《科学文艺》是由四川科技出版社代管的，但当时体制在改革，省科协也刚建立不久，后来省编委批事业单位编制的时候给了《科学文艺》编制，这个事业性的编制给了省科协，所以后来又回到了省科协。省科协专门给《科学文艺》两间大办公室，有这样一段历史。所以周老在《科学文艺》最困难的时候，在究竟落脚省科协还是落脚到出版社的时候，他先收留了《科学文艺》一段时间。不过这个困难主要来自于体制，而不是“清除精神污染”，这一点要明白。

科幻邮差：早先听吴老师说，您还在大学读书时就被周孟璞先生慧眼相中，是吗？

二〇一五年七月，在第二届世界华人科普奖颁奖大会上，吴显奎问候九十二岁高龄的周孟璞老先生。

吴显奎：哈哈（笑），没有那么早。我从成都气象学院刚毕业不久，省科普作协筹备第一届四川省优秀科普作品评奖需要人手。省科协有一个干部钱玉趾把我拉上，一起参与筹备，由钱玉趾先生介绍，我就给周老跑腿。跑到后来，1985年12月，我陪周老到山东省泰山市参加中国科普作协二届（二次）理事会，回来之后他就宣布我做省科普作协办公室主任（兼职）。但真正让我主持省科普作协办公室日常工作是1986年4月，由童恩正提名，让我牵头筹备省科普作协“二大”。从那以后，我做省科普作协秘书长，一直干到2006年。

要以优秀科普作家名字设奖

吴显奎：另一个人就是董仁威。当初加入四川省作家协会的时候还是董仁威给我写的推荐信，另一位推荐人是王晓达老师。董仁威是比较早加入四川省作家协会的。2000年我到资阳市政府做副市长以后，省科普作协的工作主要是董仁威在做，他前后做了十年，做得风生水起，做得非常好。

董仁威是拼命三郎，写了很多好作品，他牵头编大部头的科普图书，组织科普作家来编书，活动开展得有声有色，在全国也很有影响。因为年龄到了，2011年换届的时候，他把四川省科普作协这面旗帜交给我了，等于我是2006年从秘书长位置上转到常务副会长，后来2011年4月换届的时候又被选为理事长。我做理事长以后科普创作活动做得不少，但是编书方面没有董仁威做得多。老董是一个非常可爱的人，一个和时代同步的人，他也是《科幻世界》的主要支持者。

另外，在四川省科普作协里面有一批荣誉理事，像刘兴诗、松鹰、王晓达、赵健、张昌余，我前段时间提议四川省科普作家协会相关专业委员会设奖，要把我省优秀科普作家宣传出去。比如说刘兴诗，出了两百多种科普图书，著作等身哪！四川省优秀科普作品评奖应设“刘

一九九九年一月，（从左至右）王晓达、董仁威、周孟璞、刘兴诗、吴显奎在四川省科普作协团拜会上。

兴诗少儿科普作品奖”，还可设“松鹰科学文艺作品奖”“周孟璞科普理论研究奖”等。就是说，以我们优秀科普作家的名字命名这个奖，这样能把他们的业绩肯定了，把他们的事迹和贡献长久地传下去。

我接手担任四川省科普作家协会理事长后，专门为谭楷和张昌余、赵健、刘兴诗、松鹰、张文敬、洪时中、姚海军举办了专场科普创作成果研讨会，影响很大。特别是董仁威科普创作成果研讨会，会后还由《科普作家》杂志出了专刊，对他创作的经验、理论、成果做了总结。

我的骄傲与遗憾

科幻邮差：听吴老师说了这么多科学文艺创作的经验，也了解了四川科普创作发展历程中一些不为人知的故事，吴老师在创作方面取得了瞩目的成绩，而您在活动组织方面也为科幻科普事业做出了重要贡献。吴老师，这么多年的科幻科普创作与组织历程中最让您骄傲的是什么？

吴显奎：令我骄傲的是四川拥有一批成果丰硕的科普作家。我记得2015年12月，中国科普作家协会在成都召开了理事会，我们四川科普作家整个团队集体亮相。因为中国科普作家协会从来没有在地方召开过理事会，协会理事长刘嘉祺院士对四川科普作家群体评价甚高。来自全国的科普作家代表非常肯定四川科普的创作成果。所以，我在长达三十年的时间里，作为四川科普创作主要组织者之一，感到十分骄傲！我们带出了一支素质高、成果多、后劲足的创作团队，而且这个团队在全国被承认、被肯定、被表扬，我觉得很骄傲。

科幻邮差：那么您还有什么遗憾吗？

2015年12月28日，中国科普作协六届五次理事会在成都举行，吴显奎（二排左五）率四川科普作家团队集体亮相。

吴显奎：最遗憾的是进入2000年之后，主要去搞社会管理去了，自己没有创作出有影响的作品。

三十五年金戈铁马，三十五年野鹤闲云

科幻邮差：这叫术业有专攻呀。吴老师这些年一直致力社会管理，做行政工作，先后担任

吴显奎所著『人生三部曲』：《情悦人生》《呼啸人生》《审读人生》。

过市长、厅（局）长、省政府副秘书长，行政事务太多了，即使这样您从事科学传播工作还是取得了丰硕成果，这是四川的骄傲，也会载入中国科普创作史册，所以从这一点来说，您不应该有遗憾了。吴老师，如果用三个词形容您的人生，您觉得用哪三个词比较好?

吴显奎：我觉得用“理想、超越、激情”来概括比较准确。我所追求的，是有利于社会的人生理想，不断实现对自我的超越，而激情贯穿始终。我把我的人生分为两个阶段，第一个阶段是大学毕业以后三十五年。这三十五年就是呼啸前行，实践儒家主张，入世很深，“金戈铁马，气吞万里如虎”。这时候是上升状态，这三十五年我基本上走完了。

后三十五年不能这样干，要学习道家。中国文化了不起就是儒家和道家互相补充，叫儒道相济。年轻的时候你学习儒家，不舍昼夜，拼命飞奔，年纪大了就学习道家，雅室香茗，野鹤闲云。所以后三十五年要学道家，回归自然。当下是我的一个关节点，我正在有意识地转变，能退的都退，过去经常接受电视采访，现在除了你们这次，几乎不再接受电视采访。我要从聚光灯下退出来，退成一个普通人，一个平民百姓，这个时候就要进入淡泊人生的状态。我写的三本书，分别是《呼啸人生》《审读人生》《情悦人生》。目前，第四本《淡泊人生》还未交付，正在创作中。

科幻近况

中国地理的洼地与中国科幻的高地

科幻邮差：近年来，国内的科幻产业有了长足的发展。关于四川科幻，吴老师在很多场合都谈到过“四川是中国地理上的洼地，却是中国科幻的高地”。吴老师做省科普作协理事长期间也一直致力于四川科幻文化的推动，您如何看待四川科幻的过去、现在和未来?

吴显奎：四川的科幻创作一直处于全国领先地位，而且在全世界也排上了名，有一批功臣。但是，中国科幻文化整体还比较稚嫩，特别是没有好的科幻大片，科幻产业中包括科幻影视或是跟人们生活相关的产品还比较少。

2015年7月，吴显奎在第二届世界华人科普奖颁奖大会上致辞。

美国科幻的成功是科幻影视带动整个产业，比如科幻大片描述了一个宇宙城，一个加速器，它可能就会成为一个酒店，一处旅游胜地。美国就是用科幻文化来影响产业链进而形成科幻产业。但是，由于受限于整个社会的科学素质、影视制作水平，再加上我们影视界习惯于小投入，吃快餐，所以就导致了不敢为，大片在中国就做不出来。相反，美国的意识形态里把制作科幻大片看成了一个宣传他们国家战略的方式。这就不得了，它就炫耀他的高科技，炫耀它的武力，炫耀它的领先技术，在文化层面威慑其他国家。

所以这方面要有共识，应该用举国之力来做科幻大片，形成科幻产业，我认为光靠四川自己很难做到，关键是缺人才。所以我们应该有导向，积极支持发展科幻产业，当然中国科幻大片要想在世界电影市场上占有一席之地，短期内还谈不上。

风险投资投科幻的少之又少

科幻邮差：从某种程度上来说，科幻领域的资本时代已经到来了，一方面说明科幻的关注度正在提升，另一方面，资本运作的风险也很大。吴老师怎么看待大量资本涌入科幻领域这个现象？

吴显奎：风险投资投科幻的还是少之又少。有这种眼光的企业家非常少，而且科幻要大制作，再加上我们自己的好本子也少，大家要明白，这几方面都是受制约的。但不是说现在我们社会没钱，是有钱，可文化产业敢不敢往科幻投？这需要大手笔！需要一些有远见的大企业家。你看美国大片像《星际迷航》一直做到现在，这是美国派拉蒙公司和天空之舞公司有底气。但你说我们国内的大片，咱不说科幻片，就是其他大片也很难称之为“大”，是不是？这绝对要建构在我们影视产业非常发达的基础上，制作水平很高的基础上。

科幻大片的制作要动用国家各方的力量

科幻邮差：目前科幻文化活动走的主要是市场化路线，与政府合作的项目其实是比较少的。从吴老师常年从事政府的行政工作、科普作协的活动组织方面来说，您觉得科幻文化发展与政府的扶持之间保持一种什么关系最好？

吴显奎：我觉得科幻产业应该和政府的一些基金联合起来。政府不可能直接投，但是政府有一些基金可以投，像成都市高新区所属基金公司，就有一些合适的基金项目，应该争取这些基金支持。当然政府官员有超前意识很重要，我说过美国的一些科幻大片更多的是输出他们的价值观，输出意识形态，所以说这一点上还是要有超前的表达，用科幻大片输出我们的国家意志。所以我在想，一些大片可立足于和政府基金合作，这样的话能获得更多的支持。甚至我说，中国科幻大片的制作要动用国家各方的力量。

科幻邮差：非常高兴有机会与您探讨这么多科普科幻发展进程中的人和事。通过吴老师的讲述，我们清晰地看到了中国科普科幻数十年发展的足印，也被您与众多前辈之间薪火相传的真挚情谊深深打动。今天就到这里吧，谢谢吴老师接受我们的采访，也期待未来能够继续看到您更多更优秀的作品！

吴显奎：谢谢！你们做了一件很了不起的事，承载着中国科幻的现实和未来，这是你们了不起的贡献，感谢你们！

趣问趣答

1. 在吴老师心目中什么是科幻小说？

吴显奎：立足于人类已有的科学发现去面向未来，拓展人的想象力，以优美感人的故事把未来美好的愿景与挑战向当代人展示的故事，就叫科幻小说。

2. 您信赖科技吗？在生活中您是一个重度科技依赖者吗？

吴显奎：我对科学技术的进步始终怀着无限热情。在移动互联时代，我能够和新技术保持同步。

3. 您为很多科学家写过报告文学或传记文学，您最敬佩的科学家是谁？

吴显奎：“两弹一星”的科学家群体都是我最敬佩的。不管是人格魅力、理想追求、综合修养，还是他们对国家的重大贡献，都是我最敬佩的。

4. 吴老师的专业是气象，作为这方面的专家，请问您心目中最恐怖的气象灾难是什么？

吴显奎：现在气象灾难很多，最可怕的恐怕还是全球变暖。

5. 如果时光可以倒流，您最想回到什么时候，为什么？

吴显奎：我当然还是希望回到1979年那个春天，不仅是中国的春天，还是我人生的春天。

6. 如果现在有一本关于您的传记，您希望用一句什么样的话作为开头？

吴显奎：是这样，像我这样只是小有影响的人，较难成为传主。基于此，我自己编了《吴显奎文集》，全书八十三万字，算是我的人生小结。书已经被全世界排名前一百位的大学的图书馆收藏了。倘若有人要写我的传记的话，扉页上应该写着：“他把追求崇高作为人生的永恒主题！”我就是这样走过来的。我所追求的，用苏东坡的一句话，“吾上可陪玉皇大帝，下可陪卑田院乞儿，眼前见天下无一不好人。”心里充满阳光，而且里外透明。

7. 您是四川大型活动组织方面的权威，有什么经验可以跟我们年轻人分享的吗？

吴显奎：我受省政府安排，从2009年筹备第十届中国西部国际博览会开始（那一年温家宝总理出席），连续四届，由我牵头策划总体方案，执行操作重大活动。西博会目前已经办成了国家机制性展会和西部最大的投资平台、贸易平台和对外合作平台。大型活动要想办出效果，第一，主题一定要清楚，要结合政经迫切需要；第二，要有国际化视野，站在全球视点上做策划案；第三，要同媒体密切合作好，超前推广。

8. 最后请吴老师谈谈对中国科幻的期望和祝福。

吴显奎：中国科幻事业发展进入一个新天地，会面临着诸多挑战，这个诸多挑战有的来自于我们的文化积淀，也有我们国民教育方面的缺陷，但繁荣发展，一定是未来中国科幻的主题。

用行动为中国科幻助力

董仁威

中国科幻要赶超美国。

我相信在我的有生之年能看到这一天。

董仁威

DONG REN WEI

个人经历

与科幻结缘

与科幻再续前缘

人物回忆

科幻产业

科幻邮差

作为科幻道路上的前辈，董仁威老师的科幻之路可以用他一本传记的名字“开挂人生”来形容。不论科幻小说、科普创作，还是科幻活动，董老师均以异于常人的饱满热情贡献良多。今天，希望通过他的讲述，带领我们从不同的角度去感受中国科幻的发展之路，触摸历史起伏当中的人和事。

个人经历

科学启蒙从“红领巾饲养组”开始

科幻邮差：熟悉董老师的人都知道，您是一个兴趣广泛的杂家，但是在您取得的众多成绩背后，有一个共通的灵魂，那就是——科学。所以我们今天的访谈就从这里开始。请董老师先跟我们简单介绍一下，您对科学的兴趣与爱好是从什么时候启蒙的吧。

董仁威：好的。我对科学的爱好起源于读重庆三中（重庆南开中学前身）的时候，当时参加了一个课外活动小组，这个课外活动小组是少先队总部办的，叫“红领巾饲养组”。我们在那里养兔、养鸡、养羊，养各种各样的优良品种，同时进行科学的启蒙。我们的辅导员是南开中学后来的教导主任、总辅导员张继樑老师，还有两个是高年级的同学，一个叫谢敏，一个叫陈尚贤，他们对科学的浓厚兴趣感染了我们。特别是每周六晚上，我们要举行一次篝火晚会，我们“红领巾饲养组”的组员们就要在那里听高年级的同学和总辅导员讲生命科学的各种知识，同时听取他们关于生命科学的辩论。

那是我们向苏联学习的时代，苏联把摩尔根学派[①]当成是反动的唯心学派，而崇尚的则是米丘林-李森科学派，这两个派别之争在当时已经上升到政治层面，苏联有很多信仰和研究摩

① 美国遗传学家摩尔根在孟德尔遗传学的基础上创立了“基因学说”，是现代遗传学之父，他领导的学派，就叫摩尔根学派，或孟德尔－摩尔根学派。

1957年7月，董仁威先生（二排左一）在重庆三中参加“红领巾饲养小组”时，立下了研究生命科学的志向。

尔根学派的学者被打入监牢甚至处死。所以在这种政治氛围下，我们学习“老大哥”的路子基本是学习米丘林、李森科，而反对孟德尔-摩尔根学派，把现代生物学、现代遗传学当成一个资产阶级的东西来批判。

但是，我们那些高年级同学思想非常解放，有独立思想，他们争论到底是哪一派正确，我在这个争论里听到了“基因”，听到了“遗传信息”，听到了这些最先进的东西，听到了摩尔根学派，包括它的一些非常光辉的思想和很多的实验。我当时就想，生命太神秘了，我长大以后一定要成为生命科学家，把生命的秘密搞得清清楚楚。我初中在“红领巾饲养组”当了三年组员，是三个大组长之一，高中则完全由我一人负责。这使得我的业余时间全部用在了“红领巾饲养组”上，工作内容一方面是饲养，还有一方面是研究生命科学的秘密。那个时候，我就对科学，特别是生命科学产生了强烈的兴趣。

我有一颗“精神原子弹”

科幻邮差：看来董老师的科学启蒙真是非常早呢。在这方面，您的父母对您有什么影响吗？

董仁威：应该说我的父母都是为生活奔波的很善良的人，他们做的都是一些很平常的事情。对于我的学习，他们鼓励我努力但是从来不干预，也从来没有给我任何的科学启蒙。我的启蒙全是在学校里得到的。

科幻邮差：我在董老师家里曾看到过一张您父亲董至荣的照片，照片背面有他题写的几句话：“不幸的我，也不要消极，家、国、民族、人类还需要你们为他们谋福利，亡国灭种你不怕么？起来！奋斗！流血！与强权挣扎！”这几句话在20世纪20年代是非常鼓舞人心的。我想，在您身上体现出来的这种对生活、对生命的热情，应该来自于父辈的一脉相传，对吗？

董仁威：当然，这是非常重要的。我的父亲本是一个读书人，很有学问，后来因生活所迫，当小职员，一生就为我们十个人（父母亲祖母加我们兄弟姊妹）的生计忙碌，但是他在年轻时同样有理想、有热血。我们处在抗日战争的年代，我们被人欺凌，所以在我的生命过程中，除了科学，还有一个更重要的东西，就是在我身上练就的一种精神，一种“精神原子弹”。出版社的编辑约我写自传，认为我的人生是“开挂人生”，我说愧不敢当，我是个很普通的人。但是，我确实在成长的过程中，吸取了精神的力量，练就了一颗“精神原子弹”，这颗“精神原子弹”支持了我的一生。从大处来说，是为中华民族的复兴；从小处来说，是我立志当“赛先生”的战士，为科学在中国的兴旺发达而奋斗。

在那个时代，我们接受的教育和看到的现实是：中国积贫积弱、受人欺凌。特别是历史课上讲，在上海滩上，有“华人与狗不得入内”的侮辱性标语，对我的刺激很深，如芒刺背，使我产生了一种很强烈的信念。这种信念贯穿我的一生，这不是说大话，不是吹牛，我们就是这

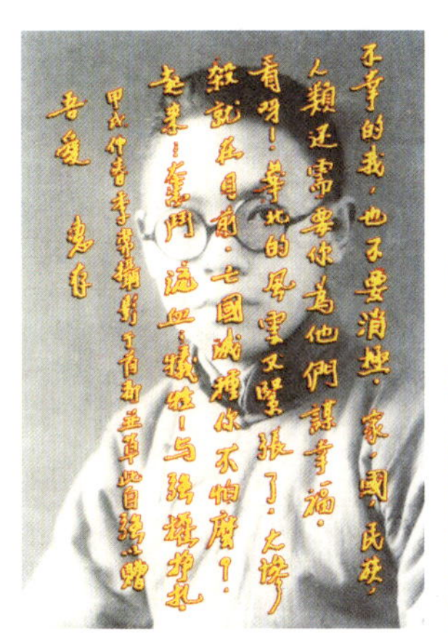

父与子。董仁威先生从父亲董至荣身上继承了一种“精神原子弹”。

样想的，一切事情的出发点就是这样的。作为一个中国人，国家兴亡，匹夫有责。不管我们在哪里，我们都要尽一个中国人的责任，复兴中华，使我们中华民族能够自立于民族之林，不再受列强的欺凌。这就是支撑我奋斗终生的“精神原子弹”。

想研究生命科学的愿望破灭了

科幻邮差：凭着这种精神力量，董老师在1960年左右选定了生命科学作为大学要学习的专业，这种选择对您后来的人生道路产生了怎样的影响？

董仁威：我从中学立志到高中毕业选择高考志愿，选择的都是和生命科学有关的志愿。当时，教导处的老师把我单独找去说，现在国家有一批非常重要的机密专业，只有平民子弟才能上，只能在内部填写志愿。有个专业我看了一下，就是四川大学生物系生物物理专业，是搞放射生物学、原子弹防护学的专业。于是，我就填了这个专业。

为什么没填其他的像北大、清华这些学校呢？说老实话，我的考试成绩是非常优秀的，每科成绩都在90分以上，考任何大学都是能被录取的。那时我听人说，四川是中国最好的地方，讨口也要留在四川，不要出川去。而四川最好的大学就是四川大学，我喜欢的就是生物系，我

四川大学生物系60级植物班同学集体合影，最后排右一为董仁威先生。

就填了生物系。

进了川大生物系生物物理专业以后，我又转过两次专业，第一次是1962年，全国院系调整，生物物理专业撤销，我就转到了植物专业，为什么转到植物专业呢？因为我们四川大学有一位著名教授，是四川大学有塑像纪念的三个一级教授之一，叫方文培。方先生是世界著名植物学家，能成为他的学生，我觉得很荣幸。后来我给方文培写了传，他的三千弟子中只有我为他写了传记。

植物专业毕业后，我又考上了四川大学生物系动物专业细胞学研究生。为什么搞细胞学研究呢？因为细胞学是探索生命秘密的前沿学科，同我的志向离得最近。我的导师是当时中国两位世界知名的细胞学家之一——川大生物系主任雍克昌教授，他招了两个研究生，一个是北京大学考来的我的师兄王喜忠，一个就是我。我们研究的题目是非常尖端的关于大脑细胞的分裂。按照传统的观念，人的大脑细胞在一生中是有定数的，到了一定的时候就不能分裂了，只能越来越少，没有再生能力。我们的老师不信邪，认为也许并非如此，于是我们就研究大脑细胞有没有再生能力这个很高端的课题。

从此，我一心一意地想当科学家，想研究生命科学，想破解这个难题，想破解大脑神经的秘密。但是，开始“搞运动”了，我再也搞不成我的研究，我的梦想破灭了。

科幻邮差：是哪一年？

董仁威：1965年，我只读了三个月研究生，搞了三个月猴脑细胞切片，就接到了一个命令：全校老师去参加农村的社会主义教育运动，也叫“四清运动”，我们当时可以拿助学金、奖学金，和老师拿的钱差不多，也就享受了准教师待遇，于是也去了。

就这样，我在新津县兴义公社十一大队金马河中央的江心洲上的一个生产队当“四清”工作队队员，“研究”了八个月的“四清运动”，回来就遇上四川著名的“八二六”造反，便又“研究”了两年多“文化革命”。到了1968年，便稀里糊涂地“研究生毕业”了，然后统一分配工作岗位。

当时，全国三个年级的研究生只有三千多名，以前一直是国家直接分配，但这一次因为“文化革命”，观念完全变了。有人说“大学生不如中学生、研究生不如大学生”，所以我们就被当成是“修正主义的苗子”，被随意地就地处理了。我就被处理到成都市九眼桥头一个很小很小的工厂去工作。

这个工厂叫成都味精厂，只有百来号人，用的全部是20世纪初期日本非常老的工艺生产技术，污染非常严重，整个工厂乌烟瘴气，我的蚊帐三天内就被弥漫在空中有毒的盐酸烟雾弄坏了，整个工厂寸草不生。曾经在实验室里看到化学实验由红的变绿的觉得非常有趣，但是一看到乌烟瘴气的化工厂，我就非常厌恶这种环境污染严重的企业。所以填高考志愿时，我很小心地避开了跟工厂有关的专业。但是个人命运由不得自己，偏偏让我走进了最不愿意进的工厂。

我虽然很厌恶化工企业，但是，作为一个国家培养的大学生，职业责任感是很强的。在那个工厂，我同全厂职工一起奋斗，用现代生物工程进行改造，用发酵工程的方法、现代生物技术的方法来生产味精，环境完全变了。当我们那个工厂长出第一棵小草的时候，我不准任何人扯！看到这棵小草，哎呀，简直太高兴了，能长草了，环境改变了，生物可以生存了。我后来为此写了一篇文章：《一棵小草》，在《成都晚报》发表，宣传环保。

科幻邮差：太不容易了。

董仁威：生态环境改变后，我又和厂里的一些领导、职工一起搞制药工业。我们当时生产了一种新型的抗生素。

科幻邮差：是在生产味精的同时开发药物？

董仁威：对，一个工厂里既生产味精，又生产药物，风马牛不相及的两种产品。它们中间的联系是技术，用同一种现代生物技术——发酵工程来生产。后来，我们把成都味精厂改造成一家著名的药厂，成了国家的卡那霉素和阿米卡星原料药生产基地，产值上亿元人民币。

科幻邮差：当时董老师在厂里的身份是什么？

董仁威：最先我是烧锅炉的，当工人，然后很快调到实验室去当技术员，当实验室主任，当味精车间副主任，当制药车间的副主任、主任，当厂研究所的所长，最后当成都制药四厂的技术副厂长。后来，我又把这个工厂再往另外一个方向转，转向儿童保健事业，争取到了意大利政府给我们的二百七十四万美元的赠款，建立了成都儿童营养中心，我也兼任了成都儿童营养中心的主任。一个企业怎么可以随意地转向呢？现在想来是不可思议的。不过，在特殊的“文化大革命”时期，你可以什么都不搞，但是你想搞什么也搞得成。所以，中央人民广播电台广播了我们这个单位，说“鸡窝窝里面飞出了金凤凰”，我们厂还因此选了一个“九大”代表，当然不是我，是个老工人，这个老工人按照上面规定的条件，“比着箍箍买鸭蛋”，不知怎么当上了“九大”代表。而我在工厂领导到处做的报告里面，也还是个重要人物，是一个接受工人阶级再教育接受得好的典型，呵呵，就是这样的一个过程。

董仁威与夫人刘斯曼青年时期合影。

与科幻结缘

创作从味精厂开始

科幻邮差：那您的科普创作之路是从什么时候开始的呢？

董仁威：我在工作的时候，一直关注着生命科学的发展，收集资料从没间断过。在1978年“四人帮”被粉碎以后，科学的春天到了，全国各地开始建立科普创作协会，北京建立了中国科普创作协会，四川建立了四川省科普创作协会，成都建立了成都科普创作协会。我想，我虽然不能直接从事我热爱的生物科学研究，但是，我可以把我的科学知识献给社会，同大家分享，间接地为发展我国的科学技术出一点力吧。所以，我就开始了写科普、写科幻。这些科普科幻作品很快在报刊上发表了。四川省科协和成都市科协的组织者很快都把我看中了，让我加入了成都市、四川省的科普创作协会，后来又加入了中国科普创作协会，予以重点培养，参加了无数的笔会、座谈会、培训会，给了我很多的机会，约稿不断。这样就开始了我毕生坚持的科普科幻创作生涯。

科幻邮差：也就是说，最早的创作是从味精厂开始的吗？

董仁威：对，1979年我开始从事科普科幻创作时，工作的单位还叫成都味精厂，1983年改成了药厂。其实，大学时代我就发表过科普作品和其他作品，但是，正式开始科普科幻创作生涯是在1979年。我的第一篇科幻小说《分子手术刀》，就是在1979年《科学文艺》第三期上发表的。

科幻邮差：那就是在科普创作的同时，科幻小说的创作也开始了？

董仁威：那时没有科普科幻的界限，写科幻的人都写科普，写科普也不妨碍写科幻。我们觉得作为一名科普作家，写科幻是写科普的最高形式，如果一个科普作家不能写科幻，那他的水平就要低一些。你看，我们老一辈的科普作家，郑文光、叶永烈、童恩正、刘兴诗这些人，他们都是以科普作家的身份立名的，他们写科普作品的同时，科幻作品也写得很好，所以他们在科普界的地位就很高。而那些只能写科普而不能写科幻的人，名气、影响力和地位就要差一点儿。

科幻邮差：请给我们介绍一下您的科幻处女作《分子手术刀》吧。

董仁威：这篇小说其实和我的细胞学专业有非常大的关系，其中的科幻核心设定就是以细胞遗传学为基础，三十多年过去了，现在我也觉得还没完全落后。我写的是一对恋人，女孩子得了遗传性疾病，为了不影响恋人的前程，主动同恋人分手。这个男主角就开始研究这个疾病，最后用分子生物学，用基因工程的办法把她的疾病治好了。大概就是这么一个故事。这篇小说被很多科幻精品集收录出版。我不只写了《分子手术刀》，还写了多篇以生命科学和现代生物技术为背景的科幻小说。最近，北京出版社要出一套科幻丛书，约我出一本，我说我的科幻小说水平太差，但他们看了后说不错啊，与我签了出版合同，可能马上要出了。

当时我算不上科幻创作主力

科幻邮差：进入20世纪70年代末80年代初，中国科幻迎来了自己的第二个高潮。据不完全统计，这个阶段创作发表的小说是过去的三倍。董老师，这个阶段您也是一个积极的参与者，能不能结合您的亲身经历跟我们介绍一下，当时四川科幻创作的整体风貌是什么样的？

董仁威：四川当时科普科幻的核心人物是童恩正。童恩正把我们团结在一起，一起搞科幻，一起搞活动，一起交流。在这个过程中，我们四川科幻作家的积极性是很高的，对科幻的兴趣也非常浓厚。除了童恩正，还有刘兴诗，还有王晓达，还有一批如我这样水平不算高的

《科学文艺》初创期编辑部与作者们在某次创作座谈会后合影。前排左起依次为曹建、章邦鼎、董仁威、王晓达、晏开祥、陈林、徐清德；后排左起依次为段星樵、贾万超、童恩正、周孟璞、刘兴诗、张大放、刘佳寿、张昌余。

科幻作家，在《科幻世界》二十年纪念的时候有一篇长文章，罗列了在《科幻世界》及其前身《科学文艺》上发表作品的科幻作家，很多都是四川的作家，包括我在内。我写得比较杂，在《科学文艺》上发表了很多作品，有科幻小说、科学小说，还有科学家和发明家的报告文学。

当时的形势是很好的，那会儿就有科幻“四大天王”——老“四大天王”之说。这个老“四大天王”有很多种说法，其中有一种说法，我们四川就占了三个，叶永烈、童恩正、王晓达、刘兴诗，后面三个都是四川的。那时，中国科幻的领军人物是郑文光，他是公认的新中国科幻之父。当然，这只是一种说法，还有很多种。关于“四大天王”的人名有一点儿混乱，但是总体来说，有一种说法还是被很多人认可的，就是童恩正、叶永烈、肖建亨，最后一个在刘兴诗、王晓达之间选择。童恩正应该是比较靠前的，因为他的作品文学性强，在主流文学界得到更多承认，他的《珊瑚岛上的死光》获得了“全国优秀小说奖”，是中国科幻小说在主流文学界首先获得全国性大奖的作品。所以，在20世纪80年代，四川已经成为中国科幻的重镇之一。

科幻邮差：那个时期的创作特别繁荣，创作力量也非常强大。记得上次采访王晓达老师的时候，他说在80年代初，也是以童恩正老师为首，还包括一批成都本地的科幻作家，成立了一个成都科幻小说研究会？

董仁威：这件事情我回忆了很久，1982年左右，我那段时间写科普比较多，科幻好像只发表了那么一篇，所以我不大有印象了。我不能说我没有参加过，但是我想不起了。而且，那个时候我是四川科普的主力队员，不是科幻的主力队员，在科幻创作队伍里只是个“小豆芽”。

科幻邮差：也是在那个时期，80年代初的样子，整个科幻创作群体中出现了两个比较大的流派，一个叫“重科学流派”，一个叫“重文学流派”。

董仁威：两个流派的代表人物都在我们这儿。

科幻邮差：对这两个流派，董老师怎么看？

董仁威：我认为，其实科幻姓文还是姓科根本就是一个伪命题，是不值得争论的东西。科幻可以有很多的流派，应该兼容并蓄，而且像童恩正写的以文学为主的流派，本身并不排斥科学。他有自己的科幻核心，他强调文学性这个不错，现在我们也强调文学性；而刘兴诗呢，他强调科学性，但他有一个部分走到了极端，这是我反对的，他说科幻小说最好是以科学论文为基础来写。

科幻邮差：就是要在小说的后面附上论文，考证一下？

董仁威：不是考证一下，他要根据这个论文来写科幻小说，他强调科幻小说必须要有根据，这是一种非常极端的做法。但是，他虽然是重科学流派，其实文学他也非常重视，他的文笔还是非常优美的，像《美洲来的哥伦布》这些作品多美啊，你分不清楚他到底是哪个流派。所以我认为，我们应该容纳更多的流派，它不应该互相排斥。我主张科幻的多元化发展，只要有读者，怎么写都应该允许。

好几届银河奖都是我拿泡司来当奖品

科幻邮差：在70年代末80年代初的第二次科幻高潮中，出版行业也迎来了自己的春天，一个具体表现就是在全国各地大兴科学期刊创办之风，很多出版社也开始出版科幻图书。这个时候，《科学文艺》横空出世了。在《科学文艺》的创办过程中，董老师有没有什么故事可以跟我们分享呢？

1990年6月，成都儿童营养中心落成，中心主任董仁威向意大利驻华大使介绍生产泡司的原料。

董仁威：《科学文艺》创办时，我只是一个初出茅庐的作者，没有参与创办工作，但是，我得到过杂志的培养，参加过杂志举行的多次笔会。杂志初期的负责人刘佳寿，编辑贾万超、谭楷给过我很多帮助，我同他们成了终生的好朋友。我感谢杂志对我的培养，也力所能及地利用职权支援杂志社。因为那时我还掌握着一点儿小小的权力，担任着成都儿童营养中心的主任，我常拿成都儿童营养中心的产品——泡司，去给《科学文艺》及后来的《科幻世界》当奖品，发给获奖的作家。

科幻邮差：是给银河奖发奖吗？

董仁威：对，好几届银河奖都是我拿泡司来当奖品发，谭楷常常说：“好你个董仁威，你给我们吃了点儿泡司，就让我们《科幻世界》记你一辈子。”哈哈哈哈……

科幻邮差：这个泡司是你们厂的专利吗？

董仁威：它是成都儿童营养中心生产的一种膨化营养食品，泡司的技术是意大利的，用意大利捐赠给我们的设备生产的，外观很漂亮，有螃蟹等多种形象，炸起来非常好吃。

科幻邮差：那就是我们后来说的虾片呀！在那个年代，可能特别稀罕吧？

董仁威：对，很稀奇。很少一点儿，一炸就是一簸箕，成百上千只“螃蟹”，大家吃得很高兴。

杨潇就这样被童恩正感动了

科幻邮差： 1984年前后，《科学文艺》的主管单位给它断了奶，不再给它提供经济支持。这个时候，以童恩正为首的老前辈专门去请杨潇出山挑重担，这个故事您听说过吗？

董仁威：我不但听说过，而且我采访过他们两个人，都采访过。这里有些细节你们可能不是很清楚，我可以讲两句。当时杨潇刚生了小孩，爱她那个小孩爱得不得了，其他任何事情都没想，也没想过要去当《科学文艺》的领头人，社里面进行各种各样布局时，她都没关心。有一天童恩正去找她，建议她去领头，她当时并没有答应。童恩正走后，她突然想开了，觉得应该去干这件事情，因为她被童恩正感动了。童恩正在很多时刻都起了作用，而且是关键作用。

科幻邮差：童恩正老师那时的身份是什么？

董仁威：他是四川省科普创作协会的副理事长，成都市科普创作协会的理事长。我和王晓达就是成都市的，我们首先在成都市搞科普作家协会，我是副理事长。童恩正在很多问题上都起了决定性的作用。他提拔年轻人，比如说吴显奎，就是童恩正提议把他弄来当秘书长的，他那时才二十多岁，这么年轻。很多决策，比如《科学文艺》是自己经营，由自己选主编，这件事上面并不是很同意，而且当时正在物色各种各样的人，从没想过从编辑部内部选人当领导。由于童恩正坚定地支持，而且亲自张罗，把《科学文艺》的改制工作搞起来。所以有一次，吴显奎建议用人名来命名一个科普奖，我说我只赞成童恩正，搞个“恩正奖”。他对四川省科普科幻起的作用是无人能比的，可惜他去世太早。当时，我们听到童恩正在美国突然去世的消息后，整个成都、四川的科普界，大家彻夜难眠。我在成都儿童营养中心组织了一个追思会，大家哭成一团，没有真挚的感情是不可能的，我们真的喜欢他，觉得他是我们的老大哥。后来，我当四川省科普作家协会主席、会长时，是以他为榜样的，他去世以后，我随时都觉得他在我的身边，注视着我。

科幻邮差：他的人格魅力和做事的果断、眼光……

董仁威：魄力、果断、眼光、凝聚力，这些在他身上都有鲜明的体现。我们四川得益于他，整个四川科普界得益于他，这是很难得的。我们是很有缘分的，他把四川建成中国的三大科普重镇之一，功劳卓著。特别是《科学文艺》的改制和后来《科幻世界》的发展，都应该给他记首功。

科幻邮差：对，可惜他走得太早了，这对科幻科普界是一个巨大的损失。

董仁威：是，损失巨大。我想他如果在，我们四川科普界会搞得更好、更团结。

“科”“文”之争

科幻邮差：董老师，在1982年底到1983年初，全国范围内兴起了一场科幻姓“科”姓“文”的大讨论，您还记得这件事情吗？

董仁威：我知道。

科幻邮差：这个事情是怎么开始的？

董仁威：我觉得关于姓“科”和姓“文”的讨论是很正常的，非常正常的学术讨论，这个没什么问题，但后来上升到政治层面，这个讨论被利用来反“精神污染”，这负面作用就大

20世纪90年代，童恩正（左二）移居美国后返川，董仁威（右二）约四川省科委主任张庭翰（右一）一起接待他。

了。其实，姓“文”和姓“科”的争论没有什么不对，也没有什么危害，现在也可以争论；不过，中国的科幻界现在因为接受了国际先进理念，远远超过了当时的水平，这个争论就显得很幼稚，很可笑了。

科幻邮差：那您说科幻的“科”“文”之争和后来的“清除精神污染”，它是一条线发展下来的吗？两者之间有什么联系？

董仁威：我的意思是说，姓“科”和姓“文”的争论是完全正常的，我同吴岩、姚海军是好朋友，也常发生不同理念的争论，这是正常的讨论，学术讨论，一点儿不影响大家的友谊。可是，那时，姓“文”姓“科”的争论同“清除精神污染”运动联系了起来，有人利用这个事情搞了政治层面的东西。也就是说，姓“文”姓“科”的争论并不是“清除精神污染”的起因。

科幻邮差：在这场大讨论中，科幻作家们都是什么态度呢？

董仁威：作为中国科幻的重镇，四川的科幻作家非常团结，坚决地抵制这个“清污运动”，以童恩正为首，义愤填膺、拍案而起。然后童恩正牵头，王晓达起草，写了一篇反对在科幻领域内搞“清除精神污染”的文章，在四川《文谭》杂志上发表。

科幻邮差：是写了一封联名信吗？

董仁威：对，联名信。这是中国科幻界的正义呼声，尽管这个声音非常微弱，但是我们表态了，我们奋争了。这封联名信是我们四川十二个科普科幻作家写的，签了字的，但是，并不是所有的四川科普科幻作家都在上面签了字。

科幻邮差：董老师了解“清除精神污染”这个事件的来龙去脉吗？

董仁威：我间接地了解一些，因为我毕竟不在核心。在中国科普作家协会里，它的领导层里面，就有一批对科学特别钟情，但并不写科幻小说的科普作家，他们对科幻小说挑刺，一定要科幻小说符合已知的科学规律。

科幻界的“清污”运动波及叶永烈

科幻邮差：这场科幻界的“清污”是如何发端的呢？

董仁威：发端于对叶永烈的科幻小说《黑影》的批判，然后发展到对其他科幻作家的批判，比如魏雅华，说魏雅华的科幻小说是黄色小说，也批判童恩正的小说。但是，好在“清污”这个事情，党中央很快发现并纠正了偏差。虽然政治路线上纠正了，但是对中国科幻小说的负面影响延续了十多年，谁也不敢出科幻小说，谁也不敢发科幻小说。这使中国的科幻文学沉寂了十年。而我们这些科幻作家，想写科幻小说的人没有用武之地，没有阵地了，都转去搞其他事情了，我也转去重点搞科普了。

科幻邮差：实际上就是，运动结束后，有一批科幻作家基本上退出了科幻园地。像您后来是因为参与科幻的一些宣传组织活动，回归了这个圈子，但也有一些作家离开了以后就再也没回来？

董仁威：基本上都离开了。我喊叶永烈来参加一个会，他说他已经离开了，就不来了，他不愿意参加。

科幻邮差：由此可见“清污”运动给作家造成的巨大心理伤害。

董仁威：对，在整个科普界，科幻作家都退出了，剩下的人基本上都反对科幻。

科幻邮差：那就是说，整个科普界对科幻的态度在那个时候出现了一个分水岭。刚才我们提到的那封以童恩正为首的十二位作家支持叶永烈的联名信里，董老师也在其中？

董仁威：我在其中，签个名而已，没起什么作用，但我坚决支持。

科幻邮差：但是那个举动对作家来说，是最大的精神支持。

董仁威：叶永烈经常说“当时只有你们十二个人支持”，所以每次他到成都来都要看看我们。我到上海去，他也要请我去吃饭，他对这段历史记忆深刻。

思想上的黑影

——读惊险科幻小说《黑影》有感

·青 一·

的“某种波”为何物，它仍然是一个神话。不过，穿壁术在小说中仍然有作用，为主角娄山提供了自由出入国境提供了方便。它的作用，与《封神演义》里土行孙的土遁一样，只是为文学主题服务的法术而已。就是说，《黑影》并非真正的科幻小说，而是带有幻想味的小说。当然，小说里还有不少侦探故事，大多游离于主题以外，可以暂时不去管它，让我们把注意力集中到主要人物娄山身上来。

娄山的命运是随着小说的主题“报国无门”而展开的。他在回忆录式的自述中，把国民党的垮台和新中国的成立看作是“城头变幻大王旗”，而他们一家对共产党却是又爱又怀疑。

娄山是个华侨青年，在没有回国以前，存在着这样那样的看法，原是可以谅解的。他怀着爱国之心，于六十年代初回到祖国。他上了四年大学，参加了工作，思想并没有进步，反而增添了许多牢骚。攻击共产党员都是满嘴政治术语、开口闭口讲大道理的人，把他当作每一次政治运动的靶子，进行无端的“批判”。而更严重的是娄山在回忆这段生活以后，引用了鲁迅刻画封建礼教吃人的话来作为结束语：

1
2

① 1983年11月3日，《中国青年报》刊文批评叶永烈先生的科幻小说《黑影》。

② 叶永烈先生在本书中（福建人民出版社，2000年10月第一版），以纪实手法再现了当年那场关于中国科幻小说的大争论。

科幻创作百花齐放才有生命力

科幻邮差：在80年代初，越来越多的科幻作家逐步意识到，科幻作品除了介绍科幻知识、提出科学展望以外，还有更加广泛的现实意义，还有更深广的内涵，而不应该只是处在儿童文学和科学普及的从属地位。董老师怎么看？

董仁威：嗯，我觉得这个争论是很重要的，因为我们当时处在学习苏联的时代，接触的主要是苏联的科幻文学，当然还有凡尔纳、威尔斯。这一部分作品，特别是凡尔纳和苏联的这些作品，把普及科技知识放在很重要的地位，而没有接触到更多流派的小说，比如美国阿西莫夫这些小说，当时很多人还没看过。所以关于科幻小说有更广泛的功能这一点，不是很了解；对世界水平是个什么样子，也不太了解。我们在争论过程中，特别是以童恩正为首的重文学流派的科幻作家给我们不少启迪，让我们认识到不要把科幻文学局限在儿童文学这个范畴，还有写给成人看的科幻小说，向世界水平进军。包括童恩正、叶永烈，后来都用更广阔的视野去写科幻小说，不只是普及科学知识给儿童看了。

现在，我们强调成人科幻这种类型，它不只是写科学知识，还要传递一些社会的理念、一些世界观、一些科学精神、科学思想、科学方法，重点在于提倡探索精神和培养想象力。早在1983年，中国的科幻大家就开始往这方面努力，包括叶永烈的《黑影》，都在向文学方面靠近，开拓更广阔的视野。而后来被批判的也是这些，殊不知，这些在广阔视野中写下的科幻作品是中国科幻的一个进步。

但是，我们不应该在肯定后来的发展时，完全否定前面的东西，特别是以普及科学知识为目的之一的少儿科幻。

我一贯的认识是，成人科幻和少儿科幻是有很大区别的，它的目的、读者对象、写作方法、评价标准都有所不同，这两种科幻文学应该是并存的。

科幻邮差：在董老师的少年时代或者青年时代能够看到的科幻小说有哪些？

董仁威：我们能看到的就是两个部分，一个是凡尔纳，凡尔纳的作品在20世纪初就传入中国，20世纪50年代在中国广泛流行，凡尔纳这种科幻小说其实就是科普式的科幻小说，各方面的知识都有涉猎，当然它的文学性也很强，所以吸引了这么多人，作为世界名著流传至今。还有一个就是苏联的科幻小说，如别利亚耶夫的作品。除此之外，威尔斯的作品我也看过。

科幻邮差：之所以早先有人讨论科幻小说的地位问题，可能也跟他们是在哪些平台上读到这些作品有一定关系。比如，我们在查阅有些著名科幻作家的处女作时就发现，相当一部分是在《儿童时代》《少年文艺》，包括一些青少年的百科知识报这样一些平台上发表的。但是也有像童恩正老师这样的，小说直接就上了《人民文学》。所以有时候作家或者是评论家对作品的这种评判，可能带有自己的局限性。

董仁威：还有一个原因是中国大陆科幻小说的发端，是起源于为儿童写作。我研究过这段历史，郑文光就是为儿童写作而开始创作的。后来他们逐步发展，提高境界以后，接触了世界，写了更多背景更广阔的小说。但是，少儿科幻也有广大的读者群。这一群喜欢看少儿科幻的读者，主要集中在小学高年级和初中一年级这个特定阶段，到了初二就看成人科幻去了。但是这一阶段的人数其实是很庞大的。为这一部分读者写的科幻作品，我们称之为少儿科幻，我还把它定义为科普式科幻。叶永烈的《小灵通漫游未来》就是科普式科幻的一个经典之作，不能说《小灵通漫游未来》就比《三体》低多少，这两者不能类比，它是少儿科幻的一个高峰。后来的杨鹏啊超侠啊，还有我们四川的陆扬，都是专职写少儿科幻的。还有四川的姜永育，最近出的作品也很多。这些少儿科幻作家发展得非常快，他们写的就是科普式科幻，读者群很大。所以我说，成人科幻和少儿科幻并行不悖，不要把它对立起来，不能因为我们发展了一个新的类型就把原来的类型否定了。

科幻邮差：是的，对待科幻创作，一定要有一种开放包容的心态。一种文学样式只有百花齐放，才有旺盛的生命力。

董仁威：而且不要互相贬损、诋毁，都要为彼此取得的成就高兴。现在我发现，我们这新生代的“四大天王”都愿意写点儿少儿科幻，我也在约他们写一些稿子，准备出他们的集子，少儿科幻的集子。

科幻邮差：那真是太令人期待了！董老师，随着“清除精神污染”，后面直接引发的一个结果就是在很短的时间里，全国各地发表科幻小说的平台急剧减少，出版社也不敢继续出版……

董仁威：不只是急剧减少，全部消灭，彻底毁灭。

科幻的“正名”与“扬名”

科幻邮差：这个时候，剩下的就只有《科学文艺》，独此一家。您觉得是什么原因让《科学文艺》能够幸存下来？

董仁威：《科学文艺》能够幸存下来，第一，在四川省，它仍然是省科协的一个刊物，并没有被谁批判；第二，四川省是科幻创作的基地，有一部分骨干作家仍然热爱、喜欢科幻创作，他们的影响力在四川省，包括在四川省政府里还是很大的，不至于在四川出现批判科幻小说的现象。虽然出版社不敢出了，但这个杂志仍存在，当时也没有绝对地说，哪个杂志就不准发科幻小说，谁能坚持谁就能持续下去。幸运的是，以童恩正为首的四川科普作家协会的原套班子的核心人物，支持杨潇改组领导班子，改变经营方式；而幸运的是杨潇又热爱科幻，她打造了谭楷、贾万超这么一个热爱科幻的编辑团队，他们就有一个做科幻小说的愿望。可以这么说，那个时候不做什么都可以，要做什么也可以。虽然大家都被吓怕了，但在四川就有人不怕，反正也没人说你一定不能做，你小心一点儿就是了。所以就这样慢慢地复苏了。

科幻邮差：在杨老师接班之前是谁负责《科学文艺》？是刘佳寿吗？

董仁威：不是。整体来说，《科学文艺》的创办主要是刘佳寿的功劳，刘佳寿是为首的。以后刘佳寿调走了，就换了一个人来接任《科学文艺》的主编，他是个很好的人，很忠厚老实，可完全不懂怎么办这个杂志，这个杂志迅速从原来的几十万册滑落到几千册，已经是根本无法经营。科协又不愿意赔本，就让《科学文艺》的编辑们选择，要么自负盈亏，要么解散。在这样的情况下才发生了自选主编的历史性转折，才有后面的《科幻世界》。

科幻邮差：那时可能也是被逼到绝境了吧，为了生存。

董仁威：是被逼到绝境了。最初，杨潇还没有把《科学文艺》发展成专业的科幻小说期刊，靠做书卖书养活团队，然后决定改成《奇谈》，结果发现《奇谈》也不行，这才下决心发展成专业的科幻小说杂志，才有了科幻小说的复苏。

科幻邮差：回头去看这段历史，在中国当时的情况下，其实遭受批判的文学样式应该还是比较多的，但科幻小说似乎显得比较脆弱，就是在被批判之后，发表的园地急剧减少，作家要么退隐，要么彻底离开了这块园地。请问董老师，您觉得中国科幻文学的发展需要怎样的土壤？

董仁威：百花齐放的土壤嘛，对各种流派都要宽容，要让大家都讲话。只要不危害政府、不危害国家的安全，都让它自由发展。当然最好是鼓励和支持，你看现在国家出台政策，国家副主席李源潮接见科幻界代表，中央出了那么多文件来支持科幻小说。有了这些当然更好，但是只要不反对就行，不反对就能自然地发展起来，只要政府给一个宽松的环境就行了。当然我们也要提出底线——不能危害国家安全。

科幻邮差：要允许百花齐放、百家争鸣。

董仁威：对，只要能允许百花齐放、百家争鸣就行。

科幻邮差：进入90年代，科幻世界杂志社先后举办了两次比较大型的活动，一次是在1991年举办的世界科幻协会年会，第二次是北京召开的97国际科幻大会。杨潇老师说，第一次活动是为中国科幻正名，第二次是为中国科幻扬名。董老师认可这种说法吗？这两次活动您都参加了吗？

董仁威：赞成，两次我都参加了。第一次活动，国家允许搞这么大的活动，搞科幻大会，就证明搞科幻没有问题嘛，大家都敢写敢出了。第二次活动，提高了中国科幻的影响力。

与科幻再续前缘

整合五股科普科幻力量

科幻邮差：从20世纪80年代中期开始，董老师的创作重心转向了科普，慢慢与科幻拉开了距离。但是您在退休七八年之后，2010年左右，又开始重新关注科幻，这一切是怎么发生的？

董仁威：首先，我从来没有离开过科幻，虽然是关注度不够，但是我一直在写，也一直在发表，虽然水平很低，但是我在写，没有停止过。当然，因为科普有大量的约稿，我会先去写那些，但我抽空也写科幻。21世纪初期，我还在《世界科幻博览》发表过科幻小说《基因武器大战智能疫苗》，在《少年百科知识报》上发表过科幻小说《移民梦幻星》。

第二，我一直在关注中国科幻的发展。因为我本来就是一个资深的科幻迷，非常老资格的科幻迷，喜欢科幻，关注科幻，所以我也参加了《科幻世界》组织的各种各样的活动，只要喊我都会去，而且也支持了《科幻世界》的各种工作，包括和科幻世界杂志社的合作。虽然没有直接跟《科幻世界》杂志本身合作，但是跟科幻世界杂志社所属的《四川科技报》合作，搞了三年，我的很多科幻小说都在这上面发表。台湾科幻作家黄海的很多科幻小说也都是在《四川科技报》上发表的，所以，我一直都在，从没离开，只是没有大动作。

我常跟海军讲，跟你讲，就是科普、科幻千万不要分家。这两支“赛先生”队伍，可以自成一军，但也应是两支友军，要联合起来，把单靠科普作品影响力不大的格局打破。所以，在我担任四川省科普作家协会的主席后，我立即做了一个工作，把四川、重庆的五股科普科幻力量联合到四川科普作家协会中来。

科幻邮差：哪五股力量？

董仁威：这五股力量，第一股就是我们成都市科普作家协会，这批作家基本上都是同时搞科普科幻的作家；第二股就是科幻世界杂志社，我邀请了社长杨潇、秦莉等参加我们四川科普作家协会的核心班子；第三股力量是一直在四川省科普作家协会活动的那一批老科普科幻作家，包括周孟璞、吴显奎；第四股力量就是以张元树为首的四川省科普作协国防科普专委会的力量，他们搞的少年军校和国防科普丛书影响很大；第五股力量是各地市州科普作协的力量，包括资阳的吴宗文，达州的彭万洲，绵阳的汪志、刘文传，重庆的黄继先，等。把他们全部动员起来，大家团结在四川省科普作家协会这个社团里，各自发挥长处或者合作一起搞。

聚集起来以后我们就想，还是要干点儿大事。当时我们就讨论干点儿什么大事呢？大家说搞一个世界华人科普作家协会，让“孙子”生一个“爷爷”出来。

科幻邮差：是协会在前，还是星云奖在前？

董仁威：协会在前。2000年底，我接手四川省科普作家协会，当了主席，直至2011年。我的第一步是把大家的力量整合起来，共同办四川省科普作家协会，科普、科幻人都来。我认为，科普、科幻是在特定历史条件下分开的，而我要把科普科幻重新聚合起来，整合力量。这两支“赛先生”的方面军，两个亲兄弟，并肩战斗，一加一何止等于二！第二步，以我为首，联合一批骨干，找了点儿钱，于2005年去澳门注册建立世界华人科普作家协会。这个科普作家协会包括了科普作家和科幻作家，第一届是叶永烈当的主席，我是理事长。以后，我在这个世界华人的科普协会中办了一个分会：世界华人科普作家协会科幻分会，简称世界华人科幻协会。世界华人科普作家协会科幻分会，最先在澳门注册，第二年独立出来在香港注册，正式建立了世界华人科幻协会。

2010年8月8日，世界华人科幻协会第一次会员大会暨首届星云奖颁奖典礼上众嘉宾合影。前排左起依次为张昌余、松鹰、刘兴诗、周孟璞、董仁威、何定镛、韩松；后排左起依次为王晓达、姚海军、吴岩、王晋康、刘慈欣、星河。

建立组织：给科幻人找一个家

科幻邮差：但是我记得在哪一本书上看到过，说星云奖在前，协会在后，是因为先有了星云奖，要考虑挂靠问题，才有了后来的协会，不对吗？

董仁威：不对。我们在2010年初就建立了世界华人科普作家协会的科幻分会，这个首先是我去北京同吴岩商量后决定的，我说我们建立这么一个世界华人科普协会的科幻分会，他说好，我们一直想建立这么一个科幻人自己的组织，但是不知道怎么办。为什么呢？因为在当时那个科幻不受重视甚至被部分科普作家抵制的气氛下，根本不可能办起中国科普作家协会的科幻分会。但是，中国科幻作家想有个家，就想到去中国作家协会办一个科幻作家协会，想着走两边嘛。结果中国作家协会说了半天也没有结果，但是确实需要有这么一个家，把我们这批作家聚集起来。吴岩就说好，我们在世界华人科普作家协会的名下来办这个分会。我回来跟姚海军一说，他也同意了，所以我们三个就发起组建这个协会，在2010年2月召开了世界华人科幻协会的发起人会议。

在四川省科普作家协会2010年的春节团拜会上，姚海军坐在我旁边，我们就聊起这个科幻协会成立后办什么事的话题，他给我建议说办一个奖，说办这个奖是协会的核心工作，我说好，就办一个奖，我们就开始筹划办一个奖。做出这个决定之后，我找了好几个核心骨干一起来商量，主要是程婧波，还有董晶，后来你也加入了筹备班子，但最先是他们两个。

我们研究之后提出的方案就是设一个奖，可想了半天都想不出好名字，最后想世界上星云奖最有名。我说星云奖是美国的，怎么能叫星云奖呢？他们说不对，美国有美国的星云奖，日本有日本的星云赏，各国有各国的，我们中国可以有中国的星云奖，办出各自的特色来。况且，姚海军是科幻迷杂志《星云》的创办人，就取名星云奖吧。我们在星云奖前加了几个字，叫全球华语科幻星云奖，一个世界范围内华人专有的科幻奖。这个名字确认之后，就开始筹备。大概就是这样开始的。为了这个事情，我后来又跑到北京去，给北京的科幻作家们开会，他们也一致赞成，包括韩松、陈楸帆、夏笳、梁清散、严蓬、杨平，他们都来参加了这个会。以后，刘慈欣、王晋康、何夕、江波，这些中国科幻的领军人物也陆续介入进来。

科幻邮差：董老师介绍世界华人科幻协会成立的前后经过时，提到了一个比较重要的人物，就是姚海军。众所周知，姚海军老师所在的《科幻世界》多年来一直坚持办银河奖，您觉得姚老师是出于什么样的考虑，提议要创办一个崭新的华语科幻星云奖？

董仁威：你们最好问姚海军，这个问题由姚海军来回答比较准确。我可以从我跟他的接触中，理解他为什么在有了银河奖以后，还要主张办一个华语科幻星云奖。他说，《科幻世界》毕竟只是从一个杂志的视角来看整个科幻界，他觉得科幻世界杂志社和科幻界都应该从一个更高的角度来看整个华语科幻的状况和如何促进它的发展，仅仅从一个杂志的高度来看是不够的。为什么呢？

第一，《科幻世界》虽然占了中国科幻的至少半壁河山吧，但绝不是全部。还有很多的出版社，特别是在新世纪以后，很多的出版社开始出版科幻小说、科幻杂志和科幻书，还有些杂志也开始部分刊登科幻小说，再加上以前还有《新科幻》杂志，网络上也有一些科幻杂志，那么这里面也集聚了相当的科幻力量。所以说如果只站在一个杂志的高度还是不够，无法把整个华语科幻至少中国科幻的所有力量凝聚起来，共同来发展我们的科幻事业。

第二，我俩有一个共同的理念，就像一个产品只有一个单独的单店，跟它有一条街、一个口岸、一个市场相比，情况是完全不一样的。整条街都繁荣，你这个店也会更加繁荣，而不是更加衰弱，虽说有竞争对手。现在任何产品在中国都是有一个很集中的市场，有一个很集中的口岸让它繁荣起来。如果只站在《科幻世界》的高度，这一点是办不到的。

第三，《科幻世界》领导者的胸怀，我不敢妄自评论，但他还是不可能离开《科幻世界》的利益，来考虑其他科幻作家的利益。比如到现在为止，在银河奖颁奖礼上，奖金最高的长篇小说金奖还没有颁给过跟《科幻世界》无关的作家和作品，当然今后可能会做到，会有更大的胸怀。但整体来说，从现状来看，要把中国科幻的热潮做起来，光靠一个银河奖是不够的。银河奖当然非常重要，也非常有成绩，如果有一个另外的奖，它从不同的角度来繁荣科幻实力，也应该是非常必要的。所以他坚定不移地要我们几个联合起来把这个科幻星云奖办好，虽然这中间经历了很多的挫折、打击、限制，甚至有人告状，但是他坚定不移。

世界华人科幻协会三位发起人：姚海军（左）、吴岩（中）、董仁威（右）。

华语科幻星云奖

科幻邮差：在您看来，华语科幻星云奖对整个科幻产业业态产生了什么样的影响？

董仁威：我觉得自己给自己评价不是很合适。不过，我个人觉得，至少是正能量多一些吧。首先就是，我们把全球华语科幻界的大部分作家和从业人员，不说全部，至少有百分之七八十，团结在了一起，共谋发展科幻的大计。而且每年一次的聚会，使这些人互相交流，互相促进，互相联系，产生了很多的叠加效应。科幻作家相互认识，互相促进，跟出版商、电影界的人认识，提供了这么一个科幻产业链上下游交流的平台，产生了很多成果。

此外，我们评出来的这些奖项，对于我们这些科幻作家的声誉也有很大的帮助。当看到这些科幻作家的出版物上除了“银河奖得主”之外，星云奖金奖银奖也都要写上，包括得了一个科幻创意奖也要写上去，这说明它在市场上有一定的号召力，是一个荣誉和骄傲，也使这个奖的社会影响力更大。这是我们坚持奖项的公信力，逐渐改善评奖机制获得的，说明这个奖得到了社会的承认。

最初我们办这个奖的时候，有人说得到这个奖是个耻辱，但是现在再也没有人这么说了，而且说这话的人这次也得了奖，自己非常高兴，不觉得耻，反以为荣。这种转变是很不容易的，是我们通过七届艰苦努力获得公信力的结果。我们为了取得公信力，把每一届的评委会组建得更加合理，组委会和评委会的机制建立得更加完善，避免了刷票。而我们的评奖机制做到了公开、透明、公正、专业。前几届评奖中吐槽的人不少，随着评奖机制的不断完善，吐槽的人越来越少了。这样，奖项有了公信力，这个奖项就给科幻作家、给科幻产业带来了好处，推动了产业链的下游公司积极寻找获奖作品，进行深度开发。

科幻邮差：在主奖之外，今年还有一个比较大的变化就是推出了第一届星云奖的电影奖，那么办这个电影奖的初衷是什么？

董仁威：其实这只是一个结果。实际上，我们从第六届科幻星云奖就开始举办科幻电影创意奖，第七届也有，目的是推动科幻文学作品转化成科幻影视等下游产品。事实证明，科幻的上游和下游之间需要一个平台把它们衔接起来。我们的科幻作家不知道把作品推给谁好，而想做科幻影视、科幻游戏的不知道找什么作品。事实证明，只加点儿科幻元素做出来的科幻片都被吐槽，包括那些高票房的所谓的科幻电影也都被吐槽，很难出现真正的具有公信力的，像美国科幻大片那样为大家所接受和欢迎的科幻片。所以这个过程中，就需要我们做工作来搭建一个上下游之间相互衔接的平台，同时，通过评奖引导科幻产业的发展方向，推动国产科幻电影产业的健康发展，这就是我们办科幻电影星云奖的初衷。我们相信通过把全国搞科幻产业的公司机构团结起来，大家一起来做科幻电影奖和创投活动，三年到五年内，会有一个很大的效果。

科幻电影星云奖只是我们华语科幻星云奖主奖外的第一个分支，第二个分支是少儿科幻星云奖，正在筹备之中。少儿科幻，大家一致认为必须独立出来搞，因为成人科幻和少儿科幻这两种类型有很大的不同，它们的对象、标准、创作者都不同，独立出来不仅可以促进它们尽快地发展，还能尽快地与产业下游衔接起来。

全球华语科幻星云奖核心组成人员。左起依次为吴岩、韩松、刘慈欣、董仁威、王晋康、何夕、姚海军。

科幻邮差：董老师优秀的商业才能在科幻领域是有目共睹的。但是我们也应该看到，一方面商业化运作能迅速带动科幻的热度，另一方面优秀的科幻作品需要的创作周期长，独立性也比较强，在您看来，二者如何才能达到一个比较好的平衡呢？

董仁威：我觉得有两个方面。第一个方面，在原创方面要耐心积累。我们现在已经积累了不少可供转换的优秀科幻IP，但“藏在深闺人未识”。电影人中有些关于如何搞科幻电影的理念是不对的，比如以为自己懂电影，也懂一点科幻，就可以自己来搞。我认为，不在我们优秀科幻作家的科幻IP中发掘金矿，一切重起炉灶，这是事倍功半的办法。我对一个持这种理念的导演说，如果不在挖掘国产原创科幻小说资源上下功夫，成不了大气候。你们编的科幻故事再厉害，总没有我们千挑万选出来的这些科幻精英写出来的东西厉害，经得起考验吧？他接受了我的意见，后来专门到成都找我，要我帮他寻找科幻IP原创作品。

我们这批人，就正好站在科幻上游和下游之间，可以踏踏实实做分析研究，把科幻IP精品发掘出来，推荐给下游企业。这个工作是需要时间的，科幻电影元年不要提了。哪年出来哪年就是元年，我认为，中国科幻电影的元年至少还需要三至五年的努力、积累，到时候一定要有爆炸性的、能在全世界打响的片子出来，那时候我们才说元年到了。

海峡两岸科幻文化的交流日益密切

科幻邮差：华语科幻星云奖还有一个成绩，就是把港台地区的科幻人也拉到这个舞台上来了。想请董老师介绍一下，华语科幻星云奖在举办的过程中，大陆和香港、台湾科幻文化的交流是一个什么状况？

董仁威：我们跟台湾的交流比较好。2010年，中国科协组织一批人去台湾参加海峡两岸科普论坛。在这个会上，我结识了台湾科普科幻界的人，与十个教授进行了交流，这十个教授中有一个叫张之杰，他虽然是以搞科普为主，但是他也搞科幻。他把台湾科幻元老黄海介绍给我，第二届科幻星云奖我就邀请他们来参加，后来基本上届届都邀请他们。另外，我们还发现了一些年轻的作者，比如说李伍薰，非常热心，年年他都要自费参加星云奖活动，而《科幻世界》培养的平宗奇后来也来了，这样两岸的交流就慢慢做起来了。因为大陆科幻作家相对台湾地区多很多，一投票他们就会被甩到后头，所以评奖时，在质量相当的情况下，我们会适当照顾他们一下。第六届他们很高兴，得了很多奖；第七届就不太高兴，没得到什么奖。现在我们交流得还是比较密切的。台湾那边的黄海是我们世界华人科幻协会的副会长。

科幻邮差：香港方面的情况呢？

董仁威：香港呢，这个问题就是我们的工作做得还不够好了，前面几届都来了，后面几届不知道为什么他们就没来。你看香港的谭剑是我们发现的嘛，我们给他评了金奖。评奖过后，香港的报纸一版一版地写他，把他的名气搞得很大，他至少对我们应该没有意见嘛，但是他后来不来了。另外，香港科幻协会的会长李伟才，后来不知为什么也不来了，我给他写过很多封信，他回答过我说忙，没来。现在，我们的常务理事三丰加入了香港科幻协会，答应做我们的联络员，相信下一届科幻星云奖，同香港的联系会密切起来。

人物回忆

郑文光说：你写的稿子不比任何人差

科幻邮差：董老师从事科普科幻创作这么多年，一路走来，跟诸多耳熟能详的科幻前辈都结下了深厚的友谊。董老师在2012年出版的这本《中国科幻作家名家评传——穿越2012》就是最好的证明，我记得是在当年星云奖的颁奖嘉年华上推出的，还有签名卡呢。接下来，请董老师为我们讲几个有代表性的故事吧？

董仁威：好的。在科幻界，我其实起一个什么样的作用呢？我觉得我最重要的作用就是介绍科幻作家、宣传科幻作家。因为我这个人除了写生物科普以外，就是喜欢写人物传记、报告

20世纪90年代，董仁威（左）在北京探望生病住院的著名科幻作家郑文光先生。

文学，对科普作家、科幻作家非常关注，几十年如一日地关注着。比如早在1982年，我去参加“儿童文学培训班”时，就抽空去和平里采访了我们中国的科幻大师郑文光。

科幻邮差：那时郑文光老先生的身体状况怎么样？

董仁威：很好。郑老师和他的爱人都非常好，说我很年轻——30多年前，确实还比较年轻。（笑）他原来也不认识我，我也一点儿名气都没有。之前，他早把王晓达注意到了，但还没有注意到我。我去了就跟他讲，我是来采访你，向老师学习的。他非常欢迎，说：“好，我跟你讲。”然后每天采访完，他都要留我吃饭。我写完稿子给他审，他就鼓励我说，你写的稿子不比任何人差，你不要自己瞧不起自己。

科幻邮差：太大的鼓励了！

董仁威：对，不比任何人差。所以我就走上写科普科幻作家评传的道路，宣传科普科幻的道路。后来我就采访了很多的人，通过采访建立了很深厚的友谊。这个过程中，我告诉大家，我并不是一个科幻理论家，我只是对人很感兴趣，不像刘慈欣他宣称对人不感兴趣，只对科学感兴趣。我写的东西，只是应用了他们的研究成果而已，我没有什么自己独立的东西，请他们理解，不要苛求我。郑文光是我采访的第一个人，我跟他的友谊一直持续到他去世，他来四川我就陪他到处玩儿。

科幻邮差：您觉得郑文光先生身上有什么东西吸引你？记得之前我问过您，那时好像并没有媒体向您约稿。您纯粹就像是一个粉丝去追自己的偶像。（笑）

董仁威：就像现在的年轻人对刘慈欣感兴趣，要去追他一样。

科幻邮差：那他身上到底有什么东西吸引你呢？

董仁威：郑文光身上的那种大师风度，我至今都没在第二个人身上见到。他作为大家、大师，宽博的胸怀、渊博的知识、真诚的情谊、高雅的作品，这些都是无人能及的，所以我们说他是中国科幻之父。而且他对青年人的爱护，支持鼓励，也是无人能及的。再者，郑文光老师很正直，性格很温和、很儒雅，这些人格魅力深深地吸引我。我每次到北京去，绝对要去看他，任何时候都要去。这个人是我们科幻界出现的第一个大人物。这个大师、大人物至今没有被人很好地认识，他的作品也没有被很好地认识。他的《太平洋人》《大洋深处》，文学性很强，我当时的评价就很高。虽然时代的脚步前进得很快，但是真正好的作品不会过时，不能因为它的科幻核心过时，作品就过时。我从郑先生那里学到很多、得到很多，我很感谢他，所以后来我写了他的评传。

童恩正是我永远的老大哥

第二个人就是童恩正，刚才我讲了他的人格魅力，他是我们的老大哥。他跟我的交往非常深。

科幻邮差：他比您的年龄大吗？

董仁威：比我年长，但是不多，大概五六岁，我在读大学的时候他刚毕业几年，所以我们像兄弟一样。我们亲密到什么程度？他的第一辆摩托车就是我借钱给他买的。他喜欢玩儿，玩儿最时尚的东西，他还是最先买私车的人，买车的时候，他说“借点儿钱给我”，我就借了钱。他借到钱就买了，当时谁有私车啊，就是他最先有。那车只能坐两个人，意大利产的，我是第一个坐他车的人。他买了摩托车后也是第一个载我去兜风的。

科幻邮差：据说他是川大第一个买私车的老师呢。

董仁威：对，第一个买私车的。

科幻邮差：您对童恩正老师来说是他的“银行”啊。（笑）

董仁威：他觉得我在工厂工作总比他有钱，但我的工资不过是公务员水平，就多一点儿稿费。不是我有钱，只是我舍得而已，为这个老兄做什么事都可以。他去世前一个月回国，科普界只有我一个人跟他单独待了三天，我们和他弟弟一起出去周游了三天。他的弟弟和我的感情也非常深，我以前在科普作家协会开会没钱的时候，我说：“童恩文，给我点儿钱。”他说：“来嘛，你来我这儿开会嘛。”

科幻邮差：他是做什么的呢？

董仁威：他是菊乐公司的董事长，也是身家上亿元的老板。很多次科普作协的会，都是他支持我开的。童恩正回来，也是童恩文招待大家。我们给童恩正扫墓，也是童恩文请大家吃饭。

科幻邮差：童恩正老师的去世非常突然吗？

董仁威：非常突然，而且只有我知道真实原因，是童恩文告诉我的。他得了肝病，美国医生说，给他换一副肝吧，正好有一副鲜活的肝。童夫人同意了，晚上做手术，洋医生不让她守着病人，叫她第二天早上来，说届时会把一个健康的人交给她。结果他们真的没去守护。第二天他们去看童恩正，人就已经去世了。水土不服，对洋肝过敏，没下手术台就去世了。

科幻邮差：其实肝脏移植放到现在都是很大的手术呀。

董仁威：他本来可以不做手术，采取保守疗法，吃点儿中药，也没什么大不了的问题。

科幻邮差：那时情况并没有糟糕到非得做手术？

董仁威：没有嘛，没有非要做手术嘛，而且肝有两块嘛，割了一块，还有一块。就这样去世了，所以我们非常悲痛，“如丧考妣”，真正是比自己死了父母都还悲痛。

科幻邮差：那个时候他有没有六十岁？

董仁威：应该是六十四岁，太年轻了，是我们科普科幻界的一个巨大损失。不然，他后来会写出更多的优秀科幻小说。他在美国开始写侦探科幻小说。因为美国不限枪，他买了各式各样的枪支，自己在那儿玩儿。

科幻邮差：啊，老先生还有这个爱好啊！你们最初是怎么开始打交道的呢？

董仁威：他是科幻前辈，在四川省科协办的笔会上听他讲课认识的。

科幻邮差：那时有科幻文学写作班吗？

董仁威：就是科普笔会，包括了科幻，这些笔会有很大的成效，现在的笔会都达不到那个水平，真正能够解决问题。我们把作品拿给老师看，师父带徒弟，手把手带出来。刘兴诗跟童恩正关系也很好。

刘兴诗喜欢戴着耳机写作

董仁威：我和刘兴诗相交是因为共同主编《新世纪少年儿童百科全书》，我们两个在一起工作了三个月，写了十万字提纲，我们开始互相了解，最后结成铁哥们。虽然他有时候在背后要说我小话，但是在最关键时刻，他会站到我这边支持我。我也采访过他，为他写过评传。

科幻邮差：您觉得刘兴诗老师比较大的成就在哪方面？

董仁威：我一直跟他讲，我说你最大的成就是科普，而不是科幻，少儿科普是他最大的成就。写给孩子们的那一系列故事，包括地理故事、世界历史，非常受欢迎，非常畅销，而且在读者中间影响也最大，几十本写得特别好。

科幻邮差：也挺不容易的，刘老写那套书时应该是80多岁了。

董仁威：很不容易，他一直在坚持写作。

科幻邮差：还始终保有那种童心。

董仁威：更重要的是你们不知道他写作有一个习惯，是戴起耳机听着音乐写，所以说他的作品非常美，有音乐感。他写得第一好的是科普；写得第二好的是童话，他的童话真是美的杰作，非常美，但是没有被人很好地重视；第三才是科幻小说。他不同意我的意见，说："不！我第一好的是科幻小说。"（笑）

科幻邮差：没想到刘老师还有戴着耳机写作的爱好。

董仁威：我说，你写的科幻小说确实还可以，但是绝对站不到最前面，你在少儿科幻里面有地位。你的《美洲来的哥伦布》是少儿科幻的典范。但是你少儿科幻比不过叶永烈，你看叶永烈卖了几百万册。我虽然这样说，但不妨碍我同刘兴诗有非常深厚的友谊。刘兴诗特别有童心，特别善良，但是他口无遮拦，有很多怪毛病，得罪了不少人。我给他写评传的时候，如实地写了他的两面，他一看，把不顺耳的全都删了，自己加了一句话：在熟悉刘兴诗的人面前，他是很可爱的。刘兴诗的七十大寿、八十大寿，都是我给他祝的生。

我这一辈子就是好交朋友

董仁威：而我的另一个朋友王晓达是跟我一起出道的。1979年，四川省科普创作协会开笔会的时候，刘佳寿就跟我说，这次笔会发现了两个人，一个是王晓达，一个就是我。所以我俩关系一直很亲密。最早他在工厂里面工作，我也是。我给他写过评传，但是没有发。

科幻邮差：为什么呢？

董仁威：产生了一个误会，因为当年有人挑唆，挑唆后给我搞了很多的小动作，并且赖给王晓达。后来我搞清楚了，绝对不是他，我说我误会你了，对不起。

在我的评传中，还写了新一代的四大天王以及两个科幻编辑家，其中一个就写了杨潇。杨潇在《科幻世界》主持工作时一直关照我，我们的理念也非常一致，后来我当了四川省科普作协的“头”，接手了一个“三无”协会，一分钱没有，办公地点也没有，连个会员花名册都找不到。我就请杨潇帮我解决一下，她说好，找阿来，当时她已退下来了，由阿来当家。她就带我去找《科幻世界》的社长阿来。

我对阿来说：“阿来，你知不知道我们科普作家协会跟《科幻世界》是什么关系？”他说不知道，我跟阿来开玩笑，《科幻世界》是我们四川科普作家协会办的，是父与子的关系。我又问：你吃过我们的泡司没有？他说吃过吃过。我告诉他，那就是我为《科幻世界》发奖品捐赠的。于公于私，于情于理，阿来都只有支持我。阿来就说：“哦，那好那好，你要什么嘛？”我仍半开玩笑地说：“现在‘父亲’老了，无人赡养，居无定所，没有房子住，没钱用，所以，请你们给点赡养费，这是其一；其二，给个房子住。”他说钱可以给你一些，房子暂时还没有，然后马上批了一点儿钱，给了我们一点儿活动经费。然后秦莉当社长，杨潇又带我去找她，秦莉非常支持，痛快地帮我解决了办公地点的问题。当时，科幻世界杂志社的《心事》正好停办，就把整个二十五平方米的房子交给我们四川省科普作家协会当办公室，跟我签了一个十年零租金合同：十年不交租金，水电费也不交，只交电话费。评传中我写了杨潇，专门对她进行了采访，因为我们是无话不谈的老朋友，她什么话都跟我说，说了以后写出采访稿，交她改了好多次，因为我把许多大实话都写上去了，她不乐意。

中国当代科幻“四大天王”之首的刘慈欣，我是在科幻星云奖的第一届颁奖典礼上第一次见到他，我俩一聊就很投机，他把所有的心里话、甚至个人隐私都对我谈。他说：“我现在跟你说了很多别人都不知道的事情，你别说出去，不准发表。”所以我现在都没有发表很多精彩的故事。我跟他认识以后，他很认可我们搞华语科幻星云奖。他就讲，每年他有两个会一定参加，其他的无所谓，一个是银河奖，一个是星云奖，他从未缺席过，很支持。他虽然跟我接触不多，但每次见到我都很高兴。每次我喊他在会员大会上发言，他都不讲。不讲就不讲嘛，我不是非要“拉大旗作虎皮”。第七届会员大会，他参加了，我知道他不会讲话，轮到他了，我礼貌地问：“你不讲话，是吗？”他却一反常态说：“嘿！我要说话。”我知道，他认可我们的工作了，他是看了吴岩的协会工作报告后，看到我们进行的艰苦努力，有感而发的。

还有一件事，我找刘慈欣把手稿捐赠给科幻博物馆，他没有太买我的账，他说没有手稿，他一开始就是用电脑写作的。当时其他人，王晋康他们都给我了，就是他没给我。这次在北京的会员大会上，我动员大家捐赠手稿，轮到向他要，我说：“我也不找你要了，你没有手稿。”刘慈欣突然变脸了说：“谁说我没有？我有！”我说：“好，那你捐给我哈。”现在，我就在催他履行诺言，把手稿给我。他没有赖账，解释手稿在老屋，等他回去时帮我取。

另外三个“天王”，与我的关系比刘慈欣密切。先说王晋康，我采访他后写的评传，一开始我是没有发表的，因为我没有写下去，我跟他有争论。

科幻邮差：是观点不同吗？

董仁威：观点不同，就是《蚁生》这部作品，他认为是他最好的作品，我说“你写得臭”。

科幻邮差：您的依据是什么？

董仁威：我当然有依据。我问王晋康这篇主题是不是反乌托邦的主题？他承认是反乌托邦。我说这篇小说一点儿也没有反乌托邦的味道，那个主人公、独裁者，最后给人的印象还是

2011年11月12日在第二届全球华语科幻星云奖颁奖典礼上，董仁威（中）为著名科幻作家刘慈欣（左）、王晋康（右）颁奖。

很好的，是个“神”，你这是歌颂，还是反乌托邦？他无语。我常挑大王作品的毛病，他很大度，也不生我的气，对我说，青年人总是说他的好话，他很愿意听听不同的声音。为此，我越来越敬重他，同他的友谊也日益加深。后来，我看了他的《与吾同在》后，很认可他，迅速地完成了他的评传，给他看后他也认可了。再后来，我们交往就非常密切，像兄弟一样。他的《天父地母》出版后，我彻底服了，把老王的这篇杰作认定为中国当代科幻达到世界水准的四大杰作之一。我同何夕的关系就更好了，我们是四川老乡，非常谈得来。

科幻邮差：还有韩松老师呢？

董仁威：应该说在“四大天王”中与我最“铁”的是韩松。我搞星云奖时宣传完全是靠他做起来的。有一次我办奖发生了经济危机，他把一万多元的稿费捐出来办星云奖。没有这一批科幻界领军人物作为支柱，就没有华语科幻星云奖的今天。

我的骄傲与遗憾

科幻邮差：听董老师讲了这么多科幻科普人生中独特的经历，也看到了董老师为科幻做出的特殊贡献，我想知道，在您心中最值得骄傲的事情是什么？

董仁威：最值得我骄傲的事情，就是我坚持把华语科幻星云奖办下来了。为什么呢？因为非常难得，办一届容易，办两届容易，坚持下去很不容易。因为我们是一个民间奖，没有政府背景，没有企业支持，没有资金来源，什么都没有，而野心又很大，要办成全球华语界具有国际影响力的奖项，可以说每一届都很不容易，处处充满了危机，每一届都差点儿办不下去。然而，通过我们锲而不舍的努力，通过我们核心团队的，包括你杨枫的努力，到最后一刻都坚持了下来。

比如说，第一届我们是靠大家，主要是通过志愿者的努力，就用那么两三万块钱办了起来。第二届呢，然后我们遇到了知音，看书网的高辉被介绍参与进来，支持我们办了两届，就是第二届、第三届。第四届就再也找不到人支持了，最后找到了一家出版社支持我们——希望出版社。但是他们的资金力量很有限，只能够拿出五万块钱来支持我们，五万块钱怎么办呢？没有办法办不下去了。而且合同的条款大家都不接受，最后我一个人咬咬牙，“独裁”了，签了合同，我相信：船到桥头自然直，车到山前必有路！

开会时，希望出版社尽了很大努力，但是，他们毕竟力量有限，就是这点儿资金也还不在我手上，还要开支一笔他们来付一次款。有一次临开会前，在餐馆吃饭，大家都已经吃完走得差不多了，还没人来“埋单”，我身上的钱已经被各种开支给垫光了，坐在那里当“人质”，多尴尬、多难受！到这种程度，你想想办奖办得有多艰难！办过类似奖的人，还有很多，但是你看那时哪个民间奖超过两届？没人能坚持办下来。所以，我觉得我们不但坚持办了下来，而且规模越来越大，影响力越来越大，一届比一届强。最终在第七届我们站住了脚，在新华网和壹天文化公司的支持下立住了脚，至少四五年内不愁了。

以前我把很多事情坚持下来，但都没有这次这么难。反正坚持下来后，对我也有巨大的回报，这种巨大的回报是什么呢？就是交了科幻界这一批朋友。在这个物欲横流的社会里面，这一批朋友给了我最大的精神力量。你看，我是40后，跟他们之间年龄最少隔了十多年，我的朋友里有50后、60后、70后、80后、90后，现在还有95后的。这一批人，都是纯理想主义者，就像兄弟姐妹一样团结在一起，没有代沟。大家非常高兴地在一起为了“科幻”结成“同好”团队，共谋华人科幻事业的发展，有了困难大家克服、大家帮助，有了矛盾，化解、宽容。这是非常不容易得到的，我晚年能够得到一个温暖如家庭的“社交圈”，就是给我最大的回报。

科幻邮差：那有没有给您留下什么遗憾呢？

董仁威：我想想。遗憾？这一辈子的遗憾肯定还是很多的。要说起来的话，我也经常自省自己，哪些事情做得不对。只要我意识到自己做得不对，我肯定马上会道歉。“四清”运动中间，虽然是路线问题，但是我们去整了我们那个队的队长。那个队长是个相当好的人，叫米德海。但是“四清”运动要抓典型，我觉得他很好，我坚持跟组长讲他没有问题，就是有一点点小毛病，大家反映他跟地主子女之间关系很好。但当时，这就是大问题，阶级路线的问题，因为抓的就是阶级斗争，就把他当成走资本主义道路的人来整了，把他划成了有严重问题的“三类”干部。好在后来我又帮他恢复了队长职务。这个事情我一直耿耿于怀，如骨鲠在喉，非常遗憾。一个人只要反省自己，多少可以减少一些遗憾吧。

科幻产业

四川的科幻文化非常发达

科幻邮差：最近这几年，全国的科幻产业得到了长足的发展，但四川本土的科幻产业发展却似乎相对较弱，董老师认可这个说法吗？

董仁威：不认可。首先，四川的科幻文化是非常发达的。为什么？我们从三个层面来说，第一个就是原创队伍，这个原创的队伍集合起来力量是很大的啊。包括何夕，包括程婧波，还有谢云宁，还有川大毕业的阿缺。所以我们这个队伍还是有一些排得上号的人物。此外，还有姚海军，还有你，这么多著名的科幻编辑。第二就是成都有科幻世界杂志社，有华语科幻星云奖组委会，还是世界华人科幻协会的发源地。不管北京还是上海，数不数得出来这么多与科幻有关、影响力那么大的机构和团体？外地的科幻迷、科幻作家，他们把成都当成科幻的圣地来朝拜，为啥要说我们本土弱呢？不弱。第三是科幻产业的上游、下游公司也在起步，特别是成都时光幻象、赛凡空间，还有你的八光分公司，这些都是科幻IP转化的平台，是科幻产业重要的基地。当然，成都的科幻产业下游比较弱，孙悦搞了一个科幻产业联盟，大家一起努力来改变这种状况吧。

科幻邮差：从长远来看，还是很让人期待，是吗？

董仁威：本来就有，未来更可以期待，所以说要把成都建设成科幻之都，我赞成。

大量资本进入只是一种错觉

科幻邮差：某种程度上来说，科幻领域的资本时代已经到来，董老师也在做一些打通科幻产业链的尝试。那么，您觉得大量的资本进入科幻领域是好事还是坏事？

董仁威：关于资本，有一个问题我现在经常谈，就是有一个误区，说大量的资本进入科幻市场，完全是个误区。我调查了二十七家企业，真正进入科幻的、踏进来的，每个我都拿着表核实过，真正开始开发的很少。

科幻邮差：这二十七家是已经介入，还是号称自己要介入？

董仁威：不是号称介入，是已经介入，但是资本还没有真正介入。有不少作品可能成交，但作者没拿到一分钱。现在资本市场还在观望，因为我们还没有拿出成绩来，我们还没有把哪一部大片真正拍出来使他们赚钱，看不到这个希望，他们不会贸然投资的。真正舍得把大笔现钱拿出来投入科幻产业的也就几家，不少都是试探，大多在观望。

所以，我们现在正在做一个很重要的工作，就是帮助科幻作家，第一我们用星云奖宣传他们，第二我们出版很多的书，把原创作品拿出去，我组织出版了两套二十几本科幻丛书，一套是辽少的，一套是邮电社的，还有每届的获奖作品集。每次推广出去效果都很好，每次来找我的人都看过这些书。我们帮助科幻作家出书，帮助科幻作家联系下游企业。联系重点是真正要拍摄的公司，一个真正愿意花大价钱拍摄科幻影视的电影公司或文化企业。我们必须把有资金的国内大公司、投资公司、大电影公司，甚至美国好莱坞的公司，把它们调动起来，落实一个个项目。

2016年9月11日，在第七届全球华语科幻星云奖颁奖典礼上，评委以“星战”武士造型闪亮登场。左起依次为刘兵、董仁威、刘慈欣、杨枫、姜振宇、喻京川。

科幻邮差：这是一条非常艰难非常漫长的路。

董仁威：对，非常艰难非常漫长，但要扎扎实实，主要依靠大公司才行。既要有科幻大奖的激励，也要扎扎实实地落实一部部科幻IP的转化，一个一个问题去解决，中国科幻产业的发展才有希望。最重要的是拍几部打得响的国产科幻大片。

科幻邮差：能够在市场上产生巨大带动效应的影片。

董仁威：现在不知道哪部国产科幻大片能率先打响，只有大家努力，你努力，我们也努力，“功夫不负有心人”，国产科幻大片在不远的将来，总会有一部打响的。

科幻邮差：非常高兴和董老师探讨了这么多科幻领域的深度问题，让我们详细地了解了跌宕起伏的科幻历史。期待我们的科幻星云奖越来越好，期待更多的人因为科幻星云奖走进科幻这个温暖的大家庭。

董仁威：好的，谢谢！

趣问趣答

1. 您能否给科幻小说下一个定义？

董仁威：与科学和幻想有关的小说就是科幻小说。

2. 您信赖科技吗？在生活中是一个重度科技依赖者吗？

董仁威：当然是。以我的身体健康为例，我是一个不会吃偏方的人，比如我得了糖尿病，还有心脏病，我按医生的指导吃药。我的科学养生之道十六字方针是：管住嘴，迈开腿，吃药不能“水”，心情宁静如止水。

3. 董老师有非常出色的组织才能，能跟我们分享一下你作为一个出色的社会活动家的秘诀吗？

董仁威：社会活动家不敢当，但是我确实可以跟你们传授一些经验：第一就是要锻炼，要把自己放在社会中锻炼；第二也是最重要的，是要有爱心，对大家要有爱，你不爱这些人，就不可能跟他们建立感情。假如大家像兄弟姊妹一样，什么事都好办。

4. 如果时光可以倒流，董老师最想回到什么时候，为什么？

董仁威：当然想回到刚刚出生的时候，重新享受一遍母亲的爱。

5. 上次跟董老师聊的时候，听说您的自传很快就要出版了，这里面涉及的敏感问题您会如何处理？

董仁威：凡是敏感的我都没写，只写我正面的经历给大家分享，只跟大家分享“正能量”。

6. 董老师之前所做的采访主要是国内众多的科幻名家，如果不论时代，您有机会采访一位外国科幻作家，您会选择谁呢？

董仁威：我最想采访的是刘宇昆。如果有机会到美国去，我肯定要采访他。因为他是美籍华人中，对科幻最有感情、功劳最大的、最有挖掘潜力的人。

7. 在您心目中，四川科幻在中国科幻版图中占有什么样的地位呢？

董仁威：肯定是重镇，三大重镇之一，北京、上海、成都，这三大重镇。北京有整体优势，上海也有文化之都的传统优势。四川呢，是我们科幻人自己奋斗出来的优势。

8. 请董老师谈谈对中国科幻事业的祝福和期待。

董仁威：中国科幻一定要赶超美国。我相信在我的有生之年能看得到这一天。

因为热爱　所以坚守

何夕

科学幻想乃进步之始、创造之源！

何夕

HE XI

科幻邮差

经过20世纪80年代的低潮之后，中国科幻在随后的二十年间迎来了缓慢复苏，何夕老师正好经历了这段迷茫徘徊又充满信仰的时期。作为“新生代”代表作家之一，何夕老师自1992年至今已获得十五次中国科幻银河奖。今天，希望可以通过何夕老师的讲述，感受一代科幻人在沉寂岁月中的坚守与情怀。

创作生涯

阅读起点并不高

科幻邮差：对于科幻文学来说，20世纪90年代初是一个新老交替的时期，何夕老师就是那个时期很受注目的一颗新星。今天我们的第一个话题，就请何夕老师跟我们聊一聊是因为什么机缘走上科幻创作这条路的，好吗？

何夕：好的。我知道很多人看科幻是从凡尔纳开始的，但我的起点没那么高。总体来说，它是一种从小的爱好。因为小的时候不像现在，可以读的东西还不多。偶然的情况下，我看到了一本儿童科幻读物，后来我发现，其实那应该是一套丛书中的一本。

那套丛书有很多本，我只看了其中一两本。后来我去查了一下，它叫“儿童科学文艺丛书”，我看的那一本叫《海底恐龙》。《海底恐龙》的封面就是一幅海里的景象，一个蓝色的封面，这本书现在好像找不到了。它其实是父女两个人合写的，父亲是嵇鸿，很老的一个中国作家，跟他的女儿嵇伟一块儿署的名。当时我并没注意作者，后来才查到他们的名字。我还看过那套丛书中的另一本，叫《奇异的机器狗》，至今有印象。

所以我觉得这是一种缘分——当时虽然书不多，但总归还是有一些，可别的书就没有这本科幻这么让我喜爱。书是1979年出版的，我看到的时候应该更晚一点，因为1979年的时候我才几岁，认字都不是很多。看到书的时候应该还是小学低年级吧。

《科幻世界》是在初中后才读到的，因为初中的图书馆里有，但当时的名字叫《科学文

——何夕的科幻启蒙读物《奇异的机器狗》。

艺》。我记得最初看到的那期封面，虽然我不知道具体哪一期，封面上是一个很大的像希腊神话里的人物的全身像，可能是宙斯或者其他什么，上身披着希腊人穿的那种纱……后来就有意识地找这种类型，看一些科幻书，看一些西方的和国内出版的选集，因为那个时候国内选集还是能看到一些的。

再长大一些后，那个时候流行的一些作品我都看，言情呀，琼瑶写的这些，都会看的。科幻只是其中一种，但就是对科幻这种类型发自天性地喜爱。有些人也看科幻作品，但他可能对其他作品的关注多一些。如果你让我谈哪一位作家或者哪一部作品对我影响特别大，一时还说不上来，都有些吧。

科幻邮差：其实是一种兼收并蓄？

何夕：对。拿现在来说，有的时候文学作品对我的影响还不如科普作品。一些历史著作，一些科普著作，这些作品对我的影响更大，因为跟科幻体裁本身有关系，这样的作品在我心里激起的感悟更大一些。

有一些优秀的科普作品，比如写数学家黎曼的《素数的音乐》，那个作品我看了之后很有感触。它记录了“黎曼猜想”的产生和求证的过程，虽然记叙的是科学历程，但它能激起我心中类似于阅读文学作品时激起的感受。非常奇妙，还不太好描述，因为它本身不是小说。所以有的时候，对我的科幻创作和我本人影响比较大的是这类作品，而不是小说。

科幻创作，出手不凡

科幻邮差：最早是从什么时候开始科幻小说创作的呢？

何夕：嗯，如果说写着玩儿练笔的话，可能中学就开始了，但那个时候因为学习任务很重，所以写的东西都不知道丢什么地方去了。

科幻邮差：估计都藏在抽屉里了。（笑）

何夕：应该都不在了。大学第一次发表的时候，作品是非常青涩的。因此很感谢《科幻世界》对我们年轻人的引导，能够让我们在这条路上继续摸索前进。

科幻邮差：何夕老师太谦虚了。在科幻小说创作方面，你可谓出手不凡呢。最初的作品就给人印象深刻，尤其是其中那些新奇的想象，比如《平行》《光恋》，还有《漏洞里的枪声》。之后的作品，就慢慢加入了一些浪漫细腻的情感，还有人性的冲突。再后来比较近期的作品，比如《十亿年后的来客》，又嵌入了一些倪匡式的、通俗化的探索。

何夕：因为我刚发表科幻的时候年龄比较小，大概二十来岁，算是《科幻世界》的杨潇老师、谭楷老师提携后进吧。其实那些作品真是很青涩的，无论文笔，还是科幻内核，都比较生涩。多亏编辑老师给我帮助，才让我渐渐进入这个领域。

至于风格上的变化，我觉得是自然而然的事情。因为我在创作的时候，并不是一开始就知道作品要采取什么样的风格，它有时是在慢慢推进的过程中自然形成的。比如说它的基调是偏悲一点的，或者是更平实一点的，但都是自然形成的。包括后来《十亿年后的来客》这样的作品就用了一些推理的元素，因为当时也想尝试一下不同风格的写作。

科幻邮差：那么在文学修养方面，你是怎么一步步完成自己的积淀的呢？

何夕：中国的文学和中国的科幻不一样，它是源远流长的，早就储备了很多优秀的作品。在科幻写作中，文学方面吸取营养的途径可能比科学更多一些。因为在中国的古典作品里，包括现代的一些作品里，优秀之作都是很多的，在此基础上加入自己的生活积累，就可视为自己的文学积淀了吧。

1995年4月8日，何夕凭借科幻小说《平行》获得科幻文艺奖（银河奖前身）。

如果我们把科幻的要素分成两类，一种是科学的内核，还有一种就是故事情节和人物。那么小说里的人物，他做一些选择的时候，他的内心波动怎么表现呢？我理解的文学主要是在这方面，把自己的一些所感所想穿插进去，然后用一种朴实的语言表现出来。我自己的语言风格是比较平实的，不太愿意使用那种夸张的语言风格。

第一次获得银河奖还是大三的学生

科幻邮差：何夕老师在科幻创作方面确实比较有天分，为什么这么说呢？因为你的第二篇作品，1992年发表的《光恋》就获得了科幻银河奖。还记得第一次获奖时的感受吗？这次获奖对你后来的创作产生了什么样的影响？

何夕：可能是因为我后来中断了几年创作，所以对早期活动的记忆产生了混淆。我知道我参加了活动，但是我在脑子里对不上它是哪一年的。我就记得是一桌人坐在一个地方。因为当时科幻的环境和现在不一样，当时圈子比较小，搞笔会活动的话，基本上就是在科幻世界杂志社的一间办公室里。也有在外面的时候。我记得有一次，谭楷老师、邓吉刚老师带我们包括杨鹏、柳文扬、星河吧，到都江堰那里去过。但如果你让我回忆是哪一年，对起来有点儿困难。《光恋》得了奖之后，我肯定是参加了颁奖仪式的，但具体情景对不上号了。

科幻邮差：第一次获奖时，你还在读大三吧？对一个大学生来说，应该是一次非常大的激励。

何夕：是，那个时候念大三。确实是很大的鼓励，因为那个时候自己虽然写科幻，但也并不知道谁在看。不像现在网络上能看到很多反响，看到读者的意见和建议。那么通过银河奖，就觉得有一种被认可的感觉。对于一个刚进入科幻领域不久的新人来说，是一件非常开心的事情。

而且当时已经有一个说法——实际上到现在都有这种情况——就是《科幻世界》比较喜欢用"新星"来比喻作者。新星也分两种，有的叫流星，有的叫恒星。其实有很多作者，也写出了很多好作品，但是没有坚持，或者是因为各种原因，没有在这个领域深耕下去，就变成了流星。所以我觉得当时我得到银河奖，跟我没有变成流星还是有关系的。（笑）

科幻邮差：不过，在《光恋》获奖之后没几年，何夕老师淡出了读者的视野，有过一段短暂的停笔，是吗？

何夕：是这样的，当时我正好工作变动，到了新的地方，出差特别多。那段时间经常在全国到处跑，后来还得了一种病，叫甲亢，原因可能就是压力大或者焦虑，一直吃药吃到了1999年。

但半停歇的时候，心里对科幻还是有牵挂的。比如新的《科幻世界》出来之后，还是会找来看。因为感觉心里有些故事，还是想把它讲出来。后来，阿来和谭楷老师到自贡来约见我的时候……

何夕"归隐"不久，又被时任《科幻世界》杂志总编的谭楷和主编阿来重新请出山。

科幻邮差：谭楷和阿来两位老师专程到自贡，请你重新出山？

何夕：对，对。我从这件事中发现一个情况：科幻创作要出现的好作品，现在看来还是小概率的事情，因为科幻创作有它的困难之处。我也认识一些写文学作品很厉害的作者，他们觉得写科幻还是很难。所以几年之后，谭楷老师、阿来老师找我，他们跟我说："现在你也写了一些作品了，读者也比较喜欢，希望你还是能够回到阵营里来。"当时他们约稿约的是《千年虫》，因为那会儿关于"千年虫"有各种各样的说法。

科幻邮差：全人类都要面临2000年这样一个时间节点。

何夕：对，千禧年那个。实际上我当时交了两篇，《异域》还更早发表，然后才是《祸害万年在》。所以我写的命题作文还要加一篇"千年虫"，刚才我说命题作文有三篇（《故乡的云》《蛇发族》《天空塔》），加上这篇就是四篇了。就这样我又回到了科幻领域，直到现在。

科幻邮差：原来背后还有这样一段故事啊。真要感谢《科幻世界》的努力，不然我们很有可能与何夕老师擦肩而过了。重新回到科幻创作领域以后，一个比较大的变化就是在作品的署名上，何宏伟这个名字被"何夕"代替了。何夕老师用这样一个名字再次出山，有什么寓意吗？

何夕：当时用笔名，我是想把生活和写作稍微区分一下。笔名的来历，首先，我姓何嘛，然后"何夕"最早的出处是在《诗经》里，"今夕何夕？见此良人。"但大家传颂得比较广的是，杜甫的诗《赠卫八处士》中的"人生不相见，动如参与商。今夕复何夕，共此灯烛光"，后面这句诗影响很大，而且又正好问的是时间，我觉得比较符合科幻的内容，所以就用作笔名，直到现在。

文友的意见很重要

科幻邮差：有人称呼包括何夕老师在内的20世纪90年代的科幻创作者为"新生代"科幻作家，这一时期，一代年轻作家迅速接过了老一辈科幻作家的接力棒。

何夕：中国科幻历史几十年起起伏伏，好像比较容易断代。而其他有些领域似乎就没有中断过。我们"新生代"，主要是指在一九八几年科幻低潮之后起来的那一茬吧。据我所知人数还是比较多的，但坚持到现在的，可能就是我们大家都比较熟悉的一些，有些人其实在这个过程中也做出了很多自己的努力。

科幻邮差：在那个阶段，给你印象比较深的作家有哪些？

何夕：当时我因为经常出差，到北京的时间比较多，所以对北京的一批作者是比较熟悉的，像星河、凌晨、严蓬、苏学军，还有杨鹏，等等。当时我到北京的时候，大家经常聚一聚，在一起探讨一些东西，还是很开心的。而且因为北京的文化氛围更浓，获得信息的渠道也多，所以我跟他们交流的时候还能学到好多东西。

然后是王晋康老师。我和王老师接触得更晚一点儿，主要是因为我后来中断了一段时间。王老师发表作品的时间是1995年，后来他参加笔会的时候我可能在归隐期又没去，所以跟王老师认识得要晚一些。后来是在《科幻世界》郫县犀浦的那个创作基地，才第一次见到了王老师。

科幻邮差：是2002、2003年左右吗？

何夕：好像没那么迟，反正是要晚几年。这批作者的作品风格和以前的作品有一个区别，像最早的比如《小灵通漫游未来》这样的作品更多描写的是对未来的一种展望，有一种科学乐观的基调。这种作品幻想未来科学会改变我们的生活，让我们更富裕。而新生代的作品里，渐渐有了一些对科学的反思，比如说，科学对传统道德的冲击。因为那个时候，一些新的科技，比如生物科技、医学、物理学的发展都引发了很多伦理上的思考。这些作者就跟踪这些科技的最新发展，加进自己的思考，写出了一批佳作。

1993年7月，《科幻世界》在都江堰龙池举办创作笔会，部分参会嘉宾合影留念。左起依次为：杨鹏、星河、何夕、邓吉刚。

1995年4月8日，第六届科幻文艺奖（银河奖前身）颁奖会后，部分获奖者欢聚一堂。右起依次为：裴晓庆、何夕、星河、金麟辉、柳文扬、孔斌。

科幻邮差：何夕老师写完作品后，会先发给文友看了再投稿吗？

何夕：嗯，会有这样的情况。像中短篇一般就直接发给《科幻世界》了，长篇比如说像《天年》出来的时候，我是发给了很多朋友，比如王晋康老师、刘慈欣、韩松、吴岩，还有董仁威老师等人，杂志社也是发了的。因为长篇写作时间很长，篇幅也长，希望得到一些中肯的意见。他们都给我提了一些很有意思的建议。如果可能的话，我就用到作品里。

也有作者把作品寄给我，我看完之后如果觉得需要修改，我也会提出来，作者间的关系都比较融洽。印象比较深的像王晋康老师的《与吾同在》，我记得里面有个人物叫姜元善，当时他有一个线索，我看到揭示谜底的时候告诉王老师说，这个线索能不能改一下，把它改得更尖锐一点、更残酷一点，这样更符合你前面的铺垫。后来王老师采纳了意见，把它做了很大的修订。我觉得这是很正常的。

科幻邮差：在这样的交流中，新老作家之间的传承不知不觉就完成了。真好。何夕老师，90年代国内的资讯还不是特别发达，当时你进行创作的时候，科技方面的信息主要从哪里来呢？

何夕：那个时候的确更难一些，因为现在大家获取资讯非常方便，而我们那个时候，可能只能在图书馆里找到一些东西，仅此一途就占了所有途径的80%。只能通过阅读，那个时候的确没有更好的途径。而且说实话，有时候真的还会丢弃一些东西，没办法。比如有时想起一个点了，但是资料查不出来，没办法，就用不上，只能放弃掉。这是很可惜的。所以现在资讯发达，的确对创作者带来了很大的便利。

科幻邮差：整个20世纪90年代，是中国科幻经历低谷之后的一个恢复期，就四川而言，《科幻世界》杂志在杨潇老师和谭楷老师的带领下，努力让科幻这位“灰姑娘”重新登上历史舞台。何夕老师对那段时期有没有什么记忆？

何夕：因为1991年的时候刚刚发表作品，还不知道我是流星还是恒星，所以《科幻世界》举办活动就没有通知我。1997年的时候我又“归隐”了，所以你看阴差阳错，北京国际科幻大会我也错过了。据我后来知道，20世纪90年代通过这两次国际性的活动，的确让科幻重登历史舞台了。

我也听说当时为了举办活动，杨潇老师坐了几天几夜的火车去欧洲申办，付出了极大的努力，后来的效果也挺好。

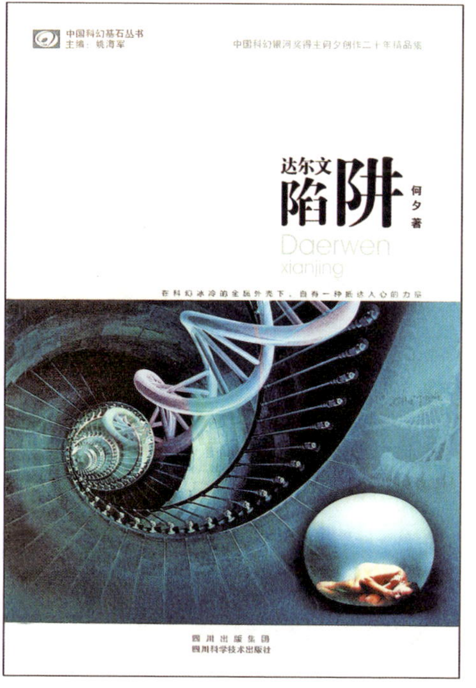

何夕深受读者喜爱的两部科幻短篇小说集。

对科幻的爱深入骨髓

科幻邮差：当年科幻创作并没有像今天这样给创作者本人带来丰厚的收益，请问何夕老师，究竟是什么使你和同时代的科幻写作者一路坚持下来？

何夕：现在的情况和原来相比确实有很大的不同，主要是影视方面。可能是因为技术发展吧，电影技术它本身发展阶段的变化，让它开始关注科幻。而在我们那个时候，诚如你刚才说的，科幻对我们而言更多的是一种爱好，而不是要从中获取什么。这样说吧，哪怕现在还是以前那种情况，我想一定还是有很多人继续坚持科幻创作。因为这种爱已经深入骨髓，对科幻的爱已经成为自己的一部分。当然有些人会因为环境等原因而离开这个领域，但我觉得始终还会有人留下来，这是一定的，一定会有坚持者、坚守者。

科幻邮差：就像大刘说的，科幻是一种生活方式。它已经成为很多科幻作家生命中的一部分。

何夕：对。大刘可能当时也不是很清楚未来的发展，所以有很多悲观的言论。我记得一句话，“当科幻弥留之际，病榻前空无一人”，这是大刘的名言，是吧？但现在看来，情况跟他预估的不太一样。你说一个文学门类总是靠一些人在这坚守，毕竟范围太窄了是吧？你还要吸引一些圈子外的人。商业化本身是获取更大范围受众的一个手段。如果仅停留在小圈子里，科幻对大家的影响始终会小一些。现在科幻应该说是在往好的方向发展。

2000年7月11日，在科幻世界举办的第11届银河奖颁奖会上，何夕（后排左一）凭借《异域》与刘慈欣的《带上她的眼睛》并列获得一等奖。前排左起依次为：阿来、马识途、曾祥炜、杨潇、秦莉。

2006年7月31日，何夕凭借《天生我才》再次与刘慈欣的《赡养人类》并列获得第17届银河奖。

而在这种时候，我就会想起一些没有机会看到当前盛况的老朋友。比如说像《科幻世界》的邓吉刚老师，我是在他去世一个月后的星云奖颁奖会上才得知消息的。还有像大家都比较熟悉的柳文扬柳公子因病早逝……想到这些，我觉得我们应该珍惜现在的时代，珍惜自己的创作生命，创作出更好的作品。

《伤心者》的母亲形象是我的一种期望

科幻邮差：进入新世纪以后，何夕老师完成了一次又一次自我超越，创作的作品更加受到读者的喜爱和认可，比如《伤心者》和《六道众生》都已成为一个时代的名篇。何夕老师怎么看待那个时期的创作？

何夕：渐渐地写了几年之后，可能更熟悉这方面的情况了，并且随着年龄的增长，阅历也在增加，科幻创作还是需要积累和历练的。因为你在作品里要有思想，可能早期的中国科幻小说只需要一个科学普及的功能，但这样的作品如果让现在的读者看就不会特别满意了，你要加入作者自己的思考才行。因为现在资讯也很方便、很发达，如果你只是根据一个科学发现简单写成一个故事的话，读者就会觉得厌倦。

刚才说到像《六道众生》这样的作品，它也加入了作者自己的一些思考。而且因为影视化的关系，最近我还专门给《六道众生》写了一个新版本，就为了电影里展现的时候更方便，同时也让它更严谨一些。

科幻邮差：是为了让影视化更好地呈现吗？

何夕：不仅是影视化，实际上它的骨架没有变，但它的科学解释发生了变化，是为了让作品更严谨，原来的作品其实还是有一些问题的。像《伤心者》这样的作品，它没有很炫的科技方面的元素，它主要是在向探索者致敬。

科幻邮差：《伤心者》开篇的“母亲”，给很多读者都留下了特别深刻的印象，塑造这个人物有生活原型吗？

何夕：是这样的，《伤心者》里母亲夏群芳的形象，其实是作者本人的一种期望。因为她其实不太懂科学，有点儿像半文盲，她对儿子探索的东西其实不是很了解。我希望什么呢？我希望社会应该像这位母亲一样，她也许对一样东西不是很懂，但是她会无私地支持它。

因为母亲对孩子是一种比较奇怪的态度。你看一般的社会，包括我们的商业机构，包括银行，都是你越优秀它越帮助你，对吧？它会扶持强壮的。而母亲非常奇怪的一点就是，她如果有几个小孩，她对那个有点儿弱的、有点儿病的反而会倾注更多的爱。

而我们现在，像我们社会中，有些学科、有些东西，它其实就是有点儿弱，比如像我们的一些基础科学，在《伤心者》里体现为数学，包括一些其他弱势学科，它现在得不到社会资本的关注，得不到支持，因为它不能很快地带来财富。但是这样的东西，我觉得我们是不是应该像母亲一样对待它？它现在确实很弱，但是你不能说不爱它，它说不定在未来会有很大的用处。

就像这次我在腾讯WE大会的演讲中提到的，有些东西它很基础，它确实不能在眼前创造出什么价值，但是它会改变你的未来。我觉得社会应该像母亲一样对待这样的领域。

科幻邮差：没想到这篇作品背后隐含着这样一层深切的关怀。刚才何夕老师说到之前有看过关于黎曼这样的大数学家的作品，创作《伤心者》跟之前的这些阅读有关系吗？

何夕：写《伤心者》的时候，那本书应该还没出来。为什么用数学——其实所有基础科学都可以——因为当时正好是那个所谓的新经济嘛，大家都被互联网这些东西吸引了。实际上，《伤心者》和另外一篇《田园》内容上有点儿交织。我们关注新经济这样的东西，总是看到叶子和花，而对根的关注少。现在发展这么久了之后，新经济确实带来了一些效益。但我在一次讲演的时候也说过，2016年联合国发布的全球经济增长率只有百分之二点四。你想百分之二点四什么概念，现在一个普通的科技公司到外面去融资，说保证今年增长百分之二点四，肯定一分钱融不到。

我们现在搞了这么多年之后，世界的发展就只有百分之二点四。这就类似于零和博弈了，某方面百分之二十、三十、五十的增长，其实是另一方面的低增长甚至是衰退造成的。就像刚刚过去的“双十一”，交易量很大，电商的确带来了很多财富，但是对实体商家造成了冲击，有点儿像零和博弈，但又有点儿不一样。因为我们毕竟有增长，还有存量。

但是，增长率这方面也确实存在问题。因为我们总的盘子只有二点四，那么对像中国这样的人口大国来说，这种方式不见得能走得远，因为你不像其他小国家能赚另外几十亿人的钱。中国人口就占了世界百分之二十了，比例太庞大了。所以中国要消灭贫穷的话，可能真的要在全世界消灭贫穷后才能实现。而像《伤心者》和《田园》这样的作品，我就是关注这样的问题——什么样的科学才能真正地改变我们的世界？

科幻邮差：从90年代开始科幻创作以来，你的个人创作环境发生了哪些变化？家庭、生活、工作对于你的创作影响大吗？

何夕首部科幻长篇小说《天年》于2015年10月问世。

2015年10月17日，何夕（左二）新作《天年》首发式上，刘慈欣（左一）、姚海军（左三）和王晋康（右一）三位好友都来助阵。

何夕：嗯……家里还是比较支持的，从来都是。我的小孩后来也慢慢喜欢上了科幻。工作主要是时间上的冲突。因为我算业余写作，时间上的冲突就要大一些。有人总结就发现，像刘慈欣、王晋康都是在小城市创作——当然王老师现在是在大城市了，但那时是在一个叫南阳的地方，这就说明时间很重要。我们在小地方可能别的事情少一点，可以挤一些时间来创作吧。因为是业余写作，所以现在时间安排还是一个最大的困扰。

科幻邮差：现在创作时间跟过去相比，是多了还是少了？

何夕：现在要多一些。短篇和中篇情况相对简单一些，它可以很快地完成。但长篇的话，我发觉如果你不多拿一点儿时间来连续写的话，会忘，会接不上。所以我还是希望多一点儿时间吧。现在《天年》的第二部《人类妖娆》正在创作之中。

一路有你

编辑真是为他人做嫁衣裳

科幻邮差：何夕老师的创作经历应该也是一代科幻人的缩影，因为热爱，所以坚守。除了作家，科幻圈还有一群因为热爱而充满使命感的负责任的编辑，对科幻的热爱和信仰是他们身上共有的标签。在整个创作时期，何夕老师也跟众多科幻编辑结下了深厚友谊。

何夕：对。因为我开始创作的时候，年纪也不大，那个时候无论科学的素养还是文学的素养都还很欠缺。所以当时，一些稿件还是被编辑老师修改得非常多的。像谭楷老师，我记得我发表第一篇作品的时候，有很大一段谭老师直接就给我修改了。因为当时，他们从他们的经验出发，真是给了我非常大的帮助。记忆中，杨潇老师对我作品的修改不是很多，她更多的是对我们进行一些引导，包括在平时的交流中，对我们理念的提高有非常大的帮助和促进。

刚才我还说到邓吉刚老师，他对作品也是亲自修改。后来，姚海军当我的责编时，还有像杨枫你对我的作品……应该说都很用心，但和前期有点儿不一样的是，像谭老师这样拿着直接就改的情况不是很多，可能自己的作品跟原来比还是有一些进步。这时候改主要是从……比如说海军从自己编辑的经验出发，因为编辑对读者的把握肯定比我们更强，了解读者的反馈比我们畅通，会提很多中肯的意见，让我们能够把作品打磨雕琢得更好。

在这个过程中，我们也体会到了编辑老师的辛苦和辛勤，真的是替他人做嫁衣裳。上台领奖的是我们，编辑老师默默在后面做了很多工作。刚才说的老一辈的编辑老师离开我们，心里想起来非常怀念。

2016年9月12日，在银河奖三十周年颁奖会后，何夕（中）与《科幻世界》前社长杨潇（左）、前总编谭楷（右）合影留念。

作家们聚在一起就像家人一样

科幻邮差：同辈呢，跟你的同行呢？

何夕：其实科幻圈是一个非常有爱的集体。我前面说到过新生代的一些作者，那个时候大家都是因为热爱，没有什么别的想法，就是希望能够写出好的作品，如果能发表，就很开心、很高兴。大家聚在一起的时候，真的就像家人一样，非常开心。因为科幻圈还有一个问题——

在圈子外知音很少，所以平时都不怎么提到科幻。那么在科幻圈里聚集之后，大家就会畅所欲言，平时没机会说的、没机会探讨的东西，大家可以讨论。有时候一个人提出一个点子，然后大家还反驳他，说你有漏洞，有bug，回想起来都是很温馨的事情。

记得有一次我在北京出差，一个普通的标间，晚上住了五六个人。大家都没走，还有睡地上的、地毯上的，就那么过了一晚上。想起来，真的是因为热爱嘛。特别在我那种小地方，周围没有什么交流渠道，所以遇到这种情况还是非常开心的。

我跟大刘第一次见面，是在一次《科幻世界》的笔会上，那个时候他刚刚发表了《带上她的眼睛》，我觉得作品非常非常好。《鲸歌》那个作品我印象就不是很深。那是第一篇。而到了《带上她的眼睛》，大刘的风采一下子就出来了。当时《流浪地球》可能还没发表吧。然后，我们两个第一次见面，就打了一晚上乒乓球，他们别的人好像干其他什么事儿去了，有的打游戏去了吧。就在那个月亮湾，成都月亮湾那里有一个体育中心是吧？大刘小说写得比我好，但乒乓球我还是收拾了他一下。（笑）

韩松呢，我觉得他话不是很多，以前我都不知道他喝酒那么厉害。去参加星河的婚礼，我们两个人喝了不少酒，然后下午到一个朋友的新书发布会上去。韩松喝了酒之后，说的话就比平时要多一些了。韩松老师的思维、看问题的角度相对来说比较独特，可能跟他的经历有关系，他作品的风格是独树一帜的，可以有很多不同的解读。有的说他风格比较诡异，有的说风格比较奇妙，反正我觉得他的风格很有意思，读起来很有味道。

2010年8月，何夕（左一）和刘慈欣（中）、王晋康（右一）参加科幻世界笔会，在柳江古镇采风。

王晋康老师的作品则很厚重，他自己说他的作品是一种带“红薯味儿的科幻”。我倒是觉得王老师的话有点自谦，因为他的作品里实际上也有很多技法是非常新潮的，比如描写一些推理、侦破等等。

科幻邮差：何夕老师从最早出道到现在，交往最多的朋友中还有吴岩老师，对吧？

何夕：对。因为吴岩老师现在主要从事科幻的教学、普及、评论，所以我们和他交往一般是在一些会上。我认识他是通过星河，当时星河去听他的课。虽然吴岩老师年龄比我们大不了多少，但他在我心中是亦师亦友，因为他毕竟从事科幻研究，站的角度和我们不一样。他对一些科幻作品的评论很精辟，因为我们的阅读量肯定不能跟他比，吴岩老师的阅读量非常大。他能够一针见血地指出你的问题，所以我非常愿意向他请教。

读者因《伤心者》走上科研之路

科幻邮差：王晋康老师曾经说，这些年的创作中，他最欣慰、最骄傲的就是听到读者说“我是看着你的小说长大的”。何夕老师这些年的创作也取得了令人瞩目的成绩，想问下何夕老师，在你的创作历程中，最让你骄傲的是什么事情？

何夕：其实王老师说的情况，也有人跟我说过类似的话。我记得有一个专家叫刘博洋（国家天文台博士），我看到他发表的文章，他说自己现在从事科研，跟他当初看《伤心者》有很大的关系。有一次李源潮副主席接见他们的时候，他专门汇报说，他走上科研这条道路，跟看科幻作品《伤心者》有关系。

作为科幻作家，如果有些人通过看你的作品能够走上一条从事科研的道路，这就是让我们感到非常欣慰的事情。即使不一定到这一步，比如能够培养他这种科学探索的精神，包括他在生活中有一种科学的、讲逻辑的态度，我觉得也挺好。毕竟现在这么多出版物，说老实话，有些作品看了之后它带给人的就是一些感官刺激。比如说一些普通的穿越之类的作品，我觉得这种看多了之后，对人的大脑是一种伤害。而我真的建议年轻人看一些优秀的科幻作品，这对培养科学的人生态度都是有帮助的。而且人本来就是一种求知求智的生物，对科学精神的吸收应该是一种本能吧。

科幻邮差：功利一点儿说就是，阅读优秀的科幻有助于对智力进行深度开发？（笑）

何夕：这确实是一种比较功利的说法了……其实很多家长担心小孩子看科幻影响学习，我这样说吧，小孩子看科幻至少比看一些神神道道的东西好得多吧？至少从中汲取的东西，我觉得还是正面的多一些。比如转基因现在看到的相关的新闻比较多，其实在几十年前科幻就已经在探讨了，只不过现在才进入大众的视野。

科幻邮差：最近，何夕老师的科幻小说《浮生》发表之后，在读者当中的反响还不错，其实这种感觉也很好，是吗？

何夕：对。上海的一个读者给我来信，觉得这篇作品引起了共鸣。实际上，因为科幻的风格很多，不是说每一篇作品都能够让每个人找到自己喜欢的地方。但是始终有一部分读者可能对某一篇作品特别喜欢，觉得找到一种令他自己思考的东西，在里面有一些可能的解答。我觉得对我们创作者而言，这是一件很欣慰的事情。

创作中的遗憾

科幻邮差：在你的创作生涯中，有没有什么遗憾呢？

何夕：遗憾的话，像科幻作品里以前有个说法叫“有硬伤”，这就是遗憾的地方。所以后来我在一些作品再版的时候，或者出选集的时候，都做了修改。比如像我的一些作品，那个时候由于资讯有限，引用的一些素材不太正确，当时发表时就算遗憾的吧。那么后来再版的时候，就把它改掉，至少不会留下很明显的硬伤。

科幻邮差：何夕老师的作品有着广泛的读者基础，这是毋庸置疑的。不过据说《伤心者》也被一些民科奉为“精神图腾”，想问一下何夕老师，怎么看待这种现象？

何夕：确实有这种说法。民科，现在多数人提到这个词的时候带有一种比较轻视的态度，因为总觉得好像和正统科学不一样，这可能和当下科技发展阶段有关系。我在腾讯WE大会上做演讲的时候，有提到一个叫“大科学”的名词，是现成的名词，我把它用一下，大科学时代就是我们现在的时代。

而民科在以前是很正常的现象，严格来说，爱因斯坦就是个民科。因为他当时的身份是一个专利局的小职员，他不是科研院所的专业人士。在他那个时代，这种情况其实是很常见的，因为那个时候靠一支铅笔、一个本子，就能做出非常了不起的发现。而现在，这种情况就不容易实现了。像基本粒子的深层结构，你需要对撞机，那个成本都是几十亿美元以上的。

民科他们其实也算探索者，但是长时间得不到肯定和回报，他们在《伤心者》里找到了自己的一些共鸣，触发了他们的一些感受，我觉得也可以理解。但是《伤心者》的本意，主要还是希望多关注基础科学。

科幻之思

创作之路最初的足迹

科幻邮差：在你创作的中短篇中，自己感觉比较满意的、比较喜欢的是哪些？

何夕：像刚才提到的《六道众生》《伤心者》这些，我个人是比较喜欢的，然后还有像《盘古》我也比较喜欢。因为《盘古》里写了对神话精神的一种追求和向往。《盘古》开头的句子我比较喜欢：“长着金属翅膀的人在现实中飞翔，长着羽毛翅膀的人在神话中飞翔。”我觉得这代表了我对神话的一种向往，因为长着金属翅膀的人其实很多，比如我们坐的飞机就是一种。但是在神话里，有些人他不是很现实，他追求一些更高的形而上的东西，我把它表现在作品里，所以这个作品我比较喜欢。然后像一些早期的作品现在回过头去看自己要脸红，觉得写得……这写的啥呀！没办法，成长的烦恼。

科幻邮差：因为那是创作道路上最初的足迹，肯定走得比较蹒跚。

何夕：我记得大刘说过，《鲸歌》那个作品就不该存在，应该抹去。

姓“科”姓“文”：并非水火不容

科幻邮差：但是如果没有踏出第一步，怎么会有第二步、第三步呢？（笑）听何夕老师讲了这么多的故事，现在我们不妨回到作家的身份，来聊聊你的创作理念和思考吧。新中国成立以来，科幻小说的创作发生了巨大的变化，从20世纪50年代末的儿童文学、科学普及，到80年代向主流文学靠拢，何夕老师怎么理解这种变化？

何夕：就我个人而言，我也不知道说得对不对，我到现在也没有搞清楚主流文学它精确的定义是什么。什么叫主流文学？可能更多的是说它是现实主义文学？那其实像探案小说、侦破小说、推理小说，它写的也是现实啊，它是写现实中的一个案件，但是我们归为通俗小说。而言情小说我们也归为通俗小说，人的情感它也是现实的东西呀。所以你说靠拢的话，可能从我个人而言，主要是在一些技法上吧。有的科幻作品的语言，实际上和主流文学没有什么差异，用的也是非常现实主义的表现手法。

因为科幻本身还是以科学内核、科幻内核为主，如果主流文学不认为这些是它的范畴，那也没办法。其实现在，我还是有个困惑，主流文学到底意味着什么？中国的诗歌应该是文学的正统吧，文学就发源于诗歌。但是不久前有个新闻，有一首诗叫什么《穿越大半个中国去睡你》，这个还得了奖的，影响很大。如果你说这是正统的主流文学的话，我就有点儿糊涂了。

科幻邮差：80年代，中国科幻历史上曾经有过一场“科”“文”之争，何夕老师怎么看？

何夕：说起姓“科”姓“文”的问题，我倒觉得它不是一种水火不容的关系。像在作品里面加入一些幻想的成分，从古至今就有啊。《红楼梦》里就有大量的虚幻的描写，但是它的读者不会去纠结这个。而在科幻里就会产生这个问题，比如有些读者就喜欢那种机甲味儿、金属味儿重的。

像《火星救援》这样的作品，其实就是描写我们未来不久就会发生的一些真实的故事。你看看《地心引力》这样的电影作品，它和别的科幻不太一样，其实就是一次太空事故，在几年之后完全就可能成为真的。这样的作品可能在技术细节上就要做得非常严谨，作者描写的飞船等都不是超出现实很远的东西。

而且中国的科幻有一个和西方不一样的地方，有的读者对那种描写特别遥远的未来的作品读起来感觉有难度，而对那种近未来的作品，好像更容易接受一些。当然也有喜欢那种完全架空的，我是说普遍来看的话有这么一个现象。

科幻邮差：至于后来将这个“科”“文”之争扩展到“清除精神污染运动”……

何夕：那个时候我还很小，是后来才了解的。科幻在那个时候陷入低谷，一些知名作家转行，造成了很大的损失。中国科幻有一个奇怪的现象，它好像和我们国家的整体节拍非常吻合。在我们国家低谷的时候，主流文学还能出很多作品，但是科幻就不行。你看新中国成立初期有一次小高潮，“文化大革命”之后向科学进军又有一次，现在是第三次。它和国家的命运好像冥冥之中产生了一些联系，有点儿像一个晴雨表吧。但八几年的那场波折对科幻真是造成了一次很大的打击。最大的损失应该是，那一批优秀的作者在最黄金的时间段离开了这个领域，很无奈。希望今后这样的事情能够避免，不再发生。

故事是为点子和思想服务的

科幻邮差：对，前事不忘，后事之师。希望这样的历史不要重演。关于创作方面，何夕老师一般是先有点子，还是先有故事，或者先有想要表达的思想？

何夕：我个人觉得还是先有点子和思想吧，故事是为点子和思想服务的。你想表达一个东西，但是你不能直接写出来，必须以故事为载体，对我个人来说顺序还是很明确的。

科幻邮差：其实这种态度在你2001年前后写的几篇科学散文中是有所体现的，对吧？

何夕：对。我有两篇科学散文，一篇是《平衡·道》，一篇叫《水·星球》。这种方式只是一种尝试，像《平衡·道》那样的构思，它里面的内容太多了一点儿，如果写成中短篇的话装不下，长篇的话，当时又没有计划，所以就把它梳理梳理，写成一篇科幻散文。事实上作品发表的时候做了很多删改，主要是删除了里面举的一些例子，看以后能不能把它重现吧……

不过那两篇东西主要还是科普，是科学散文、科普散文，里面没有什么太多幻想的东西。《平衡·道》主要是写人类的选择，《水·星球》是推演人的智能发展有没有别的途径。

创作偏向：现在更遵从内心所想

科幻邮差：何夕老师曾经在一个讲座当中说，科幻小说应该具有现实性，讲求“文以载道”。能跟我们分享一下你对“道”的具体理解吗？

何夕：科幻小说虽然“科幻”，但其实和现实是有千丝万缕的关系的，包括和历史都是分不开的。大家都知道“不识庐山真面目，只缘身在此山中”这两句诗吧，科幻其实是提供了一种视角，你可以把这种视角推远一点，你可以跳出来，看到在现实笼罩下、包围下看不到的东西。科幻可以把人物放在一种设定出来的科幻场景里，让你看到平时看不到的人性里隐秘的东西。这是很有意思的一种情况。所以我觉得有的科幻小说像是一种思想实验。

比如说大家比较喜欢《三体》这样的作品，其中的“黑暗森林”，大家觉得如果没有故事讲述，你说人会那么黑暗不是扯淡吗？！我们人性是美好的，但是他用这样的方式让人信服：在这样的环境下，人就会做出那么残忍、那么冷酷，而且偏偏是正确的事情。

我现在正在写的《天年》的第二部，也会出现这样的东西，就是通过科幻来观察人，科幻像一把手术刀一样，它由未来的手握着，来解剖人性，让我们看到在别的文学题材里看不到的东西。

科幻邮差：那么在这样的背景下，作品中的思想性和故事性怎么达到一个平衡？

何夕：可能作者在不同的阶段考虑的东西不太一样。有的作者喜欢考虑各种各样的平衡，我现在的话，最主要的还是遵从自己内心所想。比如哪怕是一个写出来可能很沉闷的文本，但是只要想表达，那还是先表达吧，然后再做一些调整。可能还是以自己的感悟为先，然后再对故事做一些润色。我觉得还是以思想和点子为主，故事靠后。

科幻邮差：何夕老师曾经说过自己的创作可以划分为两个阶段，是哪两个阶段？

何夕：开始的时候是摸索阶段。之后随着年纪、经验、阅历的增长，对事情的看法发生了一些变化，很自然就反映到作品里。第一个阶段大约是以中短篇为主的时期，第二个阶段会以长篇为主。以前我没有长篇，《天年》是第一部。我感觉人不到四十岁的时候写长篇还是有点儿难度，因为你的积累不够。长篇不像短篇，能靠一个点子支撑起来。长篇的话，你真的需要一系列的内核来支撑。而且故事要连贯，还是有一定难度，希望写作第二部的时候能顺畅一些吧。

对世界永葆好奇心

科幻邮差：刘慈欣老师有一个观点，认为科技的高度发展反而让人们失去了对科技的惊奇感，你认同这种说法吗？

何夕：这句话我不是很认同。你觉得失去惊奇感，可能是因为你一直就在旁边。如果把人抓起来、放到监狱里去，那他两年之后出来一定会很惊奇。其实就是因为你沉浸在那个环境里，可能就感觉不到。以前有个段子，说有一个哥们儿被判了刑，出来之后说咱们去把以前埋的宝贝挖出来，结果挖了一堆BP 机出来。（笑）因为他脱离了环境，不知道外面的变化。

现在的科技发展还是很快的。我记得1993年用的电脑，那个机器叫“好利获得”，是意大利的一个牌子，现在不知道还有没有。记得它开机的画面是很大三个字：25M，就是说它的主频是25兆，那就了不得了，开机的时候打在上面，而且还闪烁给你看。你看现在25M主频的电脑还有吗？如果那个时候的人看到现在的电脑，他一定会惊奇。但是如果身处这个过程之中的话，今天加一点，明天加一点，他可能就觉得改变不大了。你把大刘关两年再放出来，他还是会惊奇的。

像商用VR眼镜，几年前是没有的。如果几年前一个人穿越到现在看到VR，他还是会惊奇的，是吧？

“言情科幻第一人”难以承受

科幻邮差：董仁威老师曾经在一本评传中，把何夕老师称为“言情科幻第一人”。你怎么看待这种提法？

何夕：董老师这个提法让我有点儿难以承受啊。董老师跟我说，他看我一篇作品时看哭了，是那个《盘古》，看着看着他就看哭了。其实《盘古》不是专门写感情的。我描写感情比较多的有几篇，比如《爱别离》。因为当时好像在《科幻世界》有一些争议，就是读者说不要看言情的，言情科幻出来一篇就被骂。后来我就带着一种尝试的心态，我说我写一篇言情的试试，然后《爱别离》就出来了。

科幻邮差：并不是因为读者说我不想看这种言情的，你就不写。是你想看一下读者的承受力有多大？

何夕：因为之前我没有写过言情。《光恋》里有一点儿情感。专门写这种言情的话，我觉得《爱别离》算一个吧，小说整个就在写主人公和妻子的纠葛。作品出来之后有很多人喜欢。因为爱情是文学母题之一，科幻不可能不写它，科幻各种领域都会涉及。实际上，我们现在很多作品里都会有情感色彩。像王晋康老师写的、韩松写的许多作品里都有情感色彩，这就是母题，绕不过的，写到人就一定会写到人的情感。我写这种作品也不是故意加进去的，是一种自然表达。反正主人公到那个时候就该这样发展了吧。但董老师最终给我冠了这样的名号，算是他自己的一种观点吧。

科幻邮差：在你的作品中，似乎有一个共同的情感模式，就是科学家不被世俗所认可。你觉得这种模式存在吗？

何夕：一般来说，如果一个作者陷入某种模式的话，那不太好。所以我如果有这种模式的话，我是希望克服的。在科幻的领域里，出现科学狂人是一种情况，他是不被理解的，他代表恶的一方面；还有另一种情况，就是探索者不被人理解，这种事在科学史上也发生过很多。科幻小说是一种表现、折射嘛。但是说到模式，我还是希望把它克服掉。因为作品应该有更多元化的呈现。

科幻邮差：在《天年》出版之前，何夕老师大多创作的都是中短篇小说。那么，从你的经验来看，中短篇创作和长篇小说创作有什么不同呢？

何夕：区别很大。长篇小说可能需要作者准备更多的素材，也需要更长时间的积累。现在我们读者的眼界非常宽广，眼光也很高，而且现在引进的工作也做得很好，中国的科幻作家是和国外发展了很多年、很成熟的这种科幻作者在同一个平面上竞争。所以有时候作品出来，受到读者的一些批评，是很正常的现象。现在的读者，他似乎并没有给你足够的时间让你成长。

2015年10月，第六届全球华语科幻星云奖颁奖典礼开始前，何夕（右）与《科幻世界》主编姚海军（左）并肩走红毯。

我们刚才也说了，中国的科幻起起落落，所以它有些方面的积累还显得不太充分。现在作品质量比以前有了很大的提高，但精品还是很少，这是我们努力的方向。

近况探讨

越来越多人通过接触科幻而改变固有的看法

科幻邮差：当下，国内正兴起一股举办科幻奖的风潮。但是我们不难发现，通过这些奖项走出来的新人并不多。何夕老师怎么看待这种现象？

何夕：按理说，增加了很多科幻奖项，是一件好事情，说明社会各界都在关注这块。我知道这些奖项的设立背景都各不相同，有的是文化部门设立的，有的是资本方设立的，我觉得奖项的增多肯定对科幻的繁荣是有帮助和促进的。至于说从中走出来的作者还不够多，在我看来，那是由于和别的文学门类相比，科幻小说到现在为止，的确出精品和出优秀作者的概率偏小，主要是在于科幻小说本身的一些要求。

比如说我认识一些大师级的写手，他们其实也写过科幻。后来为什么转到别的领域去了呢？对他来说，写个几十万字、几百万字都不是很大的问题，讲故事是没有任何问题的。但根据他们自己的描述：科幻受到的约束很大。除了铺陈故事、塑造人物之外，他还要考虑“科”，相当于一个紧箍咒，无论你摊子铺多大，你还得绕回来，你还得回到你的那个“科”上来给予解释。

而像奇幻和玄幻，这方面要求明显要低很多。你可以尽情写，比如说一些小说可以写，在地底有一个一千米高的神像。但是在科幻里你要是这样写，就会面临很大的问题，你的神像怎么造？它要怎么支撑？这些总是很麻烦。而奇幻、玄幻没有这方面解释的要求，所以它就放得更开。科幻小说本身的这些特点，可能也是导致现在优秀作者和作品还不太多的原因。

科幻邮差：在挖掘和培养作者这方面有什么建议吗？

何夕：现在杂志还是比较少，就是专业发表平台不够。我看到有些迹象，比如像《收获》等都已经在发起科幻征文，我觉得这些传统的文化媒体，他们如果多发科幻，其实发表阵地就会扩大。还是只能等待吧，我们也乐观其成。

科幻邮差：在你看来，当下我们这个时代需要什么样的科幻小说？应该通过一些什么样的方式或者手段吸引更多的圈外人关注科幻文学？

何夕：其实随着科幻的复苏，现在有越来越多人通过接触科幻而改变固有的看法。在很多传统的看法里，认为科幻有点儿偏少儿向，或者说你这个东西好像没啥意思、太空洞、脱离现实，而实际上如果真正对中国科幻做一些了解的话，就会发现，这种说法其实和当下中国科幻的现状不太吻合。因为我们现在的中国科幻，很多作品关注和思考的一些重大问题读起来还是很有意思的。

现在的科幻不仅有娱乐性的故事，而且有很深入的人生哲理的思考，还带有人类独有的一种对未来的关切。比如说《三体》，它成为现象级的科幻小说，就改变了很多人对科幻的印象。包括一些互联网大佬，也通过这样一些科幻作品对他们的企业管理观念产生了影响。

科幻邮差：最近这段时间有一个现象，就是一些老一辈的科幻作家开始重新回到科幻创作领域中来，比如魏雅华老师。何夕老师怎么看？

何夕：很高兴。因为小时候看过魏雅华老师的科幻作品，上次星云奖他也来了嘛，我非常高兴。因为像这些老一辈的作家，他们离开科幻这么长时间，其实他们当时是非常不愿意的，也是因为各种各样的外界原因和环境，离开了擅长、喜爱的领域。而现在科幻环境有所好转，他们回来了。我觉得无论从内容上给我们带来更多作品，还是从精神上给我们带来鼓励，都是非常好的一件事情。

科幻邮差：其实这也是这么多年来，一直坚守在科幻领域的这样一群人最希望看到的局面。

何夕：是的。因为我们现在优秀的作品还不是很多，这些有丰富创作经验的作家回归，有望给我们带来一些非常好的作品。

科幻电影：令普通人思考终极问题

2016年9月，何夕（中）在银河奖三十周年颁奖典礼上，凭借《天年》荣获银河奖最佳长篇奖。中国科协副主席徐延豪（右）、2017世界科幻大会主席Crystal M. Huff（左）为何夕颁奖。

科幻邮差：从目前整个科幻的发展态势来看，有一个比较明显的趋势，就是资本开始越来越多地关注科幻领域。这一方面说明科幻的热度在不断提高，但是另外一方面也说明资本运作的风险也在不断增大。何夕老师怎么看待这个现象？

何夕：资本……可能现在最主要的就是科幻的影视化。科幻的影视化需要大量的资金支持。以前有人采访的时候，经常说到科幻是小众。我一般都会纠正一下，我说你加一个词，就是科幻阅读是小众，因为科幻电影一直都是大众。即使在科幻出版低潮的时候，一些科幻电影的引入还是会掀起很大的反响。像20世纪80年代的《终结者》系列，包括后来的《阿凡达》这些从来都是大众消费，只要国外优秀科幻电影进来，它一定会在票房榜上。所以说，科幻的小众在中国是特指科幻阅读。

那么现在影视资本进入这个领域，对于科幻来说，相当于从一条小路走到了大路上。因为电影艺术是大众的，所以容易接受，而且也是涉及面最广的一个文化传播领域。通过这样的形式，我们中国的科幻才能够真正进入千家万户。

曾经有一个误传，就是说王晋康老师说“科幻过热”。其实我在场，我听到的原话不是那样的，因为不存在过热的问题。实际上，对影视资本进入科幻领域，我们是很欢迎的。但是也有一种担心。担心什么？我们希望前期出来的作品就能够叫好又叫座：既忠实地呈现了原著的精神和内核，同时又能够为资本方带来应有的、必要的效益。这样的话，才能形成良性循环。对后来者也是一个榜样，才能为后来进入该领域的人树立信心。这是我们最愿意看到的。而不愿意看到的是很仓促地去拍一部电影，效果不好，那么对后来者会产生一种阻挡效应。

所以从这个角度上讲，对资本我是一种谨慎乐观的态度。

科幻邮差：你觉得一部优秀的科幻电影应该具备哪些方面的要素？

何夕：其实科幻电影我看得还是不够多。我个人喜欢那种爆米花式的电影。但是有的作品，印象确实更深，比如同样是超级英雄，《蝙蝠侠》我特别喜欢，因为它除了带来声光和场面的刺激，它的故事还包含对人性的剖析，是非常有意思的。

我也喜欢看一些能够让你对自己的现实生活产生一些想法的电影。比如，像很多人喜欢看《蝴蝶效应》，但是我更喜欢跟它同时推出的另外一部片子，叫《黑洞频率》。看完之后，当时心里真的很感慨。主人公从小失去父亲，后来他用无线电和他过去的父亲通上信了，改变了历史。其实这样的片子，包括《源代码》，我觉得它表面上是一个很紧张、很刺激的时空穿越故事，但是它真会让你更爱现在的生活，更珍惜现在拥有的东西。那些电影看完之后，有可能会对人产生大的影响，让你的思想发生一些改变。

还有一些作品，像《黑客帝国》。有的人看完《黑客帝国》之后就会想：“世界到底是真的假的呀？”你看，挺有意思的。像这样的问题普通人可能一辈子都不会去想，这应该是庄周这样的哲学家想的。但《黑客帝国》能够让普通人也去思考这样的问题，所以这样的作品也是我非常喜欢的。

科幻和电影是天作之合

科幻邮差：在国外，电影已经成为科幻产业的一个重要支柱。何夕老师怎么看待科幻与电影的结合？

何夕：简单地说，科幻和电影我觉得是天作之合。因为人到电影院去干什么？他不是去受教育的，不是抱着一种我要去看现实新闻的心态，他是想暂时和现实脱开一段距离。

以前我和一个电影人聊天的时候，他就说，现在我们电影界有个现象，一些都市片靠小镇青年来支撑票房。拍大城市白领的生活，小镇青年就会很喜欢。但是这种模式现在也难以为继，因为慢慢地大家对电影的要求发生了变化。观众觉得我到电影院去就是在那短暂的一个多小时、两个小时里和现实隔开一下，我去体验和日常生活不一样的世界。我觉得科幻电影做到这一点更容易、更自然。

我曾经开过一个玩笑，比如像《归来》这样的片子，当时它好像必须要放IMAX，我说巩俐是漂亮，但把她的脸放那么大真的很有必要吗？其实这样的片子，形式跟它的内容没有很大的结合点，因为它在小屏幕上也能完整地表达故事。而科幻不行，科幻电影，特别是大片，如果你不在电影院看的话，它就完全是两样东西了，对吧？

科幻邮差：就是只有在荧幕上才能获得一种前所未有的新奇视觉体验。

何夕：对。因为电影人慢慢意识到，既然称为电影，那一定要和网剧、电视剧有所区别，对吧？你如果只是把加长的单集电视剧放到电影院去放，这种模式能吸引多少人，真的很难说。要在电影院里吸引观众，科幻是不得不争的战场。

工业化电影的模式，中国现在还需要探索

科幻邮差：这一两年，何夕老师的几部作品也开始了影视化的行列。你觉得国内的影视制作方面还存在哪些问题？要想拍出一部完美的科幻电影，我们还得做哪些方面的努力？

何夕：对于电影制作，我是外行，但是我接触过一些影视界的人士。我听他们说，科幻电影和我们以前的传统电影有很大的区别。因为传统电影它的中间拍摄过程是大头，再加上前期准备和后期制作，像个枣核。而科幻电影是一个哑铃形的，前期准备特别多。卡梅隆为了拍《阿凡达》准备了十年，后期制作同样要花很长的时间，所以像个哑铃一样。

这种工业化电影的模式，中国现在才起步，还需要探索。一位电影界人士就跟我说，中影集团派了几个比较年轻的导演到好莱坞去参观学习，希望取点儿经。结果别人什么都让你看，就是科幻电影的片场不让进，不让你看。所以现在咱们的导演面临一些问题：科幻电影里面有很多商业的、工业的核心机密，人家不让你看。那你只能看他们的电影，然后在脑子里去反推，难度是很大的。当然现在随着科技进步，也有很多改善的方法，比如从那边直接挖团队过来做，可能也能够弥补一些吧。

科幻邮差：何夕老师在小说创作之余，有参与到一些你的作品影视化改编工作中去吗？

何夕：影视方倒是有这个意思，但是我明确地跟他们说，自己不太合适，因为我觉得专业的事应该由专业的人来做。我是写小说的，它的出发点是情节和故事，像编剧这些，实际上是一种很专业的靠视觉来推动的工作，我觉得自己其实还是外行。如果真的要我去做，自己还需要去补很多课。另外就图书和影视而言，我个人观点是觉得图书出版对中国科幻繁荣的标志意义可能更大一些。

趣问趣答

1. 请何夕老师就科幻小说给出一句话的描述或者定义。

何夕：我觉得从正面不好给定义，我从反面讲讲吧，比如排除一些违背基本定律的或通篇没有科学气息的小说。

2. 何夕老师喜欢科技吗？在生活当中是不是一个重度科技依赖者？

何夕：对一些新出的科技设备比较感兴趣。多年前索尼最早的影视头盔，我买来之后，发现瞳距不对，还调换不了，只有退货了。结果我夫人、小孩不要我退。他们说我看不了，他们看得了。（笑）

3. 何夕老师住在自贡这个恐龙之乡，有没有想过未来以恐龙为题材写一些作品？

何夕：以恐龙为题材写作的话，可能我出生晚了吧，因为这个题材已经有写得很好的作品了。以后作品的一些情节可能会涉及恐龙。专门来写，目前没有计划。

4. 假如有一部时光机器，何夕老师是想回到过去还是前往未来，为什么？

何夕：前往未来。我就看一眼，还回来。人生地不熟的，没啥意思。

5. 科幻给你带来了什么样的人生改变？

何夕：影响很大。有个说法叫如果你的爱好变成你的职业，其实是一种非常美好的事情。因为你能够从事自己喜爱的事情，能够构思自己喜欢的故事，还能给喜欢它的读者阅读。希望今后能把更多的时间用在科幻创作上。

6. 如果有一本关于你的传记，你希望用一句什么样的话作为开篇？

何夕：开篇？暂时还没想好，墓志铭以后再来想吧。（笑）

7. 都说何夕老师是科幻小说界的“情歌王子”，你觉得爱情当中最珍贵的品质是什么？

何夕：人类这样一夫一妻制，在灵长目里是比较少见的。所以人类能够拥有忠贞不渝的爱情，其实还是很幸福的事情。爱情是一种非常复杂的情感，它既能创造美好，也会导致丑陋。因此在科幻里面，可以用很多东西表达爱情。

8. 何夕老师有一个特别可爱、帅气、聪明的儿子。作为父亲，在培养儿子的科幻阅读爱好和兴趣方面，有些什么样的经验可以跟我们分享一下吗？

何夕：因为小孩子好奇心很重啊，他几乎什么都喜欢，我都让他去看。其实现在有的科幻小说我觉得他看还是早了一点儿，但他也拿着就看。

9. 在你的心目中，你觉得四川科幻在中国科幻的版图当中占有什么样的地位？

何夕：《科幻世界》在四川一直坚持办刊，四川科幻这么多年没有断过根。虽然叶子会黄、会落，有的时候长得不好有点儿瘦弱，但是根还在那儿。现在有些团体提出成都要打造“科幻之都”，我觉得是非常有远见、非常正确的事情。

10. 最后请何夕老师谈谈对中国科幻的期待和祝福。

何夕：科幻走到今天很不容易。虽然没有像大刘预言的那样“病榻前空无一人”，但是仍然称不上全面繁荣。不过路是越来越宽，关注度也在提高，对中国科幻来说，这是一个正在变得更好的时代。

中国的坎贝尔

姚海军

科幻是一种
无处不在的颜色

姚海军

YAO
HAI JUN

科幻邮差

从最初的中国第一科幻迷，到发现众多科幻名家的伯乐，再到后来推动中国科幻产业化的先锋，姚海军老师可谓见证了中国科幻30年的风雨历程。今天希望通过姚老师的讲述，带领我们一起感受中国科幻跌宕起伏的历史，触摸历史发展中的人和事。

早年经历与阅读兴趣

数学老师改变我的人生轨迹

科幻邮差：我们都知道姚海军老师有收藏古旧书籍的爱好，相信在收藏的背后一定有强大的阅读热爱作为支撑。所以今天的第一个话题，我们就从姚老师的阅读兴趣聊起吧。姚老师，你对科幻的阅读兴趣从何而来？是来源于学校还是家庭？

姚海军：我是从初中开始接触科幻的，缘于一个很偶然的机会。我初中上的是黑龙江伊春市红旗林场的中心校，离家有七点五公里，因此我家所在的那个小山村名字就叫“七点五公里”。每天去学校坐一种小火车，早晨一趟晚上一趟。有时候小火车出现故障，就要步行上学或者回家。

我初一的数学老师名叫王春海，对我而言他非常重要，是改变我人生轨迹的人。我初中上学的时候正好是20世纪80年代初期，市场经济刚刚兴起，出现了一些生意人。王老师也属于思想比较活跃的人，他在教学之余会批发一些杂志、书籍，用一个大书包带到学校里来。放学的时候，王老师会在教室里把那个百宝箱一样的书包打开，同学们就围过来看里面有什么宝贝。

我在那里找到一本小说集，名叫《布克的奇遇》，这本小说集我连夜就把它读完了，从此发现了一个神奇的新世界。《布克的奇遇》讲述的是一只很神奇的狗，好像是马戏团的狗，它发生了意外，被轧死了。后来有一天人们发现这只狗复活了，又出现在人们面前，还进行演出。当时我不清楚这是科幻还是现实，只是觉得这个故事特别神奇，就开始迷恋这一类故事。

1|2 ① 这本改变姚海军命运的《布克的奇遇》被他珍藏了三十七年。
② 将“科幻小说”这一概念刻入姚海军脑海的畅销书《小灵通漫游未来》。

后来，我又在王老师的书包里不断发现刊有这种故事的杂志或书籍，今天我还特意把这本改变我命运的书带来了。（拿出《布克的奇遇》。）

这是我们那个年代的人的一个习惯：要把新买来的书用牛皮纸包起来。那时不像现在，书籍变得这么普通，那时我们觉得读书是一件很神圣的事情。我现在把它打开，大家可以看到这个小说集的封面。我相信很多人的人生曾因为这样一本科幻小说而改变。后来，我就买到了叶永烈老师的《小灵通漫游未来》，从此愈发无法自拔。

科幻邮差：但那时应该不知道这是科幻小说，是吗？

姚海军：刚开始的确是不知道，但等我读到《小灵通漫游未来》的时候就有了这个概念。

科幻邮差：《小灵通漫游未来》这样的作品对你产生了什么样的冲击？

姚海军：那个年代，可能每个人都对未来充满了幻想。这本书里五光十色的未来让我们很憧憬，从我的角度来讲，我就希望快点长大创造和见证这样的世界。

科幻邮差：这样的阅读经历是在初中？

姚海军：对，初中。初中是最快乐的少年时光。

休 学

科幻邮差：我看到有资料写姚老师的经历：初中三年学校生活结束之后，刚刚进入高中才一周时间就因病休学，而且休学时间非常长。能跟我们分享一下，那段经历是怎么回事吗？

姚海军：那个时候，上高中还不是那么容易，不是每个人都能考上高中的。我满怀希望地到学校去，发现那所叫乌马河一中的学校条件非常差……

科幻邮差：你所在的初中能够升到高中的是凤毛麟角吧？

姚海军：也不是凤毛麟角，但的确也不太多。很多同学都不上高中的。

科幻邮差：那姚老师在初中阶段的学习成绩一定是非常优异。

姚海军：我还算是父母的骄傲。（笑）到了高中，条件特别差。上了好像不到一个月的学，身体就出现特别的症状，然后就没办法继续上学了。去医院检查，医生就告诉我要住院，所以父亲很快就帮我办了休学手续。住院住了两年多，后来医生找到我的父母，因为那时每家都过得很拮据，医生跟我父亲说："还是把这个孩子领回家吧。孩子喜欢什么就买点儿什么。"他的潜台词就是无法进一步治疗。而这个医院，伊春市林业医院，是当地最好的医院。父母先是不肯办理出院手续，医生便直言道："如果继续住院，只会进一步加重家庭的经济负担，因为该用的药、能想到的治疗方案，我们都已经试过了，没用的。"医生建议我回到家里，说白了就是等着……

科幻邮差：顺其自然……

姚海军：对，顺应天意就得了。所以就开始在家里静养，父母为此很焦虑，母亲经常会掉眼泪。我的叔叔们、姑姑们，还有舅舅一家都在绥化县（现在已经是绥化市了）利民乡，在农村里面。舅舅和舅妈有一次到我家所在的林区来看我母亲，看到她心事重重的样子，便对我母亲说："如果这个孩子在这儿看着很揪心，不如让我领到农村去，说不定就能好一些。"

大自然是最好的医生

姚海军：我就这样跟着舅舅、舅妈到了绥化县利民乡的第一生产队，开始了一段非常自由的生活。我去的时候正是春忙时节，每一家都特别忙，舅妈一家也不例外，早晨太阳还没出来，一家人就到田地里忙农活去了。我那时身体特别弱，走二百米的路就得坐下来休息一次，根本做不了任何体力活儿，舅妈没办法照顾我，就把我放在家里。

舅妈是个乐天派，我刚到舅妈家，她马上让表哥给我做了一根渔竿，说："每天我们忙农活的时候，你就到野外去钓鱼。钓回来之后，咱们晚上就做鱼吃。"半年里天天如此，我每天扛一根渔竿出去，有时候收获还挺丰厚，也有时候两手空空就回来了。反正一个人在那样的原野上漫步，会产生很多人生感悟。

过了大半年，我突然意识到自己的身体变强壮了。刚到舅妈家时走不了多远就要休息，一开始出去钓鱼的时候也是这样，走一段休息一段。后来我发现自己去钓鱼走得越来越远了，基于这样的情况就去医院里做了个检查，很神奇地发现，自己竟然痊愈了。

科幻邮差：大自然是最好的医生。

姚海军：对，可能跟那样的生活环境有关系，每天和大自然亲近。

科幻邮差：在这个阶段除了钓鱼，有坚持阅读吗？

姚海军：当然。去舅妈家时我带了很多书，主要是凡尔纳。我把那时候中国青年出版社出的凡尔纳的书全部买齐了。《机器岛》《格兰特船长的女儿》……它们一起陪我到了舅妈家，每天从外面回来就看书。

科幻邮差：回过头来你怎么看养病期间的这段生活？对你后来走上科幻之路产生了哪些影响？

姚海军：其实在那之前就走上科幻这条路了，但这段经历对我的人生还是有很大的影响。在医院的时候，经历了很多死亡。同一个病室的病友，有些是年龄相仿的玩伴，看着他们不治去世，看待生命和未来都有很多不一样的感受。而在农村，我又真实感受到了天地宇宙的辽阔。我很希望自己能够重新拥有一个健康的体魄，让自己的生命更有意义。

手抄本和自制望远镜

科幻邮差：我看到姚老师带来的资料中有厚厚一大本手抄科幻小说，是那个时期抄的吗？

姚海军：是的，当年买科幻书不容易。因为“清除精神污染”运动，科幻小说难以在书店里找到，所以偶尔在邻居家看到一本旧杂志上有科幻小说，我就把它抄下来。

科幻邮差：是这个吗?我看上面还有目录和插图。（拿出手抄本）

姚海军：是，字实在是太丑了。（笑）当时我是在舅妈家抄这个，利用舅舅的账本。舅舅有很多账本，都是空白的，我就把它用作手抄本，总共抄了五卷。

科幻邮差：这是星图吗？

姚海军：对，那时候喜欢天文学。天文和科幻是我那时的两大爱好。

科幻邮差：传说中的自制望远镜也是在那个阶段吗？

姚海军：是回到林区家中的时候了。制作望远镜还在身上留下了永远也没办法磨灭的印记：眼睛曾经被太阳灼伤过。因为做望远镜缺乏经验，着急，白天也总去鼓捣。有一次晃过太阳的时候被灼伤了，一开始感觉还不太明显，后来眼睛就有一些状况发生，流眼泪之类的，最后瞳仁上留下了一个黄斑。当时还挺吓人的。

科幻邮差：肯定把爸妈吓坏了。

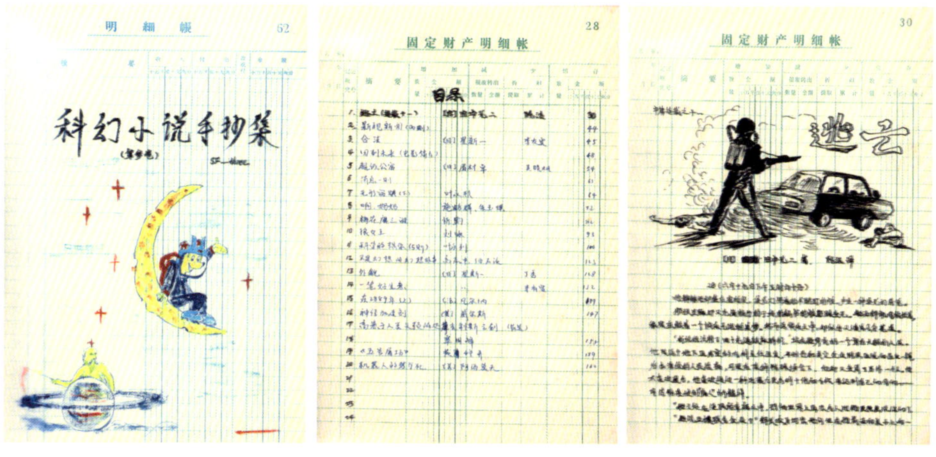

20世纪80年代初在农村休学养病期间，姚海军用舅舅的账本自制了五卷《科幻小说手抄集》。此为第三卷。

姚海军：当时我没跟他们说。

科幻邮差：你后来重返高中校园了吗？

姚海军：高中我没能再回去。1984年我从舅妈家回到自己家，整体来讲身体还是很虚弱，性格上也有一些变化。农村的时候，整个天地就我一个人，很自由，回家后变得不适应，按现在的说法就是变得有些抑郁吧。爸妈看在眼里，还是很焦虑。每个父母都希望孩子能够性格开朗，当然学有所成更好。于是，爸爸又领着我去我的高中——乌马河一中找了老师。老师说："你辍学三年，我们不清楚你这期间做了什么，是工作了还是怎样，所以我们没有保留你的学籍。"然后我就很失望地回到家里继续休养，没有读成高中。

后来爸爸看到这个情况，说孩子还是要融入社会才行。我很理解爸爸当时的心思。他把我领到红旗中学，就是我一开始读初中的那个学校。找到校长，说看看能不能让孩子上学？校长说只能旁听，因为没有学籍，而且就是旁听也存在问题，哪个老师会收你呢？

那天运气好，校长说这话时正好旁边有一个女老师，她的名字叫李淑娥。李老师接过话说，那就让孩子到我们班来吧。当时，初三有两个班，李老师是其中一个班的班主任，教化学，有着浓重的山东口音，我就这样到了她的班。需要提一句，李素娥和王春海老师是夫妻俩。他们真是我生命中很重要的两个人，一个把我引上科幻之路，一个在人生最关键的时候给了我新的机会。

那一年真是有一堆的好运气

科幻邮差：真是无巧不成书呀。那初中毕业之后就进入到了技校学习？

姚海军：对。我到了李老师的班，表现很积极。因为我本来对学习就很感兴趣，我喜欢做题，很享受那个过程。上正式的初中时，我放学后的爱好就是解几何和代数题，解出来的题集一本一本的，很有成就感。所以重新进入学校后，我很珍惜那个机会。

头一天我就交了作业，语文老师表扬我说："你看这个同学作为旁听生都主动交作业，你们这些正读的还不好好学习？"所以从一开始，我在那个班里的处境就很不妙，加上年龄也比他们长几岁，同学们把我当成一个另类。大家都懂的，单位里领导当着全体员工表扬某个员工，那很可能意味着这个员工在这个集体中要被孤立。我当时就是这样一个状况，但是那段生活时间不长，很快就临近毕业了。

我并不是说那个我已经记不清姓名的语文老师是故意孤立我，那个漂亮的女老师实际也是在鼓励我。因为当她把作业本发给我时，我发现自己做的题基本上全错了。很快我便发现，自己原来学过的数、理、化已经全部忘掉了，就像从来没有学过。记忆不好，这算是当初那个病留下的永久性的后遗症吧。

说回毕业。毕业就面临一个选择，高中肯定是去不成了，我当时忘了自己没有学籍，想着报师范学校之类的。最后老师告诉我，没有学籍是任何学校都不能报考的。我生病的时候从没哭过，那一次是真掉了眼泪，很绝望地回到家里。

但好消息总会有，第二天爸爸就打听到，说社会青年可以报考技校（仅那一年有此政策），所以我就以社会青年的身份报了一个技校，那是最后一届包分配的技校招生。那一年中考，我们那个初中两个班，只有我一个考上了技校。那一年真是有一堆的好运气。

科幻邮差：那是1984年？

姚海军：应该是1985年。

1986年，我决定创办《星云》

科幻邮差：入校不久，你就萌生了创办《星云》的想法？

姚海军：对。我到了翠峦中等职业技术学校，专业是土木建筑，学习算不上紧张，专业课学习之外还有很多的精力。那个学校还比较好，有一些文化课，在当时那个环境下氛围也还算不错。有一些空闲后，我的同学开始疯狂地迷恋金庸、古龙，那个时候的热门读物，我们还开始学吉他之类的，业余生活很丰富。

那时，我主要还是想科幻的事情，1985年正好是我国科幻的低潮。我记得《科幻世界》发行量最低的时候就是80年代末，可见80年代中后期是中国科幻的最低谷。那会儿买不到科幻小说，我以前买到的那些科幻小说都翻烂了，所以很渴望在书店里买到一些新的科幻书。每周我都要去几次书店（这个习惯沿袭到了今天），找科幻小说，但每次都很失望。我就想能不能做点儿什么，因为我相信像我这样的科幻迷会有很多。

那时没有互联网，我感觉读者、作者和出版者之间信息不畅。我后来跟一些出版社的编辑聊过，他们也觉得科幻书即便是印了，也不知道卖给谁，市场在哪儿？有些作家也有顾虑，就是我写了这些作品，哪家出版社愿意出？而像我这样的科幻迷最大的问题是，我上哪儿找到我喜欢的科幻小说？我当时很天真地想建立一个平台，能够让出版方、作者、读者分享信息，那样的话，科幻迷就能读到更多的书，有更多的选择。科幻出版也能够因此被推动，然后让作家更积极地去创作。然后我就开始做《星云》，实际上是1986年才开始做的。

科幻邮差：“中国科幻爱好者协会”也是你创办的吗？

姚海军：对，名头叫得很大。（笑）

科幻邮差：就是在学校里面，像现在的学生社团一样？

姚海军：不是。当时没有这样的概念，也不知道关于社团还有那么多规定，就是想做这么一个事情。你要做一本杂志，搭一个平台，你就要有人，所以办协会是要解决人的问题，要用协会团结一些核心的科幻迷、作家、编辑，然后杂志才能顺利编下去。就是因为这样一个想法，所以才做了这个协会。

科幻邮差：协会的发展经历了哪些阶段？

姚海军：协会是为刊物服务的。

科幻邮差：但协会是在刊物之前啊。

姚海军：是的，但这不矛盾，前期准备嘛。协会的发展还是比较顺利的，一开始没有外地会员，因为当时信息往来很慢，所以一开始我是把目标瞄准了我那些可爱的同学。（笑）我向他们大力推销科幻小说，但应者寥寥。然后我就从天文学入手，教几个同学认星座，先拉近距离，再讲几个科幻故事，他们也不知道是真的还是假的。（笑）一开始都是身边这些人帮我做一些事情，后来才发展到全国。再后来通过《科幻世界》认识了更多的人，我现在还保留着一些当时的会员入会档案。

科幻邮差：是第一批会员吗？

姚海军：不是第一批，但也算是比较早的一批。（拿出档案）这是钟伟恒，阿恒，香港的一个漫画家。他在《科幻世界》杂志上做过专栏。《科幻世界》曾经有一段时间引入了漫画元素，阿恒在这个过程中给《科幻世界》带来了很多改变。钟伟恒解决了《星云》的邮费，他隔一段时间就会寄一包邮票给我，这些邮票就用在寄信上。还有其他一些重要的人，比如这位已经去世的翻译家孙维梓老师，还有后来的著名科幻作家杨鹏、杨平、星河、赵海虹、北星、何宏伟，《沙丘》的译者顾备，还有王晋康老师、绿杨老师等，都是这个协会的会员。

如果你觉得这个过程很愉悦，那它就不叫坚持

科幻邮差：好多科幻前辈呀！《星云》第一期印了多少份，寄给了哪些人？

姚海军：第一期就二十多份。寄出的没几份，主要是身边的同学。

科幻邮差：这本科幻迷杂志，最开始编、印、发都是你自己完成的吗？

姚海军：是的，一开始的《星云》是手刻蜡纸。后来这本杂志还发表了吴岩老师的日记，值得大家去淘一下。（笑）后来《星云》一步步成长，越来越有模样，最后的一期我忘带来了。这是两期比较早的《星云》，是这种样子的。（拿出来展示）每一年都会有很大的变化，但其核心却一直是科幻信息与科幻评论。

科幻邮差：内容还是非常丰富的呢。在《星云》出现之前的两三年，80年代初期，中国科幻出现了一场姓“科”姓“文”的大讨论，姚老师了解这场大讨论的一些什么情况吗？

姚海军：“科”“文”之争，在我看来本是科幻小说界内部很正常的争论。其实到今天，关于科幻小说的争论依然有一些。一个文类如果有很多人去争论，恰恰是它活力的一种表现。但是后来它变了味道，上纲上线，成了一种政治手段。

最开始我以为这只是创作理念的一些正常的争论，及至后来科幻进入“清除精神污染”的污染源大名单，我的感受才强烈起来——一下子就找不到科幻小说了，作为读者很恼怒。

科幻邮差：在当时科幻整体处于低谷的状态下，你为什么还要坚持做《星云》这个杂志？

姚海军：做一个事情，你说坚持，那实际上就意味着做这个事情很痛苦。如果你觉得这个过程很愉悦，那它就不是坚持。我之所以做《星云》，正是因为当时科幻不景气，当然自己也有些自不量力。科幻迷的力量真的很微弱，很有限。但是不管怎么说还是要做一些努力，促成一些改变，让信息流通起来。

创作乏力这种说法对作者不公平

科幻邮差：在“科”“文”之争后，就慢慢进入了“清除精神污染”的阶段。我们了解到有两种不同的说法：一种认为这是科幻第二次低潮的原因，一种认为这是当时科幻作家创作乏力的借口。姚老师怎么看待这两种不同的观点？

姚海军：后一种观点我是不太赞同的。因为那时正是叶永烈、郑文光他们那批作家的黄金时代，他们已经创作了一批非常有影响力的作品，风头正劲。像郑文光的《飞向人马座》，我

相信像我这样年龄的读者会有很多人记得这样一部小说。如果没有“清除精神污染” 运动的扩大化，他们一定会有更多的好作品，因为那时他们正处于创作的巅峰期。创作乏力这种说法对这些作家不够公平，也不够客观。

当然，有些作家他当年创作的科幻小说可能水平不太高，但是像科幻小说这样一个通俗文学的类型，它实际上是需要有大量作品的。就像一个金字塔一样，你不能说只要塔尖不要基座。所以对于科幻小说的批评，我觉得还是走了极端，不应该导致那样一个后果。

科幻邮差：在当时的情况来看，大批科普科幻报刊“关、停、并、转”。姚老师觉得出现这种现象的原因是什么?

姚海军：主要还是大环境的因素。我们常常把80年代初期说成中国科幻的黄金时代，大量的作家、作品涌现，不管是科普类杂志还是文学类杂志，都刊发科幻小说。我们从这个现象就能感受到读者对这个文类的喜爱。“清除精神污染”运动造成的直接影响就是，出版社或杂志社不能再发表或出版科幻小说。这种破坏性是难以估量的。

比如我今天带来的两本杂志。这是《科幻海洋》，80年代做得非常有水准的一本科幻类丛刊（准杂志）。而这本《科幻世界》，就是科普出版社早年出的丛刊。这些杂志都是非常有水平的，今天我们翻阅它，不管是设计还是内容都非常有质量。但是这两本杂志都在红火的时候停刊，最起码《科幻海洋》的停刊就完全不是市场原因。

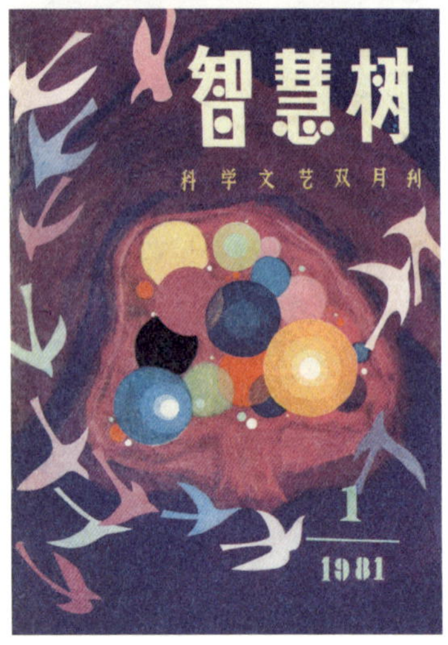

《科幻海洋》《科幻世界》（科普出版社）、《智慧树》等杂志虽然在80年代昙花一现，但影响深远。

《科学时代》杂志增刊系列自成体系，图为第九期《潜入者》。

当然，科普类杂志“关、停、并、转”的原因要更复杂一些。同质化和科学科普热的消退都是很重要的原因。

科幻邮差：这本《科幻海洋》的出版时间是1981年6月。

姚海军：对，它一共出版了六期，后面三期很少见，“孔夫子”之类的旧书网站都找不到。第四期的时候，它就已经是十六开的杂志了。

科幻邮差：就是说，如果当时沿着这条路走下去的话，科幻的蓬勃兴盛可能更早到来？

姚海军：对。你看那个时候的科幻出版物，仅仅从书名就可以看出来，这个文类在当时得到了多么大的认同。它是有很大市场的。

我觉得他们有前瞻性、世界性的眼光

科幻邮差：说起来很巧啊，谭楷老师曾经谈到，《科学文艺》1991年改名为《科幻世界》，是向全国范围内的读者征集过意见的，那是不是说最早的这个《科幻世界》杂志在那时已经被遗忘了？

姚海军：那不会。谭老师是专业的编辑，他应该很清楚。这两本杂志的编辑与谭老师、杨老师是很好的朋友，他应该很了解《科幻海洋》《科幻世界》。

科幻邮差：所以真的很遗憾，1981年的时候还能看到这么多科幻出版物，1984年的时候科幻出版却陷入了寒冬。

姚海军：80年代不止这两种科幻杂志。还有另一本很重要的科幻杂志《智慧树》，它和《科学文艺》一起创办了银河奖，这是它的第一期。

这是《科学时代》的增刊，总共有十来本，它已经自成体系了。

这份《科幻小说报》也是要提一下的，它是黑龙江省哈尔滨市《科学周报》的增刊，就是80年代科幻界“四刊一报”中的那“一报”。这份报纸出了九期。据张希玉老师回忆，当时编辑部已经向上级打了请示报告，想把它变成专门的科幻小说周报，然而随着“清除精神污染”运动的开始，请示自然就没有下文了。这个报纸每期八个版，内容非常丰富，刘兴诗老师、王晓达老师等重要科幻作家都有作品在这上面发表。报上还有很多关于科幻文学的评论文章，还有叶永烈老师他们提供的科幻信息，内容很丰富。

科幻邮差：在当时很多科幻杂志关、停的背景下，《科学文艺》却坚持下来了。姚老师觉得是什么独特的气质使得《科学文艺》能够坚持下来，成为那个阶段唯一的火种？

姚海军：有多方面的原因吧。比如说地理因素，《科学文艺》不在北京这样的中心城市，它在西南一隅，可能受到的波及要轻微一些。更重要的是《科幻世界》的那些前辈，他们胸怀理想。从我的角度来看，他们非常智慧的一点就是，把一本杂志的发展和国家的发展做了非常好的统一。就是说，他们认定一个快速发展的中国需要前瞻性的文学，需要想象力和创造力。国家需要，所以他们坚持做这本杂志就有了一种特别的意义。它后来能够走出低谷并成就一段辉煌的历史，与这个背景也有关系。我觉得他们很有前瞻性、世界性的眼光。还有就是他们的执着，他们的锲而不舍。没有这种精神，是难以做成大事的。

中国科幻需要开放包容的思想

科幻邮差：是的，那是一段特别令人感佩的历史。再回头看那段历史，你有没有想过，其实遭受批评的文学类型也不少，但科幻文学这个类型好像显得特别脆弱，原因在哪里？

姚海军：刚才你说的科幻小说特别脆弱是一种误解。并不是科幻小说相较于言情小说、侦探小说、恐怖小说、武侠小说就更脆弱，而是因为其他类型小说即使衰落了也不会引起多少关注，而科幻小说有着超越类型文学的价值和意义，它更受大家的关注。当时同样流行的侦探小说、恐怖小说与科幻小说一样受到波及，但我们鲜少听到有人为它们发声。

科幻邮差：除了你说的科幻小说独特的社会价值和人民大众对这一文类的喜爱，我觉得科幻作家们的团结也发挥了很大作用。在之前王晓达老师的访谈中，他也带来了自己的一个宝贝：就是早年刊登12位科幻作家声援叶永烈老师的那封信的《文坛》杂志，12位作家对叶永烈遭受不公待遇的疑虑和对未来科幻发展的困惑，在那封信上得到了很好的呈现。我们看见那封信也感觉很温暖，那个阶段如果没有大家的相互支持，可能科幻会陷入低谷更久。

姚海军：对，但“清除精神污染” 运动对科幻文学还是造成了难以估量的损失，郑文光中风，童恩正出国，叶永烈从此不沾科幻……好在还有人坚持，特别是《科幻世界》那些前辈的坚持。就像参加今年银河奖颁奖典礼的时候，科幻作家魏雅华老师说的：“如果没有《科幻世界》，今天的科幻研究可能就属于考古学的范畴了。”科幻文学走到今天，能够有这样一个繁荣局面，跟这些人的坚持是分不开的。

科幻邮差：在你看来，中国科幻要发展应该具备什么样的土壤？

姚海军：这个要说复杂很复杂，要说简单就一句话：需要包容、开放的思想。从创作的角度来讲，要体现包容的心。科幻文学最大的特点之一就是包容性，要包容不同的未来，包容不同作家所设想的文明图景，包括对各种危机的解决方案的探讨。而从产业角度讲，那就是另一回事情了。

林场生活

夜晚是《星云》的世界，白天是树木尸体的世界

科幻邮差：1988年姚老师离开学校，走上工作岗位。给我们讲讲那段生活吧！

姚海军：嗯，那段经历对我个人来讲是难忘的，但是观众朋友们未必会感兴趣。那段生活既枯燥乏味又充满未曾磨灭的希望，夜晚是《星云》的世界，白天是树木尸体的世界。或者反过来。

我那个时候在林场的工作是选材，没有在林区生活、工作过的人应该不会知道那是个什么样的工种。让一棵棵在山上可能生长了几十年的大树变成商品化的木材，林区的冬季生产大致要经过以下几个环节：伐木工人把树伐倒，拖拉机把树木集成堆；工人把这些树木截成段，大多是四米的标准段，装上小火车或者卡车运到贮木场，把它们卸到一个大的高台上；然后就该我们选材工出场了。我们十几个人组成一个工队，从高台上把木材按照不同的树种、不同的材质装上电平车，分别放到不同的区域。最后一道工序，会有另外一些工友把分类好的木材装上火车。东北的木材就这样源源不断地被运到全国各地去了。

科幻邮差：可东北的冬天气温会达到零下三十四五摄氏度，这份工作不分季节的吗？

姚海军：要分季节，但是跟你想象的恰恰相反。（笑）林区作业都是在冬季，夏天就不做

一九九五年夏，姚海军（后排左二）在黑龙江伊春乌马河一〇一林场工作期间与工友合影。

这个工作了，夏天没法做。因为只有在冬天，林区里结了冰，土冻上了，拖拉机、卡车才能进到森林里去。夏天是进不去的，道路泥泞。而且冬天树木的材质更好，所以冬天才是我们的黄金季节。

科幻邮差：这样的生活大概持续了十年？

姚海军：差不多。我刚去时很可笑的，简直不堪回首。因为体质特别弱，哪个工队都不愿意要。好不容易被安排进了某个组，每天也要遭受不少训斥。这可以理解，因为大家都是靠体力吃饭，你的体力不行，就意味着增加了工友的负担。我们的工作是两班倒，几乎是二十四小时作业。司机也是不分昼夜地把木材运到储木场里。不管你是做白班还是晚班，吃饭的时间只有一个小时。上晚班的时候可能一个小时都不到。工作量很大，你的效率要最高，所以每一个人都必须保持着如上紧发条的机器一样的状态。你体力跟不上，那是很成问题的。包括后来很多更艰苦的工作，现在已经没有人能想象得到了，林场新一代的孩子们也未必会知道在早年他们的父辈们是怎么工作的。我前年春节回老家，还特地去看了一眼我工作过的那个贮木场，那里已经只剩下田地和一排排的农业大棚。当年那些小火车、电平车就好像从来没有存在过。时间可能会消解掉一代人的意义。

科幻邮差：因为大多数时候可能就是机器在操作，不会用自己的体力……

姚海军：那是在科幻小说里（笑），现实还有点儿距离。机械和人力相结合，但更多的时候是用人力。

做《星云》不是坚持，做选材工才是坚持

科幻邮差：这样的工作持续了十年，在这十年中你编印《星云》杂志也没有间断过，是怎么坚持下来的？用现在的话说，十年里它都是“非盈利杂志”。

姚海军：又说到坚持。（笑）其实我每天都盼着下班来做这个工作。做《星云》不是坚持，做选材工才是坚持。选材是非常机械的工作，又脏又累。那时我的手几乎没有干净过，上面沾满了树脂、松油；衣服上也是，一身的松树油籽味儿。不过现在回想起那段生活，也还算是快乐的，那种最简单的快乐。最开始没人要，但后来我自己也当了队长，领着十来个兄弟没日没夜地苦干，梦想着有一天过上更好的生活，直到我离开。

科幻邮差：肯定付出了特别艰辛的努力。

姚海军：是的。当队长意味着什么呢？就是你必须是组里的兜底。用人力装火车的时候，经常会遇到一人无法合抱的四米原木，会有人抬不动，这时你就必须要顶上。如果你顶不了，那就太丢脸了，所以什么活儿都必须拿得下来。其实工友之间算得上过命之交，因为用人力抬来装火车的时候，一般会四人，有时甚至是八人来抬一根原木，工友之间需要极默契的配合。一个人的体力不支或者失误，就有可能造成自己或他人生命的损失。

我在林区工作的那些年，贮木场还比较火热，我离开没几年，贮木场乃至整个林区就衰落了。整个林区禁伐了，但为时已晚。经过从“日据”时期开始的近百年的无节制开采，林区的山已经变得林木稀疏了，很难找到一棵大一点儿的树。

所以谈起我们林业工人的工作，我的心情会比较复杂，林业工人的效率越高，对环境的破坏就越大。我们林区还有人在退休后又开始种树，以实现自己的救赎。其实每个人都希望自己的家乡山青水绿。

科幻邮差：按道理说，那个阶段你每天都是在做体力透支的活儿，应该是非常劳累的，但是你的《星云》一直没有停。那个时期《星云》大概一年能做几期？

姚海军：三期吧。

这些天南地北的朋友促成了我人生的改变

科幻邮差：那个时候甚至都没有机会打电话，一封信来回就得半个月时间，这样算下来大概是三四个月一期。在做《星云》期间，你最大的收获是什么？

姚海军：离开伊春前我基本没用过电话，全靠书信往来组织稿件。编辑《星云》最大的收获是认识了非常多的朋友，志同道合的朋友，这些人在我后来的工作中给了我非常大的帮助，是那些天南地北的朋友们促成了我人生的改变。

科幻邮差：《星云》是通过什么方式传播的？

姚海军：邮寄。

科幻邮差：你通过什么方法得到特定收件人的联系方式？

姚海军：方法还是很多的。比如某出版社出版了科幻小说，我就会通过版权页上的出版社地址主动联系他们。出版社的编辑一般会寄来样书，那我就认识了这个出版社负责科幻的编辑。他们还会把作者介绍给我，这样我就认识了更多的作者。另外，通过《科幻世界》或是其他平台可以认识更多科幻迷，这些人又会把你介绍给更多的人。每个科幻迷都是传播者，比如说像吴岩老师，还曾把《星云》带到美国去展览，后来我就不断收到美国科幻迷的杂志、甚至是东南亚科幻迷的来信。

前面我们说到办《星云》的收获，这里要做一点特别的补充，那就是编辑经验的积累。因为我没有受过很系统的训练，学历也非常有限，做这本科幻迷杂志为我后来能够顺利进入出版领域打下了专业基础。

科幻邮差：在《星云》最初的编辑过程中，你把作者的稿件用手工刻在蜡纸上时，会改他们的文字吗？

姚海军：会改。

科幻邮差：和他们商量着改？

姚海军：商量就来不及了。（笑）改动一般也不大。《星云》不是一个以小说为主的科幻刊物，所以稿件的改动还是很有限的。如果是小说，那当然改动就会非常大。《星云》的内容主要是资讯——科幻消息和评论文章。

科幻邮差：那个阶段的《星云》呈现出一种怎样的风貌？

《星云》杂志在进入九十年代变得越来越成熟，内容也愈发丰富。

中国有你们这些科幻迷，说明中国的科幻是有希望的。[illegible]就落到你们的肩上了。世界科幻发展非常之快，中国要紧追才好。[illegible]

《人民文学》副主编 王扶 95.3.20

信息所主办"科幻爱好者协会"开始出版会刊，值得庆贺。它促进了中国科幻的繁荣，[illegible]一批年轻人的科幻[illegible]。"星星之火，可以燎原"，我相信你们的队伍会不断扩大，"会刊"的质量会不断提高。

翻译家，91世界科幻年会思考奖获得者 王逢振 1994.4.30.

读到了"星云"杂志，我很高兴了，中国科幻爱好者会刊，我祝贺你们！

中国著名科幻作家 郑文光（左手） 7.5

《人民文学》副主编王扶、翻译家王逢振、著名科幻作家郑文光写给《星云》的寄语。

姚海军：《星云》是一个开放的信息平台，为读者提供各种科幻信息，刊发科幻迷撰写的书评。后来有一段时间——我到《科幻世界》之后，它变得越来越学术，请了吴岩老师当执行主编后，还按学术期刊的模样专门出了一期科幻研究专辑。一开始是那么几页的手刻蜡纸，到后来是机打蜡纸，最后是铅印，越来越漂亮，内容也越来越丰富。

科幻邮差：当时《星云》能够一期一期地出刊，我觉得它的资金筹集方式有点像现在的众筹。

姚海军：你说得非常准。当时我的工资低，我上班之后就一百多块钱的工资。后来收入有一定的增加，但整体来讲林区的收入还是非常低的。虽然办杂志成本不高，但是每寄一封信都要花一毛钱，八分钱的邮票加上两分钱的信封。相对于我那点儿工资，这是很大的一笔支出。所以更准确地说，《星云》应该是一本大家出钱我出力的爱好者杂志。

你看每期《星云》上都有一个收支表，哪些科幻迷、作家、机构捐了款，这一期的邮费和印费是多少钱，都很清晰地列到那儿，有多少盈余，大家都很清楚这一笔账。盈余变少了，就意味着大家应该多捐点了。（笑）

这种孤独，我们感同身受

科幻邮差：这让我想起刘慈欣的创作经历，写科幻很多年，但身边的人都不知道。姚老师在编《星云》的时候，身边的人知道你在做这样的事情吗？

姚海军：有很多人知道。我相信刘慈欣讲的那种孤独感不是说有多少人知道他在写科幻，而是有多少人能够理解他所做事情的意义，是这种孤独感。从这一点上来讲，我们是很类似的。

科幻邮差：就像大刘上次在接受媒体采访时说的一句话，他说："写作不需要坚持，不写作才需要坚持。"刚才在跟姚老师聊天的时候，你也两次提到为什么一定要用"坚持"这两个字。你觉得是在做喜欢的事情，这个是顺从自己的内心，不叫坚持。所以你可能白天辛苦工作的时候，想着晚上有这样一个寄托，反倒这个寄托成为你每天生活的意义所在。

姚海军：谢谢你的理解。

科幻邮差：随着中国科幻的发展进入到90年代，一批新的作家开始登上舞台，《科幻世界》杂志出现了很多新的面孔。请问姚老师，你怎么看待那个年代里那些作家风格特异的写作？

姚海军：90年代中后期，有一些年轻作者进入到《科幻世界》，我觉得这是中国科幻非常重要的一个变化，而这个变化跟《科幻世界》这本杂志的主动变革有关。我曾经写过一篇文章，里面谈到过这一点。

《科幻世界》在1991年正式定名，并大胆调整了读者定位——从老少咸宜，精准定位到中学生、大学生。我觉得这是一次精准且非常有效的调整。后来《科幻世界》的发展证明了这一点。但在当时，你这个定位固然好，但需要作家支撑，刚才我们谈到新生代的崛起，请注意，新生代的崛起正好和这本杂志的读者定位调整是相契合的。

《科幻世界》把读者定位到校园，而新生代的作家，以星河、杨平、凌晨、柳文扬这些北京作家为代表，你看他们的早期作品，都有校园文学的特质。新生代科幻创作的价值取向和

《科幻世界》的读者定位是非常契合的。作家和杂志就这样完成了相互成就。从此，我们看到《科幻世界》走上了一条蓬勃发展之路，也看到了新生代的崛起和他们所做出的成就。

我觉得这是冥冥之中，中国科幻配合得最好的一个案例。新生代让我们在科幻小说这个文类里感受到了青春的气息，这是他们为中国科幻带来的最大改变。

科幻职业生涯

1997年是很特别的一年，对我尤其如此

科幻邮差：90年代后期，姚老师的职业发生过一次很大的变化，这是把自己的爱好转化为职业的一次变化。我觉得这种转变是需要特别大的勇气的。离开自己熟悉的环境，忽然之间要开辟一个崭新的天地，想请姚老师给我们介绍一下这个变化是怎么发生的？

姚海军：我的勇气肯定没有你大。你做这个八光分公司，是放弃很多东西来追求自己的梦想，而且未来是非常有挑战性的，这才需要胆识和勇气。对我来讲从林场里走出来，需要什么勇气？不需要。因为新的选择更有希望，而这个希望是明确的。我有机会从大山走到都市里来，适应一个新环境，开始一段新旅程，充满了期望，并不需要背负那么多的压力。

科幻邮差：这次变化应该是跟1997年《科幻世界》在北京举办的科幻大会有关吧？

姚海军：对，1997年是很特别的一年，对我来讲尤其如此。那年《科幻世界》在北京办国际科幻大会，对中国科幻来讲是特别重要的一个转折点。1997年的这次大会，真正把中国科幻推入了正轨。社会方面面面对科幻文学的认识都统一了，变得正面了。而在此之前，相当一部分人对科幻文学是持负面看法的。

后来知道，那次活动之前科幻世界杂志社做了特别的努力和策划，所以请到了俄罗斯和美国宇航员、中外科幻作家、科学家共话未来。在中国这种特殊国情之下，宇航员、科学家代表了崇高的理想，代表了未来的方向。科学家和宇航员身上有很多光环，这些光环都是值得我们去崇敬的。科幻和科学家、宇宙员关联在了一起，所以科幻是个好东西。之前有人说，科幻不是个好东西。这就是一个很大的拨乱反正。

——一九九七年七月二十五日，姚海军参加北京国际科幻大会期间，在北京野三坡与时任四川科普作家协会理事长的周孟璞先生合影。

大家说：你一定要来参加这个盛会

科幻邮差：在1997年北京国际科幻大会召开之前，姚老师应该还是在林场做着自己固有的一份工作。那么，你是怎么想到北京来参加这样一场盛会的呢？

姚海军：我1991年就想参加《科幻世界》的那次非常重要的世界科幻协会年会，但是算了一下到成都的诸多开支，最后还是很现实地打消了这个念头。1997年我也想来，但也因经济上的一些原因打算放弃。后来之所以能成行，还是因为很多朋友的支持，他们的一些帮忙。当时很多的科幻迷朋友、科幻作家给我写信说：“一定要来参加这个盛会，如果你的工资不够路费，我们就捐款给你。”想到这些，今天我仍然特别感动。

刘慈欣在《三体》里写到一句话“我们是同志了”，科幻迷见面用这句话来形容特别准确。也不知道是散发了什么样的同类气息，能够一见面就没有嫌隙，变成很好的朋友。所以科幻迷群体真的不一样。不管怎么说吧，正是在这些人的帮助、召唤之下，我才到北京参加这个会。在中国科技会堂，我见到了仰慕已久的杨潇老师，那是我们第一次见面。所有人都是第一次见面，参加这次活动之前大家一直是通过通信联络。然后也见到了吴岩老师、韩松老师，还有全国各地的很多科幻迷。后来我记得好像是星河说过这么一句话，说姚海军到北京，让《星云》完成了从原始通信时代到现代通信时代的跨越。

到北京之前，我先去了天津。天津有一大群科幻迷，郑军、霍栋、董轶强、吕哲等等。我先跟他们会合，然后一起去北京。这是一场科幻的大联欢。

在天津我买了一台相机，准备参会时拍照，《星云》需要这样的照片。在大会上我拍了很多照片，但是等我回家洗出来后，发现没有几张能用的——这“记者”根本没有拍照经验。（笑）当时还以为会拿到一手的照片，下一期的《星云》要做得非常漂亮。

在北京，我们住在一家地下室旅馆里，那两天是真正的节日，是狂欢。白天听科幻作家和宇航员的报告，晚上我们就彻夜狂欢，喝夜啤酒，说不完的话。当然也就是在那两天晚上，我结识了山西《科幻大王》的执行副主编马俊英女士。马老师比我还年轻，是典型的北方人性格，非常豪爽。她问我愿不愿意到山西来一起办杂志，我说好啊。我一点儿也没犹豫，说，你等我回去打完行李就来。她说好，没有任何的进一步洽谈，工资待遇什么的、住在哪儿啊，根本没有谈这些。

我离开北京，告别的时候，韩松还硬往我兜里塞了一百块钱，他是害怕我路上太艰苦。就是那样一个群体，真的感觉像回到家一样，特别可爱的一些人。回到家我就打了行李，直接到太原上班去了。

林场的生活是另一种感受。要好的工友也会经常聚在一起来上几杯，那也是一种友谊。而我的孤独只是因为我心中总装着与现实格格不入的另一个世界。只有在这个群体里——科幻作家、科幻迷的群体里，才能找到知音的感觉。所以刚才你说的那个抉择，根本没让我花什么时间去判断、选择。

走出林场去做科幻编辑

科幻邮差：能否说为了走出这一步，前面做了很多年的准备？

姚海军：说“准备”不准确，不能说是准备，因为我从来没有想过真的会进入出版行业，并且专门做科幻。我刚才说的那些是基于后来工作的重要性、基于现在来讲的。之前根本没有

20世纪90年代中期，科幻迷杂志风起云涌：《立方光年》（北京）、《超新星》（天津）、《银河》（郑州）、《第十号行星》（山东诸城）。

考虑要离开林场去做科幻编辑。一点儿这样的想法都没有。

科幻邮差：20世纪90年代中后期，科幻的影响力慢慢扩大了。那时候全国像《星云》这样的爱好者杂志多吗？

姚海军：1995、1996、1997那几年是科幻迷杂志的高潮期。

科幻邮差：那时的科幻迷杂志都是像你这样已经工作了的科幻迷办的吗？现在不少科幻迷杂志都是高校社团里的学生在办。

姚海军：都有。很多是已经参加工作的科幻迷办的，当然也有一些是在校学生办的，但当时即便学生办的科幻迷杂志，也不像今天以学校为单位的科幻迷群体，比如说清华、川大这样的群体来划分，它呈现出更强的社会性，并不仅限于校园。科幻迷杂志在那些年可以用爆炸来形容，有几十种。像北京的《立方光年》、天津的《超新星》、河南郑州的《银河》、四川成都的《上天梯》、山东济南的《TNT》等等。这些杂志还有一个特点，基本都是以作品为主，以科幻迷的习作为主。因为资讯类的科幻迷杂志，《星云》已经有比较大的影响力了，大家都希望另辟蹊径来做不同的杂志。

理想和现实之间总有距离

科幻邮差：1997年冬天，姚老师进入《科幻大王》开始了职业编辑生涯，过去以后有什么感受？和期望有落差吗？

姚海军：与期望之间的落差还是有的。理想和现实之间总有距离，这很正常。去之后的工作就是做编辑，当时面临一个选择，《科幻大王》是一个漫画杂志，百分之九十以上都是漫画，科幻类的漫画或者幻想类的漫画。但漫画成本高，原创性又不强，流行的日本漫画刊物又很快无法刊用。

所以就有了一些争论，是增加一定的科幻小说刊发量，还是变成全科幻小说杂志？当然他们的最终选择还是比较谨慎，希望能够在保持漫画特色的同时，刊发一些科幻小说。我的加入，正好有利于这一设想的实现。很快，像王晋康老师这样的重量级作家的小说就开始出现在《科幻大王》上。

科幻邮差：在那之前，王老师的小说没有在《科幻大王》上刊发过吗？

姚海军：之前没有，他们的小说作者里面缺少王老师那样的大家。编辑们后来跟我说，他们以为王老师的稿费会很高。实际上王老师并不看重这个，只要力所能及，他都会去支持你的。那段时间，我还做了刘维佳的责任编辑，还有赵海虹。《科幻大王》的小说质量有了比较大的提升。

科幻邮差：嗯，《科幻大王》出现了新的变化、新的风貌。你在《科幻大王》这段时间持续了多长？

姚海军：也就一年吧。那段时间，实际上除了工作日的工作，业余时间我就骑着我的破自行车，游走在太原的街头，向报刊亭推销《科幻大王》。《科幻大王》临到停刊也没有建立起二渠道的销售，只有邮局订阅。所以我认为这个杂志的发行有太大的局限性，很多人没法买到这本杂志，我当时希望了解二渠道发行的可能性及预期效果。

这些虽属义务劳动，但也需要牛二芳——《科幻大王》实际负责人的批准，经他同意才能领出来杂志。装杂志的那间房子也是主编办公室，我们的编辑部在另外一间。我背着这些杂志沿路推销，求人家让我放到报刊亭，说下周我来取，卖了之后按折扣收钱；如果没卖我就拿回去，你不会有任何损失。就那样做了一段时间，没有任何人给我安排这些。

科幻邮差：那个时候的邮报亭应该比现在兴盛吧？

姚海军：对，要多很多，但是杂志也多，没有人愿意去尝试一本新杂志，尤其是这本杂志在内容设计上没有特别之处的情况下。做这个推销，让我认识到做杂志除了你的编辑设想之外，怎样得到市场的认同是个必须思考的大问题。

《科幻世界》的社领导希望我到成都看一看

科幻邮差：其实从东北林场走到太原，应该说你的职业梦想就实现了。在《科幻大王》待了一段时间，怎么又动了念头要离开呢？

姚海军：那是由很多机缘、因素促成的。在《科幻大王》做了一年，我觉得那里的环境还是比较保守的。刚才你也问到了现实和期望之间的差距，还是有一些的。真正促使我想要离开太原的原因是，马俊英要休产假。

科幻邮差：那个时候的马俊英好年轻啊！

姚海军：对，现在也很年轻。那年去太原，我还和刘慈欣一起去见过她。

科幻邮差：科幻圈的各种活动中我好像都没见过她……

姚海军：《科幻大王》一直很低调。（笑）她休产假之后能不能回来上班还是个问题，因为《科幻大王》杂志社除了实际负责人牛二芳之外，包括马俊英都是聘用的。马俊英性格爽直，因为一些我现在也不想说的原因，她休产假之后，能不能回来上班要打一个问号。种种迹象让我觉得，她不可能再回来一起奋斗了，所以我就觉得可能是时候离开了。

王晋康老师等很多师友都希望我能有一个更大的平台，希望我能有进一步的发展，对我有很多的期望，鼓动我去做一些新的选择。那时，郑军已经到了《科幻世界》的科幻迷俱乐部做主任，也鼓动我到成都。后来我接到《科幻世界》杂志社的电话，说社领导希望我到成都来看一看，感受一下，先不用说来不来。

我到了成都，到编辑部看了一下，感觉精神面貌完全不一样。而且在我心目中，《科幻世界》编辑部可谓明星云集，杨潇、谭楷、阿来、秦莉，包括田子镒、陈进、邓吉刚……都是响当当的人物或非常好的文学编辑。

科幻邮差：你过去考察的时候，这帮人马就已经在那儿了？

姚海军：对，吸引我的不仅仅是明星团队，还有他们强烈的进取心，所以我就做了一个新的选择。

1999年1月，担任《科幻世界》科幻迷俱乐部主任的姚海军正在给读者回信。

科幻邮差：这种企业文化更吸引你？

姚海军：对。

科幻邮差：那会儿进去之后主要负责一些什么工作？

姚海军：我来了之后杨老师问我，你对工资有什么期望？我说没期望，听从领导安排。她又问我，你对工作有什么样的想法？我又说听从领导安排。可见我不仅小时候是个乖孩子，工作了也是个好员工。（笑）

科幻邮差：从内心来说，你肯定觉得跨进《科幻世界》的大门，所有的愿望就都实现了。

姚海军：那个时候进《科幻世界》编辑部的确是非常不容易的。像跟我年龄差不多的唐风，也是很有名的一个编辑，他做《奇想》那个栏目做得很成功，栏目做了差不多两年之后才得以进到杂志社当编辑，非常不容易。

我一开始做的是俱乐部工作，和郑军一起。我们俱乐部三个人，郑军是部门主任，我一个，还有一个美编叫王茂（一个非常美丽的女孩，科幻迷俱乐部第一任小雪）。杂志社当时在十楼，我们的俱乐部在一楼，就在四川省科协大院现在那个储水池旁边的一个塑料棚子里，属于临时建筑。我去的时候正是盛夏，太阳出来以后那里简直热得不行，屋顶上就是一层塑料皮，根本不隔热。

每天的具体工作就是拆信封，各种各样的读者来信，都是用那种大纸箱一箱一箱地搬进来，我们要把读者来信和稿件做区分，然后把稿件展平，用别针别上，为编辑审稿做好前期准备。如果是科幻迷来信，就要回信。那时候，《科幻世界》科幻迷俱乐部有一个会刊叫《异度空间》，两个月一期，容量不比当时的《星云》小。除了定时编印《异度空间》，还要办俱乐部会员的入会手续，寄发会员证。俱乐部当时还有一个工作是开展校园活动，为领导们出席活动做好前期安排。总之，工作是非常繁杂的。

当编辑，不能写作是一种缺陷

科幻邮差：后来是怎么一步步走上了编辑岗位？这中间大概持续了多长时间？

姚海军：一年吧。1999年我到的编辑部。之前在俱乐部工作量大，条件也很艰苦。有一天我正在天府广场逛书店，接到郑军的电话，说："阿来要请我俩吃饭，地点就在杂志社对面的一个小餐馆。"

我骑着自行车快速返回人民南路四段，到了那个餐馆。谈些什么现在我都忘了，只记得阿来对我们说的一句话："做任何事情都要有耐心有恒心。"我当时还不太明白这是什么意思，

2015年12月9日，姚海军与寿星谭楷先生（左）。

后来才知道，郑军想实现自己的作家梦想，准备辞职。那个时候做俱乐部，晚上我跟郑军住在一个房子里——杂志社的公寓。郑军是一个非常勤奋的人，晚上我休息的时候，他仍奋笔疾书，创作他的《时代之舱》。

我认同阿来的说法，郑军走的时候，我还是坚持留了下来。后来阿来又跟我说："你到编辑部来工作吧。"我就和王茂一起将俱乐部搬到了十楼，我则开始将一半的精力转到编辑工作上来，后面几年我一直还兼着俱乐部主任的工作。

转到编辑工作岗位之后，我开始正式看自由来稿。那段时间是一个学习的过程，从《星云》到《科幻大王》，从《异度空间》到《科幻世界》，都是非常重要的学习过程。之前在《科幻大王》做编辑是比较轻松的，至少应付得来，可到了《科幻世界》做编辑，挑战就来了。你不仅要能够发现好的作者，还要能写。我之前的写作是没有什么经验和基础的。我进编辑部的时候，阿来开始做一个新的栏目叫《图说科幻》。他做了第一期，然后找到我，说："第二期开始就由你来接这个栏目。每期大概两千字的稿子，可以写作家，也可以写科幻小说的一些主题或者科幻史上的趣事。"我记得我把自己写的第一期稿件交给阿来主编时，阿来看完之后盯了我半天，最后就留下了四个字：暴殄天物。然后，他就晃着壮实的身体从门缝挤出去了。

我一头雾水，然后边上的同事就说，可能主编觉得你这个有问题。我就跟出去问阿来，他说你把太多素材放在一篇有限的文章里，这是对素材的不珍惜，本来可以用来写更多东西。

到《科幻世界》，两个人对我帮助非常大，一个是阿来，一个是谭楷。我做俱乐部的时候，做什么活动都要写一个报道，谭老师是很厉害的报告文学作家，他会告诉你开头要怎么写，要怎样才能吸引眼球，抓什么要点，他给了我很多具体的指导。

但这两个老师的风格不太一样，谭老师是那种粗声大嗓的；阿来老师是惜字如金的，不太会多说什么，你要详细问他，他才会说。那时的《科幻世界》真不一样，领导会刻意训练你的写作能力。当编辑，如果你不能写作是一种缺陷。不是说你就不能当好编辑，而是你最好能够有写作的能力。

阿来当时跟《华西都市报》《成都商报》关系很好，因为他是名作家嘛。这些报纸会辟出一些科幻的栏目，他就写一个题头，叫我和唐风写千字左右的小文章，都是下班后才收到指令，第二天一早就得交稿。

① 2004年9月6日，姚海军赴美国波士顿参加第六十二届世界科幻大会期间，与美国著名科幻作家弗雷德里克·波尔（坐者）、罗伯特·西尔弗伯格（右二）、罗伯特·谢克里（右一）合影留念。

② 2007年9月，姚海军和时任科幻世界杂志社社长兼总编的秦莉女士在日本参加科幻大会。

科幻邮差：那个时候有电脑吗？

姚海军：没有。晚上就把稿子手写好，第二天一早交。虽然是魔鬼训练，但对你的成长很有帮助。说到电脑，我的第一台电脑还是刘慈欣给的。2000年的笔会后他寄了两台过来，另一台给了唐风。

那时的《科幻世界》朝气蓬勃

科幻邮差：还有这样的经历！下次有机会采访刘慈欣老师，一定要请他好好讲讲这个故事。姚老师进《科幻世界》编辑部是1999年，应该正好碰上高考作文题撞车事件，是吗？你觉得那个时候的科幻世界作为一个企业来说，是一种怎样的风貌？

姚海军：我是在1999年下半年调到编辑部的，是在高考作文题撞车事件之后。对《科幻世界》这样一本杂志来说，那是个大事件。媒体的广泛报道让《科幻世界》的影响力迅速攀升，我印象最深的是，一些家长跑到编辑部来给孩子订阅《科幻世界》，还有电脑报集团陈（宗周）总听到这个好消息后说的一句话："这是偶然中的必然。"

那时的《科幻世界》朝气蓬勃，开始有更多年轻人进入到这个团队，而且也有了更高的理想和抱负，它的国际化视野得到了进一步强化。1997年进入《科幻世界》的秦莉在这个过程中也起了相当的作用，她后来接替阿来，当了杂志社的社长兼总编辑。她的英文非常好。《科幻世界》国际化的交流更加频繁，也开始尝试做一些图书的项目。

我印象很深刻的是和一些国外的资本和一些上市公司，包括迪士尼，都跟《科幻世界》有过合作的谈判。那种感觉是不一样的，《科幻世界》似乎正在向一个国际化的、现代化的企业去发展。那个时候跟现在有非常大的差异。

科幻邮差：跟迪士尼的合作后来好像是无疾而终了，是吗？

姚海军：对，还是有一些问题，但最后科幻世界杂志社还是实现了公司化，加入了重庆中科普集团。我之前还看到了一些加入中科普的文件，手续是很正式的。那是当时《科幻世界》领导层带领这本杂志走出的非常有远见的一步。

科幻邮差：后来呢？

姚海军：后来就说来话长了。守业不易……后来杨潇、谭楷、阿来先后或退休或离职，四川省科协也换了领导。新领导对四川的《科幻世界》加入重庆中科普集团也有不同的看法。

科幻邮差：说回刚才的话题。姚老师1999年进《科幻世界》，那应该是《科幻世界》发展蓬勃向上的巅峰时期，单期印量最高纪录也是那个时候创下的。

姚海军：是的。那一年《科幻世界》月平均发行量好像是三十六点五万册。那时，莫树清老师领导下的发行部每到年底，都会在员工大会上宣布发行量，而且数字总是那么激动人心。

科幻邮差：用杨潇老师的话说，那真是“一段激情燃烧的岁月”。（笑）姚老师好像还负责过“封面故事”栏目？

姚海军：对，《封面故事》非常受欢迎。最开始也是阿来做，我接手《图说科幻》不久，阿来把这个栏目也交给了我。

“封面故事”来稿量非常大，但仍会时不时出现选不出优秀稿件的窘境。阿来做的时候，如果出现这样的情况，他自己就以“米一”的笔名来上一篇；而我接手后，我最强大的秘密武器，就是才华横溢、风趣幽默的柳文扬。每当无米下锅之时，我就会找到他，几个回合下来，他总是会慢悠悠地说一句“那好吧”，而他也总能按时拿出漂亮的好文章。

新世纪开初那几年，我好像处于工作狂状态。仅在《科幻世界》就负责《图说科幻》《封面故事》《科幻影视》《幻想在线》四个栏目，同时还要参与“银河奖征文”的选稿。在《惊奇档案》上有两个固定栏目，在后来的《飞》上有三个栏目，同时还有科幻迷俱乐部的工作——《异度空间》和《星云》。2002年还在《科幻世界》上做作家专辑，年底又启动科幻图书“视野工程”，开始编辑“中国科幻基石丛书”和“世界科幻大师丛书”。

图书视野工程

作家专辑是《科幻世界》迈向畅销书时代的前奏

科幻邮差：这种工作强度确实是常人难以想象的呀！刚才姚老师提到，在《科幻世界》上开创作家专辑。那年的一系列作家专辑的确给《科幻世界》带来了一股清新之气。当时你是怎么想到要用那样一种方式来包装作家？效果怎么样？

姚海军：《科幻世界》过的苦日子太久，稿件的使用方式带有明显苦日子的印记。比如说，我们一连收到王晋康或者是刘慈欣的几篇稿件，一般都会分期使用，不会一次性刊发。因为在《科幻世界》低潮的时候，找不到作品、作者，现在咱富裕了，也得省着点儿不是？

经过姚海军多年的努力，科幻世界图书“视野工程”已推出超过两百种图书，其中仅“科幻世界大师丛书”就已经出版到作品第149号。而属于“中国科幻基石丛书”的《三体》三部曲已经成为世界级畅销书。

到了2002年，情况已经发生了非常大的变化，之所以能够出现作家专辑这种形式，首先从外部来讲，确实有非常多的优秀作品。现在的读者评价那几年的杂志也是非常好看的，有很多作家也正处于他黄金时代的初期。就稿源来讲，已经不用那么担心后面没有新的稿件。

从内部看，2002年的时候我已经是骨干编辑了。非常感谢那时领导们对我的培养和支持，这不是客套话。编辑的成长真的需要很多外力去帮扶，不仅仅是你自己的努力。

2002年提出作家专辑的策划，非常顺利地得到了阿来主编的支持，然后就开始组织。我那时已经在考虑科幻明星作家如何去运作和包装的问题了。专辑能够最大程度地将一个作家的才华、风格、特质集中地展现，形成明星效应。作家专辑不仅是为了提振《科幻世界》发行量，也是我全力将科幻出版从杂志时代推向畅销书时代的一个前奏，2002年底，我们就开始做科幻图书“视野工程”了。

科幻邮差：那个阶段集中推出了哪些重要作家的作品？

姚海军：几个重要作家都在那一年被集中推出：刘慈欣、王晋康、韩松、柳文扬、星河、何夕，现在他们都已成为那一代作家的代表。到现在为止，仍然有很多读者怀念那一年的《科幻世界》。那一年的《科幻世界》很特别，不仅仅有这一系列专辑集中呈现的作家，还有很多专辑之外的作家在那一年也表现突出，一些更年轻的新锐开始崭露头角。所以2002年银河奖评选是特别困难的一年，好作品太多了，根本没法选。

我希望《科幻世界》不仅仅是一块压舱石……

科幻邮差：有人说《科幻世界》既是科幻作家的黄埔军校，也是科幻编辑的黄埔军校。姚老师认同这句话吗？

姚海军：不管是从我个人的经历，还是从后来离开《科幻世界》的那些人的成长来看，都是这样。他们在这个行业里所取得的成绩，我们大家都能看得到——包括你呀，所以《科幻世界》确实是一个黄埔军校。但历史上的黄埔军校没有帮助国民党统一中国。

科幻邮差：在中国科幻发展史上，《科幻世界》所扮演的角色是不可替代的。回过头来看《科幻世界》这三十多年的坚守，姚老师进入《科幻世界》也快二十年了，在你看来，《科幻世界》的这种坚守给中国科幻带来了什么样的动力？

姚海军：首先是生存的问题。没有当年的坚守，今天这样的局面是不太可能出现的。从未来的角度来讲，特别是在产业化浪潮的冲击下，《科幻世界》的坚守，已经成为确保中国科幻的航船平稳前行的压舱石。我希望它不仅仅是压舱石，但这只是个人看法，你知道，我并不能代表《科幻世界》。

它代表着冲在最前锋的一批作家

科幻邮差：2003年，科幻图书“视野工程”正式启动，图书产品也陆陆续续开始推向市场。我们现在看到的很多经典书系，“中国科幻基石丛书”“世界流行科幻丛书”“世界科幻大师丛书”“世界奇幻大师丛书”，都是从这一年陆续走向市场的。想问一下姚老师，这个项目最初的构想来源于什么？

姚海军：刚才说到了杂志的作家专辑，做那个专辑时我就有了那样的想法。因为作者在成长，而我的编辑理念就是：出版单位应该陪伴你的作者一起成长，你的编辑思路要跟得上作家的成长。到2002年的时候我们看到了科幻繁茂的景象，有很多人开始写科幻长篇。这个时候你就需要调整，我觉得仅仅一个杂志平台不能满足作家成长的需要，必须搭建另外的平台。

最开始我手上有两本长篇小说：一本是刘慈欣的《超新星纪元》，一本是王晋康的《类人》。《科幻世界》对于在杂志上连载长篇小说一直非常谨慎。像这样的作品怎么处理？只能做图书，而且我知道像我这样的科幻迷渴望这样的科幻书。

我内心深处总希望有更多的科幻小说来满足我们科幻迷的阅读需求。我一直是一个科幻迷，我的科幻迷基因决定了会有这样的想法。事实上早在2001年的时候就有这样的想法，于是，我就跟阿来主编提出王晋康和刘慈欣这两部小说该怎么做的问题。

阿来也非常重视这两位作家，我把稿子给他，他没花多久就看完了这两部小说，然后跟我说："这么好的两部作品应该配上最好的出版社来出版，而不是我们自己来做。"因为不久前杂志社曾做过图书项目的尝试，不太成功，所以他非常肯定地说，要找最好的出版社来支持这两位优秀的作家。我们当时做了两套书，一套是和人民文学出版社合作的翻译科幻小说，一套是和作家出版社合作的"锋线科幻丛书"，都是依靠阿来的关系才建立的联系。

昨天我还找到了作家出版社那个编辑给我写的一封信，里面除了夹着这两本书的稿酬表，还特别说希望能够有更多的作品列入"锋线丛书"里面去。"锋线"这个名字也是我起的，它代表着冲在最前锋的一批作家，是中国科幻的前锋。

这个项目如果有一年亏损，它的生命可能就终结了

科幻邮差：这套书推出了哪些作品？

姚海军：作家社就是上面提到的那两部，首印都是一万册，其实也蛮不错的了。《科幻世界》那时候做首印肯定达不到一万册，我们做的第一本书首印三千册，超出三万册的时候加印次数已是第九次，可见那种谨慎。

大社做的图书很好，因为大社资源丰富，但我总感觉这个合作过程中有各种各样的问题。科幻这样一个小的文类在大社的体系中处于什么样的位置？它是很边缘的，难以被重视，而且大社未必就能够把科幻做得好。专业的、小而精的出版社可能更有发展潜力。

于是我就跟阿来汇报想法，希望我们自己做。短期我们未必能够达到人家那个水平，但从长远来看，我们一定能够超越他们。阿来给我了一个简单的回复："你如果能说服发行部发你的书，你就做；如果你说服不了发行部，那就不要提了。"我理解到领导的支持，也清楚过程中一定会有困难。后来当这个项目得以正式启动时，阿来的另一句话更让我感动："做成了是你的，失败了是杂志社的。"现在这样的领导越来越少了。

那个时候发行部人员调整频繁，我记不清找到的第一个发行部主任叫什么名字了。找了他，他说我们不做图书，因为没有市场。过了不久，他就被换掉了。发行部换了新主任，我又满怀热情地找他，对方还是说不行，他说我们做不好这一块，没什么资源，我们本身就做杂志的嘛，怎么发书？没过多久这个人也被换掉了。不做图书，就坐不稳发行部主任这个位子。（笑）再来的就是我们现在的社长刘成树，他从财务部调到了发行部。

我跟之前那两个主任是没有什么私交的，跟刘成树还是认识，同事相处得很好。我找到他，他也很爽快，说了四个字："我们试试。"我在很多地方都讲过这个故事，很多时候做一项工作你要有这么一个心态：勇于去尝试。我非常感谢刘成树，直到今天都记得那四个字。

2002年下半年，我开始筹备第一批科幻图书，计划首先推出三本"世界科幻大师丛书"，包括罗伯特·谢克里的《幽灵五号》和杰克·威廉森的《黑太阳》《反物质飞船》。小说编辑得差不多的时候，出现一个新的问题，我承诺过我们将来一定比那些大出版社做得好，这时终于感觉自己年少而轻狂了。怎么去超越？我分析了一下《科幻世界》做图书的优势，发现除了有杂志这个平台的宣传，以及掌握核心读者这个优势之外，在发行渠道上是没有任何优

势的，我们甚至进不了新华书店，全靠二渠道发行。基于这样一个现实，我就开始琢磨怎么用一本畅销的书实现开门红。

那时，刘维佳也从湖北来编辑部工作了，我们都是年轻人，下了班之后打游戏什么的，混成一片。有一天我就说，怎么才能做一本畅销书呢？什么选题能够畅销？他说，现在我们玩的《星际争霸》就很火啊。我说，火是火，怎么能变成书？刘维佳说，网上有很多《星际争霸》迷写的同人小说。我一下子激动起来，连说好啊好啊，赶快把它们整理出来给我。刘维佳就去收集这些小说，我们把它做成了第一本推向市场的书。

科幻邮差：《星际争霸》是在《黑太阳》之前吗？

姚海军：之前一点，但它和另外三本“世界科幻大师丛书”版权页上的出版时间是一样的。从此，我们就有了一个明星产品，《星际争霸》很快就加印了九次，第一次印三千，第二次印三千，一直加印到十次达到了三万五千册。一个很不值得炫耀的加印过程。（笑）也是由于那个特殊环境吧，但加印就是不断给我们注入信心。然后这个项目才正式启动。

科幻世界图书项目发展到今天，真是充满了曲折，有很多不足与外人道的故事，等我有一天退休之后会讲这些故事。庆幸的是，这个项目从最开始到现在，每一年都是赚钱的。注意是每一年！它之所以能够生存到今天，就是因为每一年的财务核算都是挣钱的。这个项目如果有一年亏损，它的生命可能就终结了。你后来也加入了这个项目，应该很清楚其中的凶险。

科幻邮差：嗯，这里面的故事确实一言难尽呀。其实姚老师也是因为“视野工程”的巨大成功，才被公认为中国科幻从杂志时代迈向图书时代的重要推手。你认为这个项目给整个科幻市场带来了什么样的变化？

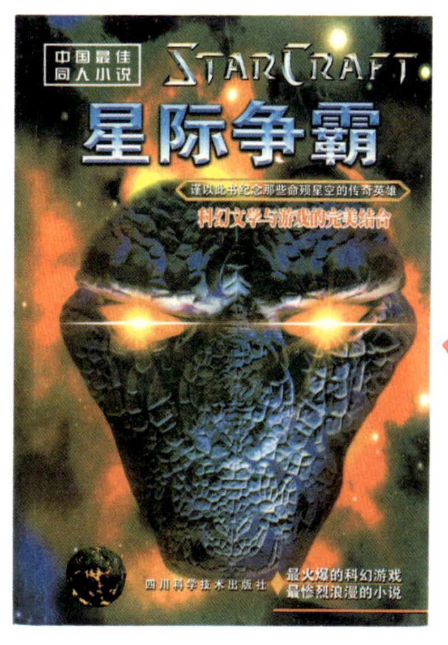

2002年由当红游戏《星际争霸》改编的同名小说成为科幻世界杂志社的畅销产品，《黑太阳》等首批“世界科幻大师丛书”也同时推出。

更新中国人的想象世界

姚海军：在“视野工程”启动之前，我们的原创图书较少，引进作品和国外也有较大时差。实际上这也是我做这个项目的一个很重要的原因。项目开始就是市场调研，不是说在办公室里想做一个项目就做一个项目。之前我一直去书店里观察一些读者购买科幻书的情况，他们会有什么样的选择，都是什么人在买，我每周都会去书店观察。

这样的观察很有意思，一开始很欣慰，因为我发现很多家长其实并不是像我想象的那样排斥科幻，他们会给孩子推荐科幻小说。这让我看到了希望。但是时间稍微一长我就生出了一种忧虑，是一种非常浓重的忧虑：家长和孩子们的选择都是凡尔纳和威尔斯的作品，基本上都是一百多年前的作品了。它们当然很经典，有着不朽的生命力。但是再进一步细想，就不得不回答这样一个问题：如果中国的青少年沉浸在西方人一百多年前的幻想世界里，我们该怎么指望他们去创造新的中国？这种忧虑无法排解。

这是我做图书项目的另一个重要原因，也是这个工程为什么叫“视野工程”的原因。“视野”有三重意思：第一要打开读者的视野，让读者看到世界各国最新的想象，我们就是要更新中国人的想象世界。这显然是个大工程。今天，中国人的想象世界已经有了全新的面貌，跟我们这些工作是有关联性的，这让我感到骄傲。第二个是要打开作家的视野。中国科幻的发展不在于要引进多少西方的经典，而在于原创的力量能不能成长。原创力量的成长一定要站在前人的肩膀上，吸收世界科幻的创作经验，站在高起点上起步才有可能超越。第三就是要打开我们研究者的视野，如果研究者没有足够新的图书资料，那很难会提出什么有价值的观点。

科幻邮差：通过姚老师的讲述，我觉得对刚才开宗明义的那句话“更新国人的想象力”的理解深入了不少。经过这么多年的努力，“视野工程”推出的图书品种已经超出了两百种，有没有达到你的目标？

姚海军：没有。

干事业不能只靠情怀

科幻邮差：你对它最初的构想是什么？

姚海军：最初的构想当然没有这么宏大。我整个计划的第一步是生存，当时想得并不长远。但后来目标就变得远大起来。这么多年，《科幻世界》也好，这个工程也好，都有很多的机会去发展壮大。但是很遗憾，我们并没有抓住这些机会，所以这是一个难以让我满意的地方。

2006年我到北京去参加一个奇幻文学的峰会，幻剑书盟等书站、很多的民营出版机构、各路的奇幻作家都参加了那个峰会。那个会给我的印象很深刻。

姚海军的书房令很多书迷称羡。

我记得某著名民营文化公司老总的发言正好在我之前，他给在场的作家们建议：让他们选择好的出版社，要慎重地选择合作伙伴。他也点到了刚刚跟《科幻世界》签订出版合约的两个作家，认为他们没有做出很理性的选择。然后是我的发言，我当然要针对这个说法讲几句。我讲到了那两位作家做出了最好、最理智的选择，因为《科幻世界》是这样一个机构：不管幻想文学是处于热潮之中，还是被冷落，它都会坚持做幻想文学。《科幻世界》不是投机者，它是以幻想为生的，所以这些作家的选择无比正确。

这话可以说是掷地有声，但事业不能只靠情怀。今天我们再回顾这样的插曲会有很多很多感慨，现在很多民营出版机构，包括上面提到的那家公司和后来的读客，他们在这些年里发展壮大到了什么样的程度？这样一比还是很有失落感。这个项目的确赢得了很多赞誉，但是我难以说服自己对这个项目完全满意。

科幻邮差：其实我们也注意到，《科幻世界》在早些年做了很多方向上的探索，包括奇幻，但是后来……我觉得应该把它理解为一种对市场的失守吧。《奇幻世界》停刊后，图书项目中的“奇幻系列”也做得越来越少了，感觉好像只剩下三大书系。说到三大书系，想问一下姚老师是出于什么考虑，在整个图书视野工程当中把图书分为这样三个系列？

姚海军：分类很简单。“世界科幻大师丛书”收录的是经典性作品，或者说今天还不够经典将来会成为经典的作品。但西方的科幻是很繁杂的，有各种各样的类型、各种各样的风格流派、各种各样的价值取向，我也希望中国科幻能够借鉴这些，将那些非常商业化的科幻作品引进过来，就构成了“世界流行科幻丛书”这个系列。我们要学习如何用商业科幻小说去赢取更广阔的市场。这是两个不同的价值选择，我希望它们都能推动原创。另外，原创“中国科幻基石丛书”就不用讲了，这是我们最核心的，我们对未来的期望都在这个丛书里面。

《三体》难以复制，但一定会有新的畅销书

科幻邮差：其实从第一本“中国科幻基石丛书”诞生那天起，姚老师就一直致力于对科幻畅销书的打造。这个书系中的《三体》应该说对整个中国科幻产业都产生了特别大的推动作用。姚老师怎么看科幻畅销书对中国科幻发展的影响？

2009年，姚海军获得建国60周年全国“百名有突出贡献的新闻出版专业技术人员”奖章。

姚海军：我们之所以努力打造基石丛书，就是希望能够发掘出有机会成为畅销书的作品。对于类型文学来讲有一个铁律，你这个类型能不能立得住，就要看你这个类型里有没有明星作家和经典性的作品。言情小说如果没有亦舒，我们很难去理解言情这个文类；武侠小说如果没有金庸，它就很难取得今天的地位，更不敢想象这一类型能够进入到精英文化的层面里去。科幻也是一样，它一定要有明星作家和经典性作品才能够冲出它原有的领地，进入到更广阔的世界里面去，它的价值才能被真正发现。

科幻邮差：在《三体》之前，还有《天意》？

姚海军：是的。要特别感谢《天意》的作者钱莉芳。

科幻邮差：有人说如果没有《天意》的畅销，就没有后面《三体》的大热。姚老师认同这个说法吗？

姚海军：我不知道他的这个结论是怎么推导出来的，我只能说，我们的“基石丛书”第一本就是《天意》。《天意》是自1983年以后我国原创科幻的第一本畅销书，有着里程碑式的意义，它引发了三个重要改变。首先是改变了我们的发行人员认为的“科幻书中不会有畅销书”这样一个偏见；其二是改变了渠道发行商对科幻小说长期以来的偏见，他们也认为科幻书不会畅销；最后是改变了作者的观念：写科幻挣不到钱，科幻写作只能被当成一种爱好。这三个改变，对中国科幻出版的发展产生了非常大的影响。如果没有《天意》，我相信刘慈欣也仍然会写《三体》。但是，我们也要看到一个很有趣的作家间的互动。记得那次活动我们是一起参加的，吃饭前刘慈欣给钱莉芳打了一个电话，刘慈欣觉得特别受鼓舞。我觉得钱莉芳的成功，对后来者产生了远超出我们可见的积极影响。

科幻邮差：基于姚老师多年的经验，你认为《三体》可以复制吗？

姚海军：《三体》难以复制，但是中国科幻一定会出现新的畅销书，它们可能与《三体》的风格、流派完全不同，比如韩松、陈楸帆、宝树、张冉，当然也可能是与刘慈欣相近的何夕、江波……未来值得期待。

科幻邮差：记得2010年8月首届华语科幻星云奖在成都举办时，姚老师获得最佳编辑奖金奖，当时正好是刘慈欣老师上台为你颁奖，他非常真诚地说了一句令在场观众印象深刻的话，他说：“姚海军是中国的坎贝尔！”科幻迷都知道，坎贝尔作为美国最负声望的科幻编辑，经他的手发掘了无数的科幻作家和科幻佳作，为世界科幻留下了浓墨重彩的一笔。我们也期待姚老师未来能不负厚望，继续为中国科幻发掘、培育下一个刘慈欣。

姚海军：谢谢鼓励。

只有核心强大，才能突破边界

科幻邮差：姚老师曾经提出一个观点：科幻文学只有核心强大，才能突破边界。随着《三体》的火热，你觉得这个核心已经足够强大了吗？

姚海军：这个问题有点儿复杂。“只有核心强大，才能突破边界”，这句话离不开当时的语境，我一直认为“核心”的存在是“边界探索”拥有意义的前提；反之也是一样。“核心科幻”的概念是王晋康老师提出来的，有时候我们必须强调：如果失去了核心，科幻这个文类的价值就不存在了。

科幻邮差：但是反过来说，过度关注核心是否强大，会不会限制其他方向的探索？

姚海军：这是一个平衡问题。科幻这个文类一定要有不同，一定要有多方向的探索。科幻本身就是很先锋的一个文类，失去探索性，会失去价值；失去核心，也一样会失去价值。二者都会导致这个文类的失败，所以它是一个平衡。要看具体语境中需要更强调哪一个。

科幻邮差：何夕老师曾经说过，过去科幻的热潮主要集中在对科幻的新奇感上，而现在的科幻已经深入到科学背后的伦理思考。80年代的科幻高潮正是科幻文学向主流文学靠拢的结果。姚老师认同这样的观点吗?

姚海军：科幻文学的发展过程中产生了不同的科幻价值观，从清末民初到80年代改革开放，科幻文学的价值观是不断变化的。在80年代的科幻黄金时代，一个很显著的特征确实是科幻文学向主流文学的学习，科幻文学的主题，它的表达方式，都发生了改变。这也就是后来为什么会有“科”“文”之争的一个前因。但学习并不等于靠拢。我们可以通过作品看到当年那些重要作家，不管是郑文光还是叶永烈，包括童恩正他们的科幻文学自觉。

传统上，科幻是科普的一部分。后来有了这些作家在文学上的追求，就会引起保守势力的一些看法。这些人认为科幻变成了异种，不再是他们所认同的那种科幻。但是整体来讲，这种变化给科幻文学带来了很多新的价值，它变得更丰满了。科幻文学近几年能够进入到《人民文学》《当代》这些主流的刊物上，其实也是一种突破，突破传统的观念。但向文学靠拢，并不能拯救科幻。

科幻邮差：最近几年的美国雨果奖获奖小说和其他类型文学之间的界限越来越模糊，随着中国科幻创作的不断发展，是否也会出现这样的情况呢?

姚海军：边界的模糊自然会发生，这也可以看作是一种成长或开拓。中国现在也有了一些这样的作品，你说它是奇幻还是科幻？它融合了很多的元素，难以界定。我只是希望在变化发生的同时，科幻文学的核心价值不被遗忘和抛弃。

人物回忆

我身后的太阳

科幻邮差：多年来，姚老师从第一科幻迷的身份慢慢转变成科幻作家的伯乐，在这个过程中，你和很多的作家、科幻迷结下了深厚的友谊。下面想请姚老师给我们分享一些这方面的小

1
2
3

①刘慈欣（右）说，姚海军是中国的坎贝尔。

②姚海军和王晋康（左）是名副其实的忘年交。

③何夕《天年》的问世，与姚海军数年坚持不懈催稿密不可分。

故事吧。

姚海军：更新两个概念。第一科幻迷这个称谓我不敢当，好像《科幻世界》登过一篇文章说，全国第一科幻迷是徐久隆，我们成都的一位老科幻迷。可惜他身体不好，前些年离世了。还有很多很了不起的科幻迷，比如说北星，一直在国外推动中国科幻的国际化交流。很多更年轻的科幻迷都很了不起。

至于伯乐，这是编辑的本职工作。有很多作家，没有你这个编辑，他也会出现。优秀作家在你的职业编辑生涯中出现，是一种幸运。有了伟大的作家和作品，编辑的价值才会被凸显出来。对于我来讲，因为有了刘慈欣、王晋康、韩松、何夕等等这些作者（这是一个长名单，请原谅我无法一一列举），我们才有机会坐在这里畅谈科幻。中国科幻的历史上有很多编辑已经被遗忘，那是因为在他的职业生涯里，很不幸没有出现太多的优秀作家。

科幻邮差：还记得跟大刘、王老师、何夕老师他们最初的交往吗？

姚海军：感觉进入老年回忆阶段了。（笑）刘慈欣给我的印象就是他脑子里装满了奇思异想，取之不尽，用之不竭。过去开笔会住在一起，他随便讲一个构思，我觉得写出来都是一个经典的作品。希望他将来能有足够的时间，把那些构想都变成美妙的故事。王晋康老师给我最深的印象是他的谦和与热心，永远是一个让人感到温暖的长者。何夕很哥们儿，虽然他的四川话到现在我也不能完全听懂，虽然他喝酒很狡猾（主要是对付刘慈欣）。

科幻邮差：你跟刘慈欣老师的交往其实也体现了一个常态：编辑和作者相处久了，就会自然而然变成相知相惜的好朋友，是吧？

姚海军：是的，有机会和一些最优秀的科幻作家成为朋友是我的荣幸。刘慈欣是个很义气的人，《三体》热的过程中，他信守承诺，始终不为钱财所动。

2010年科幻世界杂志社的笔会，不少出版机构慕刘慈欣之名而来，目的就是希望拿下当年交稿的《三体3 · 死神永生》的出版权。在通往瓦屋山山顶的崎岖小路上，谈起正处于"倒社事件"中的杂志社、竞争方给出的优厚价格以及最终在哪儿出版《三体3 · 死神永生》，刘慈欣最终对我只说了这样一句："听你的。"

在《三体》这套书上，他给了我、给了《科幻世界》非常大的支持。如果不是朋友，他有非常多的其他选择。

科幻邮差：你怎么看科幻迷呢？

姚海军：对科幻迷，我很难用一两句话来表达感谢。今天我来得匆忙，本来想带的一张小卡片，却没有带来。那上面是一个英文句子，翻译过来是："如果你看到阴暗，那是因为你的身后就是太阳。"我的英文很差，所以就不跟大家朗读了，特别是八光分还有众多英语厉害的角色。（笑）

这张小卡片是在前几年《科幻世界》比较灰暗的时候一个科幻迷寄来的。另外，我还保留着一封从一所学校寄来的七十多个学生支持《科幻世界》的联名信。当然，科幻迷还有很多让我感动的地方，他们对科幻那种热爱是最真诚的。所以我个人能够身为其中一员，一直都很荣幸。

科幻近况探讨

希望从业者的眼光放长远一些

科幻邮差：这也是姚老师在职业生涯中不断努力不断前行的动力呀。确实，从姚老师的个人经历中能深切感受到整个科幻圈的相互提携、帮助、关心，如果没有这些，难以想象姚老师现在在哪里，变成了一个怎样的人。（笑）

当下国内比较突出的一个现象是，各种科幻奖项风起云涌，而且资金的投入量也越来越大。姚老师怎么看待这样一个现象？对于挖掘和培养作者方面有哪些建议呢？

姚海军：今天是商业社会，我们讲科幻，也开始讲产业化，这已经说明中国科幻文学发展到今天，环境已经发生了巨大的改变。有这些奖项，有这些资金的介入，对新人来讲我觉得是好事，也说明科幻发展了。但培养新人是需要耐心的，是需要一点儿长远眼光的，不能急功近利。如果说我有什么建议的话，那就是希望所有的从业者都能够把眼光放长远一些。我听到很多过于急功近利的做法，那是不利于作家成长的。

儿童科幻，最可能改变人的一生

科幻邮差：我注意到姚老师这些年也参加了不少的少儿科幻的作品评审工作。想问一下姚老师，在你看来，中国的成人科幻和少儿科幻存在哪些差异？少儿科幻要进一步发展的话，它有哪些优势？

姚海军：差异当然很明显，甚至有点儿像两个完全不同的类型。因为读者对象不一样，写法就不一样。比如成人科幻强调创造性想象，儿童科幻就很难强调这一点。故事性对儿童来说更重要。儿童科幻的优势现在还不明显，但我有一个基本的判断——儿童科幻的市场应该是比成人科幻更大一些的。

当下儿童科幻所面临的挑战与优势同样明显。我参加了一些评奖活动，看了大量的儿童科幻作品。我觉得最大的问题就是，很多写儿童科幻的作家用童话的思维来写科幻。这是需要时间来改变的。在儿童科幻的领域里，那种科幻味道纯正的小说难得一见。

当然，对儿童科幻来讲，我们不能用成人科幻的标准来衡量，比如说创造性的想象。这是我判断一本书能否被纳入中国科幻基石丛书的三个要素之一（另外两个是故事性和思想内核），但这些要素在儿童科幻里就不一定合适，儿童科幻有它的特质。整个儿童科幻的发展现状应该是渐入佳境，但还没有真正进入佳境，未来还需要更多的努力，包括大连出版社即将开办的科幻写作培训班，正是基于这样的现实。

科幻邮差：儿童科幻对于整个中国科幻有什么样的意义？

姚海军：刚才我已经说了一些。一个重要意义在于，让很多人在童年时代就能够进入到科幻的世界。那从长远来讲，整个科幻发展的大环境会因为孩子们的进入被更大程度地改变。

科幻邮差：就是说，希望出现更多类似于《布克的奇遇》在你身上产生的效果？

姚海军：可以这么说。我是作为一个外行来讲儿童科幻的，我认为那些被阅读的儿童文学作品包括科幻，就是我们在童年筑起的一座座童话小屋。儿童文学真的非常重要，它最可能改变人的一生。那些小屋，即便到了成年甚至老年，也是我们不会忘记的精神家园。前不久在鲁迅文学院，《科幻世界》做了一个儿童文学的研讨会，我就提到了这个看法。也正因为这一点，儿童文学作家包括儿童科幻文学作家才特别值得尊敬。

警惕科幻后发综合征

科幻邮差：2015年刘慈欣老师获得雨果奖之后，国家副主席李源潮接见了包括刘慈欣、吴岩、姚老师在内的一批科幻界人士；2016年9月在北京召开的中国科幻大会上，李源潮副主席又发表了重要讲话。请问姚老师怎么看待国家对科幻的重视？

姚海军：这对科幻是非常大的推动，特别是在我们这个国家的大环境下。而且实事求是地讲，科幻也值得从国家层面上做一些战略规划。在你刚才提到的中国科幻大会上，我和吴岩分别做了一个报告，吴岩那个报告提出了几个值得研究的问题——前沿的科学幻想和尖端科技之间有没有可能互相转换？想象的价值到底在什么地方？它跟国家科技的发展之间有什么样的关

二〇一五年九月十四日，中共中央政治局委员、国家副主席李源潮在北京与科幻、科普创作者座谈后合影。左起依次为：姚海军、刘嘉麒、刘慈欣、李源潮、周文赟、吴岩。

联？吴岩老师的报告也给出了一些很有高度的看法。

科幻邮差：从整体的科幻发展来看，你看好科幻小说的电子出版吗？

姚海军：不论看不看好，这个时代都会到来。我们这一代人，可能阅读传统纸质书的习惯难以改变，但对年轻一代来讲，他们已经完全适应了新的阅读方式。你提这个问题的潜台词就是，传统出版在新的环境下有什么出路？我的一个判断是：传统出版与电子出版将会建立起良好的互动关系。会有很多人选择轻便、经济、环保的电子阅读，也会有很多人保留传统的阅读习惯，或者还会有很多人保持双阅读习惯。

其实我看到一个非常让人高兴的现象，过去说电子出版对传统出版的冲击，认为传统出版已经江河日下，很快就会被取代。但今天的现实完全不是这样，2015年的传统出版业较之上一年度不仅没有下滑，反而有些增长，而电子出版也展现出更大的拓展空间。

科幻邮差：前些年大家听到的更多是唱衰传统出版业。

姚海军：主要是两种人唱衰。其一是带着商业目的的非传统出版界人士；其二是对电子出版并未有深入了解的传统出版业人士。我认为传统出版业不会被取代，最起码在可预见的近未来不会。当然，如果在很遥远的未来，人类本身都量子化了，传统出版当然就不会存在了。

科幻邮差：姚老师在多个场合为中国科幻发声，同时在多次发言中也提出一个观点，叫作科幻的后发综合征，请问怎么理解这个后发综合征？

姚海军："科幻的后发综合征"背后，有我对改革开放以来匆匆忙忙的文学发展历程的思考。20世纪80年代初，我国国门乍开，各种文学类型、流派，各种各样的东西一股脑儿地涌了进来。就文学来讲，西方的多年尝试，意识流小说、存在主义、黑色幽默、魔幻现实主义几乎同时进入我们的视野，令人目不暇接。以前没有机会实践的创作理念，都在80年代很短的时间内被实践。中国经济也是一样，高速而充满矛盾。改革开放三十多年，中国经济就取得了这样的成就，但我们今天也必须面对雾霾、医疗、食品安全等各种各样来不及疏解的矛盾和问题。

回到科幻，过去我们的创作理念相对单一，比如十七年文学中的科幻，其创作理念沿袭苏联的科普理论，作品都很简单，服务于对国家建设前景的展望。"文革"之后，各种各样的科幻流派也进来了，赛博朋克、太空歌剧、新浪潮……百花竞放。

我们的科幻作家在短时间内同样做了大量尝试。但是这些尝试，在今天看来，除了传统科幻——刘慈欣、王晋康、何夕他们这个方向取得了辉煌的成就，很多其他方向上的尝试都浅尝辄止了，很多东西并未被消化。这个后发综合症主要就是说，因为没有时间从容地去做全面综合发展，现实会呈现出面对未来时的基础不牢。其实这么多东西涌进来，消化它们是需要时间的。

科幻产业化：选择决定命运

科幻邮差：那姚老师心目中的科幻产业化的图景是什么样的？

姚海军：产业是一个链条，我希望这个链条上的各个产业节点之间能够有良性的互动，上下游互相支撑。

科幻邮差：现实跟你心目中产业化的健康状态还隔着多大距离？

姚海军：我们可以把目前科幻产业化过程中的问题看作是成长的烦恼。我只是希望少走弯路，不太愿意去想距离，我希望能够做更多实际的工作。

科幻邮差：提到工作，那你认为《科幻世界》当下处于科幻产业化中的哪个阶段？如果它未来要有更大的进步，还需要做哪些努力？

姚海军：这是一个严肃的问题。从出版的角度，《科幻世界》成功地推动了从杂志时代到图书时代的转变。但是现在，《科幻世界》面临着非常大的挑战。《科幻世界》能不能够在新的产业格局里找到自己的位置，这非常重要。我一直在强调，在这样一个大的蓝图里面，你要干什么，你的位置是什么？你的位置选择，有没有现实的操作性？有没有足够的前瞻性？你有没有相应的心胸和度量？你的选择决定你的命运。

《科幻世界》有非常好的基础，杨潇老师、谭楷老师他们那一代科幻出版人为我们留下了一个非常有含金量的品牌，后来也有很多很优秀的人进一步增加了它的含金量。但坦率地讲，《科幻世界》面临着诸多现实的羁绊，它已不再那么纯粹。我对《科幻世界》怀有深沉的爱恋，也因此，它成了我苦痛的根源。

《科幻世界》其实不乏人才，李克勤、刘维佳、杨国梁、明先林、胡世发……还有很多心怀梦想的年轻人，他们都非常棒，非常努力。当然《科幻世界》也流失了很多人才，像师博、张城钢，还有你。我曾经在相当长的一段时间里骄傲地将我们的团队称为“梦之队”。现在我还是希望《科幻世界》办到第400期时能够更加辉煌，希望《科幻世界》能够成为大科幻产业的推动者和中坚力量，也希望我能够把已经十四岁的“世界科幻大师丛书”编辑到第三百号作品。

我们不仅仅是守业者，我们应该是创造者。我坚信一个企业要发展，一定是基于未来做选择，而不是基于现实做选择。

科幻邮差：其实也验证了之前有句话，过去的许多情况使得《科幻世界》只能做一个守业者，但今天已经没有退路，如果只在原地踏步，或者说格局视野没有完全打开的话，它也会错失先机。

姚海军：是的。比如整合科幻影视资源与改造银河奖等方面，我们失去了很多先机，想起来很痛心。你知道那个过程。

星云奖证明了梦想者团结起来的力量

科幻邮差：2010年中国科幻圈发生了一件大事：中国科幻银河奖之外诞生了一个星云奖，姚老师应该是星云奖的主要倡导者之一。请问姚老师，经过七年的发展，星云奖的影响力达到之前的预期了吗？

姚海军：星云奖用七年时间换来了如今的影响力，这多少超出了我的预期。一开始办真的很困难。星云奖证明了梦想者团结起来的力量。

科幻邮差：当初为什么想到办这样一个奖项呢？

姚海军：提出办这个奖的时候，整个构想是与《科幻世界》紧密相连的。我希望星云奖能够巩固成都科幻之都的地位，希望这个行业性的奖项与《科幻世界》的银河奖能够在互补中相互促进。前几天《科幻世界》有个新来的编辑，一个小女孩儿，她找到我说，她特别理解我创办星云奖。我听了挺感动，因为我知道，她之所以这样讲，一定是听到了对我和星云奖的那些诋毁。有一股顽固的力量是反对星云奖的。

但我今天仍然坚持自己的基本判断，中国科幻想要发展，必须走产业化的路径，今天的现实也验证了这个判断。而产业化的路径里面，有一个重要节点是不可或缺的，那就是奖项。你要为你这个行当里的优秀人才加冕，要打造一个有国际影响力的奖项彰显这些作家的价值。商业化的路径里要是没有这样一个行业性的奖项，那也不是说不能发展，但你在操作上会遇到很多困难。

这个奖项就是要给科幻产业的下游提供选择的便利。它也能起到引导作用——什么样的作品是有价值的。它也能够与美国的星云奖或日本的星云奖进行对接。

世界华人科幻协会三位发起人在第六届华语科幻星云奖颁奖典礼上。
左起依次为：姚海军、吴岩、董仁威。

这是一个科幻迷的使命

科幻邮差：这个奖项最初是姚老师提出的吗？

姚海军：是的。是在2009年年末四川省科普作家协会的一次会上，跟时任协会理事长的董仁威提出来的。董老师是一个实干家，后来又有北京师范大学吴岩教授加入。再后来是王晋康、韩松、刘慈欣、何夕、杨枫、程婧波、古敏、孙悦……到2010年秋，在一穷二白的情况下，靠着大家的捐款，第一届华语科幻星云奖在成都学府影城举办了首届颁奖典礼。

或许有人会问：为什么《科幻世界》有个银河奖，你还要再提一个星云奖？那我要告诉他：行业性奖项和企业性奖项所追求的目标完全不同。一个企业，不管你是什么企业，你做一个奖项，都是为了占有资源来促进企业发展，这是企业的本能；但对行业奖来说，它必须考虑行业的整体发展。它要鼓励更多的竞争，要从更高的层面来推动产业发展。

举个最简单的例子，我们无数次地开会讨论过，要不要把银河奖的大奖颁给非《科幻世界》签约作家以及非《科幻世界》发表的作品？这是一个令人纠结的问题。如果答案是“不”，你就等于承认了银河奖只是一个杂志的奖项；如果答案是“是”，那就是放弃了《科幻世界》最核心的利益。这矛盾很难调和。所以除了银河奖之外，中国科幻还需要一个行业性的奖项。

大家可以看到，在星云奖的舞台上，《科幻世界》也获得了许多的荣誉，每年都有《科幻世界》的作者站上星云奖的大舞台。这对《科幻世界》也是宣传与推动。《科幻世界》发展得好与坏，不是什么星云奖、xx奖的问题，而是自己的问题。这是个不难理解的逻辑。星云奖是一面镜子，可以照出一些人的心胸、气度与格局。我当然要努力把银河奖办得更好，但星云奖不是银河奖的敌人。当然，这仍然是我个人的想法。

科幻邮差：刚才也说过了如何平衡星云奖和银河奖的关系，姚老师虽然身份所限，但实际上作为中国科幻的重要推手，在星云奖的创立、提高其后期影响力、为中国科幻作家推广等方面都做了大量的工作。

姚海军：这是一个科幻迷的使命。

科幻电影：不迈出第一步，就永远不会走路

科幻邮差：在国外，电影已经成为科幻产业的重要支柱。国内随着《三体》这几年的大热，越来越多的资本进入到科幻这一领域中来。姚老师怎么看待当下的氛围？

姚海军：目前科幻看起来确实很火，但也要一分为二来看。首先，有这么多资本进来，说明大家看好这个领域，而资本也会给这个领域带来新的机会。但是，资本的逐利性也会带来许多负面的东西，比如急功近利。前段时间我们也在讲工匠精神，其实，要做好一个作品，不论是作家创作小说，还是导演拍摄电影，都需要一点儿这样的精神。包括出版人、编辑，都要静下心来，把这个事情做好——这才是坚持。现在来看，中国科幻的环境还是有一点儿浮躁，我希望作家也好，导演、公司也好，都能够花一点儿耐心在自己的作品上。

科幻邮差：现在《三体》电影的档期迟迟不定令人揪心，这里也不想为难姚老师给我们透露什么新消息。不过，姚老师作为《三体》的重要推手，在这本书的推广和其他作品影视化这方面其实跟电影界也有一些接触，想请姚老师谈下当前国内科幻电影制作方面还存在哪些问题？

姚海军：科幻电影跟其他电影不同，它是工业化特质最明显的一个类型，它的拍摄是一

姚海军作为王晋康先生的友人出席水星文化公司的启动仪式，水星文化公司计划陆续将王晋康先生的科幻代表作搬上大银幕。左起依次为：姚海军、吴岩、王晋康、南派泛娱创始人之一叶在飞。

个繁杂的系统工程。中国这么多年在科幻电影上的积淀是非常有限的。尽管早在20世纪80年代就有了一些尝试和探索，比如说《珊瑚岛上的死光》《霹雳贝贝》，但是放在当前新的电影艺术发展的大背景下，这些积累真是太过有限了。如果我们将一部科幻电影的制作流程拉一条线——从剧本改编，到设定、道具、布景、演员选择，再到音乐、后期特效，你会发现，每一环都是薄弱点，都需要创造性地去开展工作。这样你就会理解，为什么科幻电影迟迟出不来。虽然投资进入很快，但真正变成产品却比较慢。其实我们要敬佩这些电影人，因为他们是开拓者。刚才说的所有环节上，都要做许多创造性的工作，所以要给他们一点儿时间。拍得好与坏当然重要，但我更看重用什么心态来拍。敬业的失败者也可能赢得尊重。希望浮躁的风气不要影响到电影的制作。

科幻邮差：科幻电影任重道远，可总得迈出第一步。

姚海军：对。就像小孩子，不迈出第一步，就可能永远都不会走路。

杨：好的，谢谢姚老师今天接受我们的访谈。在姚老师过去二十八年职业生涯、三十多年爱好科幻的漫漫长路中给我们创造了无数的传奇，希望在科幻未来的发展长路上，继续见证姚老师为我们带来更多的传奇。

姚海军：好，我努力。谢谢。

趣问趣答

1. 请给科幻小说下一个简单的定义或描述。

姚海军：科幻是一种无处不在的颜色，而科幻小说展现的是整个人类的美梦与噩梦。

2. 你觉得中国下一个雨果奖的获得者会是谁？

姚海军：很多人都有可能，韩松、王晋康、何夕、陈楸帆、夏笳、宝树、江波、张冉……他们越来越多的作品被译介到了美国和欧洲，也受到肯定和好评，都有获奖的实力。

3. 迄今为止，你的科幻生涯中最大的骄傲是什么，最大的遗憾又是什么？

姚海军：最大的骄傲，“视野工程”算一个，特别是《三体》改变了中国科幻的生态，我作为编辑是很骄傲的。相对于值得骄傲的地方来说，遗憾就太多了，不说也罢。

4. 在你眼里，一篇科幻小说是否优秀如何界定？

姚海军：我心中优秀的科幻小说要有三个要素：其一是创造性的想象；其二是精妙的故事；其三是富有洞见的思想内核。

5. 请说出你最喜欢的三部科幻电影？

姚海军：《2001：太空漫游》《千钧一发》《黑客帝国》。

6. 你最喜欢的科幻作家是谁？

姚海军：这也可以排一个名单，而且是很长的名单。国外作家如果非要排出一二的话，按次序分别是克拉克、海因莱因、迪克、雷斯尼克、索耶……国内作家可以这样说，凡是在《科幻世界》发表或出版的我都很喜欢。

7. 如果有一台时光机，你想去到未来还是回到过去呢？

姚海军：我还是去看看未来吧。

8. 看到我们面前的桌上有姚老师专门带来的科幻收藏，想问下姚老师，收藏这些书籍的初衷是什么?

姚海军：初衷是想了解中国科幻发展的历史脉络，中国科幻历史上包括清末民初和80年代，甚至是当下都有很多谜案，我希望这些谜案都能被逐一破解。买这些书的时候还有很多难忘的故事，像这本60年代的《古峡迷雾》就是店主免费送我的。他还特别有心地题字“转赠海军贤兄惠存”，非常暖心。

9. 在你心目中，四川科幻在中国科幻的版图中占什么位置?

姚海军：这个我要第一百次引用吴显奎老师的名言：四川是中国地理上的洼地，但却是中国科幻的高地。

10. 最后请姚老师谈谈对中国科幻的期望和祝福。

姚海军：我希望我们所处的当下，在五十年或是一百年之后的中国科幻研究者眼中是一个黄金时代……的开始。

后　记

杨　枫

2009年，为纪念创刊30周年，《科幻世界》编辑部策划了一本增刊，开篇收录的是第一任主编刘佳寿的回忆文章《〈科幻世界〉诞生始末》，文章不过千字，但信息量极大，让人对那段峥嵘岁月印象深刻，也使我对这位老先生心生敬仰。不久，我在科普作协的会上第一次见到略带倦容的刘老，得知老先生还没有样刊，急忙请他留下电话，想回头找时间送上门去跟老人家摆摆龙门阵，听他讲讲文章背后的故事。

谁知随后的一年可谓多事之秋，各种事情纷至沓来，每次刚起了拜访老人家的念头就被打断，不知不觉，竟然等来刘老因病辞世的消息，在我心里留下了无尽的遗憾……

2016年夏，我离开科幻世界创办了八光分文化。一个偶然的机会，我跟朋友一起去拜访新华网四川分公司总经理侯大伟，聊起未来可能的合作，大家都觉得应该一起为我们这座享誉海内外的“科幻之都”做点什么，便重提“科幻口述史”，随即一拍即合。8月中旬，在我们双方合作的国内首个科幻IP创投会圆满结束后，马上向在蓉的十位科幻功勋人物发出口述史访谈征询意见函，很快得到积极回应，这极大地鼓舞了我们。

恰在这时，晨旭加入八光分，他带来了之前跟从导师做口述史的丰富经验，于是，策划并执行该项目的工作顺理成章地落在他头上。接着，省科普作协副理事长、四川传媒学院的陈俊明老师雪中送炭，为我们推荐了一支专业高效的四人拍摄团队。

9月14日，第一场访谈如期进行。架设灯位，调试机器，优化书橱背景……川媒的几个小伙子忙碌了将近一个小时才布置妥当。之所以把杨潇老师定为首场嘉宾，是因为隔天她就要启程前往悉尼。

从那天开始，八光分和新华网紧密协作、无缝对接，有条不紊地开始了十位嘉宾的拍摄采访。经过半年多的艰苦努力，今天得以将这部厚重的大书奉献在各位读者面前，真是说不出的欣慰。

杨潇老师。杨老师的好记性给我们留下了深刻印象，照片上的很多信息，其他嘉宾都拿不准，但可以从她那里得到确认。不过，杨老师的有关章节也留下了一点遗憾，在采访中她多次提到让自己割舍不下的柳文扬和蓝叶，却因为远在异国他乡而无法提供一张他们的合影。希望此书将来再版时，有机会修订弥补。

谭楷老师。当谭老师小心翼翼地展示珍藏多年的沙河老师所赠字幅，向我们娓娓道来这些字画的来历时，我们懂得了什么是惺惺相惜，什么是君子之交淡如水。在此，还要特别感谢谭楷老师，是他帮助我们说服沙河老先生在视力不佳、喉嗓极度不适的情况下，接受我们的叨扰采访。

流沙河老师。感谢沙河老师冒着被师母责备的“危险”，在家里两次超时接受采访，只因为自己一生喜欢科学文艺、关注老友谭楷的一举一动。同时，还要特别感谢老人家为“八光分文化”题写了由五个古字组成的别具一格的公司名。

刘兴诗老师。采访当天，老人家一到现场就发现助听器备用电池忘带了。于是，访谈进行一个小时后，听力原本就不佳的老人家索性变成了自说自话……也是刘老师，很多话题欲言又止，说有些内容还需要封冻，等以后有机会再慢慢聊；而且他还说，有些东西即使今天讲了，也不能全部披露。

王晓达老师。王老师是所有嘉宾中提供资料最周详、讲述最生动的一位。但因为王老师是苏州人，又在成都生活多年，口音难免有点“南腔北调”，加上语速快，在转录文字时可是没少费工夫。特别感谢王老赠送给八光分的一套非常珍贵的科幻史料。我们会永久收藏。

董仁威老师。在接受访谈前一天，董老师才把因过度劳累升至二十好几的血糖强行降到了十以下，当他在摄影机前说起一生热爱的科普科幻，却全然忘记了身体的不适，正应了董老师掷地有声的那句话：我有一颗精神原子弹！

吴显奎老师。吴老师是迄今为止我们所了解到的唯一保存有首届科幻银河奖简报、并把奖状装裱在精美玻璃相框中的人。说起三十多年前被谭楷老师毙掉的一篇未能登上《科学文艺》的诗稿，吴老师至今耿耿于怀，让人不由感叹：喜欢科幻的人永远有一颗童心。

何夕老师。何夕老师家住自贡，出于对这次采访中最年轻作家的喜爱，我们几乎倾巢出动登门拜访，害得何夕老师在餐桌上一次次补买红酒，让小伙伴们充分领略了何夕老师那非同一般的酒量。

姚海军老师。按晨旭的话说，就是“姚老师可以采集的资料太多了，简直无从取舍”，于是有了一次希望做点减法的拜访。但是显然姚老师在闲谈时发挥得更好，充满诗意的语言张口即来，让人浑然忘了时间。可惜后来一到聚光灯下正式拍摄，才思好像被蒸发了不少，多少有些遗憾。

最令人痛惜的嘉宾，当属周孟璞老先生。本来约好等采访稿出来，要发给他审定一遍，但老人家没能等到这一天。94岁的周老在接受我们采访19天后，就因病永远离开了这个他无比眷恋的世界。老人家的离世对这次采访最直接的影响是，原打算用在文中的一些重要照片因无法确认信息，只能被迫撤换。还记得那天采访结束时，周老用颤抖的手翻开一个小小的电话簿，请我们写下各自的姓名，并笑微微地说：“我要把你们的名字写进日记。”告别时，他站在门边依依不舍地挥手道：“从今天开始，我们就是好朋友喽！”

十位嘉宾，十段传奇。在此之前，我们大多是从书本和网络的只言片语里了解他们。从拜访沟通到完成采访的相处过程中，我们不知不觉走进了他们丰富的精神世界，感受他们的苦与乐，分享他们的喜与悲。从这一刻起，我们真的成了无话不说的好朋友。

感谢所有如约接受采访的十位老师，你们不仅真实坦诚、毫无保留地在镜头前分享了一段段尘封已久的人生故事，还非常贴心地留给我们宽裕的采访时间，同时在收集整理图片资料的过程中也给予了我们巨大的帮助。没有你们的慷慨无私，这本书不可能有如此丰富精美的呈现。

感谢新华网四川分公司王恒副总编辑、项目负责人罗自强老师和“科幻邮差”项目具体负责人包晶晶姑娘及其团队，你们所给予八光分团队的充分信任，让我们的合作美好而难忘。

感谢李庆雯老师。为了协助我们拍摄一张合格的照片，您三次敲开刘兴诗老师的家门，帮我们节约了宝贵的时间。

感谢吴岩老师，您在项目结束前夕所给予的宝贵指导意见，让我们对下一本口述史充满期待。

感谢李晨旭、姚雪、田兴海、戴浩然——我亲爱的小伙伴们！感谢你们每一个人为这本书贡献的才智与汗水。因为你们的热情、专业和高效，这本书才能如此迅速地与读者见面。

另外，有机会担任四川科幻口述史访谈主持人，无比荣幸。

采访现场，我们无数次被嘉宾的讲述感动得湿了眼眶，无数次被他们胸中浓得化不开的忧虑深深感染。考虑到拍摄前与受访嘉宾有约在先，有些内容暂时无法全部呈现。但假以时日，当我们对中国自新中国成立以来的科幻发展脉络有了更充分的认识，对我们科幻人的自身定位有了更强大的自信，所有的科幻历史都将呈现于世人面前。

相信那一天会很快到来。

2017年6月

于成都